中共岳阳市君山区委
岳阳市君山区人民政府 主办

君山区年鉴

（2018）

岳阳市君山区史志档案局 编

方志出版社
Publishing House of Local Records

图书在版编目（CIP）数据

君山区年鉴. 2018 / 岳阳市君山区史志档案局编.
—— 北京：方志出版社，2018.9
ISBN 978-7-5144-3275-6

Ⅰ.①君… Ⅱ.①岳… Ⅲ.①区（城市）—岳阳—2018—年鉴②君山区 Ⅳ.①Z526.44

中国版本图书馆CIP数据核字（2018）第214416号

君山区年鉴（2018）

编　　者：岳阳市君山区史志档案局
责任编辑：刘方圆

出 版 人：冀祥德
出 版 者：方志出版社
地址　北京市朝阳区潘家园东里9号（国家方志馆4层）
邮编　100021
网址　http://www.fzph.org
发　　行：方志出版社图书经销中心
电话　（010）67110500
经　　销：各地新华书店
印　　刷：岳阳鑫容印刷有限公司

开　　本：889×1194　1/16
印　　张：16.5
字　　数：447千字
版　　次：2018年8月第1版　2018年8月第1次印刷
印　　数：0001～1000册

ISBN 978-7-5144-3275-6　定价：218.00元

编 辑 说 明

一、《君山区年鉴·2018》为总第8卷。本年鉴以马克思列宁主义、毛泽东思想、邓小平理论、“三个代表”重要思想和科学发展观为指导，深入贯彻落实习近平总书记系列重要讲话精神和治国理政新理念新思想新战略，坚持辩证唯物主义和历史唯物主义的方场、观点和方法，存真求实，全面、客观、系统地记载2017年度君山区自然、政治、经济、文化和社会发展的基本情况，为社会各界、海外人士了解和研究君山区提供基本资料。

二、本年鉴采用分类编辑法，以类目、分目、条目组成框架结构的主体部分。

三、本年鉴记述时限为2017年1月1日至12月31日，特载部分内容涉及2018年。所载领导人名录以在职为准，区及区属单位以区委组织部提供的为准，垂直管理部门以单位提供为准。

四、本年鉴内容中的“区”指“君山区”，所有机构前面均省去“岳阳市”。

五、本年鉴所载稿件内容和数据均由各部门、各单位、各乡镇提供，并经撰稿单位领导审核。主要数据由区发展和改革局提供。因统计口径和统计制度变化，部分数据不尽一致。

《君山区年鉴》编辑委员会

彭海泉	岳阳市君山区教育局党委书记、局长
郭三涛	岳阳市君山区卫生和计划生育局党委书记、局长
周铁光	岳阳市君山区审计局党组书记、局长
唐丽亚	岳阳市君山工业园管委会工委书记、主任
周拥军	岳阳市工商行政管理局君山分局党委书记、局长
周立伟	国家税务总局岳阳市君山区税务局党组书记、局长
钟海波	岳阳市君山区广兴洲镇党委副书记、镇长
许四海	岳阳市君山区许市镇党委副书记、镇长
王文浩	岳阳市君山区钱粮湖镇党委副书记、镇长
李　伟	岳阳市君山区良心堡镇党委副书记、镇长
李启明	岳阳市君山区柳林洲街道工委副书记、主任
芦建文	岳阳市君山区养殖场党委副书记、场长
郑明军	岳阳市君山区芦苇总场党委副书记、场长

《君山区年鉴（2018）》编辑部

主　　编　王振华

总　　纂　涂山河

副主编　贺红娥

责任编辑　余　丹

编　　务　郑　帆　　万　红　　蔡　黎

点　　校　蔡　黎

《君山区年鉴（2018）》组稿人

（按姓氏笔画为序）

丰雨豪	王　京	王　晶	王　斌	王文兵	王守文
王丽君	王忠于	王爱国	毛　君	毛　伟	尹李辉
甘　磊	龙　倩	左成刚	冯　艳	付　启	朱　超
朱建新	任立明	任国庆	邬夏华	刘庆春	刘行政
刘志宏	刘泽民	刘辉平	刘紫菀	许安益	孙鲁岩
杨　扬	杨　彬	杨　琳	杨德良	李　丹	李　兵
李　君	李　智	李元昊	李忠东	李昀霈	吴又健
何　晖	余　岸	余　燕	余玎玲	沈　信	张　东
张　鹏	张　蕾	张四铭	张光华	张伯军	张胜良
张建强	张继保	陈　竹	陈　荣	陈　德	陈小燕
陈启武	陈岳红	陈筑衢	陈鑫琪	范　维	罗　林
罗志新	周　平	周更生	周明学	周珊虎	周懿栋
郑　帆	郑春和	屈光河	赵　双	赵　辉	胡　思
胡加强	胡秋军	饶　群	洪　伟	袁　赛	夏　青
夏　胜	柴　劲	卿　容	徐海辉	高　翔	高本贻
郭　鸣	涂　松	涂山河	曹志刚	黄秋辉	龚海江
龚建军	彭　隽	彭　颖	彭与福	蒋　宇	喻文华
傅　龙	曾　艳	湛　汩	谢代军	谢旭东	楚琬琰
蔡　兵	谭岳峰	谯桃源	熊　龙	熊绍湘	戴四新
魏　婷	魏国军				

目　录
CONTENTS

特　载

大事记

君山区概况

中共君山区委员会

君山区人民代表大会

君山区人民政府

政协君山区委员会

民主党派·工商联

社会团体

军　　事

法　治

经济监督与管理

财政·税收

农 业

商贸·旅游

建设·环保

邮政·电信

教　育

文化·体育

广播电视

卫生和计划生育

镇（街道）、场

人　物

统计资料

附　录

君山湿地吉祥鸟

君山湿地精灵　　舒　宁/摄

区委五届四次全体（扩大）会议及区委经济工作会议　　王　琼　邓亚杰/摄

君山区人民政府全体（扩大）会议　　王　琼　邓亚杰/摄

区第五届人民代表大会第二次会议　　王　琼　邓亚杰/摄

区委书记谢胜在区人大会议上讲话
王　琼　邓亚杰/摄

区长李勇作政府工作报告
王　琼　邓亚杰/摄

召开区政协五届二次会议（会场照）　　王　琼　邓亚杰/摄

君山区政协第五届委员会第二次会议开幕式
王　琼　邓亚杰/摄

区政协主席陈忠炎作政协工作报告
王　琼　邓亚杰/摄

区领导和政协委员共商发展大计　　王　琼　邓亚杰/摄

区委区政府领导参加分组讨论　　王　琼　邓亚杰/摄

区芦苇总场收割芦苇照

君山养蜂人在收获甜蜜

君山野生鱼风干现场

踩掘团湖野生藕

银发老人采白银（棉花）

君山“放心菜”外运现场　　袁学容/摄

大棚里捧元宝（茄子）

新泰和集团设施蔬菜大棚

菜农喜获丰富（葱蒜外运照）

龙虾之乡（分选龙虾现场）

君山鳝鱼养殖基地

君山绿色茶园（采茶照）　　王　琼/摄

全面拆除君山外糊网箱养殖

陈向群副省长到区督导沟渠疏浚　　王　琼/摄

长江委到区视察　　王　琼/摄

君山田园风光

欣欣向荣的君山绿色食品产业园（外景照）　　邓亚杰/摄

欣欣向荣的君山绿色食品产业园（园区照）

国泰食品生产车间

李记食品生产车间

建设中的岳常高速（图照之一）

建设中的岳常高速（图照之二）

已建成的岳常高速（夜景）

岳常高速在君山境内图照

君山区电商服务中心（图照之一）

君山区电商服务中心（图照之二）

君山区电商服务中心（图照之三）

座落在君山濠河岸边的洞庭湖欢乐世界（图照之一）

座落在君山濠河岸边的洞庭湖欢乐世界（图照之二）

座落在君山团湖的荷花塔

君山荷藕全席

团湖荷花别样艳

人面荷花相映红——村姑漫舞

2017年12月29日，君山区教育基金成立大会

2017年9月，龙超云向区教育基金会捐赠120万

2017年，区残疾人实用技术（阳光增收）培训班

特 载

凝心十九大 聚力“1+5”
加快打造洞庭生态明珠、建设现代滨江新区

——在区委五届四次全体（扩大）会暨区委经济工作会议上的讲话

中共君山区委书记 谢 胜

（2017年12月21日）

区委书记 谢 胜

今天，我们召开区委五届四次全体（扩大）会暨区委经济工作会议。为精简会议，实行两会合一。这次会议的主要任务是，回顾总结2017年工作，安排部署2018年工作。我主要讲三点意见。

一、回顾总结成绩，客观分析形势，我们必须保持战略定力，迈向推进生态“1+5”发展战略的新阶段

回顾总结过来的工作，认真分析研究面临的发展形势，是我们做好来年工作的基本前提。

回首即将过去的2017年，我们感慨万千：2017年是极不平凡的一年，是攻坚克难、强基固本、提质增效的一年。我们推进生态“1+5”发展战略取得了新成效，君山加快发展的基础进一步打牢，加速发展的态势正在形成。全年预计实现地区生产总值131.8亿元，增长7.1%；完成财政总收入4.6亿元，增长10%；完成全社会固定资产投资137.3亿元，增长10%；完成社会消费品零售总额29.1亿元，增长12%；实现城镇居民人均可支配收入29609元、农民人均可支配收入16786元，均增长10%，主要经济指标增速总体上高于全市平均水平。一是持续推进产业升级，经济发展质量有效提升。加快推进“生态+休闲旅游”，洞庭湖博物馆累计投资3亿元完成辅助用房封顶、主馆桩基础和复合地基施工；洞庭湖欢乐世界投资1.3亿元完成10个游乐设施基础建设及游乐设备预定等，一期工程将于2018年春节期间建成开园；投资10亿元的萌宠产业新城一期项目金诚之星正式启动建设；成功举办首届中国（岳阳）国际热气球节，承办2017中国（岳阳君山）山地户外

健身休闲大会，吸引游客达2万多人。稳步发展“生态+现代农业”，抓好农产品质量安全监管，我区被农业部认定为全国农产品质量安全县，为岳阳市首批农产品检测机构“双认证”县市区；推进农业种养结构优化，建立了10个新品种示范点，发展稻虾套种12.4万亩，钱粮湖镇马颈河村获全国第七批一村一品示范村。积极发展“生态+新兴产业”，岳阳LNG（液化天然气）完成拟选址踏勘、土地申报等前期工作，即将获省住建厅批复，三利和食品、兴蒙制药等绿色食品、生物医药项目陆续建成投产，庆胜新能源、华立丰、华南石化等电子、能源产业快速崛起，展翔生物、劲阳电子被认定为高新技术企业。二是扎实推进园区建设和招商引资，发展后劲不断增强。君山工业园日处理1万吨的污水处理厂、集中供热及园区公租房建成投入使用，标准化厂房今年建成20万平方米，建成规模达到37万平方米。以园区为主阵地全年新签约投资10亿元的华自新能源等项目18个，其中投资1.8亿元的童记三利和一期等7个项目实现投产，入园企业达到48家。三是统筹推进“生态+城乡一体”，城乡面貌持续改观。完成S304 建新口至南堤拐公路全线和洞庭大道西延一期路基工程建设，正式开工柳毅路提质改造，新修农村道路24.05公里，完成农民集中建房8处 384户，栽植“乔木进城”大规格苗木10000多株，开展城区禁炮、车上人行道、出店经营、马路市场以及广告风貌等专项整治，通过全国文明城市、卫生城市、园林城市建设复审复查。四是切实发展社会事业，民生福祉得到全面提升。大力开展脱贫攻坚“十大行动”，扎实推进“协会联贫困对象帮提质增效，基地联贫困对象帮劳务增收，企业联贫困对象帮就业转型”“三联三帮”产业扶贫行动，顺利通过省级脱贫攻坚工作实地考核验收。扎实开展农业水利建设，面对严峻水旱灾害，科学决策、精准施策、及时处置，确保了大灾之年社会稳、生产稳、民心稳。稳步发展民生事业，积极推进省市区实事办理，按省级示范性高中标准建设的岳阳市第十六中学竣工交付使用，君山区职业技术学校正式挂牌，棚户区改造提前完成年度工作目标任务，积极建设“健康君山”，强力推进牛羊淘汰，计划生育工作得到了省市高度肯定，社会保障、劳动就业等工作均超额完成年度任务。全面推进移风易俗，在全区7个镇（街道）场全面开展“刹人情歪风、治婚丧陋习、树文明新风”专项整治工作，共及时制止拟大操大办事项64起，为群众节省开支300多万元，移风易俗厚养薄葬之风渐入人心。五是有效推进环保整改，生态环境质量不断提高。全面取缔了长江沿线、洞庭湖和藕池河沿岸的砂石码头（堆场）39处并拆除了房屋、机械等设备，全部拆除了9家黏土砖厂制砖机，完成采桑湖生态修复工程、环湖生活垃圾清运、生猪退养、农村安全饮水工程、黑臭水体整治、华容河君山段综合整治等工作任务。六是稳步推进改革创新，发展活力切实激发。着力推进集体产权制度改革、农垦企业公司化运作和区供销合作社“两组织一平台”建设，全面启动农村土地承包经营确权登记工作，构建了智慧君山电商服务平台，已有132家企业入驻，举办区首届创业者分享会和创业培训28班次，发放创业担保贷款800多万元。七是大力推进社会治理创新，社会大局保持和谐稳定。认真抓好综治民调、信访维稳等工作，我区综治中心建设和网格化服务管理得到中央综治委充分肯定，党的十九大期间实现“零进京上访”目标，被确定为全市“一比二讲三看”活动唯一示范单位，综治民调继续保持全省先进，成功获评湖南省首届“平安县（市区）”创建示范单位，继续保持全省平安县市区称号。八是全面推进从严治党，党建工作基础不断夯实。坚持推进“两学一做”学习教育常态化制度化，扎实做好意识形态工作，广泛开展十九大精神宣讲，积极开展“四种精神”学习研讨及“红星云”平台学用竞赛。圆满完成村（社区）“两委”换届，全面完成村（社区）综合服务平台建设。坚持正确导向选人用人，今年共调整干部6批258人，进一步优化干部队伍结构，进一步激发干部队伍干事创业活力。认真开展区级巡察，稳步推进监察体制改革和区镇纪检监察工作一体化建设，完成区直单位派驻机构改革。积极推进统战事业发展，实现了全区大统战格局全覆盖。

展望即将到来的2018年，我们满怀憧憬：2018年是贯彻中共十九大精神的开局之年，是抢抓机遇、迎接挑战、充满希望的一年；我们推进生态“1+5”发展战略站在了新起点，君山加快发展正处在不进则退、慢进亦退的紧要关头，将迎来利好叠加、大有作为的关键时期。从宏观大势来看，我区加快发展的外部环境总体有利。世界经济在深度调整中增长趋强，我国经济已由高速增长阶段转向高质量发展阶段，党的十九大报告作出“中国特色社会主义进入新时代”的重大判断，指出我国社会主要矛盾已经转化为人民日益增长的美好生活需要和不平衡不充分的发展之间的矛盾，提出着力发展实体经济，实施乡村振兴战略、区域协调发展战略等系列重大战略举措，省委大力实施“创新引领、开放崛起”战略，制定了推进两大战略的“路线图”和“时间表”，市委强力推进“四大会战”、全面实施“四个十条”、建设“1+4+2”大岳阳城市圈，成功纳入中国（湖南）自由贸易试验区范围，这些政策措施都为君山发展带来了难得的机遇和利好。从发展阶段来看，我区加快发展的压力仍然较大。过去的一年，我区经济社会保持平稳较快发展，困难和收获都比预想的大，办成了许多大事，解决了许多难题，成绩来之不易，大家有目共睹，但我区基础条件差、发展底子薄，经济总量偏小的基本面貌还没有根本改变，赶超任务艰巨、民生刚性需求旺盛、社会维稳压力较大仍然是我们面临的重中之重的问题。地区之间既相互合作，更竞争激烈，总体来看君山在全市发展靠后，不进是退，慢进也是退，必须要有一种“等不起”的紧迫感、“慢不得”的危机感，担好尽快缩小发展差距与培育后发优势的双重责任，抓好扩大经济总量与提升质量效益两大任务，推动君山经济社会发展跨越赶超。从发展走势来看，我区加快发展的活力前所未有。加快君山发展，自身因素至关重要。通过近几年的储能蓄势，目前君山经济正在迈进大有作为、加快崛起的窗口期：发展积极因素正在集聚，国家林业局已批复排污口改扩建工程行政许可，血防传播阻断达标有望提前，总部经济有望破零，杭瑞高速即将通车，蒙华铁路快速推进，九公里片区发展迅速，君山发展的瓶颈制约逐步消解，城区越来越美，人气越来越旺；园区建设加快推进，坚持高起点、高标准规划建设，厂房设计布局兼容超前和实用，充分考虑企业发展能源供应、污水处理及员工休闲、购物、娱乐、子女就读等配套建设，园区承载力日益提升、吸引力不断增强，在全市范围内都具有优势，园区经济正成为君山加快发展的“主引擎”；项目建设来势强劲，项目土地、资金、人才等要素基本保障，产业项目占比明显提高，一批大项目好项目相继落户君山，特别是岳阳LNG接收站将会带动分布式能源发电、冷媒制造、环湖加气等一批下游产业和衍生产业，形成产业集群；干部队伍干事创业氛围渐浓，广大党员干部忠诚履职、不怕困难、顽强拼搏，特别在防汛抗灾、环保整改、扶贫攻坚等中心工作中敢于担当、甘于奉献，涌现出了一批先进单位和个人，我们要向这些同志致敬、向他们看齐！这些同志是我们君山加快发展的宝贵财富，这种精神是加快君山发展的基础和关键。全区党员干部要坚守这种优良工作作风和良好精神风貌，撸起袖子、甩开膀子、迈开步子，抢抓发展机遇，积极主动作为，续写推进生态“1+5”发展战略的新篇章。

二、精心部署来年，明确发展目标，我们必须把握重点关键，开创推进生态“1+5”发展战略的新局面

根据中央和省、市精神，结合君山发展实际，2018年全区工作总的指导思想是：坚持以习近平新时代中国特色社会主义思想为指导，全面贯彻落实党的十九大精神，紧紧围绕省委“创新引领、开放崛起”和市委“四大会战”“四个十条”部署要求，大力推进生态“1+5”发展战略，坚持以提高经济发展质量和效益为中心，以绿色生态为引领，创新跨越发展理念，突出产业项目建设，锤炼实干担当作风，为加快实现“打造洞庭生态明珠、建设现代滨江新区”目标而努力奋斗！

2018年全区经济社会发展的主要预期目标是：地区生产总值增长8%，财政总收入增长7-9%，全社会固定资产投资增长10%，社会消费品零售总额增长12%，城乡居民收入分别增长10%，全面完成省市下达的其他各项指标任务。确定这样的目标，是以国内经济总体态势和明年稳增长的总要求为依据，呼应了全市明年经济工作预期目标的调整，符合君山发展的需要和实际，一定要主动作为、精准施策，确保实现预期目标。

为实现预期目标任务，必须紧紧围绕“打造洞庭生态明珠、建设现代滨江新区”这个总目标、总方向不动摇，必须大力推进生态“1+5”发展战略这个总要求、总抓手不懈怠。经过一年多来的实践，如何进一步“打造洞庭生态明珠、建设现代滨江新区”、推进生态“1+5”发展战略，就是要加力推进“生态建设、开放创新、项目攻坚、民生改善”。“生态建设”是发展基础，“开放创新”是动力引擎，“项目攻坚”是重要支撑，“民生改善”是终极目的，这四个方面紧密联系，相互贯通，坚守的是生态底线，突出的是发展关键，彰显的是为民情怀，是对“打造洞庭生态明珠、建设现代滨江新区”特别是“生态”“现代”“新区”等内涵的进一步分解落实，是深入推进生态“1+5”发展战略的重要举措和具体途径。全区各级各部门要切实强化责任担当，狠抓工作落实，不断开创君山经济社会发展的新局面。

1.要加力生态建设，夯实“1+5”的基础。中央推进生态文明建设决心之大、力度之大、成效之大前所未有，明年中央将污染防治作为三大攻坚战的内容之一，省委省政府也于近期开展洞庭湖生态环境专项整治“三年行动计划”，生态环境建设将持续发力推进。要进一步强化生态环保宣传教育，充分利用电视、网络、微信等媒体，大力宣传生态建设与环境保护的政策法规、先进人物和先进事迹，曝光非法排污和破坏生态的典型案件，广泛开展生态文明建设进机关、进社区、进校园、进企业、进乡村、进家庭等活动，不断增强全社会的生态环境保护意识。要继续着力解决突出环境问题。对已经整改完成的环境问题要进行全面“回头看”，切实构建防反弹长效机制，决不允许出现死灰复燃现象。要坚持全民共治、源头防治，持续实施大气污染防治行动，进一步抓好洞庭湖水环境、农业面源污染、农村生活垃圾等治理，不断提高生态环境质量。加大环境保护力度。严格落实生态环境保护责任，着力构建生态建设投入机制和环境保护长效机制，加大湿地保护力度，积极开展“造绿”“乔木进城”行动，稳步提高城镇建成区绿地率和人均公共绿地面积，推进各乡镇污水处理厂全覆盖，逐步降低能源、水和土地等资源消耗强度，让人民群众享有更多生态福祉。加强生态环境监管。积极推进第二次全国污染源普查工作，严格把好企业项目审批关，控制新增污染源；切实按照“整治一批、关闭一批、备案一批”的原则依法对辖区规模养殖场进行全面监管；持续开展“零点行动”“暴雨行动”等专项整治行动，保持对辖区内企业违法排污高压态势，确保稳定达标排放；严格设置市场准入生态门槛，禁止不符合生态安全和卫生标准产品的生产与消费。

2.要加力开放创新，增强“1+5”的动力。开放是加快发展的必由之路，改革创新是推动发展的源头活水。要深入落实“创新引领、开放崛起”战略和“四个十条”措施，全力打造广纳要素、广聚人气的开放创新新高地。要大力推进园区建设，持续有力开展招商引资。坚持加快园区建设，发挥园区招商主阵地作用。要以推进“智慧园区”为引领，抓好园区基础设施建设，实质性运行君山工业园建设投资公司，扎实推进标准化厂房建设，启动分布式能源、5万吨冷库及园区北片区基础设施建设，完成荆江大道、金园路、荣兴路、昌泰路等道路建设；要以促进企业发展为目标，抓好园区项目服务管理，切实优化产业项目审批流程，实行集中办公，推进相关审批权限下放园区，加强重点项目协调服务工作，推动签约项目尽快开工投产，积极协调解决企业人才、资金等方面的困难，为企业发展创造良好条件。坚持开展“大招商、招大商”活动，把招商引资作为经济工作的“第一菜单”，积极打造“亲商、重商、安商、扶商”的良好营商环境，继续实施招商引资考核奖励政策，重点依托君山工业园和洞庭湖博览园，紧盯食品、电子、旅游、物流等符合君山定位的产业，大力实施以商招商、商会招商、企业招商、乡友招商，力争完成招商引资任务20亿元，开工项目20个，投产项目15个，实现招商引资数量、质量和层次的全面提升。要主动对接融入，积极促进外向型经济发展。主动融入“一带一路”、长江经济带、洞庭湖生态经济区等国家重大发展建设，积极对接长江中游交通物流枢纽城市建设、“1+4+2”大岳阳城市圈建设，推动多层次区域合作，争取更多政策、项目、资金倾斜我区。积极利用湖南、岳阳大力推进开放型经济发展的机遇，切实做好政策服务、上门服务，力争培育一批外贸主体。做强做实电子商务，不断完善电商服务网络体系，推进区农产品电商产业孵化园、农村电子商务服务中心，仓储物流服务中心及农特产品展示中心等建设，力争培育一批具有君山特色的品牌产品。要落实全面深化改革，激发创新创业活力。坚持以改革促创新、以创新促发展。不折不扣落实好各领域改革任务，重点抓好“放管服”改革、农垦体制改革、供销合作社综合改革、国有资产管理、农村土地经营权流转、社会信用体系等改革事项；牢固树立创新发展理念，鼓励大胆尝试、勇于探索，千方百计打破瓶颈制约，推动跨越发展；推进全民创新创业，促进创新与创业深度融合，加强产学研结合，推动建立农民创新创业园，努力打造新的产业和经济增长点。

3.要加力项目攻坚，加快“1+5”的进程。项目为大、为重、为先，推进生态“1+5”发展战略要以项目建设为基础，推进项目建设要以产业项目为核心。要坚持强化项目用地、资金、人才保障，全力以赴谋项目、引项目、抓项目，加速生态“1+5”发展战略进程。要以全域旅游为引领，做热“生态+休闲旅游”。坚持深入谋划推进全域旅游，积极引进战略投资者，围绕做好“点、线、面”结合文章加快推进景区项目建设，打通旅游景点快速通道，打造“岳阳楼——君山岛——洞庭湖博览园——野生荷花世界”市区旅游核心圈，切实发展乡村休闲旅游、生态工业旅游，力争形成岳阳旅游业发展的新格局。全力服务洞庭湖博览园建设，大力推进萌宠产业新城、洞庭湖欢乐世界等项目建设，支持民营资本依法开发旅游产品、举办旅游节会活动，努力做旺旅游人气，打造全域旅游目的地。要以产业集聚为导向，做旺“生态+新兴产业”。重点依托君山工业园，大力发展电子信息、绿色食品、生物医药等产业，切实抓好君聚源、汇英生物、童记三利和、华自新能源等项目建设。加快推进荆江门码头建设，引进一批亲水、涉水企业，努力打造成为城陵矶港口的重要喂给港。大力推进岳阳LNG接收站建设，启动LNG项目立项、征地等工作和LNG疏港公路前期工作，力争2018年底开工建设；积极支持华南石化项目建设，切实做好各项配合协调工作，打造君山总部经济。要以三产融合为核心，做活“生态+现代农业”。着力推进农业基础设施建设，抓好君山垸围堤加固、友谊电排扩容改造、沟渠塘坝清淤增蓄等水利工程建设。着力优化调整产业发展布局，鼓励适度规模经营，积极探索土地流转及土地托管等新模式，推广立体间套种、稻虾共作、设施栽培等高效农业，打造优质稻米、洞庭湖小龙虾等水产品和放心蔬菜、黄茶种植、特色水果等产业基地。着力发展农产品精深加工和休闲农业、冷链储运、乡村旅游等产业，支持发展小龙虾加工、莲子深加工等农产品加工企业，切实完善农产品产地市场、物流配送、农超对接和出口外销等市场体系，推进洪市蔬菜产业园、国家农业公园建设，打造君山特色美食一条街，不断提高农业综合效益。要以扩容提质为抓手，做靓“生态+城乡一体”。切实完善城乡规划，以岳阳建设“1+4+2”城市圈为契机，主动对接市级城乡建设规划，进一步优化君山城乡空间布局。推进城乡交通互联互通，重点抓好S306拓宽、S304建设、柳毅路提质改造及农村公路、安保工程、危桥改造等一批交通项目建设，促进城乡基本公共服务均等化。抓好城乡经营管理，探索市场化运营彻底解决全区垃圾处理问题，推进停车洗车场及城市公交站场、天然气门站建设，加快自来水管理改革和管网改造，严格规范小产权房建设，加大房价调控力度，抑制房价过快上涨，不断增强君山发展吸引力。认真落实乡村振兴战略，加速推进美丽乡村建设，进一步规范农村村民集中建房，抓好农村通信、网络等基础设施建设，持续开展农村环境卫生整治和文明乡风培育，做好禁炮、公墓建设等工作，不断改善农村生产生活条件。要以优化服务为支撑，做实“生态+健康君山”。推进智慧医疗，深化医疗体制改革，努力建立起上连省、市三甲医院，下接各镇、村（卫生院）医疗服务信息网。积极发展健康服务业，推进湖南虹宇康年养老中心建设，加快全民健身中心建设，培育发展疗养康复、保健养生产业，让健康福祉惠及全民。倡导简约适度、绿色低碳的生活方式，反对奢侈浪费和不合理消费，开展创建节约型机关、绿色家庭、绿色学校、绿色社区和绿色出行等行动，推动形成勤俭节约、绿色环保的社会新风尚。

4.要加力民生改善，释放“1+5”的红利。党的十九大报告指出，“带领人民创造美好生活，是我们党始终不渝的奋斗目标”。我们推进生态“1+5”发展战略着力点在加快发展，出发点和落脚点还是在保障改善民生，让全区人民过上幸福美好的生活。要坚持巩固提升全面小康水平。群众幸福追求没有止境，我们开展工作就没有终点，要进一步提高全面小康各项指标水平，特别是一些相对薄弱的指标要坚持强化措施、补齐短板，确保全面小康总体实现程度不断提升、群众满意度不断提高。要持续攻坚精准扶贫。进一步明确行业扶贫职责要求和镇村主体责任，进一步发挥驻村工作队帮扶作用，切实巩固脱贫攻坚工作成果，大力推进以“协会联贫困对象帮提质增效、基地联贫困对象帮劳务增收、企业联贫困对象帮就业转型”为内容的“三联三帮”产业扶贫行动，重点做好从提升民众收入的“硬扶贫”转为形成造血功能的“软扶贫”，确保2018年脱贫攻坚目标任务高标准完成。要全面发展民生事业。持续加大民生投入，扎实推进省市区民生实事办理，全面落实各项惠民政策，大力发展教育、医疗、文化、体育等社会事业，重点抓好社会保障、市第十六中学办学、人口计生工作目标管理考核、中医院改扩建、棚户区改造等民生工作，全面推进君山血防模式，争取在2018年提前2年实现传播阻断达标目标。要全力维护社会稳定。推进“七五”普法工作，引领全社会运用法治思维、法治方式处理问题；突出抓好信访维稳、应急处突、综合治理等工作，全面推进乡镇、村（社区）社会服务管理中心（工作站）规范化建设，全面完善综治中心和网格化服务管理平台建设，积极化解矛盾纠纷，严防民间融资、非法集资各类金融风险，严厉打击各类违法犯罪行为，继续巩固平安创建成果，努力建设更高水平平安君山；进一步加强食品药品监管，持续开展安全生产“大排查、大管控、大整治”，严防安全事故发生，竭力打造安全和谐稳定的社会环境，为发展助力护航。

三、狠抓任务落实，锤炼过硬作风，我们必须激情务实干事，彰显推进生态“1+5”发展战略的新作为

一分部署，九分落实。加快推进生态“1+5”发展战略，开创“打造洞庭生态明珠、建设现代滨江新区”新局面，关键在落实，核心在实干。全区各级各部门要坚持解放思想、提升能力、争先创优，切实把神提起来、把劲鼓起来、把责担起来，在“干”中交出君山发展的优异答卷。

1.加强思想建设引领干部主动干事。思想是行动的先导，思想建设是我们开展各项工作的基础性建设。不可否认，当前我们的干部或多或少还是存在干事不够主动、工作标准不够高、主动性积极性还不够等方面的问题。加强思想建设要把解放思想、转变观念作为重点和着力点，充分利用党委（党组）中心组学习、假日读书班、干部教育培训等载体，切实引导增强干部队伍的服务意识、创新意识，着力解决干部思想作风上仍然存在的“难、怕、懒、拖”等观念，解决干部抓落实促发展信心不足、安于现状、强调困难、缺乏工作积极性和主动性等问题，推动干部主动干事、积极干事。

2.锤炼过硬作风引导干部激情干事。过硬作风是凝聚力，是战斗力，还是生产力。今后几年是君山加快发展的关键时期，能否实现跨越赶超，我们每一位同志都负有十分重要的责任，要狠抓工作落实，紧紧围绕区委区政府重大决策、重要部署和重点项目，细化目标任务、细化推进举措、细化工作责任，在全区大力开展招商引资大比武、项目建设大竞赛等活动，推动工作落细落小落实；要强化执行意识，事情定了就办、办就办好，不动摇、不松劲、不折腾、不争论，对敷衍应付、工作推进不力的，要严肃追责问责，切实发挥警示作用；要激情干事成事，时刻保持昂扬向上的精神状态，拿出“人一我十、人十我百”的拼劲、“抓铁有痕、踏石留印”的狠劲，“志之所向、无坚不摧”的斗志，提振君山精气神，撸起袖子加油干，靠实干强实力，以实干促跨越。

3.正确选人用人激发干部担当干事。坚持按照“以实干竞争、靠实绩进步”的导向选用干部，严格按照程序任免干部，切实选拔重用一批忠诚干净担当、为民务实清廉、奋发有为、锐意改革、实绩突出的干部，坚决调整一批不守规、不作为、不胜任、不团结、不诚信的干部。注重在推动经济社会发展的第一线、在项目建设的主战场锻炼干部，识别干部，发现干部，使用干部。进一步完善干部绩效管理，坚决改变多干多出事、少干少出事、不干不出事的逆向激励，坚持为敢于担当的干部担当，为敢于负责的干部负责，决不让敢于负责勇于担当的干部吃亏，形成想干事、敢干事的浓厚氛围。

4.强化基层党建推动干部踏实干事。我们推动各项工作的根基在基层、活力源泉在基层。要严格落实基层党建工作责任制，健全完善各级党组织书记抓党建责任清单和述职评议制度，推动党组织书记带头履行党建第一责任人责任。要继续以“五个一”（一个支书、一支队伍、一个平台、一个机制、一条路子）统揽基层党建工作，深入推进村（社区）、非公有制经济组织和社会组织“两个覆盖”及机关、学校等各领域基层党建工作，大力整顿软弱涣散基层党组织，推动基层组织建设全面进步。加强基层队伍管理，突出抓好基层党组织带头人队伍建设，全面落实基层干部政策性待遇，积极探索基层党支部书记专业化、公职化，切实健全村级财务监督机制，充分发挥村（社区）综合服务平台作用，让群众办事少跑腿、更方便。广大基层干部处在工作第一线、各种矛盾的最前沿，工作压力可能更大，受到的委屈可能更多，各级各部门要真心理解基层干部、真正重视基层工作、真情解决基层困难，让他们有尊严、有保障，安心基层，踏实干事，为群众服好务、办实事。

5.坚持正风肃纪确保干部干净干事。风清气正是确保各项工作有力推进、经济社会持续健康发展的重要保障。要坚持把严明党的政治纪律和政治规矩摆在首要位置，牢固树立“四个意识”，始终同以习近平同志为核心的党中央保持高度一致。加强和规范党内政治生活，认真贯彻“一准则两条例”，强化党内监督，推进责任落实，增强党内政治生活的政治性、时代性、原则性、战斗性，建立形成清清爽爽的同志关系、规规矩矩的上下级关系。始终保持惩治腐败的高压态势，准确运用监督执纪“四种形态”，坚决纠正“四风”新表现，切实解决发生在群众身边的不正之风和腐败问题，不断把党风廉洁建设和反腐败斗争引向深入。认真落实意识形态工作责任制，积极弘扬主旋律，传播正能量，提振精气神，进一步构筑团结奋斗的思想基础和社会氛围。坚持党委总揽全局、协调各方，切实加强党对人大、政协工作的领导，充分发挥统一战线的政治优势，扎实做好党的群团工作，不断提高党管武装工作水平，更好地凝聚起加快君山发展的强大合力。

同志们，马上就是元旦、春节了，我们将迎来又一个崭新的年轮，我们将迈向新一年奋斗的征程。一年的工作任务艰巨，一年的发展令人期待，一年的时间只争朝夕。让我们紧密团结在以习近平同志为核心的党中央周围，全面贯彻落实中央、省、市决策部署，不忘初心，继续前进，大力推进生态“1+5”发展战略，不断开创“打造洞庭生态明珠、建设现代滨江新区”的新境界！

政府工作报告

——2017年12月25日在岳阳市君山区第五届人民代表大会第二次会议上

区人民政府区长　李　勇

区人民政府区长　李　勇

一、2017年工作回顾

一年来，在区委的坚强领导和区人大、区政协的监督支持下，我们认真贯彻落实中央和省、市决策部署，以发展新理念引领发展新实践，稳中求进，保持定力，精准发力，致力于强基础的大事、促发展的要事、惠民生的实事，较好地完成了区五届人大一次会议确定的目标任务。预计实现地区生产总值131.8亿元，增长7.1%；完成财政总收入4.62亿元，增长10%；完成全社会固定资产投资137.3亿元，增长10%；完成社会消费品零售总额29.1亿元，增长12%，主要经济指标增速总体上高于全市平均水平；三次产业结构调整优化为20∶42∶38；区域经济社会发展持续稳定向好。一年来，我们主要抓了以下几个方面的工作：

——致力完善基础设施，发展根基不断夯实。持之以恒加强各项基础设施建设，着力夯实经济社会发展的基础性、先导性工程。园区基础更加完善。完成工业园概念性规划设计和南片区修建性规划，南片区路网及配套设施基本建成，日处理1万吨的污水处理厂、集中供热设施投入使用；高规格建成标准化厂房20万平方米，园区标准化厂房规模达到37万平方米，为企业“拎包入住”创造了条件。道路交通更加通达。围绕构建区镇半小时交通圈，实施省道304线全线拓宽改造，启动洞庭大道西延，完成茅洪公路提质改造。围绕完善城区路网骨架，开工建设创业路东延、广场路中期、园林路二期等城区道路，生态休闲城市走廊柳毅路提质改造启动一期建设，交通对经济发展的支撑作用和城市建设的引导作用日益显现。农业基础更加稳固。全面完成良心堡和方台湖安全区、君山垸围堤加固、沟渠疏浚、小农水重点县、华容河及华洪运河治理、防汛险工隐患整治、土地整理开发和高标准农田建设等项目年度目标任务，疏浚沟渠405公里，完成“旱改水”333.33公顷，新增耕地95公顷，建设高标准农田406.67公顷，水利防洪减灾能力和农业综合生产能力进一步提高。电力保障更加可靠。加快城乡供电系统建设和电网升级改造，完成钱粮湖110千伏变电站升级改造、19个村（社区）电网改造工程，智能电表实现全覆盖，城乡供电可靠率进一步提升。

——致力培育主导产业，发展质量稳步提升。结合君山实际，大力推进供给侧结构性改革，强化园区载体和带动作用，促进产业集聚增效。现代农业提质增效。农业结构调整步伐加快，蔬菜、黄茶种植面积稳步扩大，建立新品种示范点10个，发展亩产值超万元农田0.6万公顷，马颈河村被农业部确定为全国一村一品示范村。农业产业化加快推进，全区流转土地1.13万公顷，落实订单生产面积2.67万公顷，新增省级现代农业特色产业示范园4个、农民专业合作社66家、家庭农场27家。新创建农产品商标25件、省著名商标3件。农产品质量安全监管进一步加强，在全市率先建成农产品“双认证”检测机构，我区正式授牌首批国家农产品质量安全县（区）。供销社综合改革初显成效，成立惠农服务公司，镇级供销社、农合联和惠农服务中心建设稳步推进；农村集体土地确权工作有序开展，农业农村发展的活力进一步增强。生态旅游持续升温。洞庭湖博物馆主体工程即将完成，洞庭湖欢乐世界加速推进，五星级酒店金诚之星启动建设。成功举办中国（岳阳）山地户外健身休闲大会、首届中国（岳阳）国际热气球节、2017洞庭湖观鸟赛，良心堡油菜花、许市镇荷花等乡村旅游品牌倍受市民青睐。预计全年接待旅游总人数448万人次，实现旅游综合收入28.6亿元，分别增长27.5%和35.4%。工业经济运行平稳。认真落实“四个十条”，取消或降低涉企经营服务性和行政事业性收费项目56个，企业登记全程电子化、“多证合一”“先照后证”等商事制度全面落实，煤电油气等主要生产要素供需总体平衡，有力促进实体经济健康发展。全年新签约项目17个，其中5亿元以上工业项目3个，完成招商引资额36亿元。童记三利和、国泰保健食品、众厨乐食品、兴蒙生物、雅美时电子等项目竣工投产。开放型经济稳步发展，神威电磁铁、致远电磁铁分别实现外贸进出口“破零”和“倍增”。传统工业改造升级步伐加快，支持兴达化工顺利转型转产，金联星余热回收、泰铭印刷防伪标签等技改项目顺利完成。新兴产业来势看好。港口物流破局起步，完成君山港区控详规划修订工作，华南石化进仓路完成建设，5万立方米燃料油仓储项目建成竣工；荆江门码头一期完成主体建设；LNG接收站成功纳入交通部长江干线液化天然气加注码头规划布点。电子商务发展迅速，电商服务中心挂牌成立，“智慧君山”商务服务平台上线运营，电商协会入会会员132家。金融保险规范向好，金融机构贷款余额增长7.3%，中国人保财险、太平洋保险落户君山。

——致力统筹城乡发展，城乡面貌明显变化。坚持以核心城区建设引领城市发展、以美丽乡村建设统领农业农村工作。城乡规划不断完善。积极参与岳阳市城市总规修编工作，完成生态红线划定和东洞庭湖自然保护区规划调整，君山城市功能定位更加明确。中心城区4个片区控详规划完成网上公示，给水、排水、竖向3个专项规划完成编制；镇域规划和村庄规划编制工作有序开展。中心城区建设稳步推进。铺设排污管网31公里，建设生态净化池200多个，生活污水处理率达94.2%。“乔木进城”种植乔木1万多株，绿化补植4万多平方米。新建和改造交通信号灯5处，设置道路安全护栏6000多米。新洲菜市场完成主体工程。新建人防结建工程实现零突破。实施棚改项目12个2135户，一批棚户区居民住房条件得到改善。小街小巷提质及美化、亮化等项目建设加快实施，“合众领岛”等大体量楼盘开发进展顺利。完成城区道路规范命名工作。依法拆除违法建设117处2.8万平方米，有效维护了城市规划和发展秩序。顺利通过全国文明城市和全国卫生城市复查。美丽乡村建设全面铺开。全年区本级投入美丽乡村建设引导资金6000多万元，实施项目156个，配备“六员”414名，“八大行动”有序推进。大力整治农村环境卫生，初步建立“户分类、村收集、镇转运、区处理”垃圾处理模式，新建乡镇垃圾中转站4个，村容村貌更加干净整洁。实施绿化项目29个，种植苗木32万株，人工造林1.3万亩，乡村更加秀美，空气更加清新。引导村民集中建房，完成农民集中建房8处、384户，乱建乱搭现象明显减少，农村建房更加规范有序。新建和改造农村公路45公里，完成安防工程124公里，建设农村客运招呼站12个，改造和新建桥梁2座，村道养护经费首次纳入区财政预算，县乡道养护经费大幅提高，县乡道管养率达100%，村道常养率达85%，村民出行更加安全便捷。区本级投入6000余万元，全面建成75个村（社区）级平台，基层组织阵地更为夯实，群众办事更加方便。殡葬改革步伐加快，启动建设农村公益性公墓9处。文明乡风扑面而来，禁炮限炮成效明显，婚事新办、丧事简办、其他不办等新风尚被越来越多的群众接受认同和自觉践行。各镇（街道）场在美丽乡村建设中因地制宜、精准施策，创新一些好的做法、积累一些好的经验，良心堡镇环境整治扎实有效，被评为全省卫生乡镇；广兴洲镇先试先行，文明乡风蔚成风气；许市镇发挥群众主体作用，横山岭村李安富片旧貌换新颜；钱粮湖镇大力整治违章棚亭、广告牌匾等违法建设，集镇建设管理更趋规范；柳林洲街道结合城区建设，促进基础设施加快改善；芦苇总场和水产养殖场注重挖掘资源优势，渔家乐等休闲旅游方兴未艾。群众在美丽乡村建设中得到实惠、收获了幸福，自发建设美丽乡村的热情空前高涨。生态保护卓有成效。始终坚持绿色发展，坚决整治环境问题。全面取缔砂石码头（堆场）39处，长江岸线复绿20万平方米；依法关停违法排污企业5家、黏土砖厂9家、矿山企业6家、搅拌场1家、麻石加工点20个；查封取缔洞庭湖水域违规经营餐饮船只3艘，全面拆除湿地违规设施200余处，清运农村垃圾集中堆放点6处，淘汰黄标车256辆；高标准完成采桑湖生态修复工程；依法关停畜禽规模养殖场197户，拆除栏舍面积18万平方米，退养生猪10万多头；拆除养殖网箱面积35万平方米；综合施策、有效治理了北干渠、黄岸渠等4处黑臭水体；“河长制”工作稳步推进，多措并举改善华容河水质污染问题，水质由五类提升到三类，全区河湖水质达标率在90%以上。

良好生态既是君山的底色，也是君山的优势，更是君山的潜力。我们追求发展的速度，但更珍爱美丽的绿水青山，在今年的环境整治行动中，我们敢于“壮士断腕”，不惜“刮骨疗毒”，坚定不移地“做减法”，思想认识前所未有、付出努力前所未有、工作成效前所未有，坚决打赢了事关君山未来、事关子孙后代的生态环保攻坚战！

——致力增进民生福祉，人民生活持续改善。坚持把保障改善民生作为政府工作的出发点和落脚点，全年财政民生支出增加到19.1亿元，占公共财政支出比重的87.5%，城乡居民人均可支配收入分别增长10%，全面小康实现程度达到94.7%。脱贫攻坚成效显著。驻村帮扶和建档立卡贫困人口帮扶实现全覆盖，统筹推进教育扶贫、安居扶贫、健康扶贫等脱贫攻坚专项行动，建档立卡贫困户从幼儿到高等教育扶贫助学实现全覆盖，贫困户建房最高补助5万多元，实现贫困人口大病政策范围内医疗自付费用低于10%，10个贫困村全面脱贫出列，1552名贫困人口摆脱贫困。教育事业快速发展。投入近2000万元，新建公办幼儿园3所，改造农村薄弱学校12所；教学质量明显提升，义务教育综合质量排名全市第一；按省示范性高中标准建设的十六中投入使用，君山学子终于能在家门口享受优质教育，在外高考成为历史；区职业技术学校挂牌办学，区域教育体系进一步完善；第三十三个教师节表彰大会隆重举行，奖教扶教力度空前，全区上下办好人民满意教育的氛围更加浓厚。健康保障持续加强。妇幼保健院投入使用，精神病康复医院主体竣工，家庭医生签约服务全面启动，区镇村医疗卫生服务体系进一步完善；乡镇卫生院在编医务人员实行全额保障；强力推进血防综合治理和牛羊防复养反弹，55个行政村达到血吸虫病传播阻断标准，为血防阻断全面达标奠定坚实基础，血防君山模式在全省广泛推介。计生基层基础更加夯实，优质服务水平进一步提升。文体事业有新进步。新建群众性文化体育设施16处，开展各类文化惠民活动50场次，文化市场管理进一步加强。社会保障不断增强。新增各类就业5723人，城镇“零就业”家庭就业援助动态清零；社会保险费征缴到位，待遇按时足额支付，部分国有破产企业职工养老保险实现挂账；基本医疗保险实现跨省异地网上结算，城乡医疗救助2400余人次，救灾救济困难群众8340人次；开展城市和农村低保人员清理工作，群众认可度显著提升，城乡低保和农村五保供养全面提标；改造农村、垦区危旧房8830户；移民扶持政策全面落实。防汛抗灾保障有力。全区上下众志成城，科学应对多轮强降雨，成功抵御洞庭湖二十年来最高洪水位，有效抗击连续一个多月的高温干旱灾害，奋力夺取防汛救灾的全面胜利。实事办理扎实有效。及时回应群众关注关切，全力以赴办理省市区三级实事，解决一批事关群众切身利益的民生问题，努力使发展更有温度。

——致力加强综合治理，社会大局和谐稳定。安全生产形势总体稳定。安全生产责任层层落实，各项专项整治成效明显，钱粮湖镇建成全市第一个农村消防站，全年安全事故下降25%；扎实开展道路交通安全集中整治，投入资金1835万元，整治隐患238处，查处交通违法行为4700多起，纠正违法行为1万余人次，道路交通事故同比下降25%，死亡人数同比下降51.4%，全区道路交通秩序明显好转。食药监管常态有效。开展日常监督检查1800余家次，立案查处违法案件116起，人民群众吃得更安全、吃得更放心。社会治理创新切实加强。创新建立“五联六解”信访工作机制，有效推动群众合理诉求依法及时就地解决；健全矛盾纠纷动态排查调处机制，成功调处纠纷1076件；综治中心建设全面完成，综治网格化管理获中央综治委高度肯定；公安业务技术用房投入使用，“天网”工程全面推进，从严打击违法犯罪，刑事案件立案下降35.1%、破案率提高6.3%；涉毒人员、高危极端人员、肇事肇祸精神病人等特殊人群管理切实加强，社会治安环境持续好转，连续十二年保持全省社会治安综合治理先进单位，获评全省“十大平安县（区）”创建示范单位。

——致力推进民主法治，自身建设得到加强。认真办理人大议案、代表建议和政协建议案、委员提案165件，办结率和满意率均达100%。75个村（居）民委员会换届选举工作圆满完成。镇（街道）公共法律服务站全面建成。政务服务进一步优化，网上行政审批办结行政许可和公共服务项目2.2万件，“12345”公众服务热线受理工单按时办结率100%，主动公开政府信息8000余条。出台被征收集体土地上拆迁房屋合法性认定、安置人口认定和民生建房实施细则、安置房建设管理办法等文件，征地拆迁和安置工作更加有序。扎实开展机关事业单位临聘人员整治清理，出台管理暂行办法，临聘人员管理更加规范。公车改革实现应改尽改，公务用车节支率36%。政府及部门预决算信息公开、机关事务管理、社区网格化服务等改革事项全面落实。坚持节俭办事，“三公”经费同比下降32.7%。深化“两学一做”学习教育，大力推进“刹歪风、治陋习、树新风”专项行动，政风行风民风持续好转。

其他各项事业协调发展，国防教育和国防动员取得新进展，统计、物价、老龄、邮政、通信、民族宗教、住房公积金等工作取得新进步，工会、共青团、妇联、科协、残联、文联、侨联、工商联等群团组织及各民主党派、无党派人士，都在促进区域经济社会发展中作出了新贡献。

各位代表，2017年是本届政府履职的第一年，也是极不平凡、极具挑战的一年。回首一年来的工作，重点难点特别多，困难挑战特别大，大家都非常辛苦，全区人民都非常给力，我们的工作赢得了全区上下的关心、支持和理解，也收获了比预期更多更好的成绩！一年来，我们更加深刻地体会到：惟其艰难，方显勇毅；惟其笃行，弥足珍贵；惟其磨砺，始得玉成！成绩有目共睹，发展激荡人心！成绩的取得，是市委、市政府和区委正确领导的结果，是区人大、区政协监督、支持的结果，是全体君山人民团结奋斗、合力求为的结果。在此，我代表区人民政府，向为君山发展打下坚实基础的老领导、老同志，向各位人大代表、政协委员，向奋战在各条战线上的广大干部群众，向所有关心君山发展的社会组织和各界人士，表示衷心的感谢，并致以崇高的敬意！

在充分肯定成绩的同时，我们也清醒地看到，工作中还存在许多问题，主要表现在：经济社会发展的基础仍然薄弱，传统产业转型升级任务艰巨，新兴产业有待做大做强，保持中高速增长的难度较大；社会建设、社会治理面临许多新情况、新问题，民生保障水平有待提高；少数部门工作效能不高、服务不优，部分公务人员攻坚克难决心不大、能力不足。对此，我们将高度重视，积极应对，采取有力措施，切实加以解决。

二、2018年总体部署和重点工作

2018年，既是全面贯彻落实党的十九大精神的开局之年，也是决胜全面建成小康社会、实施“十三五”规划承上启下的关键之年。新的一年，国家实施中部崛起和长江经济带、洞庭湖生态经济区战略的政策更多，湖南省加快“创新引领、开放崛起”的步伐更快，岳阳市建设“1+4+2”大岳阳城市圈的力度更大，君山发展前景更加广阔，顺势而为、乘势而上的时机更好。我们一定牢记发展使命、保持人民情怀，紧紧依靠全区人民，凝心聚力，务实求为，奋力开创君山经济社会发展的新局面！

2018年政府工作的总体要求是：全面贯彻中共十九大精神，以习近平新时代中国特色社会主义思想为引领，认真落实中央、省委、市委、区委经济工作会议精神，加快实施生态“1+5”发展战略，持之以恒抓好基础提升、产业提质、城乡建设、生态保护和民生改善等各项工作，努力实现更高质量的发展，加快全面建成小康社会，在“打造洞庭生态明珠、建设现代滨江新区”的宏伟征程中迈好坚实步伐！

2018年全区经济社会发展的主要预期目标是：地区生产总值增长8%，财政总收入增长7–9%，全社会固定资产投资增长10%，社会消费品零售总额增长12%，城乡居民人均可支配收入分别增长10%，各项社会事业协调发展，全面完成小康社会和脱贫攻坚年度目标任务。

新的一年，我们将坚持生态“1+5”发展战略，一张蓝图绘到底，续写发展新篇章，突出抓好以下六个方面的工作。

（一）夯实发展基础，增强承载能力。切实抓好一批管当前、利长远的基础性工作和基础设施建设，持续提升经济社会发展的承载能力。健全规划体系。全面完成4个镇域总体规划和61个村庄规划的编制工作，实现镇域、村庄规划全覆盖。积极推进“多规合一”，高标准编制《君山城区发展建设指导性规划》，加大交通道路、港口码头等专项规划编制力度。严格规划审批和规划执法，切实维护规划的严肃性和权威性。推进园区建设。按照智慧园区和产城融合发展理念，加快完善园区供水、供电、供热、绿化、排污、公交等各项公共配套设施。再建标准化厂房20万平方米；全面完成荆江大道二期、金园路一期、荣兴路和泰昌路建设，启动实施园区5万吨冷链、公租房等项目建设。畅通交通网络。完成省道304线和七茅线广兴洲南段升级改造，加快建设钱粮湖三级客运站场，做好滨水环线和旅游路拓宽前期工作，建成区镇半小时交通圈。完善水利设施。重建友谊电排，抓好君山垸围堤加固三期、长江中下游河道整治、良心堡和方台湖安全区围堤工程、钱粮湖垸分洪闸等项目建设，启动华洪运河水系连通、濠河江湖连通工程，增强防汛保安和灌溉能力，改善水环境。实施“旱改水”1万亩，开发耕地333.33公顷。强化电力保障。城乡电网改造新增变压器43台，新建10千伏线路15.6公里，新架和改造低压线路68.3公里，完成12个村中低压配电网改造和10条10千伏线路自动化改造，进一步提高电力供应保障能力。

（二）培育壮大产业，提升经济实力。坚持质量第一、效益优先，大力实施产业发展提质升级行动，壮大主导产业，培育新兴产业，加快打造结构合理、特色明显的现代产业。做强现代农业。稳步扩大基地规模，建设蔬菜基地333.33公顷、黄茶基地66.67公顷，发展健康水产基地133.33公顷，大力推广农业机械化技术，积极发展设施农业和高效农业，争创全省农业标准化生产示范区。提升产业化发展水平，培育新型农业经营主体，出台关于促进农民合作社规范发展的实施意见，发展农民专业合作社50家、家庭农场15家、种植大户100家；大力延伸产业链条，培育农业产业化龙头企业，发展年产值亿元以上企业2-3家，争创国家级龙头企业和全国农产品加工示范企业各1家。推进农超对接，扩大农产品销售市场。切实加强土地管理，全年流转土地20万亩。强化农产品质量安全监管，巩固国家农产品质量安全县（区）创建成果。大力实施品牌建设战略，出台品牌创建扶持奖励办法，以蔬菜、茶叶、大米、龙虾和才鱼等农产品为重点，打造一批君山绿色农业公共品牌，争创1—2件中国驰名商标，推动更多的优质农产品走出君山。做热全域旅游。编制全域旅游发展规划，建立旅游产业发展基金，大力推进国家全域旅游示范区创建工作。抓好旅游项目建设，全力推进洞庭湖博览园建设，洞庭湖博物馆完成主馆室内安装和分馆布展装修，洞庭湖欢乐世界全面投入运营，启动航空主题小镇建设前期工作；引进战略投资者投资君山野生荷花世界和天井山景区，实施廉政文化园升级改造。合理利用岸线和湿地资源，念好“水”字经，写好“绿”文章，做实“赏花”“看苇”“观鸟”旅游项目。积极发展休闲游、体验游，推动高端民宿旅游项目落户落地，打造“慢生活、亲山水、品乡愁”的假日休闲旅游。积极探索“工业+旅游”发展新模式。举办好2018中国（岳阳）野生荷花节、中国（岳阳）山地户外健身休闲大会等旅游节会，进一步提升君山生态旅游的知名度和美誉度。做大新型工业。依托园区载体平台，围绕加快发展绿色食品、电子信息、生物医药等产业，建立园区招商引资项目库，加大招商引资力度，大力开展产业招商、以商招商、分类招商，全年合同引资20亿元以上，其中5亿元以上产业项目至少1个。为入园项目提供全程跟踪服务，推进口水娃食品、巧娃食品、脱水蔬菜、苇田食品、汇英生物、格玛婴幼用品等签约项目入驻生产，庆胜新能源、华自新能源、大农米业、童记三利和二期、华南仓储、吉兴通电子等在建项目竣工投产，湘粉加工、台祥机电等在谈项目顺利签约；加力推动世界500强厦门国贸中顺集团落户君山。加大实体经济帮扶力度，认真落实“四个十条”，严格执行企业降本减负政策，为企业“减负”，给市场“松绑”，支持企业破解发展难题，提振企业发展信心，鼓励现有企业提质增效、做大做强。做实新兴产业。培育发展港口物流，承接华南石化总部落户君山，全力推进LNG接收站前期工作；加强岸线管理整治，有序开发岸线资源，继续完善荆江门码头配套设施，完成二洲子码头前期工作。大力发展电商产业，加快建设电商创业孵化园，让更多的农产品“触电”，力争全年电商产业实现产值1.2亿元。大力发展现代金融业，争取各类银行和保险公司在君山设立分支机构，积极筹建村镇银行，健全多元化金融服务体系。加快发展健康服务业，探索发展医护一体化养老模式，积极推进康年养老项目建设。

（三）统筹城乡发展，建设美丽家园。全面全员、常态长效抓好文明城市建设、美丽乡村建设和生态文明建设，加快建设功能齐全、环境优美、充满活力的滨江新区。建设文明城区。对照全国文明城市和全国卫生城市标准，建好管好核心城区，让我们生活的城市更加干净整洁、更显智慧环保、更有人文魅力。加强城市设施建设。完成柳毅路提质改造一期工程、启动二期建设，完成洞庭大道西延，全线拉通广场路，启动建设滨江大道，着力构建配套成环、纵横成网的城区道路体系；彻底理顺供水体制，切实加强供水管理，全面提升城区供水质量；加大农贸市场建设管理力度，实施新洲菜市场标准化改造，推进景明路、松湖菜市场规划建设工作；启动君山公交二级站场和停车洗车场建设，完成新能源绿色环保公交车更新；引进知名企业投资房地产市场，实施农科路片区、望城片区、自成垸社区等棚户区改造，实施柳毅路挂口桥头段临街立面改造，规划建设小公园、小广场，推进“拆围透绿”；加快建设金诚之星五星级酒店和商务写字楼，引进数字影院、知名餐饮和大型零售等新型业态，兴旺人气商气。加强城市精细化管理。强化城市综合执法，强力推进禁拆治违和土地依法征收，进一步加强建筑工地、渣土运输、户外广告和“五小门店”规范管理，做好禁炮限炮、划行归市、绿化养护和设施维护等工作。提升城市文明程度。大力弘扬社会主义核心价值观，加大市民文明行为和社会公德教育力度，在潜移默化中滋养市民心灵、引领社会风尚。建设美丽乡村。全面落实乡村振兴战略，毫不动摇地坚持以美丽乡村建设统领农业农村工作，坚持政府主导、镇村组织、群众主体、全民参与的基本原则，加强“六员”队伍教育培训与管理考核，持续深入开展“八大行动”，着力打造共建共享的幸福家园。进一步整治农村垃圾污染问题，全面实现垃圾分类减量和无害化处理；推进农村“厕所革命”，努力补齐影响群众生活品质的短板。持续开展城乡造绿行动，完成“乔木进城”1.1万株、植树造林1万亩，种植苗木35万株以上。进一步规范农村集中建房，结合垦区、农村危旧房改造，开展“拆旧建新”行动，大力整治“空心村”，有序拆除农村闲置老旧房；引导村民按村庄规划和示范图集集中建房，加快12处集中建房点基础配套设施建设。进一步巩固牛羊淘汰和畜禽退养成果，严防牛羊、生猪复养反弹。全面推进“四好农村路”建设，建设垦区主干道路6条，新建和改造农村公路25公里，争创省级“四好农村路”示范区。因地制宜开发农业观光、农事体验等乡村旅游，发展壮大村级集体经济，促进农村一、二、三产业融合发展。切实加强村（社区）级平台规范管理，着力打造党员活动中心、便民服务中心、群众文化娱乐中心。进一步加大殡葬改革力度，完成君山悼念厅改造升级，启动钱粮湖悼念厅建设，引导农村逝者进入公墓安葬。深入开展“刹歪风、治陋习、树新风”专项行动，充分发挥“一约四会”自治作用，培育优良家风和文明乡风。进一步加大集镇建设管理力度，加快推进禁拆治违、环境整治、亮化美化、文明创建等工作，不断改善基础设施和镇容镇貌。充分发挥群众主体作用，坚持美丽乡村建设引导资金只增不减、工作力度只大不小，久久为功，一步一步建成产业兴旺、生态宜居、乡风文明、治理有效、生活富裕的美丽乡村。建设良好生态。牢固树立“绿水青山就是金山银山”理念，始终保持环境整治高压态势，大力开展环保整治三年行动，严厉打击环境违法行为，坚决防止整治问题反弹，坚决守住生态底线。全面推进“河长制”，强化各级河长目标管理、巡河督查和责任落实。加强工业污水、生活污水治理，加大乡镇污水处理设施建设管理力度，确保所有污水处理厂正常运行和达标排放；继续推进沟渠疏浚，坚决整治黑臭水体，全面改善水环境，提高水质达标率。加快淘汰落后产能，大力整治餐饮行业油烟污染，严控秸秆焚烧，确保空气质量优良率达80%以上。加强农业面源污染治理，加大畜禽养殖污染整治力度，扎实开展化肥、农药“零增长”行动。全面禁止麻石开采和加工，推进天井山山体修复工作。完成全国第二次污染普查工作。强化湿地保护宣传教育和日常监管，严格保护湿地资源，为鸟类及其他野生动植物提供更好的生存和栖息环境，实现人与自然和谐共生。

（四）深化改革创新，释放发展活力。坚持把改革创新作为加快发展的不竭动力，认真落实改革任务，大力推进科技创新，加快人才培养引进，最大限度激发发展活力。推动改革落地。加快“放管服”改革步伐，全面实施市场准入负面清单制度，精简行政审批事项，简化证照办理程序，进一步优化重商亲商安商富商环境。推进供销社综合改革，规范建设“两组织一平台”，镇（街道）基层社、农合联、惠农服务中心和村级惠农综合服务社覆盖率达100%。推进财政体制改革，全面实施财政专项资金国库集中支付改革；切实加强国有资产管理，出台加强国有资产管理办法，实现国有资产保值增值。深化行政体制改革，按要求落实机构改革任务，加强人员编制实名制管理，全面推进“三清单一目录”和行政许可标准化，认真落实“两集中、两到位”工作，进一步优化政务服务；探索组建行政综合执法机构，进一步提高执法效能。深化农村综合改革，全面完成农村土地承包经营权确权登记颁证；扎实推进集体土地“三权分置”，建立区土地流转中心，健全镇村土地流转体系；出台推进农村集体产权制度改革实施意见，全面推进农村集体产权制度改革。深化农垦改革，完成垦区国有土地确权登记颁证；出台国有农用地管理办法，强化经营田租赁费征管。认真抓好工信、供销、商粮系统企业改制工作，稳妥解决历史遗留问题。强化创新创业。充分发挥政府引导和企业主体作用，鼓励引导企业实施技术、管理创新，制定出台扶持企业创新发展的政策，加快创业孵化基地建设，力争全年新认定技术创新平台1家，新增高新技术企业2家、发明专利8件，转化产学研项目2个。推进创新创业，大力实施“创新引领计划”和“创业带动计划”，鼓励有实力、有技能的创业者就地创业、返乡创业，努力营造“大众创业，万众创新”的浓厚氛围。健全完善人才引进培养机制，大力开展“四海揽才”，加快引进教育、卫生、农林水和旅游等行业专业人才；加强本土实用人才培养。加大人才关怀奖励力度，尽最大努力为各类人才的工作、生活创造更好条件，让他们在投身君山发展中增强认同感、归属感。

（五）优化公共服务，繁荣社会事业。坚持基本公共服务均等化发展方向，优化基本公共服务资源配置，促进社会事业协调发展，提高公共服务能力。办好人民满意教育。坚持教育优先发展理念，统筹推进学前教育、义务教育、高中教育和职业教育，实现各类教育更加均衡发展，加快形成人民满意的教育发展新格局。努力改善办学条件，大力推进教育信息化，抓好岳西中学、君山小学、西城小学等城区学校提质改造，推进农村中小学标准化建设。全力以赴办好十六中，继续引进把关和骨干教师，配优配强师资力量。支持职业技术学校提高办学水平，打造区域经济发展实用人才培训和输送的重要基地。深化课堂教学改革，提升区域课改品牌。加强教师队伍建设，推进师资力量薄弱学校教师补员。提高教师素养，培养良好职业情操。持续抓好校车安全和校园食品安全。强化健康保障水平。稳步推进医药卫生体制改革，完善区域分级诊疗体系，提高居民就医的普惠度、满意度。进一步改善人民医院、妇幼保健院、精神病康复医院办医条件，下大决心建好区中医院，持续抓好镇卫生院、社区卫生服务中心和村级卫生室提质改造，优化家庭医生服务，加强对外合作，提升城乡医疗卫生服务水平。加强血防综合治理，实现血防传播阻断达标，坚决打赢血吸虫病歼灭战。加强计生公共服务、免费技术服务，提高出生人口素质，促进人口均衡发展。坚持“四个最严”标准抓好食品药品监管，保障城乡居民饮食用药安全，启动省级食品安全示范区创建工作。深入开展全民健身、爱国卫生运动，让健康文明生活在君山大地上蔚然成风。发展文化体育事业。大力开展“文化惠民”活动，推进广播村村响，送戏下乡50场以上，免费放映公益电影1000场以上。举办首届农民运动会及篮球、乒乓球、羽毛球等体育赛事活动，掀起全民健身热潮。开展全民读书活动，建设学习型社会。做好文化遗产保护工作，积极申报明代官窑遗址为全国文物保护单位、《君山银针茶制作技艺》进入国家级非物质文化遗产。全面加强文化市场综合管理，大力开展“扫黄打非”整治行动。加快新媒体融合，推进有线电视建设，进一步提升君山新闻品质和广播电视惠民服务能力。综合档案馆建成投入使用，建立科学高效的档案管理系统；加大史志编撰力度，留住君山记忆。

（六）改善人民生活，提高幸福指数。牢记人民对美好生活的向往就是我们的奋斗目标，一件事情接着一件事情办，一年接着一年干，使广大群众的获得感、幸福感和安全感更加充实、更有保障、更可持续。坚决打赢脱贫攻坚战。坚定脱贫决心，坚持问题导向，紧扣中央“五个一批”“六个精准”“七个强化”工作要求，进一步压紧压实工作责任，认真落实好产业扶贫、安居扶贫、教育扶贫、健康扶贫、金融扶贫和兜底保障等政策措施，大力支持贫困村基础设施建设和产业发展，确保全面完成省定年度减贫任务；注重“输血”与“造血”并举、扶贫与扶智并重，切实做好因病因灾返贫、新致贫人口的服务和保障工作，确保贫困综合发生率控制在2%以下，确保实现“全面建成小康社会，一个不能少；共同富裕路上，一个不能掉队”。全力提高民生保障。加大民生投入，让人民群众更多更好地分享改革发展成果，全力以赴办好省市区三级实事，增强人民群众获得感。加强就业指导和服务，鼓励创业带动就业，全年新增城镇就业2620人。认真落实各种基本养老保险制度，确保各项社会保险待遇按时足额支付。扎实做好城乡低保、农村五保、社会救助、社会福利、慈善事业、优抚安置等各项工作，提升公办养老服务水平，健全残疾人、农村留守儿童和妇女、老年人关爱服务体系。严处拖欠农民工工资行为，维护劳动者合法权益。抓好垦区危旧房和农村危房改造工作。加大移民产业开发力度，改善移民生产生活条件。积极创新社会治理。强化安全生产监管，加强安全生产宣传教育，健全安全生产责任体系，深化重点行业和领域隐患排查治理，坚决遏制较大以上生产安全事故；继续强力推进道路交通安全整治攻坚，加大道路交通安全隐患整治力度，实现道路交通秩序持续明显好转，力争用三年左右的时间成功创建“平安畅通区”；加快建设“智慧消防”，进一步提升火灾防控水平。切实加强金融保险环境治理，严厉打击民间非法借贷、逃废金融债务等行为；科学防控政府债务，正确处理好上项目、抓发展与防风险、化债务的关系。依法管理民族宗教事务。支持工会、共青团、妇联等群团组织积极参与社会治理和公共服务。完善“三网三系统”设施建设，提升人民武装保障能力。深入推进“平安君山”建设，全面落实“谁执法、谁普法”，强化人民调解工作，加大法律援助力度；建成区人民群众来信来访接待中心，加强信访源头治理，积极化解信访积案，依法处置涉访违法行为，着力打造“互联网+信访”的阳光信访，加大网上信访案件办理力度，不断提升信访工作水平；建立健全社会综合治理立体防控、矛盾纠纷动态化解、社区网格精细管理等体系；全面建成“天网”工程，加大违法犯罪打击力度，严格管控特殊人群，确保城乡安全、群众安宁、社会安定。

三、努力建设人民满意政府

打铁必须自身硬。进入新时代，面对新要求，我们必须始终把发展使命扛在肩上，始终把群众期待牢记心头，努力建设人民满意政府，不断提高政府的公信力、执行力和凝聚力。

（一）以“法”为纲，建设法治政府。法定职责必须为，法无授权不可为。政府各项权力必须在法治轨道上运行，牢记一切权力属于人民，自觉主动接受人大监督和政协民主监督，虚心听取社会各界人士的意见建议，认真办理人大代表议案、建议和政协委员提案，充分保障人民群众的知情权、参与权、表达权和监督权。全面落实《法治政府建设实施纲要（2015—2020年）》，深入推进依法行政，严格落实政府权责清单动态管理制度，建立健全行政裁量权基准制度，严格规范公正文明执法。坚持把普法、守法作为依法治区的长期性、基础性工作，加强国家公职人员法治理念培养和法治能力提升，引导群众依法理性表达诉求、依法维护权益。

（二）以“干”为要，建设高效政府。喊破嗓子，不如甩开膀子。政府工作必须始终坚持重实干、出实招，办实事、求实效，多做打基础、利长远的工作，多干顺民意、惠民生的实事。始终拧紧落实链条，加强督查督办，定下的目标咬定不放，确定的思路一以贯之，承诺的事情坚决兑现。坚决整治庸懒散慢、推诿扯皮现象，确保政令畅通、令行禁止、执行有力。牢固树立担当意识，奋力推进脱贫攻坚、环境整治、征收拆迁、招商引资和禁拆治违等重点难点工作，全力破解阻碍发展的土地、资本和人才等瓶颈制约，以永不懈怠的精神状态和一往无前的奋斗姿态，在全面建成小康社会的伟大征程中披荆斩棘、奋勇向前。

（三）以“信”为基，建设诚信政府。人无信不立，政无信不兴。政府工作必须服务于民、取信于民。推进政府决策透明，健全完善公众参与、专家论证和政府决定相结合的行政决策机制，实行科学决策、民主决策。推进政务公开透明，进一步拓宽政务公开的范围和途径，及时公开“三公”经费、财政预决算、征拆补偿、保障性住房分配等社会热点信息，坚决防止权力滥用和暗箱操作。依法依规出台有关优惠政策，认真履行依法作出的政策承诺和依规签订的合同协议，充分保障投资者合法权益。

（四）以“廉”为本，建设廉洁政府。公生明，廉生威。政府工作必须始终把纪律和规矩挺在前面，全面落实“两个责任”，深入推进政府系统党风廉政建设，坚决防止“四风”反弹回潮，坚决遏制腐败滋生漫延。大力支持纪检监察机关履责办案，凡是群众反映强烈的问题一律严肃认真对待，凡是损害群众利益的行为一律坚决纠正。强化村务监督，用好“互联网+监督”平台，严格落实各项强农、惠农政策。进一步加强重点领域和重点行业公共资金、公共资源和国有资产监管，严肃财经纪律，严控“三公”经费，严禁铺张浪费。强化执法监察，知敬畏、存戒惧、守底线，建设清正廉洁的公务员队伍，凝聚起走好新时代“长征路”的磅礴力量。

各位代表，同志们！新时代赋予新使命，新征程要求新作为。让我们在区委的坚强领导下，在区人大、区政协的监督支持下，以昂扬进取的精神状态，以只争朝夕的豪迈干劲，以众志成城的强大合力，攻坚克难，负重奋进，为加快实现“打造洞庭生态明珠，建设现代滨江新区”的宏伟目标而努力奋斗！

注释：

1.双认证：湖南省农委颁发的农产品质量安全检测机构考核合格认证和湖南省质量技术监督局颁发的计量资质认证证书。

2.四个十条：岳阳市加快发展产业园区、非公有制经济、金融业、开放型经济的“四个十条”实施意见。

3.多证合一：证照整合改革，目的是减少企业办理营业证照审批手续，使一照一码的营业执照成为企业唯一身份证，使全国统一信用代码成为企业唯一身份证代码。

4.先照后证：先申领营业执照后再办理有关许可证。

5.乔木进城：在适宜栽植树木的主次干道、交通节点、高速互通、街头游园、单位庭院（小区）和环城山体水系等地，种植株胸径为10-20厘米的乔木，全面打造“林路相拥、林水相依、林城相融”的国家生态园林城市。

6.六员：环境卫生保洁员、治安网格信息员、禁违拆违巡查员、封洲禁牧管理员、食品安全协管员和农村道路养护员。

7.八大行动：农村环境卫生整治、城乡绿化、村民住房改善、封洲禁牧、“四好”农村路建设及基础设施升级、产业转型升级、文明乡风培育和助推全域旅游等八大行动。

8.河长制：由各级党政主要负责人担任“河长”，负责组织领导相应河湖的管理和保护工作。

9.五联六解：“五联”是指联村组、联社区、联企业、联项目、联学校；“六解”是指用心解惑、倾情解冻、帮扶解困、集中解难、转化解疑、包案解结。

10.天网工程：城区电子监控系统。

11.三公经费：政府部门公务出国（境）经费、公务用车购置及运行费和公务接待费用。

12.两学一做：学党章党规，学系列讲话，做合格党员。

13.“1+4+2”大岳阳城市圈：以中心城区为核心圈，以经开区、南湖新区、云溪区、君山区为内圈，以临湘市、岳阳县为外圈的“1+4+2”城市组团。

14.生态“1+5”：“生态+休闲旅游”“生态+新兴产业”“生态+现代农业”“生态+城乡一体”“生态+健康君山”。

15.多规合一：国民经济和社会发展规划、城乡规划、土地利用规划、环境保护规划等多个规划融合到一个区域上，实现一个市县一本规划、一张蓝图，解决现有各类规划自成体系、内容冲突、缺乏衔接等问题。

16.五小门店：经营面积在150平方米以下的小餐馆，经营面积在20平方米以下的小美容美发店，30床以下的宾馆、旅店、招待所，就浴50人以下的洗浴、桑拿浴、淋浴、足浴场所，经营面积在500平方米以下的歌厅、舞厅、卡拉OK厅。

17.空心村：在农民新建住宅过程中，由于村庄规划严重滞后等原因，农村居民点用地往往不能合理、有效地利用，导致新建住宅大部分都集中在村庄外围，而村庄内却存在大量的空闲宅基地和闲置土地，形成内空外延的用地状况。

18.四好农村公路：“建好、管好、护好、运营好”农村公路。

19.一约四会：村规民约和村民议事会、道德评议会、禁毒禁赌会、红白理事会。

20.放管服：是指简政放权、放管结合、优化服务的简称。

21.两组织一平台：“两组织”指供销社和农合联；“一平台”指惠农服务平台。

22.三清单一目录：政府工作部门权力清单、责任清单、外商投资准入负面清单及省政府核准的投资项目目录。

23.两集中、两到位：审批事项向一个处室集中、行政审批处室向行政审批服务中心集中，保障进驻行政审批服务中心的审批事项到位、审批权限到位。

24.三权分置：在坚持农村土地集体所有的前提下，促使承包权和经营权分离，形成所有权、承包权、经营权三权分置，经营权流转的格局。

25.四海揽才：市委、市政府面向社会公开招聘中高端专业技术人才的举措。

26.四个最严：最严谨的标准、最严格的监管、最严厉的处罚、最严肃的问责。

27.五个一批：发展生产脱贫一批、易地扶贫搬迁脱贫一批、生态补偿脱贫一批、发展教育脱贫一批、社会保障兜底一批。

28.六个精准：扶贫对象精准、项目安排精准、资金使用精准、措施到户精准、因村派人精准、脱贫成效精准。

29.七个强化：强化领导责任、强化资金投入、强化部门协同、强化东西协作、强化社会合力、强化基层活力、强化任务落实。

30.三网三系统："三网"指电子政务网、森林防火网和防汛抗旱网；"三系统"是指国防动员信息系统、天网系统和营区视频监控系统。

31.两个责任：在落实党风廉洁建设责任制过程中，"党委负主体责任，纪委负监督责任"。

32.四风：形式主义、官僚主义、享乐主义和奢靡之风。

大 事 记

1月

6日　参加政协岳阳市八届一次会议，君山代表团热议报告，市领导向伟雄、王小中，市政府党组成员、副市长提名人选杨昆参加君山区代表团的讨论。余为、叶凯文、陆宇、黄小青、曾君华、杨静等代表就创新驱动、精准扶贫、旅游开发、黄茶产业发展、维护舌尖安全等话题踊跃建言。

13日　市委常委、政法委书记王小中，岳阳军分区司令员黄大军到区看望慰问敬老院老人和部分特困群众，为他们提前送上新春佳节的祝福。区领导谢胜、李勇、马志光、陈华生参加。

20日　从全省环保工作会议上获悉，君山区荣获“全省2016年度环保重点工作目标责任考核先进单位”。

2月

10日　副市长李激扬一行到区调研“河长制”建设情况。副区长李卫兵及市、区相关部门负责人参加。

△　市重大动物疫病防治指挥部副局长曾新保一行到区督查动物H7N9流感防控工作，副区长庞域建参加。

15日　市委常委、宣传部长马娜一行到区调研。区领导谢胜、李勇、白再兴、余为、陈忠炎、罗遥、李爱玲、马志光、吴波及相关部门负责人参加，会议由区委副书记白再兴主持。

16日　市委副书记李爱武到区就农业农村工作开展调研。市委副秘书长孙志诚，区委书记谢胜，区委副书记、区长李勇和区领导白再兴、庞域建参加。

17日　西藏山南地区桑日县委副书记、县长吾金率桑日县党政代表团一行到君山区考察旅游产业。区委副书记、区长李勇，区委副书记白再兴，区委常委、组织部长傅大斌陪同。

20日　区美丽乡村建设座谈会召开，区委副书记、区长李勇，副区长庞域建及相关部门主要负责人参加。

28日　市总工会党组书记、副主席谭志兰，党组副书记、副主席彭慕依一行到区调研指导工作，区委常委、宣传部长、总工会主席李爱玲参加。

3月

1日　省人大财经委副主任委员、常委会预算工委主任文富恒一行到区考察，市人大常委会副主任陈光荣、区人大常委会主任余为、副主任何欣平参加。

8日　区委副书记、区长李勇主持调度洞庭湖欢乐世界主题公园项目建设工作。区委副书记白再兴，副区长周志辉参加。

9日　市委常委、政法委书记王小中，岳阳军分区司令员黄大军率市直相关单位负责人到区调研。区领导谢胜、李勇、白再兴、罗遥、马志光、彭志展、陈华生、吴国良参加。

14日　省高院巡视员金旺廷一行在市中院相关人员陪同下到君山区，对区法院进行考察。区法院党组书记、院长陈勇向考察组介绍工作情况。

15日　市人大常委会副主任陈志莲到区征求对“创新引领在岳阳”调研报告的意见，区领导谢胜、余为、罗遥、朱旗参加。座谈会由余为主持。

16日　省林业厅种苗站站长宋自立带省林科院专家组到区考察“杨树种植资源基因库”建设

工作，市、区相关部门负责人参加。

22日　市纪委常委、秘书长刘建民一行到区广兴洲镇检查指导村（居）两委换届、村务监督委员会和村规民约等工作。区委常委、纪委书记李力之参加。

25日　区文体旅新局组队代表岳阳市参加全省社区健康趣味运动会，获团体总分第三名。

28日　省住建厅、省财政厅专家组一行到区开展河湖沿岸垃圾清理专项督查，范围涵盖全区所辖各镇（办）场河湖沿岸，时间持续到3月31日。

31日　区组织参加全省全面建成小康社会推进工作电视电话会议。区委书记谢胜在省主会场参会并作典型发言。区领导李勇、白再兴、马志光、张跃芝、李卫兵、丰为民、杨再兴在区分会场参加会议。全区全面小康实现程度达到96.4%，在全省47个二类县市区排名第一。

4月

5日　市环保督查组到区督查指导迎接中央环保督察工作。区委书记谢胜，区领导罗遥、马志光、李卫兵、王大兴及相关部门负责人参加。

△　省林业厅厅长邓三龙到区考察林业生态建设，市委副书记李爱武，区委副书记、区长李勇等陪同。

6日　省深化供销合作社综合改革领导小组负责人一行到区督导，区委副书记白再兴参加。

7日　区人武部党委扩大会议召开。区委书记、区人武部党委第一书记谢胜出席并讲话。区委常委、区人武部部长彭志展代表区人武部党委作工作报告，政协副主席杨再兴及相关单位负责人参加。

18日　国际热气球大师弗兰克、美中民间交流协会理事长兼总裁祝健一行到区就国际热气球节项目进行考察洽谈。区委副书记白再兴，区委常委、常务副区长罗遥，区委常委、副区长朱雪红及相关单位负责人参加。区委常委、宣传部长李爱玲主持会议。

20日　省委常委、常务副省长陈向群到区现场督导沟渠疏浚工作。省政府副秘书长陈仲伯，市委书记胡忠雄，市委常委、常务副市长唐道明，市政协副主席、发改委主任刘晓英，长江经济带洞庭湖水环境综合治理省市相关单位负责人，区领导谢胜，李勇，庞域建参加。

△　区委书记谢胜与全国台商协会副会长、湖北新美香食品有限公司董事长吴朝琴一行进行深入洽谈和现场考察，双方达成投资5亿元合作意向。区委常委、统战部长，工业园工委第一书记周峰及相关单位负责人参加。

21日　省预备役师师长刘亚兵一行到区检查预备役汽车连工作，区委常委、区委办主任马志光陪同。

23日　区委书记谢胜陪同广东省揭阳市桂岭乡亲联谊会会长姚建安一行参观考察区投资环境。区委常委、统战部长、工业园管委会工委第一书记周峰，区政协副主席、区工商联主席高本谊参加。

24日　中央第六环境保护督察组督察湖南省工作动员电视电话会召开。区委书记谢胜等全体在家区委常委会成员，区人大相关副主任，区政府副区长，区政协相关副主席，法检两长及相关单位负责人等在君山分会场收看收听。

24—27日　区委副书记、区长李勇带队参加2017湖南（香港）投资贸易洽谈周相关活动，成功签约金城影视小镇（君山）和华南石化仓储物流2个项目，合同引资212亿元。

5月

2日　区委副书记、区长李勇召开中央环境保护督查突出问题整改工作调度会，副区长李卫兵主持，副区长庞域建及相关部门负责人参加。

3日　从全省军供工作会上获悉，区军粮供应站被评为“全省先进军粮供应站”。

4日　水利部参事咨询委主任、原水利部党组副书记、副部长矫勇带领水利部参咨委、法规司、发展研究室、政策法规司等相关负责人到区开展长江保护法立法调研，省水利厅厅长詹晓安，市委副书记、市长刘和生，区领导谢胜、李勇、庞域建等参加。

5日　全区纪念“五四”运动98周年暨十佳青年岗位能手颁奖仪式举行。区委书记谢胜，区委副书记白再兴，团市委副书记綦小广，区领导李爱玲、傅大斌、李力之、何欣平、杨再兴及各镇（街道）场党委书记和相关人员参加。

△　从省文明办获悉，区钱粮湖镇肖台村村民方赛群荣登4月“湖南好人榜”好人。

6日　省环保厅自然生态保护处副处长彭勇辉一行到区督察

突出环境问题整改工作。区委书记谢胜、副区长庞域建及相关单位负责人参加。

10日　省财政厅副厅长欧阳煌一行到区督导防汛抗旱、血吸虫防治等工作。区委书记谢胜，区委副书记、区长李勇，区委常委、常务副区长罗遥参加。

13日　领岛杯“江湖情·滨江美”生态文化节开幕式暨《袁隆平的世界》签售会在桥头公园三角坪市政广场举行。国家杂交水稻工程技术研究中心辛业芸博士、湖南文艺出版社副社长龚湘海、岳阳籍著名作家陈启文、湖南著名青年歌手曹志强等到现场与观众和读者见面。市领导万岳斌、李平，区领导白再兴、李爱玲，市、区相关部门负责人及区学生代表、青年志愿者等参加。

18日　市委副秘书长、市小康办主任任小娟率市小康工作督查组到区督导全面建成小康社会推进工作。区领导李勇、白再兴、罗遥、马志光参加。

23日　市委书记、市人大常委会主任胡忠雄到区督查调研精准扶贫和环保督查工作。区领导谢胜、李勇、马志光、李卫兵、庞域建及市、区相关部门负责人参加。

24日　全区生态“1+5”产业项目推进会召开，区委书记谢胜，区委副书记、区长李勇，区四大家班子成员，各镇（街道）场和区直相关单位主要负责人参加。

25日　市人大常委会副主任赵岳平率市人大农业委及相关部门负责人对区休闲农业与乡村旅游发展情况开展专项调查。区委书记谢胜，区人大常委会主任余为、副主任张跃芝，副区长庞域建及相关部门负责人参加。

26日　市委常委、政法委书记王小中到区调研防汛抗旱、精准扶贫、环保督查、基层党建、综治民调等工作。区领导谢胜、李勇、白再兴、李爱玲、马志光、陈华生、李卫兵、庞域建、周志辉参加。

6月

7日　省总工会党组成员、副主席周海斌一行到区调研工会工作。市总工会党组书记、副主席谭志兰，区委常委、宣传部长、总工会主席李爱玲参加。

9日　云南省政协副主席白成亮率调研考察组在省市政协领导陪同下到区黄茶产业园考察，区领导谢胜、陈忠炎、练伟参加。

10日　“翡翠君山·生态相约”，2017中国（岳阳君山）山地户外健身休闲大会在君山公园开幕。市领导李为、方争奇，区领导谢胜、李勇、白再兴、周志辉等及国家、省、市、区相关部门负责人出席开幕式。

13日　省商务厅党组成员、省政府口岸办主任杨中万到区调研指导开放型经济工作，副市长邱虹，区委书记谢胜、副区长丰为民参加。

是日　区冯凯敏被评为见义勇为省道德模范候选人，陈杰夫、方赛群被评为孝老爱亲省道德模范候选人。这是君山区多年如一日加强公民道德建设，大力弘扬道德模范、身边好人示范引领作用的又一成果。

20日　省委理论学习中心组（扩大）专题辅导报告电视电话会召开。国务院副秘书长、中央信访工作联席会议办公室主任、国家信访局局长舒晓琴作专题辅导报告。省委书记、省人大常委会主任杜家毫主持会议并讲话。区委书记谢胜及全体在家区委中心组成员在君山分会场收看收听。

22日　国家粮食局副局长曾丽瑛在省市相关领导陪同下到区调研粮食收购工作。市委常委、副市长胡小闵，区委副书记、区长李勇，副区长丰为民参加。

26—27日　区委书记谢胜带队赴北京开展产业招商、对接签约央企项目，先后拜会中民投旗下的中民融和燃气有限公司、中国华电集团清洁能源公司，并与公司负责人就岳阳LNG接收基地建设、项目配套产业及新能源领域开展深入交流。

7月

2日　市委常委、政法委书记王小中，市政协副主席李平督察洞庭湖君山、建新段沿线大堤的防汛情况。区领导谢胜，区委常委、马志光等先后参加。

△　区委副书记、区长李勇实地检查全区水库防汛工作情况。区领导周峰、陈可娟、吴国良参加。

3日　区委书记谢胜到君山垸南堤和长江干堤，钱粮湖垸洞庭湖堤沿线、藕池河、华容河及华洪运河等地实地察看汛情，督查沿线防汛值守、巡查，现场督导调度水系工作，并到柳林、芦苇总场、钱粮湖、良心堡四个防汛指挥所听取防汛情况汇报、共同研究应对措施。

△　省财政厅督查组到区开展防汛督查，区委常委、常务副区长罗遥汇报区防汛抗灾工作情

况，并实地查看广兴洲等地防汛工作。

6日　国家防总防汛抗旱督察专员王磊一行到区检查指导防汛工作。市领导王小中，区领导谢胜、李勇、庞域建及相关部门负责人参加。

△　根据省防指工作安排，君山区是省财政厅防汛工作联点县区。省财政厅派出第二批工作组到区开展防汛督查，传达省防指工作要求，并与驻区第一批工作组进行相关工作交接。区委副书记、区长、区防指指挥长李勇参加。

8日　交通建设和港口建设大会战汇报会在区交通运输局召开。区委副书记、区长李勇出席。副区长吴国良主持会议。

9日　省财政厅社保处副处长林建峰一行，到广兴洲镇建设垸长江干堤督导防汛工作。区领导李勇、罗遥、李爱玲参加。

10日　团省委书记汤立斌到区柳林洲街道、长江、洞庭湖防汛干堤看望慰问青年志愿者。市委副书记李爱武，区领导谢胜、李勇、白再兴参加。

12—13日　农业部党组成员杨绍品一行到区就农垦改革发展工作进行调研。区委副书记、区长李勇，区委副书记白再兴，副区长庞域建及省、市、区相关负责人参加。

18日　君山区职业技术学校隆重揭牌，标志着区第一所公办职校起航。区委副书记、区长李勇出席揭牌仪式并致辞，区领导白再兴、蔡国兴、周志辉、杨再兴以及省市相关部门负责人参加。

20日　全区举行天然气分布式能源站及微电网开发项目洽谈会，区领导谢胜、马志光、周峰及相关部门负责人参加。

19—20日　区委副书记、区长李勇率队赴北京、南京考察，副区长吴国良及相关部门负责人参加。

21日　区爱心企业家龙超云对区教育基金会捐赠120万元，用于教育事业发展。

25日　区委书记谢胜到柳林洲街道、广兴洲镇调研殡葬改革工作，副区长丰为民参加。

27日　全区“刹人情歪风、治婚丧陋习、树文明新风”专项整治工作推进会召开。区委书记谢胜出席并讲话，区委副书记、区长李勇主持会议，全体在家区委常委、各镇（街道）场党（工）委书记、相关区直部门负责人等参加。

8月

4日　中国空间技术研究院负责人原民辉率队一行7人，到区实地考察洞庭湖博物园生态环境，拟在中心城区打造一个航空航天特色小镇，内容包括航空航天博物馆和体验馆、航空生物园、航空影视、航空航天员培训基地、中国青少年航空航天教育基地等。区领导谢胜，李勇、吴国良，区城建投等相关部门负责人参加。

8日　区行业扶贫与贫困村摘帽工作交办会召开，区委书记谢胜出席并讲话，区政协主席陈忠炎主持，副区长庞域建及相关部门负责人参加。

9—10日　市委常委、政法委书记王小中带领区领导谢胜、陈华生、周峰及相关部门负责人赴杭州，实地考察金诚集团总部、财富中心、文化发展集团。

15日　市人大常委会秘书长骆岳梨率工作组到区调研贫困残疾人扶贫工作情况。区人大常委会主任余为、副主任张跃芝、副区长庞域建参加。

22日　市人大常委会党组书记、副主任向伟雄率市人大常委会主任会议成员、副市长喻昌等一行考察区农产品检验检测体系建设。区领导谢胜、白再兴、余为、张跃芝、庞域建参加。

24日　区委书记谢胜会见恒大集团湖南公司总经理贺喜阳一行9人考察团，区委常委、统战部长、工业园第一书记周峰，国土、规划、城建投、工业园等相关单位负责人参加座谈。

30日　区委副书记、区长李勇与中国华电集团清洁能源有限公司华中分公司总经理张新一行对接岳阳LNG接收站（储备中心）项目相关工作，区交通局等相关负责人参加。

9月

1日　柳毅路提质改造调度会召开，区委副书记、区长李勇出席，副区长李卫兵主持会议，区发改、财政、国土、住建等有关部门及相关镇办场主要负责人参加。

5日　副市长杨昆率市交通运输局、市安监局、市质监局检查君山区安全生产工作。区委领导谢胜、李勇、丰为民参加。

9日　君山区庆祝第33个教师节，表彰大会暨岳阳市十六中学揭牌、区教育基金会成立举行。副市长李为，市教育体育局局长王德华、副局长张诗文，区委书记谢胜，区委副书记、区长李勇及全体在家区级领导，各镇（街道）场、区直各部门主要负责人及市第十六中全体师生等参加。

△ 从全国高新技术企业认定管理工作领导小组办公室公示的湖南省2017年第一批拟认定高新技术企业名单中获悉，区湖南劲阳电子有限公司、岳阳市展翔生物科技有限公司上榜。

14—15日 省畜牧水产局渔政处处长黄财高一行6人，到区开展畜禽水产品质量安全监管和养殖业安全生产工作督促检查。副区长庞域建及市区相关部门负责人参加。

17日 水利部总规划师汪安南率调研组到区，专题调研洞庭湖综合治理与保护工作，湖南、湖北两省水利厅主要负责人，市委副书记、市长刘和生，副市长唐文发，区领导谢胜、李勇、庞域建等参加。

25日 中国国际贸易促进会合作发展部部长吴蒙带领华盛发展等战略性投资企业及商会到区考察，区领导谢胜，周峰及工业园负责人参加。

28日 市委常委、纪委书记李挚到区督导移风易俗和扶贫领域监督执纪工作，区委书记谢胜，区委副书记白再兴，区委常委、纪委书记李力之及市、区相关负责人参加。

10月

9日 区组织收看全省巡视巡察工作电视电话会议。区委书记谢胜，区领导傅大斌、李力之出席，各部门、乡镇主要负责人参加。

10日 市人大常委会副主任陈光荣一行到区法院就司法体制改革工作开展调研，市中院党组书记、院长彭世理，区委书记谢胜，区人大常委会主任余为及市、区相关负责人参加。

14日 省林业厅党组书记胡长清一行到区督察调研涉林环保问题整改工作开展情况。区委副书记、区长李勇，副区长庞域建参加。

17日 “百名专家挂职岳阳”赴区调研指导工作座谈会召开，来自省内著名高校和科研机构12名专家对区城市规划等问题建言献策，区委书记谢胜，区级领导傅大斌、周峰、李卫兵、王大兴及相关单位负责人参加。

19日 省财政厅厅长石建辉一行到区调研，市领导王瑰曙、唐道明、宋爱华，区领导谢胜、李勇、罗遥及省、市、区相关部门负责人参加。

22日 副省长隋忠诚到区调研采桑湖生态修复、生猪退养和沟渠疏浚工作，市委副书记、市长刘和生，区领导谢胜、李勇、庞域建参加。

23日 市委副秘书长黄岳山带领市委改革办督查组到区就“四个十条”和创建深化供销合作社综合改革示范市工作进行督导工作，区委书记谢胜，区委常委、区委办主任马志光参与。

24日 市委副书记、市长刘和生到区调研产业园区项目建设。市委常委、常务副市长唐道明，市政协副主席刘晓英，市政府秘书长刘传汉，区领导谢胜、李勇、白再兴、周峰及市区相关部门负责人参加。

26—29日 2017中国岳阳国际热气球节在区洞庭湖博览园内举行。活动指导单位是区人民政府，由区文体旅游广电新闻出版局和区城市建设投资有限公司主办，美中民间交流协会、湖南兆丰文化传媒有限公司和区文化馆承办。活动将邀请国际热气球节协会与发源地相关人员和相关主管单位与政府机构领导等参加。

30日 区委常委、宣传部长李爱玲将两块“湖南省文明单位”牌匾分别授予检察院和国税局，并对两家单位表示祝贺。

11月

1日 山东汇英生物有限公司正式与区签约，落户君山工业园。区委书记谢胜，岳阳食品商会会长周劲松，区领导罗遥、周峰及受邀客商一起见证整个签约仪式。

3日 市委副书记李爱武到区就美丽乡村建设、供销社综合改革和水利冬修工作进行调研，区委书记谢胜，区委副书记、区长李勇，区领导白再兴、马志光、丰为民、庞域建及市、区相关部门负责人参加。

5日 第七届湘鄂边羽毛球俱乐部联赛在沅江市落下帷幕，区羽毛球协会在两省12个县区16支代表队中夺得冠军。

7日 以国家发改委基础司牵头，会同国家水利部、交通运输部等有关部门组成核查组，到区对沿江非法码头取缔拆除工作展开核查。副市长杨昆、区委书记谢胜、副区长庞域建参加。

9日—10日 区委副书记、区长李勇，带领区委常委、统战部长、工业园第一书记周峰及相关人员赴东莞，与东莞格玛婴幼儿用品有限公司正式签署5亿元入园投资合同。

14日 农业部渔业局政法处处长张成、农业部长江办渔政处处长吴建、省畜牧水产局渔政处处长汪旭光一行对区落实农业部涉渔“三无”船舶清理整治、养殖水域滩涂规划编制出台工作进行督查和调研，副区长庞域建参加。

15日 区召开2017年防汛抗灾总结表彰暨“三冬”农业生产工作动员会议。区委书记谢胜，区委副书记、区长李勇，副区长庞域建，区领导陈可娟、杨才学，各区直单位及驻区单位负责人等参加，区委副书记白再兴主持会议。

16日 区委副书记、区长李勇率区政府办、财政局、城建投负责人赴厦门市，与厦门国贸中顺集团有限公司董事长和总经理及相关部门负责人进行深入洽谈、并考察该公司相关项目，双方签订战略框架投资协议。

17日 中央综治委副主任、中央政法委副秘书长、中央综治办主任陈训秋到区调研综治中心建设，省委常委、政法委书记黄关春，市委常委、政法委书记王小中，区委副书记白再兴参加。

21日 市教育基金会理事长柴小平，副理事长廖社华等一行到区调研2017年度教育基金会工作开展情况，区委副书记白再兴、副区长周志辉等参加。

22日 省人大常委会副主任李友志带领省人大常委会调研组一行到区调研血吸虫病防治工作。市领导胡忠雄、彭先政、李为，区领导李勇、白再兴、余为、蔡国兴、周志辉、党朝松等及市区相关单位负责人参加。

23日 省委统战部副部长龙建湘一行到区宣讲十九大精神。区领导白再兴、周峰、陈可娟、李卫兵、高本贻、杨善及市、区相关部门负责人参加。

12月

1日 岳阳市“千名书记讲中共十九大精神”决赛闭幕。来自全市39名优秀的党组（党委）书记和机关党支部书记经过激烈的角逐，区委副书记白再兴获得一等奖。

5日 2017湖南商业航空航天航海装备论坛在长沙举办，副区长吴国良代表区政府与北京空间科技信息研究所签订航天主题小镇建设项目战略合作协议。

6—8日 区委书记谢胜带领区财政局、区工业园管委会（招商局）负责人赴北京敲门招商，就区引资、引项工作与国家相关部、办、委进行汇报，先后与韩国Cj集团中国总部、可口可乐、京东、杜邦和新希望集团等世界500强和中国500强企业负责人进行深入对接和交流。

6日 省绿化委副主任徐金伟一行到区考核“湘林杯”特色指标“乔木进城”工作，副区长庞域建参加。

12日 副市长喻昌到区就《2018年政府工作报告（征求意见稿）》广泛听取意见和建议。区领导谢胜、李勇、余为、罗遥、丰为民、彭红卫、庞域建、周志辉及相关部门主要负责人参加。

13日 从岳阳市文明办获悉，区柳林洲街道周培兵等8户家庭获“岳阳市文明家庭”，钱粮湖镇肖台村村民方赛群获评岳阳市“孝老爱亲”道德模范。

14日 省健康扶贫考核组到区检查健康扶贫工作，区委书记谢胜，区委副书记、区长李勇，副区长周志辉参加。

18日 省脱贫攻坚工作实地考核君山区见面会召开，省人大常委会机关党委副书记罗平率省考核组一行到区进行考核，区委书记谢胜，区委副书记、区长李勇主持，区领导陈忠炎、余为、马志光、庞域建及相关部门负责人参加。

19日 岳阳市中小学校（幼儿园）“读书节”展示暨“三园”建设现场会在十六中图书馆会议厅举行。区领导李勇、周志辉出席。

20日 市委副书记、市长刘和生到区巡查河湖工作，调研区河长制工作推进落实及流域内水环境治理等情况。副市长唐文发，区委书记谢胜，区委副书记、区长李勇及市、区有关部门主要负责人参加。

21日 区委五届四次全体（扩大）会议暨区委经济工作会议召开。区委书记谢胜讲话，会议由区委副书记、区长李勇主持。全体在家区级领导、各镇（街道）场、区纪委、区人大、区政协和区直各部门有关负责人参加。

△ 市食品加工行业商会年会暨君山招商项目签约交钥匙活动在区绿色食品工业园举行。市人大原主任陈志刚出席，市食品加工行业商会会长周劲松，区领导谢胜、李勇、罗遥、李爱玲、马志光、周峰，食品加工行业商会全体成员及市区相关单位负责人参加。

26日 新华社、《人民日

报》、中央电视台等9家中央主流媒体30多名记者到区开展集中采访。副市长杨昆，区委书记谢胜，副区长庞域建参加。

28日　区引进重大招商项目“萌宠小镇·金诚之星”在建设基地举行开工仪式。

△　区纪委驻政法委纪检组组织12家综合监督单位，召开党风廉政建设座谈会议。区委常委、纪委书记李力之、区委常委、政法委书记陈华生参加。

29日　区教育基金会正式成立，李志文当选区教育基金会第一届理事长。区领导白再兴、傅大斌、丰为民、周志辉参加。

△　从市文明办获悉：经中央精神文明建设指导委员会复查合格，区法院和广兴洲镇分别被确认继续保留“全国文明单位”和“全国文明乡镇”荣誉称号。

君山区概况

地理

【地理位置】 君山区位于岳阳市西北部，北靠荆江居长江之肾，南绕洞庭锁“四水”（湘、资、沅、澧）之咽，东与岳阳楼区隔水相望，西延“古道”与华容县东部镇村相连。地理坐标为北纬29°23′～29°36′，东经112°37′～113°5′之间。区治所设柳林洲街道办事处主城区君山大道北端，距市政府机关24公里、省政府机关182.7公里。交通位置：水路，临长江岸线41.13公里，码头20个，可通江达海；临洞庭湖河岸线27.8公里，码头24个；可进入洞庭湖腹地76个县市区。陆路，有岳华公路、省道302线、杭瑞高速和在建蒙西铁路穿境而过。境域南北宽约32公里，东西最长约48公里。全区行政区划面积627.09平方公里，其中，耕地2.69万公顷，园地0.11万公顷，林地0.48万公顷，草地160公顷，城镇村及工矿用地0.54万公顷，交通运输用地0.21万公顷，水域及水利设施用地2.19万公顷，其他土地360公顷；全区农用地4.09万公顷，建设用地0.77万公顷，未利用地1.41万公顷；全区共有国有土地4.72万公顷，集体土地1.56万公顷。

（郑 帆）

历史沿革

【概况】 区境是两省（湖南、湖北）、三县（岳阳、华容、监利）交界地区。君山建置历史悠久，隶属关系复杂。据文物部门考证，距今8000年前人类开始定居境内。夏商时期，境内为云梦之野，三苗之地。周初，境内属越人及土著部族活动地带。西周，为召公分封之地。春秋战国时期，属楚国黔中郡。秦并天下，境内属长沙郡。西汉初，郡县与封国并行，境内属长沙国。始建国元年（9），王莽篡位，西汉灭亡，今境内东部隶荆州郡，西部（良心堡镇、钱粮湖镇、采桑湖镇）隶武陵郡。建安二十四年（219）十一月，孙权派吕蒙袭取荆州，湘江以西归孙权所辖，境内属吴。西晋太康元年（280）三月，西晋灭吴，境内属巴陵县。隋开皇十一年改巴州为岳州，境内东部属岳州巴陵县，唐武后垂拱二年（686）改华容县为容城县，境内西部属容城县，唐宋境内东西分属巴陵县、华容县。元属岳州路，明，境内广兴、反咀属湖北监利县，清分属巴陵、华容、监利三县。民国元年（1912）2月，属岳州府；2年，属岳阳县，隶湘江道；3年，改属武陵道；5年，复属湘江道；11年，撤道存县，至25年，各县直隶湖南省。27年，省置9个行政督察区，岳阳属第一督察区，29年，湖南置10个行政督察区，境内东部仍属第一督察区，西部属第四督察区。1949年7月，境内解放。1951年2月21日，岳阳县奉清乡、永益乡江北部分划入湖北省监利县，监利县江南乡（广兴洲、反咀）划入湖南省岳阳县。1955年，省府在岳阳县第十四区建设大垸（今广兴洲镇）南堤外洲进行围垦，11月，成立湘潭专区劳动改造管教队建新总队，次年改为湖南省地方国营建新农场。1958年8月，岳阳县君山围垦灭螺工程指挥部、常德专区钱粮湖围垦工程指挥部相继成立。10月1日，广兴洲、许市和柳林洲合并建立君山人民公社，社治设广兴洲。1959年1月13日，成立钱粮湖农场，直属省、地农场管理局（办）领导，行政隶属华容县。6月，君山公社分为君山、广兴洲两个公社。1960年4月，君山公社改建为岳阳县国营君山农垦场，10月，称君山农场。1961年4月14日，君山农场转为省属国营农场。1962年，钱粮湖农场行政改属益阳专区。1968年，君山农场划归岳阳专区管辖。1969年、1970年，省属钱粮湖农场、建新农场分别划归岳阳地区管理。1981年10月，撤销岳阳县，境内并入岳阳市，隶属岳阳地区。1983年7月13日，岳阳市为省辖市，同时恢复岳阳县，治所暂驻岳阳市区，是年11月，县治迁驻荣家湾镇。岳阳市辖岳阳县、南区、北区、郊区及君山、建新农场。1986年1月27日，钱粮湖农场隶属岳阳市。1996年3月16日，成立君山区，属岳阳市城区，一同被列为全国历史文化名城、沿江开放城市、省直接对外口岸。2016年，成为岳阳市全省经济新增长极和宜居、宜游、宜业及打造江湖名城的主城区之一。

（郑　帆）

行政区划

【概况】　2016年，圆满完成全区乡镇合并工作任务，截至12月31日全区辖4镇1街道。其中：柳林洲街道辖岳华村、三家店村、新洲村、挂口村、濠河村、永城村、芦花洲村、长沟子村、瓦湾村、上反嘴村、二洲子村、黄泥套村、景明路社区、林角佬社区、望城社区、松湖社区、柳林洲社区、挂口社区、自成垸社区、旅游路社区、建新社区共12个村、9个社区；广兴洲镇辖洪市村、保庆村、联合村、永明村、团湖村、六支渠村、合兴村、沿江村、黄安村、胜利街道社区、殷家铺社区、广兴社区共9个村、3个社区。许市镇辖凉亭村、高新村、横山岭村、崇庆村、许家牌村、金盆村、柿树岭村、黄金村、铺子嘴村、横山岭社区、洪水港社区共9个村、两个社区；钱粮湖镇辖团洲村、三角闸村、文家湾村、观音村、西北湖村、高桥村、两门闸村、古月湖村、幸福村、乾隆村、马颈河村、天星洲村、丰收村、牛奶湖村、朝阳社区、雅园社区、六门闸社区、托龙山社区、百花社区、银杯社区、分路口社区共14个村、7个社区。良心堡镇辖檀树村、悦来河村、黄泥港村、杨蒐湖村、望君洲村、维新村、福星村、团结村、七星湖村、良心堡社区、福华社区共9个村、2个社区。

（郑　帆）

人口状况

【人口变动情况】　2017年，君山区总人口246193人；共出生人口3191人，死亡2448人。

（郑　帆）

气　候

【气候特征】　君山区属东亚热带季风湿润气候，具有光照充足、四季分明、雨水集中、春温多变、夏秋多旱、严寒期短、暑热期长的气候特点。冬季，常为高纬度冷气团控制，北方寒流频频南下，气候比较湿冷，阴雨天气较多，但日均气温在0℃以下的日子不多，每年仅有几天或十几天不等。夏季，多为较低纬度的副热带干暖气团所盘踞，高温低湿，又由于地势低平，地面增温后热量不易散失，导致高温天气出现，日最高温度可达39.6℃。春秋季节，正处于寒暖气流相互交替的过渡地带，锋面雨和气旋活动频繁，造成阴湿多雨，气温升降剧烈，天气多变。年平均气温17.3℃。

君山习惯以立春、立夏、立秋、立冬为四季起点。

（郑　帆）

国民经济与社会发展

【概况】　2017年，实现地区生产总值134.48亿元，增长6.5%，其中：一产业增加值26.81亿元，增长2.0%；二产业增加值53.65亿元，增长5.5%；三产业增加值54.02亿元，增长10.2%。三次产业结构为20∶40∶40。一产业对经济增长的贡献率为6.1%，拉动经济增长0.4个百分点，二产业对经济增长的贡献率为36.7%，拉动经济增长2.4个百分点，三产业对经济增长的贡献率为57.2%，拉动经济增长3.7个百分点。

【农业】　2017年，全区农林牧渔业总产值45.52亿元，比上年增长2.14%，其中，农业产值24.52亿元，比上年增长6.6%；林业产值0.99亿元，比上年增长4.7%；牧业产值9.78亿元，比上年增长-9.9%；渔业产值9.88亿元，比上年增长6.8%；全年农作物总播种面积63.98千公顷，比上年增长0.9%。其中，粮食作物播种面积29.39千公顷，比上年增长-0.2%；总产量16.07

万吨，比上年增长-0.2%。其中双季晚稻播种面积7.92千公顷，比上年增长-0.5%；产量5.11万吨，与上年持平；中稻与一季晚稻播种面积6.42千公顷，比上年增长6.6%，总产量4.39万吨，比上年增长-0.6%；早稻播种面积6.34千公顷，比上年增长-1.0%，总产量3.14万吨，比上年增长-5.1%。全区油料播种面积11.86千公顷，比上年增长0.93%，总产量1.85万吨，比上年增长-0.53%。

全区棉花播种面积6.76千公顷，比上年增长1.5%，总产量1万吨，与上年持平。全区蔬菜播种面积10.15千公顷，比上年增长3.6%，总产量34.3万吨，比上年增长9.7%。全区瓜果类播种面积2.54千公顷，比上年增长9%；总产量7.75万吨，比上年增长33.85%。其他种植面积3.28千公顷，全区出栏生猪36.7万头，比上年增长-16.67.3%；出栏牛0.45万头，比上年增长-30.8%；出栏羊0.70万头，比上年增长-15.6%；出笼家禽250.78万羽，比上年增长-12.4%。全区水产品总产量3.61万吨，比上年增长-9.5%。全年荒山造林1.4千公顷，比上年增长6%。全年农用化肥实物量施用量6.15万吨，比上年增长2.3%；全年农用塑料薄膜使用量610吨，比上年增长1.2%。

【工业和建筑业】 2017年，59家规模工业企业完成总产值162.2亿元，比上年增长4.7%。全年工业用电量4256万千瓦时，增长-3.9%。实现利税总额14.78亿元，增长8.8%，全部从业人员年平均人数达2.27万人，增长22%。园区企业实现产值115.52亿元，增长105.5%，园区产值占比达到70.8%。全年建筑业总产值11.09亿元，增长27.5%。新入库建筑企业3家，具有资质等级的总承包建筑企业7家，实现利税总额3.24亿元，增长12.2%。房屋建筑施工面积41.4万平方米，增长38%；房屋建筑竣工面积36.7万平方米，增长49%。

【固定资产投资和房地产】

2017年，完成固定资产投资141.2亿元，比上年增长10.8%，按建设性质分：新建项目投资35亿元，增长-28%；改建项目投资5.9亿元，比上年同期增长7倍；技术改造项目投资89.1亿元，增长5.1%。全年施工项目297个，其中本年新开工270个，本年投产项目236个。全年房地产完成投资4.4亿元，增长100%。全年施工面积31.7万平方米，增长14.7%，竣工面积7.7万平方米，增长-18%，房屋销售面积23.6万平方米，增长-12.6%。

【国内贸易和旅游】 2017年，完成社会消费品零售总额28.5亿元，比上年增长9.8%。其中，批零业完成22.9亿元，增长13.2%，住宿餐饮业完成5.6亿元，增长12.4%，增速持平。全年实现旅游综合收入27.8亿元，增长24.6%，接待游客人数达428.9万人次，增长22.1%。景区建设加快推进，天井山公园进园道路改道建设完成；洞庭湖博物馆和水上游乐场项目建设完成总投资60.6%；计划总投资40.47亿元的萌宠小镇项目前期全部完成并启动一期建设。

【交通运输和邮电】 2017年，全区交通运输仓储业实现增加值3.4亿元，比上年增长5.3%。全区客货运周转量3.93亿吨公里，比去年增长18.7%。其中，货运量421.8万吨，客运量313.3万人。境内公路总长1100.337公里。全区邮电业务总量（含移动）11326万元，增长10.3%。其中，邮政业务总量2825万元，增长12.8%；电信业务总量（含移动）8501万元，增长9.7%。年末固定电话用户1.68万户，比上年增长-9.9%；移动电话用户15.12万户，比上年增长1.9%。年末互联网宽带用户2.81万户，比上年增长3.3%。

【财政和金融】 2017年，全区财政总收入4.64亿元，比上年增长10.5%。其中，一般公共财政预算收入3亿元，增长5.7%；上划中央收入13111万元，增长25.5%。财政总收入中，税收收入3.13亿元，增长13.9%，非税收入1.52亿元，增长4%。税收收入占财政总收入的比重为67.5%。国税完成征缴收入2.02亿元，比上年增长35.1%，地税完成征缴收入1.22亿元，增长-9.9%，财税完成征收1.41亿元，增长3.7%。全年公共财政预算总支出20.56亿元，增长-1.4%。其中，一般公共服务支出2.12亿元，增长16.5%；公共安全支出0.345亿元，增长35.3%；教育支出2.135亿元，增长5.2%；医疗卫生支出1.181亿元，增长-33.2%；社会保障和就业支出6.56亿元，增长-15.1%；农林水事务支出2.59亿元，增长-18.8%。年末全区金融机构人民币各项存款余额75.2亿元，比上年增长14.6%。其中城乡居民储蓄存款50.1亿元，增长9.9%。年末全区金融机构各项贷款余额16.1亿元，增长0.8%。

【文化教育、医疗卫生事业】

2017年，全区有各类学校75所，较上年增加1所。其中，幼儿园36所，小学29所，初中6所，高中2所，均与上年持平，职业技工学校2所，较上年增加1所。全区在校学生人数26010人，增加723人，比上年增长0.7%，其中高中在校生2216人，增长20.1%；初中在校生4744人，增长-1.8%；小学在校生11226人，增长1.1%；幼儿7212人，增长1.1%。全区当年各年龄段毕业生6488人，比上年增长3.9%。高中教育毛入学率为92.2%，平均受教育年限为10.1年。全区在职教师1577人，比上年增长1.5%。全区校园面积119.2万平方米，增长9.7%，建筑面积33.8万平方米，增长13.5%。拥有图书63.7万册，增长17.9%。全区电视转播发射台1座，电视发射机2部，有线电视传输干线网络总长度450公里，有线电视用户3.4万户，增长-3.5%。电视节目200套。全区拥有公共文化体育设施面积58.8万平方米，人均2.3平方米，完成送戏下乡50场、送电影下乡1068场、送图书下乡1.48万册。全区医疗卫生机构14个。其中，疾病预防控制中心1个、医院4个、卫生院4个，社区卫生服务中心2个，血防站3所。全区拥有床位总数883张。全部职工人数778人，其中，卫生工作人员601人。执业医师和执业助理医师282人；注册护士233人；药剂人员50人；检验人员36人。门诊急诊人数13.09万人次，入院人数1.42万人。全区血防机构中，年末职工人数68人，其中，中级技术人员23人。床位数55张。全年检查血吸虫病人数5.23万人，化疗人数2.43万人，晚期病人177人。钉螺面积11.65万千平方米。

【资源环境和安全生产】　2017年，降雨量1650.7毫米，年平均气温18.3℃。水利工程年供水总量13373万立方米。年末拥有水库24座，年末蓄水量204万立方米。水闸47座。全区一线防洪大堤118.982公里，其中：长江大堤41.113公里，洞庭湖大堤27.878公里，华容河堤46.391公里，耦池河堤3.6公里。农业总灌溉面积27.19千公顷，有效实灌面积25.4千公顷，旱涝保收面积17.1千公顷，节水灌溉面积3.86千公顷。全年纳入环保监测工业企业共22个，工业废水治理设施19套，总投资890万元。工业废水排放总量186.05万吨，比上年增长-10.3%；工业废水排放达标量151.77万吨，排放达标率81.57%（2016年排放达标率是87.1%），与上年持平。工业废气排放总量1.954亿标立方米（2016年工业废气排放总量2.786），与上年持平；工业固体废物产生量0.667万吨，比上年增长-23.1%，处置量0.667万吨，处置率100%。全年污染治理项目7个，其中治理废水项目5个、治理废气项目1个。城市污水集中处理率100%。城市生活垃圾无害化处理率100%。全年完成植树造林面积1.3万亩，完成森林抚育面积1万亩，省级以上公益林保护管理1.3万亩。森林资源蓄积量增长率为4.5%。年末全区拥有自然环境保护区和名胜风景区3个，其中国家级2个，自然保护区面积5.86万公顷。2017年，全区安全生产形势总体稳定向好。全年共发生道路事故3起，比上年下降25%；死亡4人，与上年持平；受伤5人，与上年持平；直接经济损失300多万元，比上年下降25%（非生产经营性安全事故未纳入统计）。事故次数比上年下降25%。安全事故次数和死亡人数均控制在目标值范围内。烟花爆竹、消防、危险化药品、非煤矿山、水上交通等行业未发生安全生产事故。

【民生和社会保障】　2017年末，全区户籍人口246193人，总户数105794户。其中，城镇人口130846人，乡村人口115347人；男性124754人，女性121439人；0—17岁年龄段47316人，占总人口比为19.2%、18—34岁年龄段55006人，占总人口比为22.3%、35—60年龄段98440人，占总人口比为39.9%、60岁及以上年龄段45431人，占总人口比为18.5%。户籍人口城镇化率为53.1%，常住人口城镇化率为57.8%。

全年共投入5.81亿元改善民生。完成了省市实事项目24个，完成区级实事项目68个。完成农村危房改造230户，对3000户垦区危旧房进行了改造，完成城市棚户区改造2135套；帮助15名残疾儿童完成康复训练；新增养老服务床位34张，对10个行政村的宽带网络进行了升级改造；对1400名孕产妇进行了产前免费筛查；查处食品“5类”违法案件5起，对1548家食品药品经营主体进行了监督检查，抽检食品260批次，监督检查覆盖率达到100%，违法行为立案查处101起。新增管道天然气用户826户；新增社会治安监控摄像头60个；岳阳市16中秋季顺利开学。全年新增就业3978人，其中城镇新增就业2640人，新增农村转移就业1298人。全区城镇居民人均可支配收入29455元，增长9.4%。农村居民人均可支配收入16670元，增长9.2%。

年末全区参加基本养老保险职工人数22.12万人，与上年持平。其中，参保职工17.36万人；参保离退休人员4.84万人，比上年增长1.9%。参加居民基本医疗保险19.64万人；发放企业离退休人员基本养老保险金9.18亿元，比上年增长3.1%。

全年民政事业费支出6642.48万元，比上年增长-3.7%。城镇居民最低生活保障人数2730人，比上年增长-58.9%，发放最低生活保障金1831万元，比上年增长-26.8%，农村居民最低生活保障人数5900人，比上年增长-28.6%，发放最低生活保障金1021万元，比上年增长-24.3%。发放大病救助资金448万元，比上年增长-12.2%。

注：

1.本公报主要经济指标发展数据均为岳阳市统计局发布数据。

2.大部分社会事业发展数据由区直相关部门提供。

3.地区生产总值、各产业增加值绝对数按现价计算，增长速度按可比价计算。

资料来源：本公报中财政数据来自区财政局；客货运周转量数据来自区交通局；邮电业务总量、移动电话用户、固定电话用户、互联网宽带用户数来自区邮政、电信、移动；文教卫生事业发展数据来自区文体旅游局、教育局、卫计局；社会保障数据来自区人社局和民政局；水利情况数据来自区水利局；安全生产数据来自区安监局；其他数据均来自区统计局。

（吴又健）

精神文明建设

【文明城市建设】 2017年，健全《君山区深化全国文明城市建设工作制度》，从组织领导、督查讲评、考核奖惩、约谈问责等方面进行制度化规定，坚持每月一督查、每季一讲评。区委主要领导亲自参与督查和现场调度，全年召开深化文明城市建设工作部署会、讲评会、调度会12次，发《工作简报》6期、《督查通报》12期，整改函172份。出台《2017年君山区深化全国文明城市建设专项整治方案》，集中开展交通秩序、环境卫生、农集贸市场、五小门店、窗口单位等九大整治行动。坚持问题导向，集中整改存在的问题320多个。做好全市模拟指数测评和全国文明城市复查迎检工作，将中心城区以外的乡镇纳入测评。积极开展文明单位创建活动，广兴洲镇、区法院成功通过全国文明乡镇（单位）复检，区检察院、国税局成功创建省级文明单位，11家单位申报创建市级以上文明单位。广泛开展“挽袖献热血”、植树造林、“大手牵小手”关爱贫困留守儿童、“爱心圆梦”“金秋助学”“爱心义诊”“四点半课堂”“微奉献”、牵手困难道德模范等学雷锋志愿服务活动。围绕“我们的节日”主题，开展“送春联”“春节年俗随手拍”“送欢乐下基层”“网上祭英烈”“诗意端午”等主题活动。深入开展“我推荐我评议身边好人”活动，推出湖南好人最美村医肖治中、最美妻子方赛群，方赛群荣获全省道德模范提名奖。君山区共推出“湖南好人”6人，湖南省道德模范提名奖2人，市道德模范5人。

【文明乡风行动】 2017年，将“文明乡风行动”作为“美丽乡村建设”八大行动之一，出台《君山区2017年乡风文明行动工作方案》，列出“整治大操大办”“传承文明家风”等八项重点工作。成立乡风文明领导小组，召开专题会议，制定《文明乡风领导小组成员单位职责和工作安排》，着力打造样板点，联合两办督查室分阶段督查，实行以奖代补大力推进。全区党员干部带头进行移风易俗公开承诺，推进乡风文明公益广告进社区、进单位、进企业、进农村、进学校、进公共场所“六进”，实现全覆盖。成立区镇村三级文明乡风微宣讲小分队，11位区委常委带头宣讲，组建220人的基层“五老”微宣讲队伍，进行集中培训，开展微宣讲2100多场次。通过涂鸦墙体彩绘、文化墙、文艺演出等群众喜闻乐见的形式广泛宣传。指导村（社区）成立村民议事会、道德评议会、禁毒禁赌会、红白理事会等村民自治组织，制定《村规民约》，通过“一约四会”对婚丧嫁娶、大操大办等进行规范，开展“传承好家风”、推树模范典型、“邻里守望”志愿服务等活动进行引导，召开全区乡风文明现场会进行经验推广。破陋习树新风理念深入人心，大操大办等陈规陋习得到有效遏制，杜绝乱放鞭炮、乱立拱门、乱搭棚子等现象，农村文化活动广泛开展，农村面貌焕然一新，朴实淳厚、生态洁净、文明和谐的乡风逐步形成。

【全面深化改革】 2017年10月，经区委批准，将原区新闻中心、网管办、电视台进行整合，成立区全媒体中心，归口区委宣传部管理。整合君山手机报、“君山在线”官方微信微博、君山新闻网、区电视台等各类资源打造全媒体平台，建设全媒体“中央厨房”，实行“一次采集、多次生成、多元发布”，推进传统媒体与新兴媒体融合发展。将电视视频新闻在微信公众号推介，通过手机随时可看君山电视新闻；聘请资深播音员朗读君山故事，打造有声君山手机报；策划主题新闻宣传，进行在线传播，做好新闻互动。2017年基层宣传思想工作创新奖评选。一等奖：“四维”宣传抓整治创文明乡镇，报送单位钱粮湖镇。二等奖：1.以核心价值观凝聚人心共建美丽乡村，报送单位许市镇；2.有声《手机报》，报送单位君山电视台。三等奖：1.魅力剪纸进校园，报送单位良心堡镇；2.文化长廊种文化，报送单位广兴洲镇；3.七彩墙绘涂鸦点靓美丽乡村，报送单位钱粮湖镇。

（郭　鸣）

区、区直机关和垂直管理单位领导人名录

（2017.1—2017.12）

中国共产党君山区委员会

书　记　谢　胜

副书记　李　勇　白再兴

常　委　罗　遥　李爱玲　马志光

　　　　傅大斌　彭志展　李力之

　　　　陈华生　周　峰　吴　波

区委机构

区委办公室

主　任　马志光

副主任　蔡君平（2017年6月免）

　　　　张新文（2017年6月任）

　　　　李晓亮　陈国贤　余军民

常委秘书　唐宝塔（2017年6月任）

接待办公室

主　任　邓三军（2017年3月任）

副主任　蒋祥生

区委机要保密局

局　长　李晓亮（兼）

副局长　陈新桂

区委政策研究中心

主　任　万青颖（2017年3月任）

副主任　胡秋军（2017年6月任）

区委改革办

主　任　马志光（兼）

副主任　李六军（2017年8月任）

　　　　范小礼（2017年8月任）

区委组织部

部　长　傅大斌

副部长　张新文（2017年6月免）

　　　　李见兵（2017年6月任）

　　　　温小琪（兼）

　　　　徐大庆（2017年6月任）

　　　　廖立红（2017年6月任）（兼）

区委非公有制经济组织和社会组织工委

书　记　徐大庆（2017年3月任）（兼）

副书记　周　朗（2017年3月任）

　　　　邓细庚（2017年8月任）（兼）

　　　　李　科（2017年8月任）（兼）

　　　　张宏发（2017年8月任）（兼）

区委组织部党员教育中心

主　任　刘琪格

区委基层办

主　任　刘　全

区委问责办

主　任　刘　俊

区委机构编制委员会办公室

主　任　陈实践

副主任　陈亚君

副科级干部　贺小明

区委党校

校　长　段　翔（2017年6月免）

　　　　李学清（2017年6月任）

副校长　张继承（2017年6月免）

　　　　戴尚平（2017年6月任）

区委老干部局

党组书记、局　长　温小琪

党组成员、副局长　李阳军　谢雄卓

区委区直机关工作委员会

书　记　周　宏（2017年3月免）

　　　　何志能（2017年3月任）

副书记　邹夏华

　　　　彭胜军（2017年6月免）

　　　　李金福（2017年6月任）

原副书记、武装部长　彭胜军

区史志档案局

局　长　王振华

副局长　张艳辉　贺红娥

区委宣传部

部　长　李爱玲

副部长　孙在铭（2017年3月免）

　　　　刘小平（2017年3月任）

　　　　王吉平（2017年8月免）

　　　　肖英女（2017年8月任）

区委政法委员会

书　记　陈华生

副书记、维稳办主任　汤美能

副书记、610办主任　彭常华

副书记、综治办主任

　　　　邓红球（2017年3月任）

610办副主任　熊志军（2017年6月任）

综治办副主任　张胜良

区委统战部

部　长　周　峰

副部长　周昆仑（兼区台办主任）

　　　　邓细庚

　　　　万俊敏（2017年8月任）

　　　　敖水军（2017年8月任）

中共岳阳市君山区纪律检查委员会

岳阳市君山区监察委员会

书记、监委主任　李力之

副书记、监委副主任　严若亮

常委、监委委员　黄　波

常委、监委委员、案件审理室主任

　　　　彭健燕

常　委　周　鑫　蔡海波

监委委员　蒋兴国（2017年12月任）

君山区人大常委会

主　任　余　为

副主任　张跃芝　陈可娟　何欣平

　　　　蔡国兴　朱　旗

区人大常委会机构

办公室

主　任　蔡君平（2017年6月任）

副主任　戴会波（2017年6月任）

内务司法工作委员会

主　任　吴　欣

副主任　胡兰军（2017年6月任）

教育科学文化卫生工作委员会

主　任　张　纳

城乡建设与环境资源保护工作委员会

主　任　余益君

农业与农村工作委员会

主　任　张善文（2017年6月任）

联络工作委员会

主　任　戴岩林

副主任　余大保（2017年6月免）

　　　　李观国（2017年6月任）

财政经济工作委员会

主　任　付志成（2017年6月任）

副主任　高　昂

区人大法制专门委员会

主　任　孙在铭

君山区人民政府

区　长　李　勇

常务副区长　罗　遥

副区长　李卫兵　丰为民　彭红卫

　　　　庞域建　周志辉　吴国良

正处级干部　姜国平　党朝松

副处级干部　王大兴　龙换球

　　　　　　张义炎

区政府机构

区政府办公室

党组书记、主任　杨曙东

党组成员、副主任

　　朱运行　周　宏（兼）

　　侯友军　向时安（2017年6月任）

　　黄　辉　方学农（2017年6月任）

　　庞玉环　黄志超（2017年6月任）

党组成员　邓三军（2017年3月免）

　　　　　陈曙光（2017年9月任）

　　　　　葛亚平　陈献国

区政府法制办

主　任　杨曙东

副主任　李朝辉（2017年6月任）

区政府经济研究中心

主　任　周勇军（2017年3月免）

　　　　王守文（2017年3月任）

副主任　熊　龙（2017年6月任）

优化经济环境发展办公室

主　任　邹　羽

扶贫开发领导小组办公室

主　任　王卫国

副主任　刘世谋

房屋征收安置和禁违拆违治违管理局

局　长　王　威（2017年3月免）

　　　　赵望明（2017年3月任）

副局长　代　文　高　松

区移民开发局

党组书记、局长　蔡时岩

副局长　李　胜

区信访局（群工部）

党组书记、局　长　周　宏

党组成员、副局长　张　震

党组成员　闵和平　张毅宏

群工部副部长　汤美能（兼）

区发展改革和工业信息化局

党组书记、局长　叶凯文

党组副书记、副局长　邓迪辉

党组成员、副局长

　　曾凡信　陈白蛟　范国和

　　许　琪　段吉建

　　奉建民（2017年6月免）

党组成员　陆　霞　龚志敏

区人力资源和社会保障局

党组书记、局长　廖立红

党组成员、副局长

　　刘持明（2017年6月免）

　　陈志华（2017年6月免）

　　宋旭红（2017年8月任）

党组成员　龙朝晖（兼）

区社会保险事业管理站

站　长　龙朝晖

区城乡居民医保管理服务中心

主　任　曾红卫

区劳动就业服务局

局　长　杨光桂

区民政局

党组书记、局　长　李　科

党组成员、副局长

　　周肖雷　冯广兴　陆晓斌

　　刘　屹　邓军华（2017年6月免）

党组成员　刘和平

区社会救助工作管理局

局　长　李石龙

区司法局

党组书记　蔡克义

局　长　程见赞

党组副书记、副局长　徐德君

党组成员、副局长　熊春香

党组成员　洪　卫

区农业局

党组书记、局长　易俊良

党组成员、副局长　高建新　王斯宏

　　　　　　　　　赵训文　付罗荣

　　　　　　　　　陈　城

党组成员　莫金蓉　徐正良

党组成员、纪检组长　彭冀平

广兴洲渔场

党支部书记　李升兵（2017年6月免）

　　　　　　戴四新（2017年6月任）

场　　长　李升兵（2017年6月免）

　　　　　许安益（2017年6月任）

区林业局

党组书记、局长　徐　皓

党组成员、副局长

　　　　邹乐时（2017年6月免）

　　　　张大智（2017年6月免）

　　　　徐　宏（2017年6月任）

党组成员　易洪波　李　平

　　　　　曾奇志（兼）

湿地管理中心

主　任　敖水军（2017年8月免）

　　　　高新章（2017年8月任）

副主任 刘 胜（2017年6月任）
严如意（2017年8月任）

天井山林场

场 长 曾奇志

花木公司

党支部书记 彭若文
经 理 黄建军

区水利局

党委书记、局长 万 越
党委副书记、副局长 肖冬华 段孝元
党委委员、副局长 白邦红
付 敏（2017年6月免）
汤会燕（2017年6月免）
党委委员 敬立群 余立雄

区防汛抗旱指挥部办公室

主 任 岳 跃

区水政监察大队

大队长 朱春华

区人民防空办公室

党组书记、主任 李义辉
党组成员、副主任 王全新
陆文砚（2017年6月任）

区人民政府政务服务中心

主 任 万 浩
副主任 胡兰军（2017年6月免）
涂 丽（2017年6月任）
吴 刚（2017年8月任）

区农村经营服务站（原区农村经营管理局）

党组书记、站长 刘赞勋
党组副书记、副站长 肖华伟
党组成员、副站长 钟 勇 付宏彬
副站长 卢丰阅

区住房和城乡建设局

党委书记、局长
余其国（2017年6月免）
李 伟（2017年6月任）
党委副书记、副局长
王 璐（2017年6月免）
党委委员、副局长
王文团 冯建湘
陈天正（2017年6月免）
张干翔（2017年6月免）
副局长 袁定军
总工程师 柴小华

区交通运输局

党委书记、局长
郭三涛（2017年6月免）
陈运华（2017年6月任）
党委副书记、副局长
陈国平（2017年6月任）
党委委员、副局长
谢美良（2017年6月免）
陈光辉
黄险峰（2017年6月任）
党委委员 刘钦铭（2017年6月免）
刘炳炎（2017年6月免）
彭 凯（2017年9月任）

区道路运输管理所

所 长 徐德志

区农村公路管理所

所 长 董文祥

区食品药品监督管理局

党组书记、局 长
刘小平（2017年3月免）
颜爱军（2017年3月任）
党组成员、副局长
王新军（2017年6月免）
陈 岗
戴 辉（2017年6月任）
党组成员 任拥军

君山工业园管理委员会

第一书记 周 峰（兼）
工委书记、主任 唐丽亚
工委委员、纪工委书记
熊绍文（2017年9月任）
工委委员、副主任
蔡 涛（2017年6月任）
周 旭（2017年6月任）

区商务粮食局

党组书记 付志成（2017年6月免）
段 翔（2017年6月任）
局 长 付志成（2017年6月免）
刘 宏（2017年6月任）
党组副书记、副局长
胡元显 彭 波
罗震雷（2017年6月免）
工会主席 谢征兵

区市场建设管理服务中心

主 任 戴中华（2017年6月免）
章向阳（2017年6月任）

野生荷花世界管理委员会

主 任 许四海（2017年3月免）
李 宏（2017年3月任）
副主任 肖 丽

区文体旅游广电新闻出版局

党组书记、局长 张全亮
党组副书记、副局长 罗 静
党组成员、副局长
刘国斌 龚小平 程志武
谭青海（2017年6月免）
陈黔华（2017年6月免）
党组成员 王 斌

区文化市场综合执法大队

大队长 刘国斌（兼）

区安全生产监督管理局

党组书记、局长 吴朝军
党组成员、副局长 罗 华 周卫华
杨学良（2017年6月免）
高 波（2017年6月任）

区审计局

党组书记、局长 周铁光
党组副书记、副局长
李跃斌（2017年6月免）
陶德龙
党组成员、副局长
戴辉云 刘新跃
方君山（2017年6月免）

区财政局

党组书记、局长 廖钶珉
党组成员、副局长
肖国钱（2017年6月免）
廖乾云（2017年6月免）
谭新明（2017年6月免）
邓克银（2017年6月免）
敖四平（2017年6月免）
万鸿彬 周 瑨 龙永泉
肖 宇 廖风华
党组成员 黄小良（2017年6月免）

区农业综合开发办公室

主　任　周　璠

区乡镇财政管理局

局　长　刘志海

区国库集中支付局

局　长　周五洲

区城市建设投资管理中心（昌达公司、土地储备中心）

董事长　蔡玉刚

总经理　徐卫红

区供销联社

党委书记、主任　蔡远胜

党委副书记、监事会主任

衡　亮（2017年6月免）

熊庆祥（2017年6月任）

党委委员、副主任　郑云峰

曾绩勋（2017年6月免）

伍瑞君（2017年8月任）

党委委员　谢小君

区教育局

党委书记、局长　彭海泉

党委委员、副局长

郑丹青　陈文立　杨嘉勇

危　涛（2017年3月任）

黄泽斌（2017年6月免）

党委委员　陈绍鹏（2017年9月任）

谢作楚　柳加荣　刘绍明

岳阳市第十六中学

校　长　夏忠育（2017年8月任）

岳西中学

校　长　李望龙（2017年8月免）

杨晓红（2017年8月任）

区卫生和计划生育局

党委书记、局长、血防办主任

李见兵（2017年6月免）

郭三涛（2017年6月任）

党委副书记、副局长、血防办副主任

柳会祥

党委委员、副局长

闵纯翠　蔡富华　孙　炜

党委委员　蔡永红

副局长　黄平丽　左成刚

卫生计生综合监督执法局

局　长　蔡富华（兼）

区红十字会办公室

主　任　杨　静（2017年8月任）

区计划生育协会

常务副会长　左成刚（兼）

专职副会长　王　澜

区人民医院

院　长　戴永春

副院长　王　平　李小齐

纪委书记　王世祥

区中医院

院　长　易勇民

区妇幼保健院

院　长　方　勤

书　记　李自立

区疾病预防控制中心

主　任　李文斌

区电视台

党组书记、台长

李学清（2017年8月免）

王吉平（2017年8月任）

党组成员　王雨虹

党组成员、副台长

卢拥政（2017年6月任）

政协君山区委员会

主　席　陈忠炎

副主席　杨才学

练　伟（2017年6月免）

杨　善（2017年6月任）

高本贻（兼）　杨再兴

曹志刚（兼）

秘书长　朱志鹏

区政协机构

办公室

主　任　刘兴文

学习文史提案委员会

主　任　张厚武（2017年8月任）

经济科技委员会

主　任　蔡德秋（2017年6月免）

法制群团联络委员会

主　任　向正凡（2017年6月免）

李　丹（2017年6月任）

教科文卫委员会

主　任　熊先辉（2017年3月免）

蔡　斌（2017年3月任）

人口资源环境委员会

主　任　湛海清

法院、检察院

区人民法院

党组书记、院长　陈　勇

党组副书记、副院长　刘新云

党组成员、副院长

梁　良（2017年8月免）

刘　柳（2017年8月任）

党组成员、政治部主任　余湘伟

党组成员、副院长

孙会斌（2017年8月任）

副院长　余百灵（2017年8月免）

审委会专职委员　王文君

钱粮湖法庭庭长　赵青春

许市法庭庭长　刘　平

区人民检察院

党组书记、检察长　闵孚君

党组副书记、副检察长

许服膺（2017年3月免）

张　兵（2017年3月任）

党组成员、政治部主任

张　治（2017年8月免）

段梦华（2017年8月任）

党组成员、副检察长

张　澜　（2017年1月任）

黄　舒

党组成员　徐　樱

检委会专职委员　胡　杰

军事机构

区人民武装部

部　长　彭志展

政　委　施文亮

副部长　李　航

政工科科长　张继保

市垂直管理机构、银行、保险

市公安局君山分局

局　长　彭红卫

政　委　张爱萍

副局长　胡　熔　龙颖超　刘志忠
　　　　佘志勇　黎　明　黄　群

市公安消防支队君山大队

大队长　李四海

教导员　金三石

参　谋　龙　倩　周　乐　胡　舟

市交警君山大队

大队长　许辉波

教导员　陈文锋

副大队长　姜志平　钟旭辉

市工商行政管理局君山分局

局长、党委书记　张宏发

党委副书记、副局长　蔡景和

副局长　胡岗跃　熊拥军

区国家税务局

局长、党组书记　周义勇

副局长　杨扩军　陈冠乔
　　　　蒋建华　郭达川

纪检组长　周　宇

区地方税务局

局　长　党组书记　周立伟

副局长　吴勇波　朱红日

副局长　纪检组长　远炎杭

市环境保护局君山分局

局　长　李　瑞

副局长　李剑均　周　晶

市国土资源局君山分局

局　长　罗元培

副局长　彭陵洪　熊重华　邹天宇

市房地产管理局君山分局

局　长　卜梦林

副局长　张　鹏　彭　星

市规划局君山分局

局长、党组书记　朱红云

书　记　罗华雄

副局长　潘爱武　谭　谦

国网岳阳市君山区供电公司

总经理　吴　昊

书　记　吴君一

副总经理　汤功贤　佘步云　龚伟强

中国电信股份有限公司君山分公司

局　长　唐月楼

副局长　黄建雄　韩　浩

中国邮政集团公司岳阳市君山区分公司

总经理　谢军华

副总经理　杨　平

君山区公路管理局

党委书记　局　长　夏光华

党委副书记　副局长　刘超红

副局长　李　勇　杨　力

工会主席　罗　嫔

纪检书记　杨永新

中国农业银行君山支行

行　长　沈正伟

副行长　邵思集　陈　亮　杨　恺

工商银行君山支行

行　长　彭　颖

副行长　张　明　汤萼辉　樊　敏

岳阳农商行君山片区

行　长　黄增华

副行长　胡　迪　赵兴明

中国人民财产保险股份有限公司岳阳市分公司君山支公司

经　理　黄秋辉

副经理　吴少建

住房公积金君山管理部

主　任　方伟明

社会团体·工商联

区总工会

主　席　李爱玲

党组书记、副主席　林劲松

党组成员　万清奇

党组成员　副主席　李　智

党组成员　李旭军

共青团君山区委员会

书　记　代颖慧

区妇女联合会

主　席　文晓军

副主席　徐英才（2017年9月免）
　　　　程英英（2017年9月任）

区文学艺术界联合会

主　席　孙文才

区工商业联合会（总商会）

主席（会长）　高本贻

党组书记　邓细庚

党组成员、副会长
　　龙世会（2017年8月任）

区残疾人联合会

理 事 长　周勇军（2017年3月任）

副理事长　聂友良
　　　　　肖跃峰（2017年6月免）

区科学技术协会

主　席　曹志刚

党组书记　王　威（2017年3月任）

党组成员、副主席
　　刘　烨（2017年8月免）

副主席　杨映刚

中共君山区委员会

区委重要会议

【区委常委专题民主生活会】

2017年1月22日，区委书记谢胜主持召开区委常委班子专题民主生活会，市委常委、市委政法委书记王小中，市纪委、市委组织部相关负责人，全体区委常委参加，区人大常委会主任余为、区政协主席陈忠炎列席。会议通报区委常委班子专题民主生活会征求意见情况及有关准备工作情况，组织学习《县以上党和国家机关党员领导干部民主生活会若干规定》。常委们以学习贯彻党的十八届六中全会精神为主题，围绕“两学一做”学习教育要求，重点对照《关于新形势下党内政治生活的若干准则》和《中国共产党党内监督条例》，结合思想和工作实际，重点聚焦政治合格、执行纪律合格、品德合格、发挥作用合格4个方面要求，进行党性分析，严肃认真开展批评和自我批评。

王小中对区委常委班子专题民主生活会给予充分肯定。王小中指出，开好民主生活会的主要目的是进一步加强区委常委班子的建设，以此带动全区各级各部门党组织建设、班子建设和党员干部建设，把工作做得更好。王小中要求：一是要进一步增强“四个意识”，进一步学习习近平总书记系列重要讲话和中共十八届六中全会精神，坚定维护以习近平总书记为核心的党中央权威；二是以更加务实的做法推动君山更好发展，进一步认真学习市委书记胡忠雄提出的视使命为生命、凭发展论英雄、以项目比能力、从担当看品格的总体工作要求，发挥生态优势，发展生态经济，建设美丽君山；三是始终牢记从严治党永远在路上，进一步加强作风建设，持之以恒纠“四风”，严肃党的纪律和规矩，严格认真落实党风廉政“一岗双责”。

谢胜指出，这次专题民主生活会为进一步加强常委班子自身建设指明了努力方向。如何贯彻落实并巩固深化民主生活会成果，谢胜要求：一是切实增强政治定力。任何时候、任何情况下，都在思想上政治上行动上坚定地与党中央和省委、市委保持高度一致，始终做政治上的明白人。二是切实担当“两个责任”。把落实“两个责任”作为最重大的政治责任，牢牢放在心上、扛在肩上、抓在手中，着力推进“两个责任”深化、细化和具体化，层层传导压力，级级压实责任。三是切实抓好问题整改。始终以严实精神抓整改，建立问题、整改、责任清单，做到一个一个地改，一件一件地抓，真正改彻底、改到位。四是切实推动改革发展。大力弘扬实干担当作风，敢打敢拼、善做善成，一项一项工程去推进，一件一件工作抓到位，推进工作落实落地。五是切实加强常委会自身建设。进一步增强“四个意识”特别是核心意识看齐意识，带头讲政治、讲大局、讲担当、讲奉献、讲团结。加强自我约束，始终坚持党性原则，不折不扣执行党的纪律和规矩，严格要求自己，管好亲属子女和身边工作人员，时时处处以榜样力量感召干部群众。

【全区党政负责干部会议】

2017年2月16日，全区党政负责干部会议召开。在广大干部群众的共同努力下，全区各项工作呈现出新面貌、新气象。2016年完成地区生产总值122.59亿元，增长7.6%，完成财政收入4.2亿元，增长10.3%，完成社会固定资产投资124.88亿元，增长

16.7%，城乡人均可支配收入分别达到26918元、15260元，分别增长10%、8.9%，全面小康实现程度达到96.4%。2017年的发展目标是：地区生产总值、财政收入、社会固定资产投资、社会消费品零售总额、城乡居民人均收入分别增长8.5%、10%、13%、12%、10%，全面完成省市下达的其他各项指标任务，如期全面建成小康社会。

谢胜强调，为实现全年目标任务，要认真落实市委“四大会战”要求，突出抓好“一个战略、两大重点、三点支撑”，切实强化责任担当、狠抓工作落实，不断开创经济社会发展的新局面。“一个战略”就是生态“1+5”发展战略。要坚持“生态+休闲旅游”，着力构建岳阳市区全域旅游核心圈；坚持“生态+新兴产业”，构建新兴产业生态链；坚持“生态+现代农业”，推动农业提质增效；坚持“生态+城乡一体”，建设秀美宜居新君山；坚持“生态+健康君山”，提高群众生活品质。“两大重点”就是全面小康和项目建设两个重点。要抓好全面小康，切实巩固提升成果；抓实项目建设，努力实现发展突破。“三点支撑”就是开放、创新和环境支撑。要以改进招商引资为重点，强化开放支撑；以激发发展活力为重点，强化创新支撑；以保障改善民生为重点，强化环境支撑。坚持把开放、创新和民生作为提高经济社会发展效益的重要支撑，不断培育发展新动能、凝聚发展大合力。

李勇要求，要强力推进项目建设，大力推进园区建设，着力抓好争项争资和招商引资，努力决胜全面小康和精准扶贫，全力推进城乡建设，改善城乡生态环境，奋力推进禁拆治违和土地依法征收，加力财税收入，加大道路交通安全整治，全力推进信访维稳，确保全年工作落实。区委副书记白再兴宣读2016年全区综合绩效考评和县域经济壮大战略、文明创建、综治、信访、安全生产、人口和计划生育、重大项目、争资争项、禁违治违、“五联”竞赛考核结果的通报。会上，各镇（办）场和区直有关部门向谢胜递交工作责任状。

【全省全面建成小康社会推进工作电视电话会议】 2017年3月31日，君山区组织参加全省全面建成小康社会推进工作电视电话会议，深刻领会落实省委书记、省人大常委会主任杜家毫在会上的重要讲话精神。区委书记谢胜在省主会场参会并作典型发言。区领导李勇、白再兴、马志光、张跃芝、李卫兵、丰为民、杨再兴在区分会场参加会议。2016年，区全面小康实现程度达96.4%，在全省47个二类县市区排名第一，荣获“2016度全省全面建成小康社会‘前十位县’奖”。会议还总结省委、省政府作出加快全面建成小康社会决策部署以来的工作，并对下一阶段工作进行再动员、再部署。

谢胜在发言中说，君山区坚持以全面建成小康社会为总揽，坚守生态底线，力推全域旅游，带动全面发展。主要做法是：把生态环境作为全域旅游的底色，建设绿色小康；把景区建设作为全域旅游的重点，建设魅力小康；把产旅融合作为全域旅游的支撑，建设活力小康。谢胜表示，下阶段区将立足新的起点，按照省委、省政府的决策部署，进一步推进“旅游+”模式，进一步激发全域旅游推动发展的巨大动能，让群众拥有更多获得感和幸福感，建成更高水平的全面小康社会。

【区委五届三次全体会议召开】

2017年7月28日，区委五届三次全体（扩大）会议召开，区委书记谢胜强调，要认清形势，谋求发展，强化保障，振奋精神、坚定信心、迎难而上，以优异的成绩向中共十九大献礼。区委副书记、区长李勇回顾总结上半年工作，对下半年工作进行安排部署，区委副书记白再兴主持会议。全体在家区级领导，各镇（街道）场、区直各单位党政主要负责人等参加。

会议学习贯彻省委十一届三次全体会议、市委七届四次全体（扩大）会议精神后，谢胜深入分析当前取得的成绩和面临的困难，他要求要沉着应对，把握发展机遇，加快赶超。下阶段工作要紧扣全年经济指标、全面建成小康社会、脱贫攻坚三大目标任务；结合市委“四大会战”的要求，深入推进生态“1+5”发展战略；突出抓好项目建设、招商引资、改革创新、稳定和谐四项重点工作。谢胜强调，全区各级各部门要切实强化基层组织，打造凝心聚力的战斗团队；强化干部作风，形成务实担当的干事氛围；强化党风廉政保障，营造风清气正的政治生态。

会上李勇要求全区上下握紧拳头，精准发力，强力推进项目建设、园区建设和城乡建设，攻坚克难重点难点，守住安全生产、社会稳定等工作底线，凝心聚力，确保圆满完成全年各项目标任务。

【区委五届四次全会暨经济工作会议召开】 2017年12月21日，区委五届四次全体（扩大）会议暨区委经济工作会议召开，会议回顾总结2017年工作，安排部署2018年工作，动员全区上下凝神聚力、攻坚克难，确保2017年圆满收官、明年良好开局。区委书记谢胜讲话，会议由区委副书记、区长李勇主持。全体在家区级领导、各镇（街道）场、区纪委、区人大、区政协和区直各部门有关负责人参加。

谢胜代表区委常委会作《凝心十九大，聚力“1+5”，加快打造洞庭生态明珠、建设现代滨江新区》的主题报告。谢胜指出，2018年全区工作总的指导思想是：坚持以习近平新时代中国特色社会主义思想为指导，全面贯彻落实中共十九大精神，紧紧围绕省委“创新引领、开放崛起”和市委“四大会战”“四个十条”部署要求，大力推进生态“1+5”发展战略，坚持以提高经济发展质量和效益为中心，以绿色生态为引领，创新跨越发展理念，突出产业项目建设，锤炼实干担当作风，为加快实现“打造洞庭生态明珠、建设现代滨江新区”目标而努力奋斗。2018年，全区经济社会发展的主要预期目标是：地区生产总值增长7.5%，财政总收入增长7—9%，全社会固定资产投资增长13%，社会消费品零售总额增长12%，城乡居民收入分别增长10%，全面完成省市下达的其他各项指标任务。

谢胜要求，全区上下必须紧紧围绕“打造洞庭生态明珠、建设现代滨江新区”这个总目标、总方向不动摇，大力推进生态“1+5”发展战略总要求、总抓手，加力推进“生态建设、开放创新、项目攻坚、民生改善”。谢胜强调，要加强思想建设引领干部主动干事；锤炼过硬作风引导干部激情干事；正确选人用人激发干部担当干事；强化基层党建推动干部踏实干事；坚持正风肃纪确保干部干净干事。

会上，李勇就当前工作进行部署，全区各级各部门要领会主题报告内容，按照区委的统一部署和工作要求，认真抓好落实。要做好年度工作总结和精心谋划好来年工作打算，做好安全生产、禁拆治违和信访维稳工作，做好年终考核和困难群众慰问工作，进一步弘扬文明新风尚，狠抓作风建设，为区域社会发展作出新的更大的贡献。

重大决策及活动

【区委办公系统汇报会】 2017年2月4日下午，区委书记谢胜到区委办公室调研工作，区委常委、区委办主任马志光汇报区委办公室工作情况。谢胜充分肯定区委办在贯彻区委决策、保证全区运转、协调各方关系、做好政务服务等方面工作。就区委办公室如何履行职能，更好地服务全区发展大局，他要求，在政治上要立场坚定，忠诚可靠；在工作上要服务大局，争创一流，要围绕大局出谋划策，发挥参谋助手作用，要围绕大局加强督办，发挥推动落实作用，要围绕大局统筹协调，发挥运转中枢作用，要围绕大局强化日常服务，发挥基础保障作用；在作风上要认真负责、甘于奉献，用认真的态度，坚持原则、勇于担当、精益求精。他强调区委办公室工作人员要有奉献精神，坚持自律操守，把各项工作和服务紧贴区委需要、基层需要、群众需要，让区委满意、机关满意、基层和群众满意。

【桑日县党政代表团到区考察】

2017年2月17日，西藏山南地区桑日县委副书记、县长吾金率桑日县党政代表团一行到区考察旅游产业。区委副书记、区长李勇，区委副书记白再兴，区委常委、组织部长傅大斌参加。李勇向吾金一行介绍君山区突出发展生态旅游的各项措施。区生态旅游持续升温，获评全省旅游产业发展十佳区，全力配合建设洞庭湖博览园，打造濠河休闲旅游度假、东洞庭湖湿地观鸟、君山野生荷花世界赏荷采莲、乡村旅游休闲体验、天井山踏青、万亩油菜基地赏花和芦苇荡观光等特色生态旅游产品，努力把君山打造成沿江环湖的生态旅游集散中心。吾金表示，君山之行，收获颇丰。他希望，在今后的工作中，双方进一步加强友谊、深化合作，共同推进两地经济社会更加繁荣发展。

【云溪区党政代表团到区考察】

2017年2月27日，云溪区党政代表团一行在区委书记张中于、区委副书记、区长余良勇的率领下到区考察。区领导谢胜、李勇、马志光参加。云溪党政代表团一行先后考察市十六中、洞庭湖博览园、绿色食品产业园、荆江大道、荆江门码头和新洲村等地，对区项目建设发展态势和生态旅游发展留下深刻印象。张中于说：君山区在项目发展、城镇化建设、生态旅游等方面，发展势头良好，成就斐然。这次考察收获很多，受益匪浅，希望两地持续加大交流，实现多领域的交流合作。谢胜表示：两地交流是提升工作水平，深化合作的重要方式，希望君山和云溪进一步加强交流合作，相互学习借鉴，加快各自发展，造福两地人民。

【陈向群督导区沟渠疏浚工作】

2017年4月20日，省委常委、常务副省长陈向群到区现场督导沟渠疏浚工作。省政府副秘书长陈仲伯，市委书记胡忠雄，市委常委、常务副市长唐道明，市政协副主席、发改委主任刘晓英，长江经济带洞庭湖水环境综合治理省市相关单位负责人，区委书记谢胜，区委副书记、区长李勇，副区长庞域建参加。在广兴洲镇的五支渠现场点上，李勇就2016年沟渠疏浚实施情况和2017年沟渠疏浚计划作详细的介绍。陈向群边看边听，并不时提问，全面了解君山区沟渠疏浚资金落实、运作模式、取得效果等方面的情况。他充分肯定在沟渠疏浚上取得的成绩并强调，沟渠疏浚的落实直接影响到农业的防汛抗旱、增产增效，要高标准、严要求做好此项工作，有效提高沟渠的排灌、蓄水能力，有效控制污染源，提升水质，共同抓好长江经济带洞庭湖水环境的综合治理。

【胡忠雄到区开展调研】 2017年5月23日，市委书记、市人大常委会主任胡忠雄到区督查调研精准扶贫和环保督查工作。他强调，精准扶贫是一项暖民心的工程，也是必须完成的政治任务，要以扎实的作风和对农民兄弟的质朴情怀，层层传导压力，补齐工作短板，切实提高发展产业与贫困户的关联度，坚决完成脱贫攻坚任务。区领导谢胜、李勇、马志光、李卫兵、庞域建及市、区相关部门负责人参加。

胡忠雄到许市镇许家牌村黄茶基地，深入细致了解基地建设和帮扶贫困户等方面的情况。他指出；贫困村发展产业关键是要围绕贫困户的脱贫来进行，要通过土地流转、吸纳就业、金融扶贫等政策和形式，帮助贫困户增收脱贫。到永兴猪场，猪场所有的猪都已经退养，胡忠雄指出。对不符合环保要求的要坚决予以取缔，同时要求要最大限度做好补偿，帮助养殖户转型生产，实现再就业。在南堤，胡忠雄仔细了解湿地餐饮船的处置后，指出湿地是宝贵的生态资源，要坚决抵制破坏湿地的行为；同时要充分利用君山岛的保护和开发，做好生态休闲旅游文章，发展旅游产业，为市民提供一个天然绿色的休闲场所。

【组织山地户外健身活动】

2017年6月10日，“翡翠君山·生态相约”，2017中国（岳阳君山）山地户外健身休闲大会在君山公园拉开帷幕，吸引来自全国各地近万名户外运动爱好者前来参加。其中最受欢迎的环洞庭湖徒步毅行活动就吸引近2800名毅行爱好者。市领导李为、方争奇，区领导谢胜、李勇、白再兴、周志辉等及国家、省、市、区相关部门负责人出席开幕式。本次大会由国家体育总局登山运动管理中心、湖南省体育局主办，由区委、区政府承办，以“翡翠君山·生态相约”为主题，围绕八百里洞庭独有的“掌上明珠”君山岛开展微马联赛（十公里竞赛组、三公里体验组）、环洞庭湖徒步毅行、自行车联赛、钓鱼联赛、音乐狂欢晚会、露营大会等一系列精彩纷呈的户外活动。充分突出体育特色，利用君山区丰富的自然山水资源，融合深厚的地方文化底蕴，打造体育+旅游特色项目，实现全民健身的健康可持续发展，健身、观光两不误。

【组织收看十九大开幕式】

2017年10月18日上午9时，中国共产党第十九次全国代表大会在北京人民大会堂大礼堂隆重开幕。区委书记谢胜，区委副书记、区长李勇等区四大家领导在宾馆会议室集中收看十九大盛况，认真听取习近平总书记作十九大报告。与此同时，各级各部门、广大干群通过电视、电脑、手机等各种方式，实时收看盛会盛况。会后大家纷纷表示，中共十九大是中国共产党历史上非常重要的一次盛会，是全国人民乃至全世界人民都高度关注的大会，是实现中华民族伟大复兴中国梦的誓师大会。在以后的工作中，将以高度的政治责任感、饱满的学习热情，学习、宣传、贯彻好中共十九大精神，把思想和行动统一到这一重要的讲话精神上来，切实扎实做好本职工作，努力为中华民族的伟大复兴贡献自己的微薄之力。

【省财政厅领导到区调研】
2017年10月19日，省财政厅厅长石建辉一行到区调研，市领导王瑰曙、唐道明、宋爱华，区领导谢胜、李勇、罗遥及省、市、区相关部门负责人参加。石建辉一行先后到濠河毛田栏栅、牛奶湖电排、洞庭湖博物馆及区工业园进行实地调研。在洞庭湖博物馆建设现场，区委书记谢胜详细介绍博物馆的建设进展情况，听取汇报后，石建辉指出，要进一步优化完善博物馆的功能定位，立体展示洞庭湖的演变和独特魅力，优化完善功能定位，精准做好空间布局，让市民和游客更多了解洞庭湖的深厚文化底蕴、人文风情。石建辉到君山工业园展板处，认真查看项目规划图后，对省道306线拓宽工程及工业园的整体规划给予充分肯定，希望进一步加快推进工程进度，高标准，高质量地完成工程建设。谢胜表示，将进一步强化责任担当意识，不断提升工作效率，攻坚克难，确保各项工作有序推进。

【市委书记胡忠雄到区调研】
2017年11月14日，市委书记、市人大常委会主任胡忠雄深入君山区宣传贯彻中共十九大精神，督查指导脱贫攻坚、基层党建等工作。他强调，君山区要认真传达学习贯彻中共十九大精神，紧紧咬住经济建设中心工作，注重产业布局、做大实体经济、工业经济、园区经济；实事求是，压实责任，补齐短板，突出抓好精准扶贫、基层党建、治陋习树新风等重点工作。市委常委、市委秘书长谈正红，区领导谢胜、李勇、白再兴、马志光、李力之、丰为民、庞域建及市区相关负责人参加。在实地调研柳林洲惠农服务中心、钱粮湖镇托龙山社区，听取区委书记谢胜对全区工作情况汇报后，胡忠雄对君山区经济工作、项目建设、环保整治、防汛抗灾等取得的成绩给予充分肯定。他指出，当前学习宣传贯彻中共十九大精神是各级党委和党组织的首要政治任务，要坚决落实学懂、弄通、做实的总体要求，认真把握好学习、宣传、贯彻三个环节，做到带头学、人人学、学原文，让十九大精神在君山区落地生根。

胡忠雄强调，精准扶贫要实事求是，咬准贫困村出列、贫困人口脱贫目标，脱真贫、真脱贫，确保圆满完成今年目标任务；要吃透标准，对标“两不愁三保障”“两个确保两个完善”“三率一度”等国家政策，一项一项研深吃透；要压实责任，特别是要把压力传导到村支两委，把责任压紧压实；要补齐短板，聚焦非贫困村基础台账、贫困户签字和满意率，让贫困户打收条。基层党建要按照“五个一”要求，抓好支部书记双述双评、党员“红星云”学习和民主评议，用好村级综合服务平台，公开透明村级财务，大力发展村级集体经济。治陋习树新风要进一步加快公墓建设，坚决拆除活人墓，依法整治豪华墓。环境整治要重点抓好砂石治理、规范建房、垃圾清理、污水处理、生猪退养等重点，着力建设美丽乡村。供销社综合改革要抓好区、镇、村三级平台建设，认真把十九大精神落到实处。

【省人大调研组到区调研】
2017年11月22日，省人大常委会副主任李友志带领省人大常委会调研组一行到区调研血吸虫病防治工作。市领导胡忠雄、彭先政、李为，区领导李勇、白再兴、余为、蔡国兴、周志辉、党朝松等及市区相关单位负责人参加。李友志一行先后考察长沟子村血防综合治理、黄安村牛羊淘汰后产业转型的情况，在随后召开的座谈会上，副市长李为和区委副书记、区长李勇分别汇报全市和君山区的血防工作情况。调研组与与会人员就血防工作进行座谈交流后，李友志充分肯定君山区在党政坚强领导、群众广泛参与、血防人不断努力下实现血吸虫病感染率为零的好成绩。

李友志要求，君山区今后的血防工作要与洞庭湖环境整治、产业布局和结构调整、防汛等工作结合起来；要大力实施“乡村振兴战略”，努力打造美丽乡村示范村，以点带面，建设美丽君山；要大力发展高新技术和生态环保产业，开发君山岛的历史文化和团湖的季节性旅游，不片面追求高速发展，要着眼长远，对人民负责，对子孙后代负责。他强调，君山正处在基本消除血吸虫病的攻坚阶段，在落实牛羊淘汰等措施时，要充分考虑防治的后续问题，加快产业转型，着力解决民生问题，把君山、岳阳打造成幸福、美丽的城市。

市委书记、市人大常委会主任胡忠雄表示，岳阳将进一步完善岳阳与君山顶层设计，着力抓好生态文明建设，做好“水”文章，打造美丽岳阳，在建设美丽湖南中增添岳阳元素；将进一步做好结合文章，在洞庭湖环境整治行动中，在全市旅游、服务、港口产业调整和布局上，在落实“乡村振兴战略”中充分考虑血防工作；将突出重点抓好血防工作，以民生为重落实防治工作，从源头上抓好水上流动人口和船舶的管控，实现血吸虫病传播阻断，努力消灭血吸虫病。最后，胡忠雄恳请省人大加快血防条例的出台，加大血防的执法力度，希望省领导继续关注帮助君山、岳阳的发展，为君山和岳阳的发展鼓与呼。

（朱　超）

纪检监察工作

【概况】　2017年，君山区纪委、区监察局在上级纪检监察机关和区委、区政府的坚强领导下，紧紧围绕中央对党风廉政建设和反腐败工作决策部署，认真贯彻中央、省市纪委全会要求，切实发挥专责机关作用，忠诚履职，勇于担当，为“打造洞庭生态明珠，建设现代滨江新区”提供了有力的纪律保障。区纪委监察局荣获全市履行党风廉政建设监督责任先进单位。

【压实责任】　2017年，区纪检监察局坚持把监督责任扛在肩上，着力在责任的明确、检查、落实等环节上下功夫，全力确保“两个责任”落实。配合区委对“两个责任”内容进行梳理，制定并下发了《君山区区委区政府领导班子成员2017年党风廉政建设责任分解》，明确每名领导工作职责，确保区委、区政府领导班子成员认真履行“一岗双责”，对分管领域的党风廉政建设定期研究报告、定期督促检查、加强日常监督，形成齐抓共管的强大合力。实行“签字背书”制度，认真做好党风廉政建设责任书签订工作，召开五届区纪委二次全会，组织乡镇、区直部门共63家单位与区委签订责任书。整合区建立健全惩治和预防腐败体系工作领导小组和区委反腐败协调小组，成立区建立健全惩治预防腐败体系和反腐败协调工作领导小组，全年召开2次会议，整合检察、公安、审计等部门力量联动办案。协助区委开展2016年度党风廉政建设责任制检查，对全区各单位落实“两个责任”情况进行重点考核，对5名落实“两个责任”不力的领导干部实施责任追究，以问责倒逼责任落实。

【体制改革】　2017年，区纪检监察局全国统一推进监察体制改革，区成立由区委书记任组长的改革试点工作小组，制定改革实施细则。12月13日，区监委从区检察院划转12个编制，9名转隶人员到岗到位。27日，通过区第五届人民代表大会第二次会议选举，区委常委、纪委书记李力之当选为区第一届监察委员会主任；区五届人大常委会第九次会议，任命区监察委员会1名副主任和3名委员。顺利完成派驻机构改革，综合设置派驻纪检监察组6个、配备编制24个，实现区纪委向区一级党和国家机关共57家单位的纪检监察派驻机构全覆盖。推进区镇纪检监察一体化建设，按照“地域相邻、规模相当”的原则，将镇（街道）、场划分为三个工作片，由区纪委监察局班子成员担任工作片片长。10月底，片区办公场所投入使用后，交叉调查问题线索10件、办案3件。

【党内监督】　2017年，区纪检监察局认真贯彻落实《中国共产党党内监督条例》，紧盯“关键少数”，强化自上而下的组织监督。落实“一把手”谈话提醒制度，推行“三级谈话”机制，区级领导、区直单位党政负责人由区委区政府主要负责人谈话，区直单位班子成员由联点区级领导谈话，工作人员由单位主要负责人谈话，构建廉政谈话立体网络，实现谈话对象“全覆盖”。全区共提醒谈话党员领导干部164人次。将“三重一大”事项、请示报告等制度落实情况纳入督查、巡察范畴，会同区委组织部对各级党组织落实“三会一课”、民主生活会、领导干部双重组织生活等制度进行督查，增强制度的刚性约束。严把“廉政意见回复”关，回复廉政意见274件次，否决4名区管干部评优资格。对66名新提拔重用党员干部开展任前廉政谈话和廉政知识测试，做到早打招呼早提醒。严格落实重大事项报告制度，对8名办理婚丧事宜和11名出国（境）党员干部情况进行审查报备。

【监督检查】　2017年，区纪检监察局加强对贯彻上级重大决策部署、执行政治纪律情况的监督检查。开展环保整治专项督查，对中央环保督查组11.5起信访交办件进行督办，党纪政纪处分4人，约谈4人，诫勉谈话4人；督促相关部门对2家企业下达整改通知书，立案侦查1件，行政拘留1人。严肃村（社区）“两委”换届纪律，严把廉洁审查关，取消13名候选人资格，严肃查办2起违反换届纪律案件，给予2名当事人党纪处分。开展涉砂涉矿专项整治，督促全区3454名国家公职人员如实申报，4名工作人员主动报告亲属参与经营情况，关停取缔砂石码头39家。开展扶贫领域专项督查，对涉及惠农项目资金的23家单位部门和11个扶贫村开展为期45天的专项巡察，发现并整改问题66个，处置问题线索7个。严肃查处广兴洲镇殷家铺社区失职渎职案，点名通报批评3个单位，约谈4人，诫勉谈话1人，立案查处4人。开展中小学违规征订教辅材料问题专项整治，清退违规征订教辅材料款10.6万元，收缴违纪资金5.09万元，秋季征订款相比春季下降51.3%。开展“吃空饷”与临聘借调人员专项整治，约谈6家工作滞后的单位主要负责人，清理“吃空饷”人员13人，清退临聘人员179人。开展防汛抗灾专项督查，点名通报批评26批次单位和个人，诫勉谈话1人，组织处理1人。全面推行“互联网+监督”，全区5个镇（街道）全面接入“互联网+监督”平台，77个民生资金项目、1443.76万元接受社会监督。深入开展“雁过拔毛”式腐败专项整治，对2015—2016年度扶贫资金计划项目380个、748.24万元进行专项审计，追缴资金39.63万元，退还群众资金8.87万元。围绕全区发展大局开展土地依法征收监督检查，约谈科级“一把手”6人次，督促4名公职人员带头征拆。

【巡察监督】 2017年，区纪检监察局成立区委巡察办及2个巡察组，配备8个行政编制，从区委各部办委遴选政治素质高、业务能力强的91人组成巡察人才库。充分发挥巡察利剑震慑作用，开展4轮巡察，对群众关注度高、项目资金量大、民生项目多的32家单位采取异地交叉巡察。发现问题99个，移交问题线索42个，立案12人，给予党纪政纪处分8人，组织处理18人，收缴违纪资金51万元。

【作风建设】 2017年，区纪检监察局坚持逢节必查，紧盯元旦、“五一”、国庆等重要节点，开展作风督查13次，点名通报批评落实工作纪律不力的6家单位，批评教育9人，廉政约谈2人，诫勉谈话8人，党纪政纪处分2人，坚决释放“越往后执纪越严”的强烈信号。按照市委、市纪委统一部署，成立以区委书记任组长的工作领导小组及其办公室，着力开展“刹人情歪风、治婚丧陋习、树文明新风”专项整治，自我加压、扩面提标，在全区7个镇（街道）场全面开展专项整治工作。抓源头管控，严格执行事前事后报告制，事前向红白理事会申报宴请事宜、规模，事后报告落实情况。抓现场劝导，对使用一次性餐具、违规搭拱门、燃放鞭炮、搞封建迷信、修活人墓等行为进行劝导监督。抓党员示范，严肃查处5名违规操办“升学宴”“生日宴”的党员干部，并在湖南红网点名通报。抓奖惩兑现，对落实规定较好的东家、督管在村“点赞台”表扬，并给予适当物质奖励；对落实不好的，在村“曝光台”点名批评，并责令交纳不超过200元的卫生费。抓调度讲评，实行“每半月一调度、每月一讲评”，收集群众意见，协调解决实际困难。市委胡忠雄书记到君山区调研时给予充分肯定。

【执纪审查】 2017年，区纪检监察局落实信访举报“零暂存”工作要求，对受理的64件信访举办件即时签收、逐件处置，做到办理全部覆盖、状态实时跟踪、逾期多方督办。加大纪律审查力度，全年共立案58件，结案58件，给予党纪政纪处分58人，其中科级干部15人，与上年同期相比增长34.9%、34.9%、38.1%、35%。准确运用“四种形态”，综合运用“四种形态”处理党员干部110人次，其中运用第一种形态约谈、谈话函询、诫勉谈话53人次，占48%，运用第二种形态纪律轻处分、组织调整47人次，占43%，运用第三种形态纪律重处分、重大职务调整9人次，占8.2%；运用第四种形态严重违纪涉嫌违法立案审查1人次，占0.9%。深刻剖析典型案例，公开通报10起案件，警示教育广大党员干部。

【队伍建设】 2017年，区纪检监察局认真落实“信任不能代替监督”要求，着力开展“纪检监察工作规范化建设年”活动，强化内部监管，培养严实深细作风。加强学习提升能力素质，坚持学习从严从紧，持续开展月例会讲评制度。集中观看中共十九大和《打铁还需自身硬》《巡视利剑》专题片等，进一步增强纪律意识。严格按制度管人管事，修订完善29项机关管理制度，防止权力滥用、行为失范。畅通渠道增强生机活力，坚持“严进高出”，交流干部3名，提拔重用4名。通过公开选调，10名年轻干部进入委机关和派驻纪检监察组。积极推荐优秀干部到市纪委跟班学习，扩展视野提升能力。广泛开展家访谈心活动，准确掌握干部的思想动态、工作情况、家庭状况等，倡导良好家风，体现组织关心。认真落实“三转”要求，对乡镇落实纪检干部专职情况不定期进行明察暗访，下发整改函7件，约谈乡镇党委书记、纪委书记4人，乡镇3名专职纪检干部均落实到位。

（周珊虎）

组织工作

【概况】 2017年，君山区组织工作紧紧围绕市委“四大会战”及区委生态“1+5”战略，学习宣传贯彻中共十九大精神，圆满完成村（社区）“两委”换届，开展“党支部建设年”工作，抓好村（社区）综合服务平台建设，做好干部调整及教育管理等工作，为“打造洞庭生态明珠建设现代滨江新区”提供坚强的组织保障。

【党员教育管理】 君山区把加强党员队伍的教育管理作为基层党建的基础工程。抓好“红星云”学用工作。区委主要领导带头注册、带头学习、带头推广“红星云”。区委组织部制订学用奖惩办法。全区党员激活率名列全市第二，学用积分从全省60多名攀升至前十名。做好不合格党员处置工作。全区470个党支部严格落实民主评议党员和党员积分量化管理制度，对10539名党员进行民主评议。根据“坚持标准，立足教育，区别对待，综合治理”的原则，对其中85名被评为“不合格”等次的党员分别予以谈心谈话、帮教转化、限期整改处理，特别是对19名不合格又不愿意改正的党员予以除名。开展党章党规测试。开展拟发展对象和预备党员党章党规知识测试，将是否认真学习党章党规作为考量拟发展对象和预备党员的重要标准，2017年有8名入党积极分子因积分不达标不予推荐为拟发展对象。

【干部队伍建设】 2017年，区委积极贯彻落实中央、省委、市委关于干部队伍建设的有关要求，着力打造一支好的干部队伍。干部教育培训工作：开展“喜迎十九大、齐心谋发展”知识竞赛。举办党政干部假日读书班、科级干部、“两新”党组织书记、老干部、组工干部等各类别十九大精神专题培训班，培训达2000多人次。组织全区30多名老干支部书记到宁乡花明楼和韶山实地教学培训接受革命传统教育。《湘组信息》两次对区学习宣传贯彻中共十九大精神工作进行推介。干部选用工作：全年，共研究调整干部7批269人，其中提拔重用68人，交流或平行改任102人。为65名符合条件的公务员落实职务与职级并行政策，干部监督工作：对29家科级单位的31名党政负责人开展经济责任审计。对951名干部档案进行专项审核复审。对2017年录用、转入、提拔的108名干部进行任前审核。对26名干部进行问责处理。集中开展干部因私出国（境）规范清理工作，涉及522名副科以上干部，集中保管90名科级以上领导干部的因私出国（境）证件。

【基层党组织建设】 农村党建方面，利用村（居）“两委”换届契机，新设置党总支32个，新配备党（总）支部书记7人，新提名当选党（总）支委员11名，新充实村级后备干部156名，有效激发村（社区）党组织的活力。机关党建方面，召开近年来规模最大、规格最高的全区机关党建工作现场推进会，精心打造区法院、区商务粮食局和区农科所三种不同类型的机关党建示范点，以先进带后进，以点带面提升机关党建整体水平。“两新组织”党建方面，成立区委“两新”工委，扎实开展“两新”组织“百日攻坚”行动，新建党组织96个，实现应建尽建。

【人才工作】 面向社会招揽专业对口人才26名。通过全市“四海揽才”工程，引进教育卫生专业人才44人。拨付专项经费60万元，为教育系统培养150名师范毕业生。对市十六中学选调的8名骨干教师每人给予10万元安家费，2名学科带头人每人20万元安家费用，对选调教师家属工作岗位的调动开辟绿色通道。认真落实党政领导干部联系服务专家制度，区委常委直接联系13名区内专家。3人被评为全市“扎根基层优秀人才”和农村实用人才带头人。开展“十佳青年岗位能手”“优秀青年岗位能手”评选表彰活动。积极对接全市“百名专家挂职岳阳”活动，先后2次邀请多名专家调研指导区规划和旅游工作。

【自身建设】　开展专题学习讨论。在全区组织系统以“干部成长感恩谁”为主题进行集中讨论。部机关党支部开展“喜迎十九大、齐心谋发展”主题党日活动及《榜样2》专题节目学习讨论；组织机关全体党员集中观看中共十九大开幕盛况，并进行学习讨论。做好信息工作。选派专职信息员到省委党校参加全省组织部门信息员培训。2017年，共向中央、省、市报送组工信息40余条，《组工信息》《湘组信息》《岳阳组工信息》综合采用近10条。开展结对帮扶。部机关12名工作人员与联点的良心堡镇檀树村和良心堡居委会34户贫困户结对帮扶。区委常委、组织部长傅大斌带领全体机关工作人员先后6次深入贫困户家中，了解贫困户家庭情况，为贫困户脱贫致富出点子、想办法。选派一名机关干部到檀树村驻村帮扶，工作得到镇党委、村支“两委”以及当地群众的高度评价。培育组工文化。积极组织户外徒步、体检等工会活动，赴韶山红色教育基地开展革命传统教育，在部机关干部中开展谈心谈话活动。

【感恩教育专题活动】　2017年4月，区委组织部根据省委组织部的统一部署，在全区组织系统开展“干部成长感恩谁”讨论活动，区委常委、组织部长傅大斌带头以《党员干部要将感恩内化于心外化于行》为题在全区组织系统讨论学习会上作辅导报告，区直单位政工人事股长及乡镇专职副书记、组织委员、组织干事参加，《湘组研究》《岳阳组织工作》予以刊载。

【村（社区）“两委”换届】　2017年，区委组织部按照中央、省、市要求，严格选举程序，严肃换届纪律，圆满完成村（社区）“两委”换届。在全区开展“进村组、进楼栋、进住户，查难点、查问题、查风气”活动。对396名在职村干部、187名在职社区干部和新提名人选进行摸底排查，通过镇（街道）“八联审”和区级复审，清退不合格人选24名。建立由区委常委和镇（街道）班子成员包点负责，区直单位直接联系的工作机制，统一制定下发换届选举工作流程、上墙公示模板和资料台账模板。75个村（社区）共选举产生503名村（社区）干部，村主职中致富带头人占85%，比上届提升30%。

【抓党建促脱贫】　2017年，区委组织部充分发挥农村党组织和党员致富带头人的引领带动效应，鼓励党员致富带头人创办领办协会、基地、企业等经济实体，重点推进以“协会联贫困对象帮提质增效、基地联贫困对象帮劳务增收、企业联贫困对象帮就业转型”为内容的“三联三帮”产业扶贫行动。全区50多个协会、基地、企业中的600多名党员带领5000多人致富，增收超6000万元。区老科协党员积极开展科技帮扶，与全区3100多户贫困户结成“一帮一”对子。10多年来帮扶脱贫2900多户，涌现出老党员段芬初、彭正其等多名先进典型。选派28名政治素质好、责任心强的党员干部到11个贫困村和3个贫困人口超过100人的村开展驻村帮扶，市、区两级党代表共联系帮扶贫困户213户。

【防汛抗灾】　2017年，全区各级党组织和广大共产党员按照区委区政府的统一部署，在防汛抗灾一线开展“建合格支部，发挥战斗堡垒作用；做合格党员，发挥先锋模范作用”的“双合格、双发挥”活动。全区共有335个基层党组织和3321名共产党员参与防汛抗灾，共开展党日活动300多次，签订承诺书3300多份，组建党员先锋队、党员突击队、党员抢险队等120个，认领岗位3000多个。中组部《“两学一做”学习教育情况通报》《组工信息》，省委组织部《湘组信息》《湖南日报》《岳阳日报》等刊物进行推介报道。

【村（社区）综合服务平台建设】　2017年，区财政筹措资金5700多万元，对75个村（社区）进行新建或改扩建，占2016年财政总收入的14%。11月底，高标准完成全区25个新建平台与50个改扩建平台的统一立面设计、统一建筑风格、统一功能布局（七室一厅）“三统一”工程建设。梳理确定便民服务事项120项下发到村（社区）便民服务点，完成与湖南58农服信息技术有限公司签约，开展“岳农”综合服务平台启动培训。

（周明学）

宣传思想工作

【概况】　2017年，区宣传思想工作在市委宣传部的精心指导和区委区政府的坚强领导下，以迎接宣传中共十九大和学习贯彻十九大精神为主线，践行新思想、强化新举措，唱响新时代、谋求新发展，各项工作取得显著成效。

【意识形态】 2017年，区委常委会先后专题学习《党委（党组）网络意识形态工作责任制实施细则》《党委（党组）中心组学习规则》，9次专题议宣传文化和文明创建工作；区委中心组邀请市网信办原主任冯元满就“网络意识形态工作和新媒体时代的舆论引导”进行专题授课；区委常委、宣传部长李爱玲常委部长带队深入乡镇督导意识形态责任落实和十九大期间安全播出等工作，将意识形态工作纳入各级班子年度考核和区委区政府绩效考核。出台《君山区党的十九大期间意识形态工作分析研判预警工作方案》，列出10项问题清单，明确责任单位和预警办法；开展十九大期间安全播出拉网式排查，加强对村广播、电视小片网、自媒体等重点监管。完善《关于加强网络文化建设和管理的意见》《新闻审查制度》，坚持网络舆情24小时值守和区委主要领导亲自审批制度。区政府拨出专款开办《岳阳日报·君山专版》，办好君山手机报、“君山在线”官方微信、君山新闻网和君山电视台新闻等区级媒体，出刊《君山文艺》《野荷文学》等文艺期刊6期。区委调优配齐宣传部班子，提拔调整宣传系统干部6人。通过举办培训班等形式建好网络文明传播、文化志愿者、基层通讯员、基层“五老”微宣讲员等队伍，分别举办“深化文明城市建设”“十九大精神宣讲”微宣讲员培训班和第二届乡镇文化站长、基层文艺骨干、“美丽乡村”作协采风培训班，对区作协、诗楹协进行换届。

【理论武装】 2017年，区委宣传部务实推进中心组学习。区委中心组围绕学习贯彻习近平总书记系列重要讲话和党的十九大精神，先后以“网络意识形态”“从严治党”“扶贫攻坚”“供给侧结构性改革”“党的十九大精神”等为主题组织7次集体学习，参学人数达2100多人次，参学率达98%。《十九大报告读本》征订5000册，党员干部人手一册；全区1.1万名党员干部以支部为单位集中收听收看十九大报告；区委书记带头领学，各区委常委深入联点乡镇集中督学。出台《全区党的十九大精神集中宣讲方案》，组织12名理论宣讲骨干深入基层宣讲210多场次，邀请市委讲师团成员来区宣讲。组织开展十九大精神微宣讲集中培训，培训基层宣讲员210人，利用田间地头、车间屋场宣讲800多场次。充分利用君山电视台、君山手机报、“君山在线”新媒体等对十九大精神进行解读；结合“两学一做”学习教育开展“百名书记讲党课”活动，区委副书记白再兴参加全市比赛获一等奖。组织“喜迎十九大·齐心谋发展——学习习近平总书记系列重要讲话精神知识抢答赛”，全区30支队240名选手参加，决赛现场全区正科以上干部参加观摩。

【新闻宣传】 2017年，区委宣传部在市级以上主流媒体上稿1043篇（条），其中新华社、人民网等中央级媒体上稿27篇（条）、《农民日报》2篇；省级媒体《湖南日报》（含“新湖南”）上稿47篇，其中头版头条1个、市州版头条5篇，湖南卫视上稿5条、湖南经视上稿9条，红网、新浪及文明网等上稿610条；市级媒体《岳阳日报》上稿246篇，头版头条8篇，刊发《岳阳日报·君山新闻》9期；岳阳台新闻上稿97条。君山电视台新闻制作播出新闻126期，刊登稿件1190多篇；君山手机报制作刊发237期，微信公众号“君山在线”、君山新闻网以及官方微博“君山发布”，做到每个工作日都更新内容。通过图文并茂的形式宣传一批最美教师、医生、道德模范、志愿者、劳动者，围绕区委区政府中心工作，策划君山“生态1+5”、园区“筑巢”引得“凤”、生态环保等专题，为全区发展凝神聚力。坚持国庆、“建军90周年”、十九大等特护期舆情24小时值守和跟帖。有效处置林权纠纷、团湖开放等涉君网络舆情21起。积极开展网络文明传播，组织网络志愿者参与“指尖上的春节”“做雷锋精神的种子”等网络传播活动30余次，刊发有关文明传播信息和评论60余篇。“共舞长江经济带——探访区域协同生态发展之路”网络主题采访50多名记者成功采访广兴洲镇洪市村，人民网等多家媒体报道区生态发展和美丽乡村建设。

（郭　鸣）

统战工作

【概况】 2017年，区统战工作

在市委统战部的精心指导和区委的正确领导下，以中央、省、市构建大统战工作格局为契机，全区统一战线团结一致，攻坚克难，务实求为，基层工作跃上新台阶，中心工作彰显新作为，体制机制呈现新亮点，圆满完成全年工作目标任务。

【推进“四大行动”】 2017年，区委统战部坚持和加强党对统战工作的集中统一领导，成立以区委书记为组长的区委统战工作领导小组，把统战工作纳入区委工作的重要议事日程，实行联席会议制度，确保统一战线各领域议事机构在区委的统一领导下有序运行，发挥作用。出台《君山区委关于推进大统战工作格局的实施方案》等重要文件，建立一系列科学规范、管理高效、操作便捷的规章制度。大统战工作格局的推进与形成，有力地促进“四大行动”的开展：一是以“大学习”推动发展信心大提振。以党建为抓手，强化政治引领，深入推进“两学一做”和“两学一助”主题学习教育。特别是中共十九大胜利召开之后，在全体统战干部和党外人士中掀起“学十九大精神、不忘初心、同心向党”的热潮。全区统一战线把学习贯彻中共十九大精神，学习习近平新时代中国特色社会主义思想，作为当前和今后一段时期的政治任务，全面引导统战干部和各民主党派、各统战团体以不同形式学习、宣传、贯彻、落实。通过大学习、大讨论，全体统战干部和党外代表人士思想素质和政治能力进一步提升，“四个意识”不断强化，“四个自信”更加坚定。二是以“大宣传”推动创新成果大展示。全年，在君山电视台、君山手机报、《君山文艺》播（刊）发稿件23件。主动向外推介君山统战工作经验和做法，《三台联动，助推大统战》《构建大统战，助力大发展》《亮出“三板斧”，全力促发展》等宣传报道，分别在岳阳统战网、三湘统战网、今日头条及《湖南省社科院学报》《江湖名城》上刊载。三是以“大培训”推动能力水平大提升。针对区内党外干部中存在本领恐慌的短板问题，组织全区50名党外干部，在市委党校举办为期一周的脱产培训，邀请省社科院、市委党校和市委统战部专家教授上课，培训效果明显，三湘统战网等媒体予以报道推介。四是以“大调研”推动政党协商大进步。配合市委、市政府相关部门开展促进非公经济发展“四个一”专题调研活动，对“非公经济十条”提出关于完善民企激励机制、完善人才培养机制、优化服务平台、降低用工用能成本等四项修改意见被市委、市政府充分肯定并采纳。撰写《精准施策再鼓劲，创新聚力又扬帆——关于岳阳市非公有制经济发展情况的调查与思考》《三抓助力推动“非公十条”落地惠民企》《在聚心聚力中促进发展在务实务虚中主动作为》等调研报告。组织党外代表人士中市区两级“两代表一委员”积极参政议政，先后撰写20多篇议案和提案，其中市政协委员、九三学社君山支部主委陈岳红提交的《关于优化中心城区道路中心隔离栏》，市政协委员、民盟君山支部主委刘宏提交的《关于进一步加强农村文化建设的建议》，区政协常委、民进君山支部主委胡思提交的《纵深推进脱贫攻坚工作，助力全面建成小康社会》，区政协委员、民建会员君山支部主委左成刚提交的《做大做强电子商务，打造经济增长新亮点》等议案、提案，为市、区两级党委、政府决策提供重要参考。

【主攻“六个重点”】 一是大统战工作格局顺利完成。按照市委、区委“统一机构设置，统一力量调配、统一归口管理、统一工作网络”的工作要求，顺利完成“1+4”大统战工作格局设置，成立君山区民族宗教事务局和君山区归国华侨联合会，新构建的大统战配备4名副部长，编制由7个增加到13个，调整使用干部9人。统战部、台办、工商联、民宗局、侨联已实行合署和集中办公。区级统战工作网络、镇（街道）场统战工作网络、村（社区）统战工作网络、互联网+大统战工作网络“四网”建设已全面完成，统战基层基础工作得以加强。二是多党合作事业进一步加快。坚持政治协商，事关区域经济、社会发展的大事、要事，区委、区政府必征求各民主党派、党外代表人士、政协民主党派委员、人大民主党派代表的意见。定期通报区域经济社会发展、党风廉政建设等情况。坚持区委常委与党外人士交朋友制度，区委11名常委与33名党外人士代表、政协委员及民主党派、无党派、非公经济代表人士结对联系、交心交友。坚持谈心谈话。10月，组织区内25名党外代表人士赴河北西柏坡、雄安新区、天津开展暑期谈心活动，进行红色革命教育。党派亮点工作频显，民盟君山支部成立“盟员之家”，盟员之家充分发挥“桥头堡”“活力源”“宣传窗”“工作台”“加油站”五大作用，对内的组织凝聚力和对外的社会影响力不断加强，成为广大盟员统一思想、提高认识、情感联谊、共同进步的重要平台，成为基层盟组织履行参政党职能、发挥参政党作用、展现参政党形象的重要平台。农工党君山支部、九三学社君山支部十多名医学专家携带便携式B超仪、血压计、小型治疗仪等设备为许市镇村民义诊，参与义诊村民达500多人次。三是非公经济统战工作力度加大。组织统战系统各单位和非公企业专题学习“非公十条”，重点对区内有代表性的食品加工、电子信息、新材料生产厂家进行实地走访和座谈，了解企业在生产和经营中的困难和问题。根据区情实际和企业需求，制定《君山区关于发展非公有制经济的实施细则》，在环境优化、金融扶持、政策支持、劳务招工、税收优惠、创新奖励等方面出台相关政策，推动非公有制企业快速发展。积极引导非公企业参与“万企帮万村”精准扶贫和社会公益活动。金联星、国泰食品和一批建筑企业积极参与项目扶贫、教育扶贫和产业扶贫。非公经济组织代表人士为君山区教育基金捐资751.2万元，联村帮扶60多万元。区工商联（总商会）开设《非公简报》、搭建政企行业交流平台，打造书记、区长与企业家面对面交流平台。组织承办“同心同行·‘亲’‘清’共建——生态君山非公经济发展”座谈会，畅通利益诉求渠道，营造亲商、安商、富商的营商环境。四是民族宗教工作全力抓实。切实履行党委政府对民族宗教工作的主体责任，及时调整民族宗教工作领导小组，进一步健全区、镇（街道）、村三级责任体系和工作网络；组建区民族宗教事务局，明确民族宗教局的执法主体地位和行政职责；加强民族宗教工作的管理和法治化建设，将民族宗教工作纳入镇（街道）场和区直单位年度绩效考核，并与相关单位签订工作责任状，坚决抵御宗教渗透，严防宗教事件和冲突；及时调解和处理宗教内部纠纷，寺庙安全等问题，加强从教人员社会主义教育，开展“和谐寺堂”“宗教助学”等创建活动。五是新的社会阶层人士和港澳台及海外统战工作全面展开。认真贯彻全国、全省新阶层人士统战工作会议精神，主动开展大调研，完成全区四大类型新阶层人士的调查摸底，建立37名新阶层人士信息库。积极落实市委组织部、市委统战部、市侨联文件精神，认真开展重点侨情调查，完善500多名华人、华侨及侨眷侨属的资料建档。六是党外代表人士队伍建设有新的进展。建立党外代表人士分类管理办法，做好党外干部的结构、层次、布局安排，完善考核机制和进退处理问责机制，加大向区委推荐交流、任用党外干部的力度。在2名党外干部提拔担任政府工作部门正科实职的基础上，新提拔2名优秀年轻党外干部任副科实职，极大地激发党外干部干事创业的积极性。把握政策，严格标准，认真做好区非中共人大代表、政协委员推荐工作，党外人士人大代表和政协委员分别占比36.2%和60%，超出规定要求。

【助力“三项战役”】 一是“同心”品牌进一步抓实。结合君山区“美丽乡村”建设，把许市镇柿树岭村作为“同心乡村”项目建设同步推进。工商联、民宗局、侨联以及各民主党派君山支部积极配合，主动作为，自觉融入创建活动之中，开展医疗义诊、植树绿化、图书捐赠、电商培训等活动。“同心乡村”建设成效明显，该村生产的“康王山脐橙”等农产品已获“中国绿色食品A级证书”和国家工商总局“注册商标”；“稻虾养殖”“湘莲种植”“巴陵春茶叶开发”等特色经济带动村民增收，村民人均纯收入达18000元，比全区农民人均纯收入高出1300多元，贫困户成功脱贫11户。便民服务中心、同心文化墙、同心村民文化活动广场、同心农村书屋、同心村级医务室和广播村村响等工程和项目已投入使用惠及村民。柿树岭村被市委统战部正式授予“市级同心乡村”。二是扶贫力量进一步增强。积极参与“精准扶贫”大会战。全区26名党外副科以上干部和82名非中共人大代表政协委员共结对帮扶贫困户246户，非公有制企业结对帮扶35户。在帮扶过程中，注重全方面扶贫，目前已形成五大特色产业带动项目，即绿色有机蔬菜基地产业带动项目、黄茶种植产业带动项目、企业就业帮扶带动项目、电商扶贫带动项目、行业商协会慈善公益帮扶带动项目，预计到2020年受益贫困群众可达2000多人，解决就业800多人，帮扶贫困大学生

350多人。三是助力发展进一步加速。主动融入“园区建设”大会战。区委统战部、台办、工商联、民宗、侨联全员参与园区建设和招商引资活动。园区基础设施建设、招商引资和项目建设均取得历史性突破。统战系统累计收集招商项目信息30多条，新签约招商引资项目2个，合同引资总额2.8亿元。

（夏　胜）

民族宗教侨务工作

【概　况】　2017年9月，按照市委统战部工作部署要求，经区委专题研究，完成区委大统战格局构建，区民宗局与区委统战部合署办公，明确民宗局的执法主体地位和行政职责。在市民宗局的精心指导和区委统战工作领导小组、区民族宗教领导小组的正确领导下，依法依规管理民族宗教事务，迅速开展大量工作，切实维护君山区民族宗教领域的和谐稳定。

【工作机制】　2017年，区民族宗教事务管理局为进一步健全区、镇（街道）、村三级责任体系和工作网络，明确区、镇、村三级工作职责，将民族宗教工作纳入镇（街道）场和区直单位年度绩效考核。按照《岳阳市人民政府关于“三清单一目录”的通知》要求，重新清理规范证明（盖章）材料清单，如民族成份确认事项中的家属关系证明、收养证明；保留行政许可事项目录，如成立、变更、注销宗教团体审批，筹备设立（改建、扩建、新建、重建）宗教活动场所，设立固定处所审批提供服务指南和流程图，并制定区民宗局行政审批制度改革实施方案。《流动少数民族人口服务管理工作细则》和《关于涉及民族宗教方面群体性事件的应急预案》初稿形成，提交领导研究后发文。

【民宗信息】　少数民族。君山区现有土家族、苗族、回族、瑶族、彝族等20个少数民族，共有少数民族人口485人，其中人口稍多的少数民族是土家族129人，苗族87人，瑶族61人，彝族31人，其余各少数民族没有超过20人，其中拉祜族、羌族、藏族、毛南族各1人，主要是迁移和婚嫁落户，如许市镇42名少数民族居民，全为外地嫁入的女性。宗教情况　君山区现有佛教、道教、基督教三大宗教。登记在册的宗教教职人员90多人，登记在册的有比较虔诚宗教信仰人员近3000人。登记备案的合法宗教活动场所46个，其中佛教11个，道教15个，基督教20个。佛教活动场所分布在钱粮湖镇2个，广兴洲镇2个，许市镇4个，柳林洲街道1个，良心堡镇2个。道教活动场所分布在钱粮湖镇8个，广兴洲镇1个，许市镇5个，柳林洲街道1个。基督教活动场所分布在钱粮湖镇5个，广兴洲镇4个，许市镇2个，柳林洲街道3个，良心堡镇6个。

【走访调查】　2017年，区民族宗教事务管理局先后到柳林洲街道、钱粮湖镇和广兴洲镇，向镇级负责人详细了解属地范围的民宗工作情况，与基督教、佛教一些堂点、寺庙的负责人见面，实地了解活动场所的基本情况，宣讲国务院新修订的《宗教事务条例》。目前，总的情况还好，比较稳定，没有发现违法或影响社会稳定的情形，管理也比较规范，财务公开比较到位，宗教人员也还负责。但在走访中，也发现存在以下问题：1.临时堂点未登记在案。如广兴洲镇光明聚会点，良心堡镇真耶稣教聚会点等；2.存在安全隐患。如岳华村的真耶稣临时堂点，是购买私人平房，已作为临时堂点十多年，房屋破旧，墙壁开裂，如遇大风或大雷等恶劣天气极易出现伤人死人事件，已多次进行协调，并与安监局、住建局进行过衔接，与办事处负责人商谈维修或择址另建的有关事宜，要求在举行宗教活动时间，如遇恶劣天气，禁止进入。

【调解纠纷】　2017年，宗教领域中有其复杂性，9月，陆续接待宗教人员来访。一是内部告状：如香光寺住持与居士互不信任，居士要赶走住持，想占庙自己从事宗教活动，同时反映香光寺财务自己掌管，从事营利活动和婆罗门教等邪教活动；真耶稣教某教徒反映其负责人陈华被省教会开除，仍在开展宗教活动，给小孩唱宗教歌，给出生婴儿进行洗礼等；茅庵观音庙某法师要进驻，佛教管理小组负责人不同意等。二是事务调处：如马王庙住持释容宽反映，要维修寺庙，但进出道路不畅通，与周边房产开发商有矛盾，协调难度极大，还有友谊教堂法人改选、佛教教职人员占道教庙、香光寺国土手续办理等问题。

【互联网管理】　2017年，区民族宗教事务管理局按照国家民宗委的要求，全国各地宗教活动场所一律重新编码纳入互联网管理，区民族宗教事务管理局历时两个月。通过召开会议、上门核实和电话网络联系等方式逐一对宗教场所、教职人员、宗教团体的相关信息进行核实，按照时间节点，保证质量，按照标准及时将各教派、各场所的相关资料报送市局，由市局报省民宗委。

【助力公益事业】 2017年，君山区民族宗教事务管理局大力引导宗教界朋友积极参与公益事业。9月21日，在市道教协会的大力支持下，与区道教协会爱心人士一道在君山区职业技术学校开展助学捐赠活动，捐资5万元，受赠学生50名，传递正能量，受到社会好评。

（夏 胜）

区归国华侨联合会

【概 况】 2017年9月，君山区组建归国华侨联合会，在市侨联的悉心指导和区委、区政府的正确领导，特别是在区委统战部的关心支持下，突出“凝聚侨心、为侨服务”这一工作宗旨。

【争取领导重视】 2017年，借力大统战工作格局的推进，区委成立区归国华侨联合会，由一名副部长兼任侨联主席，配备一名专职副主席。区委机构编制委员会将侨联以正科级群团组织予以单列，归口区委统战部管理，实现职能责任归口、管理活动归口、考核评估归口。年财政预算15万元，实行分别管理、切块使用、集中审批。春节前夕区委安排15个归侨侨眷慰问指标，慰问金额7500元；区财政解决2名老年归国华侨生活补助费，使归侨侨眷感受到党和政府的关怀和温暖。

【网络信息管理】 2017年，在区委统战部的高度关心支持下，将侨联工作纳入大统战工作格局“四网”建设中，即：区委统战工作网络、镇（街道）场统战工作网络、村（社区）统战工作网络、互联网+大统战工作网络，做到同安排、同部署、同推进、同落实，为侨情资源网络化管理提供便捷的平台，使侨联基层工作有人管事、有人办事。

【重点侨情调查】 2017年，按照市委统战部、市委组织部、市侨联文件要求，区委统战部和区侨联迅速进行了动员和部署。区侨联利用一切可利用的信息和人脉资源，采取乡镇联动、社区入户、电话咨询等方式核实采录侨情资源。截止3月底，已录入侨情资源信息466人，其中归侨4人、华人华侨和港澳居民149人、侨眷218人、侨属82人、归国（出国）留学生13人，比建区以来历次侨情资源录入人数净增380人。

【侨联自身建设】 2017年，通过深入学习领会党的十九大精神和习近平治国理政新思想新理念新战略，“四个意识”更加坚定，为侨服务的理念更加强烈。通过参加省侨联组织的新任职干部培训、市第六次侨代会和市侨联组织的考察学习，对侨的基本理论、法规政策、工作方法有较全面的理解和掌握。通过参加区委统战部组织的中心组学习、党建活动、廉政谈话、文明单位创建等活动，纪律意识、规矩意识、廉政意识、作风建设明显增强，已经完全融入忠诚履职、干净担当、干事创业的大统战工作氛围之中。

（夏 胜）

机构编制工作

【概况】 2017年，区委机构编制委员会办公室（简称区委编办）紧紧围绕打造洞庭生态明珠、建设现代滨江新区的大局，严格按照省市区相关文件精神，以机构编制管理、行政审批制度改革、实名制数据库建设、治理“吃空饷”问题和清理临聘人员专项工作、事业单位登记管理等工作为重心，大力提升机构编制工作实效，为新常态下的区域经济社会发展提供坚强的机构编制保障。

【机构编制管理】 坚持此消彼长的原则，实现机构编制资源的绿色配置，全区共收回家15家区直事业单位空余编制50余名，有力保障关键岗位、重点领域编制需要。牢固树立“编制就是法”的工作理念，确保机构编制只减不增，与2012年相比，君山区行政机关在编人员减少21人，事业单位在编人员减少288人。

【行政审批制度改革】 梳理出清理规范证明（盖章）材料94项，其中保留48项，取消46项；梳理出全区公共服务事项146项，其中主动服务83项，依申请服务63项；清理后，区政府工作部门行政权力事项共计1984项；经梳理，区保留行政许可事项119项。推动落实行政许可标准化工作，全区18家单位高质量报送服务指南、流程图等资料。组织各单位在全省“互联网+政务服务”一体化平台上录入“双清单”（目录清单和实施清单），录入完成率100%，为全面实施管理服务标准化、推进“全事项”“全流程”网上办理等提供坚实基础。

【实名制数据库建设】 2017年，充分利用省实名制数据库新系统，分配机关事业单位用户账号，指导各单位自行完成人员信息录入等工作，全面提升工作效率。要求各单位上传电子照片，确保一人一照一档，实现平台电子照片的100%覆盖。开展机构编制年检工作，逐一核对编制和实有人数，实现机构编制管理证、实名制数据库和实有人员一一对应。完善机构编制相关信息工作，将各部门机构设置、领导职数、编制数等历史沿革文件逐个扫描录入，构建一套完整、准确、可应用、操作性强的实名制系统。

【治理“吃空饷”和清理临聘人员】 2017年，共发现吃空饷人员13人，其中已核销编制10人，责令返岗1人，2人已办理工资关系转移手续，收回金额105436.82元；全区共清理清退机关事业单位临时工作人员179人。出台《君山区机关事业单位临时聘用人员管理暂行办法》，建立清理临聘人员和“吃空饷”问题专项治理常态机制。

【事业单位登记管理】 2017年，一是创新监管模式，积极开展事业单位公示信息抽查工作。全区应公示的112家事业单位全部公示到位后，将公示信息抽查工作和区清理“吃空饷”整改工作有机结合，对教育、卫生等4家事业单位进行实地抽查。二是夯实管理基础，严格推行法定代表人离任审计制度。全年下发15份委托审计通知书，夯实登记工作基础。三是突出重点环节，积极探索事业单位法人履职评估。下发《君山区2017年度事业单位法人履职评估工作实施方案》，将区教育局下属13家事业单位定为履职评估单位，细致规定评估指标等。四是打造诚信体系，统一社会信用代码赋码工作全覆盖。全面完成48家单位赋码发证工作，并及时办理变更。做好132家事业单位法人存量代码转换工作，区统一社会信用代码工作做到全覆盖。

（孙鲁岩）

政策研究工作

【概况】 2017年，区委政策研究中心忠诚履职，参谋辅政，优质服务，着力在“强化学习、优质文稿、制度管理”上下功夫，文稿创作有一定的进步，得到了区委主要领导的充分认可。

【起草政研文稿】 2017年，区委政策研究中心克服任务重、人手少等困难，坚持把握上级政策精神和君山工作实际，认真起草各类文稿，共完成区委经济工作会议、党政负责干部会议、区委五届三次、四次全会等各类文稿140余篇、近60万字，撰写《奋力谱写岳阳江湖名城建设的君山篇章》《对话：和谐乡村是一幅美丽图画》等多篇访谈文章，精心编辑《区委通报》《领导参阅》等刊物。

【开展调查研究】 2017年，区委政策研究中心紧贴区委中心工作，重点围绕生态“1+5”、基层党建、治陋习等课题开展调研，形成《推进全域旅游、建设全面小康》《着力“建导治”、树立新风尚》《精准巡察震慑常在》等调研报告，并在市委《江湖名城》《岳阳日报》等媒体上刊载。

【强化信息推介】 2017年，区委政策研究中心把信息工作作为上级机关了解和掌握君山区工作情况的有效渠道和重要的对外窗口平台，在人手不足的情况下明确专人从事信息工作，共向省、市报送信息100余条，一批信息稿件在市委《每周汇报》和省委《要情》上刊发。

（胡秋军）

史志档案工作

【概况】 2017年，在区委、区政府的正确领导和上级史志档案部门的关心指导下，区史志档案局领导班子带领全局干部职工紧紧围绕全区改革和发展大局，按照“强班子、重实干、出精品”的整体工作思路，突出重点，攻坚克难，扎实工作，以更高的标准圆满完成了各项工作任务。

【史志工作】 2017年，启动

《中共君山历史》（1958—1966）的编纂工作，完成12余万字的初稿；完成《君山记忆》第五辑的征集、编写和出版，全书设定7个栏目，收录文章52篇，诗词20篇，共计35万字，为纪念周逸群烈士诞生120周年开设专栏，征集诗词50多篇；2月28日，区领导高度重视并同意以区委、区政府两办名义下发文件《关于做好〈君山年鉴（2017）〉组织编辑工作的通知》；完成《君山年鉴（2017）》的组稿、编纂工作，全书共计55万字；4月21日，组织召开2017年度党史联络员工作会议，安排和部署本年度全区党史联络工作；8月，为市委史志办编撰的《回首当年》“转变干部作风”专辑组稿10篇，约3万字；11月3日，组织全区党史联络组成员到省党史陈列馆进行参观学习，区党史联络组组长党宗荣带队，共13人参加。为深入挖掘湖湘特色风俗文化，专门组织编撰具有地方特色的《岳阳市君山区风俗志》一书，全书设10个章节，共计30万字。为配合市委史志办编纂《岳阳乡镇简志·君山卷》提供稿件10篇，共计10万字；深挖地情资源，就“吴氏降魔舞”是否濒临失传的问题进行大量的考证和研究，并撰写文章《追踪吴氏降魔舞》；探究君山皮影传承与发展的新路径，找到其艺术文脉的根，使君山皮影戏这一比金子还贵的传统民间艺术得以传承和发展，专门撰写文章《君山皮影戏的传承与发展》；选送多篇精品论文参评投稿，其中由涂山河等撰写的论文《关于志鉴编纂要把好资料入口关的几点思考》《撰好概述是提高城市区志学术品位的重要一环》在省地方志编纂委员会、省地方志学会等单位联合主办的“湘志杯”地方志理论研究征文活动中荣获三等奖；6月，选送由涂山河等撰写的《关于编写县（市）区（科技志）》等两篇论文到省地方志编纂委员会参评获奖，另有三篇收录到2017《湖南地方志》中。

【档案工作】 2017年6月，下发文件《关于印发〈岳阳市君山区综合档案馆档案接收进馆标准〉的通知》，文件就档案资料的进馆范围、分类、编号和档案接收流程进行明确要求，为档案移交进馆工作提供执行标准，保障档案接收进馆工作的顺利开展，强化档案馆基础业务建设；完成省档案局下达的建设洞庭湖生态经济区专题档案资源数据库建设任务，先后将相关馆藏档案400余卷进行数字化，并移交至市档案局；利用档案QQ群、微信群、电话等方式积极处理日常业务咨询问题，深入区委办、教育局、国税分局等单位进行档案业务指导和培训。组织新进档案员积极参加国家、省、市档案部门举办的业务培训班，全年组织20余人次外出参加国家、省、市档案局的培训，提高档案工作的基本技能和理论。3月，对全区机关企事业单位100多名学员进行档案业务培训；全年接待查档利用200人次，提供利用档案资料500卷次，为社会各界人士查实工龄、婚姻证明、责任田确权以及处理各类纠纷等出具有关档案证明材料达680份，维护群众合法权益和社会稳定；以宣传“6·9”国际档案日为契机，积极参加国家、省、市档案局组织系列宣传活动，面向全区开展“档案—我们共同的记忆”为主题的系列宣传活动。一是组织200人参加国家档案局举办的“宝葫芦”杯档案法律法规知识有奖竞赛；二是与区司法局联合上街进行法制知识宣讲和咨询，使广大领导干部了解档案工作的重要性；三是通过悬挂街头档案宣传标语，广泛宣传档案相关法制法规，2017年，张挂宣传标语100多条、普法挂图等100多张，印发宣传资料500多份，接待咨询人员150多人次，受教育干部群众300多人次，取得较好效果；四是制定激励制度，鼓励干部职工宣传档案工作，鼓励档案工作者积极向有关报刊投稿，制发档案工作信息等。4次开展“两学一做”及“四种精神”的学习和讨论。中共十九大召开后，按照区委的安排，邀请两名区十九大报告宣讲团成员授课。全局党员干部在“红星云”登录注册人数达100%，及时接受平台的学习教育。10月，全体干部职工报名参加在线法律学习考试并全部通过；区史志档案局对口精准扶贫点为广兴洲镇黄安村，局长王振华10多次率领班子成员深入扶贫村开展调研，走访结对帮扶户，并送上帮扶资金2万元。11月，全体党员干部下载并注册“社会帮扶”手机软件，完成贫困户信息注册。

【档案馆建设】 2017年，君山区综合档案馆位于九公里农业局办公楼西测，占地面积3064平方米，总投资预算1182万元，其中中央预算内投资168万元。截至2017年11月，区政府下拨项目资金约1160万元。该项目主要建设专业用房（库房、服务用房、业务用房和技术用房、附属用房及相关配套设施）。项目由湖南三湘工程管理有限公司主持招标事宜，2016年1月26日项目开标，株洲宇翔工程建设有限公司中标，中标价约为754万元（后增加高压细水雾预算、管桩等约121万元，共约875万元），已于2016年4月25日开工建设，2017年度进行室内装修及市政、绿化等附属工程建设。预计2018年12月正式投入使用。

（郑　帆）

党校工作

【概况】 2017年，区委党校紧紧围绕“打造洞庭生态明珠，建设现代滨江新区”的工作大局，切实履行党员干部教育职责，充分发挥党校“思想引领要地，理论武装阵地，党性锻炼营地，科研资政重地，干部成长园地”的重要作用，全面学习宣传党的各项方针政策，特别是习近平总书记系列重要讲话及中共十八届五中、六中全会和中共十九大精神，全力推进全区党员干部教育培训工作再上新台阶。

【党员教育】 2017年，区委党校举办建党对象培训班1期，发展对象培训班1期，预备党员转正培训班1期，培训人员326人，在“送党课下基层进社区”活动中，专（兼）职教师上党课42堂，培训党员5100人次。

【干部培训】 2017年，区委党校举办各类培训班17期，培训学员1099人，其中假日读书班11期学员达126人，村（社区）“两委”班子成员培训班2期503人，党务工作者培训班1期86人，老干支部书记培训班1期53人，村主任及村级后备干部培训班1期115人，团干培训班1期94人，妇联系统干部培训班1期122人。

【教学教研】 2017年，区委党校认真组织科研攻关，积极探索科研创新，5月，副校长代颖慧参加全市党校系统教学竞赛，荣获二等奖，实现三区党校在全市教学比武上“零”的突破。12月，区委党校联合市委党校课题组以君山生态休闲文化旅游为主题进行调研，并将调研内容列入2018年党校调研课题向省市进行申报。

（任国庆）

老干部工作

【概况】 2017年，区委老干部局共有23人，其中退休14人。有区关工委、区老科协、区老年书协、区老年大学、区老年体协、区老年保健协会等老年组织挂靠老干部局。至12月31日，全区共有离休干部15人，副处级以上退休干部52人。

【学习宣传】 落实老干部政治和生活待遇。为各老干支部订阅《学习参考》和党报党刊，各离退休干部订阅《老年人》《中国老年报》《书画精粹》等报刊杂志。离休干部护理费的提标等生活待遇都是第一时间足额落实到位。结合中央、省、市有关文件精神，拟定《关于进一步加强和改进全区离退休干部工作的通知》，内容涉及老干部两个待遇、党组织建设、老干部学习教育、经费保障以及组织领导等5个方面，对于更好地服务老干部具有指导性意义。

【开展活动】 引导老干部释放正能量。一是关心下一代工作稳步推进。2017年新组建7个“五老”微宣讲团，深入学校、村庄开展核心价值观、党史国史和文明新风的微宣讲，并在许市镇黄金小学建立“爱学习、爱劳动、爱祖国”教育示范基地、“党史国史”教育示范基地、“诗联进校园”示范基地。组建6个网吧巡逻队，在暑假义务监督青少年上网情况。二是老年教育红红火火。老年大学始终将老干部思想政治教育工作融入日常教学中，让广大离退休干部的思想始终与中央、省委、市委、区委保持高度一致，助推全区各项工作的开展。3月7日，邀请区委书记谢胜到老年大学作形势报告，向老同志通报区当前发展的基础和形势，阐述后段发展的目标和思路。围绕“喜迎十九大”这一主题，开展一系列活动，如编印一期以迎十九大为主题的校报，组团参加全省“喜迎十九大，颂歌献给党”歌咏大赛并入围复赛。三是科技帮贫成效明显。引导老科技专家发挥技术和经验优势，致力科技帮扶，成绩斐然。全区老科协扶贫3100户，已脱贫2907户，占92%，每户年增收2000元以上，贫困户增收580多万元，还有75户成为科技致富户。11月16日，全市老科协科技扶贫现场会在区召开，观看科技扶贫专题片《为霞满天》，区老科协科技扶贫经验受到与会人员称赞。四是其他老年组织工作齐头并进。老年书协编辑出版《君山墨韵》一书，向中共十九大献礼。老年体协先后举办“喜迎十九大，美丽乡村杯”老年门球赛、湘鄂边湖南片老干部门球赛，丰富老干部的精神生活。组织参加全市第24届离退休干部门球赛，取得第四名好成绩。老年保健协会开展老年保健知识讲座，编印《中老年自我保健指南》，传播健康养生之道，提高老年保健知识普及率。

（周更生）

督查工作

【概况】 2017年，区委督查室紧紧围绕君山区委中心工作，紧扣区委、区政府的重大决策和重要工作部署，创新督查工作方式，积极有效地开展督查工作，为实现全区经济社会各项事业全面发展发挥了应有作用。

【综合考评】 2017年，区委督查室对全区开展综合绩效考评工作。按照区委要求，认真开展全市综合绩效考评迎检工作，为区创市综合考核先进县市区作出努力。2017年度，全市综合绩效考评文件下发后，区督查室迅速将全市综合绩效考评年度工作任务进行指标量化，起草《君山区迎接全市2017年度综合绩效考评责任分解》文件，征集各单位职能部门意见，并形成文件下发全区各单位。同时开展经常性的定期督查和重点督查，确保各责任单位领导精力到位、工作人员到位、工作措施到位、工作目标到位。10月下旬，对全区各单位迎检全市综合绩效考评工作情况进行初步摸底督查，将督查了解的情况向区委领导进行汇报。11月，对全区各单位迎接全市综合绩效考评工作进行全面细致督查。督查室先后6次组织召开专题会议对迎检工作情况进行实时调度。

【迎接督查】 2017年，区委督查室为做好迎接市委督查的各项准备工作，并提前对工作的落实情况进行督查，确保区工作在市督查中取得较好的成效。2017年，区督查室落实经济工作会议精神，就四大会战、环保突出问题、精准扶贫、文明城市创建、人口与计划生育、征地拆迁、控违治违、作风建设、防汛抗灾、棚改等工作情况对各单位开展一系列督查工作，全年发布督查通报5期。

【专项督查】 2017年，区委督查室积极落实谢胜书记指示，先后4次就全区砂石码头、险工险点处置、君山后湖湿地破坏性项目、荆江门煤炭码头、六门闸鑫意农猪场、黏土砖厂、天井山采石场、饮用水源保护区等突出环保问题的整改情况进行专项督查，并形成汇报材料呈报谢胜书记；针对全区村（社区）综合服务平台建设情况，对全区所有村（社区）进行全覆盖的现场督查，采取现场拍照，多方对比的方式督促各村（社区）平台建设的推进；对林角佬片区污水管网建设情况的督查，采取每天报情况的方式确保工程顺利推进，采取隔天报进度的方式及时让谢胜书记了解进度。积极落实白再兴副书记指示，和区信访局多次组成联合调查组，对刘建新、高德富等重点信访问题进行深入调研，并形成调查材料在区信访联席会议上汇报。

（洪 伟）

保密工作

【概况】 2017年，君山区国家保密局在上级主管部门的具体指导下，在区委、区政府领导下，认真贯彻落实中央、省、市保密工作指示精神，紧紧围绕党委、政府中心工作，强化服务意识，加强自身建设，永葆政治底色，以“七五”普法工作要求为契机，突出抓好领导干部保密责任制落实、涉密文件、网络的保密管理、保密法治的宣传教育、保密依法行政、监督检查等各方面的工作，较好地完成了年度工作目标任务。

【履职尽责】 2017年，区保密委员会对保密局办公条件、经费等问题进行专题研究；区保密委员会领导亲自询问保密工作开展情况，列支经费用于保密宣教和培训工作，带头组织学习中央省委保密文件精神；全区各单位保密领导工作责任制进一步落实，有机构，有主管、分管领导抓保密工作，并有专（兼）职保密员；对全区保密员进行动态化管理，保密员综合素质逐步增强。

【规范管理】 结合实际组织制定与保密相关的工作制度，及时更新印发《保密工作制度汇编》下发到各单位；对涉密人员每年签订一次保密承诺书，并与涉密单位签订保密目标责任书；明确重点涉密单位的涉密载体管理，建立涉密计算机登记管理台账，实行动态管理，做到“保核心、保重点”；突出加强对重大会议、重大活动、重宾接待和涉密考试的保密管理。

【学习宣传】　2017年，区国家保密局通过区电视台、区政府门户网站、宣传车等形式多途径宣传保密法律法规知识，订购发放宣传资料300余份；4月、5月，通过君山手机报上开设为期两个月保密知识专栏，提高全区党政干部“保密两识”；将保密教育纳入区委学习中心组、假日读书班等集体学习内容；区保密局超额完成《保密工作》杂志征订工作任务。

【保密检查】　2017年3月，区国家保密对全区18个重点涉密单位进行保密检查；5月，对区政务中心等单位进行互联网门户网站保密管理专项检查；6月，市保密局对君山区进行保密检查并对保密工作予以肯定；12月，区国家保密局对全区镇（街道）、场和区直等40个单位的保密工作进行综合检查，没有发现失泄密事故；协助区组织人事部门顺利完成5次公开招录考试，对试卷保密管理、考场保密措施等主要环节进行认真检查督促指导；年底对十六中高考点现场查看，要求教育局与十六中严格按照保密要求标准建设、维护、管理；建立定期审查区内门户网站文字信息制度，每月指定专人上网对区政府门户网站等进行检查，防范门户网站发生失泄密事故；切实做好全区新雕刻印章的监督、管理、备案工作。

（龚海江）

区直机关工委

【概况】　2017年区直机关工委在区委、区政府的正确领导和市直机关工委的监督指导下，团结协作、务实求为、迎难而上，圆满完成各项工作。

【机关党建】　2017年，区直机关工委组织全体在职人员认真学习区委及区委组织部一系列会议精神，多方征求意见，组织召开专题会议，进行讨论研究，制订区直机关党的工作要点和党建工作计划。对党组织进行摸底统计，完成党组织和党员信息采集工作，完成党员信息的核对和全国党员信息系统的录入完善工作，共有52个单位建立党总支11个，党支部81个，联合支部2个，党员1292名；督促完成党员“红星云”注册学习，共有987名党员注册，完成率达76%。为促进机关党建工作落实，配合组织部分别在7月、11月、12月，对各单位党建工作进行全面督查，查找薄弱环节，督促整改。共督促指导改选党（总）支部12个，按照程序要求考察，并发展党员13名，转正预备党员11名。组织21名入党积极分子参加区委组织部举办的入党积极分子培训班学习；组织召开区直机关支部书记会议；组织区直单位支部书记全国党员系统安装和操作培训会；组织召开区直单位党建工作现场推进会，通过现场观摩和经验交流，就如何抓好党员管理，党员学习，发挥党支部的战斗堡垒作用和党员的先锋模范作用，党建阵地的建设，党费的收缴等工作进行全面梳理和完善，进一步完善了机关单位党建工作内容。

【落实作风督查】　2017年1月初，区直机关工委认真修订完善办法措施。配套制订《君山区机关事业单位考勤抽查方案》，由区委5名主要领导每半月轮流值班负责考勤抽查，同时，从区委督查室、区政府督查室、区纪委、区委组织部、区直机关工委等单位抽调9名责任心重、原则性强的干部，组成三个作风督查小组，采取随机抽查的办法，对镇（办）场机关、区直机关、市直驻区机关等单位实施抽查；严格开展作风督查。根据区委值班领导安排，作风办精心部署，严密组织，先后6次组织对镇（办）场机关、区直机关、市直驻区机关单位的考勤、班子成员在位情况、上班工作纪律和中心工作等进行督查，印发作风通报2期。针对存在的问题，制订整改措施，责令整改，进行跟踪管理，督促整改到位。

【开展“五联”竞赛】　2017年，区直机关工委印发《关于继续在全区区级领导和区直部门中深入开展“五联”竞赛活动的通知》，调整区级领导联点对象，增加精准扶贫内容，加大扶贫攻坚力度。适时开展考评工作。1月，活动办公室会同区发改工信局、区教育局等相关单位经过全年跟踪管理，与区委、区政府年度综合考评组一同，对区直机关2016年度“五联”竞赛活动进行考核。积极组织开展竞赛活动。

按照通知精神，区级领导和区直单位部门积极主动与联系对象对接，开展走访调查，了解情况，制订帮扶措施。经统计，春节期间，74个区直机关及市直驻区机关单位部门组织到联点村、社区、企业慰问特困群众300多户，资金10多万元。采取倒逼制方法严格督查，充分了解掌握情况。设计制定“五联”竞赛活动情况报告表，将该表发至被联对象，由被联对象主要负责人负责填写，每半年书面向“五联”竞赛活动办公室报告一次情况。7月，机关工委对各单位报表情况进行核实核查，对单位情况进行汇总，并印发上半年“五联”工作通报。11月，召开“五联”工作专题会议，部署“五联”竞赛活动年度考核工作。

【其他工作】 2017年，区直机关工委组织开展预备役民兵整组前期准备工作，对区直机关复退军人进行摸底，调整充实三个民兵技术保障分队和君山汽车连，组织民兵学习十九大会议精神；主动与区总工会汇报区直机关联合工会情况，明确区直机关联合工会成员单位，进一步规范工作职责；开展有益健康文体活动，组织400多名区直机关人员参加岳阳君山户外徒步和岳阳热气球节活动。

（邬夏华）

君山区人民代表大会

综 述

【概况】 2017年，区人大常委会领导班子在市委、区委的正确领导和上级人大的具体指导下，区人大常委会深入贯彻落实中共十八届三中、四中、五中、六中全会和习近平总书记系列重要讲话精神，坚持党的领导、人民当家作主和依法治国有机统一，紧扣区委生态“1+5”发展战略，依法履职，主动作为，充分发挥地方国家权力机关的职能作用。全年共组织召开主任会议26次，常委会会议9次，听取和审议“一府两院”专项工作报告24项，作出决议决定17项，开展集中考察2次；组织或配合上级人大开展执法检查和工作调研12次，国省代表专题考察1次，圆满完成区五届人大一次会议确定的工作任务。

【服务发展大局】 2017年，区人大常委会紧跟核心，坚持党的领导。深入贯彻落实中央、省、市、区委重大决策部署，领会中央18号文件、省委26号文件、市委10号文件和省、市人大工作会议精神，坚持在区委的领导下开展人大工作，重大事项及时向区委请示，阶段性工作主动向区委汇报，重大活动安排认真听取区委意见，始终保持思想同心、目标同向、工作同力、行动同步；紧扣中心，服务发展大局。听取审议2017年国民经济和社会发展计划、2017年财政预算、2016年财政决算、2017年国税、地税及财政部门完成收入等专项报告，实地视察洞庭湖绿色食品产业园、城市建设管理、生态+新兴产业、全域旅游规划等工作，对“一府两院”工作中存在的问题和不足，提出具体改进意见建议38条，作出决议决定5项，做到鼓劲不干扰，行权不越位，促进经济平稳健康运行。紧贴民心，回应社会关切。听取审议全区环境状况和环境保护、美丽乡村建设、精准扶贫、残疾人保障、安全隐患排查与整治、移民后扶、公立医院改革、基层政权组织建设、实事办理等10多项工作情况报告；调研视察市第十六中学建设、基层医疗卫生、水利防汛抗旱等工作，共提意见建议60多条；召开现场督办会，督促落实《区人大常委会关于加强天井山及周边生态环境保护的决定》。

【维护公平正义】 2017年，区人大常委会强化预决算监督突出重点。听取政府性债务和国有资本经营预算编制、二次分配专项资金、政府性基金预算细化落实情况报告，督促政府强化财政资金预算管理，强化预算约束。督促全区58家一级预算单位，按规定在区政府门户网站公开部门和“三公经费”预决算，完善公开考核机制，促使预决算更加阳光透明。常委会出台《关于审计查出问题整改的监督办法》，并对审计查出问题整改进行跟踪问效。按照地方政府性债务管理的要求，批准政府债券安排方案，督促政府强化债务管控，有效地防范债务风险。执法监督直击热点。在实践中加强和改进执法检查工作，组织或配合上级人大开展《中华人民共和国预算法》《中华人民共和国禁毒法》《湖南省农村扶贫开发条例》等3部法律法规执法检查，以及《岳阳市山体水体保护条例》立法调研，依法开展规范性文件备案审查，全年共接受报备规范性文件14件；司法监督紧扣焦点。坚持将学法用法考试延伸至政府有关部门，有1092名国家工作人员参加网上学法考试。听取审议市公安局君山分局社会治安、区法院设立环境资源审判法庭、区检察院刑事检察、区司法局“七五”普法和干部学法用法等工作情况汇报。信访监督着力难点：全年累计受理群众来信10件，接待群众来访36人次，承办省、市人大转办信访件8件，全部进行及时办理，并对重点信访案件进行跟踪督办，有效促进了合理诉求问题的解决，化解了社会矛盾，维护了社会稳定。

【民主政治建设】 2017年，区人大常委会人事任免依法依规。换届以来，共依法任免区国家机关工作人员109人次，其中，任命85人次，免职24人次；接受区人大代表辞职14人、区人大常委会委员辞职6人，依法增选和补选区人大代表14人，为全区经济社会发展提供坚强的组织保障。专项评议有声有色。先后对区人力资源和社会保障局“劳动监察与执法”、区文体旅游广电新闻出版局“旅游项目建设”、区卫生和计划生育局“疾病防控”、区交通运输局“农村道路建设与管理”、区农村经营服务站“国有农用地管理”、市国土资源局君山区分局“土地整理项目”、市规划局君山区分局“‘两园’规划审批”等7个单位的专项工作进行评议。联系指导尽心尽职。2017年是区村（居）委会换届选举年，常委会按照法定要求作出《关于确定区第十次村委会、第九次居委会换届选举日的决定》，并密切关注，积极参与，精心指导，全程跟踪，较好地保障村级组织换届选举工作的依法、规范、有序。

【发挥代表作用】 2017年，区人大常委会保障履职能力，让代表“有责”。全面落实省人大《关于加强人大代表联系群众工作平台建设的指导意见》，高标准新建、改建2个镇级代表联系群众工作平台和7个人大代表工作站，全区各级人大代表利用平台，累计联系选民2万余人次，收集群众意见建议400余条，解决实际问题；不断创新代表培训方式，组织代表加强政策法规和人大业务知识学习，集中培训各级人大代表441人次。激发履职活力，让代表“有位”。研究出台《关于规范闭会期间代表小组活动的意见》，为区镇人大代表小组在活动内容、制度、形式、要求和保障上提供规范。推荐60多名各级代表分别担任“一府两院”工作监督员。全区各级人大代表积极参与“我为脱贫攻坚争贡献”竞赛活动，主动联系帮扶对象480多户，重点帮助解决实际困难900多个。增强履职动力，让代表“有为”。代表所提议案、建议98件，全部得到认真办理，并逐一答复。区五届人大一次会议《关于理顺城乡居民饮用水管理体制，加大供水管网建设力度，提高饮用水质量的议案》，已完成主城区内10个项目的供水管网改造规划，各项工作正全面铺开、有序推进。

【推进自身建设】 2017年，区人大常委会扎实抓好理论学习，思想建设更聚“人气”。年初，常委会决定在全区人大代表和人大机关工作人员中开展“学法规，知敬畏，忠诚履职，争做合格的人大工作者”主题活动，以“三比三看”活动为载体，活动开展以来，常委会采取个人自学、集中辅导、外出交流等形式，认真贯彻落实中央、省、市和区委有关精神，机关各委室负责人轮流授课，全体干部职工学习蔚然成风，学习氛围日益浓厚，学习活力明显增强。抓管理，制度建设更接“地气”。在修订完善以往制度的基础上，高标准编撰《岳阳市君山区人大常委会工作规范》，共编入规章制度23项，常委会组成人员、人大代表、机关工作人员都能认真学习，严格遵守，自觉用制度约束和规范言行。抓履职，作风建设更树“正气”。认真落实中央八项规定，驰而不息地坚决反对“四风”，较好地完成“五联”竞赛、防汛救灾、社会治理、脱贫攻坚、文明城市建设等中心工作任务。共深入所联系部门、镇（街道）、村（居）委会、学校和企业，组织调研60多次，走访干群1070人（次），召开各类座谈会30次，协调帮扶资金500多万元，结对帮扶困难群众41户，帮助解决实际困难60多个。在区以上各级新闻媒体、刊物和网站，发表理论文章12篇，新闻信息90多篇，其中，获奖5篇，拓展人大工作影响力。组织开展“生态看君山、环南湖徒步行”“绿色环保骑车健康行”及教育基金募捐、乒乓球友谊赛等丰富多彩的机关文体活动，大大提升人大干部精气神。

（沈　信）

重要会议

【区五届人大常委会第二次至第九次会议】 第二次会议于2017年1月23日召开。会议听取和审议区人大常委会相关工作制度；

通过有关人事任免。

第三次会议于2017年3月21日召开。会议通过区人大常委会2017年工作要点；听取2017年度镇（街道）人大目标管理考核办法。

第四次会议于2017年4月20日召开。会议听取和审查区人民政府关于2017年区本级财政预算（草案）编制情况的报告；听取和审议区人民政府关于生态+新兴产业工作推进情况的报告；听取和审议区人民政府关于《中华人民共和国食品安全法》执法检查审议意见落实情况的报告；通过2017年对区人民政府工作部门及部分市直单位有关专项工作进行评议的决定；通过关于确定区第十次村委会、第九次居委会换届选举日的决定；通过有关人事任免。

第五次会议于2017年7月19日召开。会议听取和审查区人民政府关于2016年度全区环境状况和环境保护目标完成情况的报告；听取和审查区人民政府关于2016年度规范性文件备案审查工作情况的报告；听取和审查区人民政府关于全区基层医疗卫生工作情况的报告；对区人力资源和社会保障局“劳动监察与执法”、区文体旅游广电新闻出版局“旅游项目建设”、市国土资源局君山区分局“土地整理项目”工作进行评议；通过有关人事任免。

第六次会议于2017年8月28日召开。会议听取和审查区人民政府关于2016年财政决算草案和2017年上半年财政预算执行情况、关于2016年区本级财政预算执行和其他财政收支情况的审计工作报告，审查和批准2016年区级财政决算；听取和审议区人民政府关于2017年上半年国民经济和社会发展计划执行情况的报告；听取和审议区人民政府关于美丽乡村建设工作情况的报告；听取区人民法院关于设立环境资源审判法庭工作情况的报告；对区卫生和计划生育局“疾病防控”、区交通运输局“农村道路建设与管理”、区农村经营服务站“国有农用地管理”和市规划局君山区分局“‘两园’规划审批”工作进行评议。

第七次会议于2017年11月14日召开。会议听取和审议区人民政府关于贯彻实施《中华人民共和国预算法》情况的报告；听取和审议区人民政府关于代表议案、建议、批评和意见办理情况的报告；通过《君山区人民代表大会常务委员会关于审计查出问题整改的监督办法（草案）》；通过关于召开区五届人大二次会议的决定（草案）；通过关于成立区代表资格审查委员会的决定（草案）；通过关于接受区五届人大代表辞去代表职务、补选区五届人大代表的决定（草案）和有关人事任免。

第八次会议于2017年12月18日召开。会议初审区人民政府工作报告、君山区2017年国民经济和社会发展计划执行情况及2018年国民经济和社会发展计划（草案）的报告、2017年财政预算执行情况及2018年财政预算（草案）的报告、区人大常委会工作报告、区人民法院工作报告和区人民检察院工作报告；听取和审议区人民政府关于实事办理情况的报告；听取区五届人大二次会议有关筹备情况的报告；通过关于表彰2017年度全区人大工作先进单位和先进个人的决定。

第九次会议于2017年12月27日召开。会议通过有关人事任免，决定任命严若亮为区监察委员会委员、副主任，黄波、彭建燕、蒋兴国等为区监察委员会委员。

【区五届人大二次会议】 区第五届人民代表大会第一次会议于2017年12月24日至27日在市第十六中学召开。会议应到代表163人，实到代表163人。会议听取和审查区人民政府工作报告；审查君山区2017年国民经济和社会发展计划执行情况与2018年国民经济和社会发展计划（草案）的报告，批准君山区2018年国民经济和社会发展计划；审查2017年财政预算执行情况与2018年财政预算（草案）的报告，批准2018年财政预算；听取和审查区人民代表大会常务委员会工作报告、区人民法院工作报告和区人民检察院工作报告；表决区第五届人民代表大会法制委员会主任委员名单草案；依法补选区第五届人民代表大会常务委员会委员9名；选举区监察委员会主任1名；当选人员向宪法进行庄严宣誓。

会议期间，共收到10名以上代表联名议案5件，建议、批评和意见43条，共计48件。经区第五届人民代表大会第二次会议第四次主席团会议审议决定，将钱粮湖镇代表团吴丽华等10名代表提出的《关于实施乡村振兴战略，推进美丽乡村建设的议案》和柳林洲街道办事处代表团万胜等11名代表提出的《关于规范民生建房，建设美丽乡村的议案》合并为《关于进一步实施乡村振兴战略，推进美丽乡村建设的议案》作为立案议案办理，其他议案不予立案，全部转作建议、批评和意见处理。会后，区人大常委会立即会同区政府召开议案建议交办会，将任务细化到承办单位，并加强督办，及时征求代表意见，专门听取“一府两院”办理情况的汇报，提高代表议案建议的办结率、见面率和满意率。

（沈 信）

决定决议

【关于批准君山区城市建设投资有限公司公司债券财政补贴并纳入财政预算的决议】 2017年3月21日，区五届人大常委会第三次会议通过，同意安排财政资金补贴君山区城市建设投资有限公司公司债券募投项目存续期的项目收益共计48500万元，即自2019年至2023年每年拨付补贴不少于15000万元、11000万元、8000万元、7500万元、7000万元，并根据补贴计划按年度列入财政预算。

【关于接受颜爱军辞去区五届人大常委会委员职务的决定】 2017年4月20日，区五届人大常委会第四次会议通过，决定：接受颜爱军辞去区第五届人民代表大会常务委员会委员职务，并报区五届人大二次会议备案。

【关于朱雪红的决定任命通知】 2017年4月20日，区第五届人大常委会第四次会议通过，决定任命：朱雪红为区政府副区长。

【关于批准2017年君山区财政预算草案结果的决议】 2017年4月20日，区五届人大常委会第四次会议通过，决定：批准君山区2017年财政预算草案结果。

【关于2017年度对区政府工作部门及部分市直单位专项工作进行评议的决定】 2017年4月20日，区五届人大常委会第四次会议通过，决定2017年度对下列区人民政府工作部门及部分市直单位专项工作进行评议：区卫生和计划生育局“传染病防控”工作；区人力资源和社会保障局“劳动监察与执法”工作；区文体旅游广电新闻出版局“旅游项目建设”工作；区交通运输局“农村道路建设与管理”工作；区农村经营服务站“国有农用地管理”工作；市国土资源局君山区分局“土地整理项目”工作；市规划局君山区分局“‘两园’规划审批”工作。

【关于确定区第十次村委会、第九次居委会换届选举日的决定】 2017年4月20日，区五届人大常委会第四次会议决定：5月26日为全区第十次村委会、第九次居委会换届选举日。

【关于接受陈运华辞去区五届人大常委会委员职务的决定】 2017年7月19日，区五届人大常委会第五次会议决定：接受陈运华辞去区第五届人民代表大会常务委员会委员职务，并报区五届人大二次会议备案。

【关于批准2016年区级财政决算的决议】 2017年8月28日，区第五届人民代表大会常务委员会第六次会议根据区人大财政经济工作委员会《关于岳阳市君山区2016年财政决算草案和2017年上半年预算执行情况的审查结果报告》，决定批准2016年区级财政决算。

【关于召开区五届人大二次会议的决定】 2017年11月14日，区五届人大常委会第七次会议决定，区五届人大二次会议于2017年12月中下旬在君山宾馆召开。建议会议议程为：1.听取和审查区人民政府工作报告；2.审查和批准君山区2017年国民经济和社会发展计划执行情况与2018年国民经济和社会发展计划草案的报告，批准2018年国民经济和社会发展计划；3.审查和批准君山区2017年财政预算执行情况与2018年财政预算草案的报告，批准2018年财政预算；4.听取和审查区人民代表大会常务委员会工作报告；5.听取和审查区法院工作报告；6.听取和审查区检察院工作报告；7.选举区第五届人民代表大会常务委员会委员；8.表决区第五届人民代表大会法制委员会组成人员名单草案；9.组织进行宪法宣誓；10.其他事项。

【关于设立区第五届人民代表大会常务委员会代表资格审查委员会的决定】 2017年11月14日，区五届人大常委会第七次会议通过，决定设立区第五届人民代表大会常务委员会代表资格审查委员会，何欣平任主任委员，蔡君平、戴岩林任副主任委员，孙在铭、余益君任委员，办公室设联工委，戴岩林兼任办公室主任。

【关于接受李六一等辞去区第五届人大常委会委员职务的决定】

2017年11月14日，区五届人大常委会第七次会议决定：接受李六一、刘桂云、高新章等辞去区第五届人民代表大会常务委员会委员职务，并报区五届人大二次会议备案。

【关于接受李伟等辞去区第五届人民代表大会代表职务的决定】 2017年11月14日，区五届人大常委会第七次会议决定：接受李伟、刘桂云、高新章、万俊敏、李科、余大保、罗华、吴国良、刘宏、陈运华、颜爱军、彭海泉、李六一、许焰辉等14人辞去区第五届人民代表大会代表职务，并报君山区第五届人民代表大会第二次会议备案。

【关于增选补选区第五届人民代表大会代表的决定】 2017年11月14日，区五届人大常委会第七次会议决定：在第一十一选区补选张新文、第一十九选区补选张纳、第二十一选区补选龙世友、第二十二选区补选刘小平、第二十三选区补选付志成、第二十四选区补选胡兰军、第三十七选区补选许四海、第三十九选区补选戴会波、第五十一选区补选吴欣、第五十四选区补选姚清文、第六十二选区补选汤美能、第七十七选区补选李见兵12人为区第五届人民代表大会代表。鉴于2016年10月区第五届人民代表大会代表选举时，预留4名代表名额，区五届人大常委会第七次会议决定，按《中华人民共和国全国人民代表大会和地方各级人民代表大会选举法》有关规定进行另行选举，在第七十九选区增选周勇、第十八选区增选高君林为君山区第五届人民代表大会代表。

【关于表彰2017年度全区人大工作先进单位和先进个人的决定】 2017年12月18日，区五届人大常委会第八次会议审议，决定对许市镇等2个“人大工作先进单位”，唐丽亚等12名“区第五届人民代表大会优秀代表”，区人民政府办公室等7个“代表议案、建议、批评和意见办理先进单位”，柳林洲街道办事处代表团袁定军等12名代表提出的《关于逐步理顺君山自来水管理体制，加大君山区垸内供水管网改造力度的议案》等5件“优秀代表议案、建议、批评和意见”，杜政峰等11名“‘我为脱贫攻坚争贡献’竞赛活动优秀人大代表”，戴岩林等18名“‘学法规、知敬畏、忠诚履职，争做合格人大工作者’主题活动先进个人”予以通报表彰。

（沈　信）

君山区人民政府

重要会议

【第一次常务会议】 2017年1月3日，区委副书记、区长李勇主持召开。会议议程：

一、听取收购农发行区内两家企业不良债权转让事宜有关情况汇报。会议指出，受当前宏观经济下行，产业结构调整、部分企业经营管理不善等诸多因素影响，农发行支持的部分粮棉油加工企业信贷风险不断显现，信贷企业风险较为集中。今年，区政府与中国农业发展银行岳阳市分行（下称市农发行）签订《岳阳市君山区人民政府 中国农业发展银行岳阳市分行战略合作协议》，双方确立“政银合作、依法依规、互利共赢”的合作互利原则。经市农发行和区城投公司协商，双方计划采取债权转让方式处置区永盛油脂、瑞丰纺织两家公司的不良贷款，即：由市农发行对永盛油脂、瑞丰纺织两家公司11472万元贷款本金与利息（截至2016年12月底）债权依法按8500万元转让给区城投公司。同时市农发行依据《战略合作框架协议》，2016—2018年加大对君山区经济社会发展的金融支持力度，通过三年时间为君山区经济社会发展提供总额不少于30亿元信贷支持，并在条件许可范围内为区城投公司融资成本提供优惠，且利息优惠额度达1亿元以上。会议认为：搞好政银合作是现实需要，不仅可以有效支持市农发行加快化解金融风险，加大对君山的信贷投放，同时可以帮助区城投公司扩大融资渠道，降低融资成本，有利于区营造良好的金融诚信环境，促进地方经济社会的快速发展，实现多方面共赢。会议原则同意区城投公司与市农发行化解信贷风险的合作方式，并要求区政府金融办将合作方式、内容提请区人大主任会议审议、区委常委会议研究决定。会议强调，一是区城投公司在债权转让中各个环节、各个方面必须依法依规依程序办理。二是切实维护好自身利益，区城投公司要促使市农发行落实好发放30亿贷款额度、低贷款利率以及利息优惠等承诺。三是积极做好抵押资产处置工作，区城投公司要积极督促市农发行通过法律途径做好两家企业的资产处置。四是区城投公司在操作过程中要严守工作纪律、规矩，相关数据要反复测算，所有资料要备齐存档。五是有关单位要切实做好舆论宣传引导。

二、听取淘汰牛羊工作有关情况汇报

会议审议并原则通过《2016年君山区封洲禁牧淘汰牛羊工作实施细则》，并要求区血防办将实施细则提请区委常委会研究决定。会议认为，血吸虫病是君山人民挥之不去的阴影，“血吸虫病疫区”帽子严重制约区经济社会发展。区委提出“生态+”的发展理念和“健康君山”的宏伟蓝图，对血防工作提出新的更高要求。君山区实施封洲禁牧淘汰牛羊工作形成全省的“3+2”血防模式，对血吸虫病的控制效果十分明显。会议强调，打造健康君山、摘掉血吸虫病疫区帽子，实现全区2020年底血吸虫病传播阻断达标和2025年消除血吸虫病的工作目标，必须坚决实施封洲禁牧淘汰牛羊。会议要求，一是坚持公平公正、全面淘汰的原则，对全区所有敞放的牛羊，强制淘汰。二是牛羊补贴标准、金额要全面公开公示。三是严格按照核实的牛羊等家畜存栏数量，实施精准淘汰。四是各相关部门要主动作为，积极做好产业转型工作。五是切实加强淘汰后续管理，严防复养反弹现象。

三、听取国有垦区危房改造

工作有关情况汇报

会议研究并原则同意《君山区2016年国有垦区危旧房改造实施方案（草案）》和《君山区2016年国有垦区危旧房改造计划》，并要求各相关单位按计划组织实施好。会议就进一步做好国有垦区危房改造工作强调几点意见：一是突出民生保障。危房改造是老百姓十分关注的民生工作，中心不能偏移，危旧房应改尽改，要让老百姓住得安心、舒适。二是突出工作重点。要与政府工作报告目标一致，报告中谋划、安排的要重点投入、安排。三是突出资金整合。加强部门联动，积极整合项目资金。四是突出危改实效。要与美丽乡村建设有机结合，全面推进危房改造工作，促进农民住房、基础设施不断改善，生活质量不断提高。

会议还组织开展区政府党组领导班子“两学一做”学习教育第四次专题学习讨论活动，并审议通过人事任免事项。

【第二次常务会议】 2017年2月7日，区委副书记、区长李勇主持召开。

一、听取市第十六中筹备办学工作情况汇报

会议原则同意区教育局关于市第十六中办学有关工作的建议意见。会议明确：一是市第十六中采用政府独立办学模式，按照省属示范性高中标准要求，举全区之力办好。学校行政级别按程序报批正科级，请区委组织部抓紧研究领导班子人选，提请区委研究审定。二是市第十六中筹备办学工作由白再兴副书记、周志辉副区长牵头负责，按照时间节点，统筹安排做好2017年秋季开学工作；坚持教育资源依然用于教育的原则，研究提出区一中整体搬迁后原校舍用途的具体实施意见。三是区一中债务化解工作由常务副区长罗遥牵头负责，在6月1日前锁定债务，进行审计清查核算，严防国有资产流失，并提出债务化解具体方案。

会议要求：一是要高度统一思想，举全区之力发展教育，办好市第十六中；二是要公开公平公正、阳光透明做好师资引进、生源招收工作，本着对学生、家长、社会、历史负责的态度，在教师招聘、返聘、选调等方面要坚持高标准，杜绝“说情打招呼”现象；三是要全力做好宣传推介工作，确保本地优质生源不外流、外地优秀师资能引进；四是要统筹安排、分类施策制定市第十六中考核、管理办法，协调好区一中与市十六中融合工作。

会议还就开好2017年教师节庆祝大会进行研究部署，会议要求：一是要大规模宣传、表彰先进教师及教育工作者，进一步提振师生精神，营造教育良好发展环境；二是区教育局要积极筹备设立教育激励基金工作，积极争取社会力量助学，建立高中学生资助和高考激励机制。建立优秀师资激励机制，区财政在引进、招聘外地优秀教师费用上予以支持。

二、审议2016年度全区安全生产、人口计生、禁治拆违、机关事业单位年度考核、信访、重大项目、争资争项、重点民生实事、县域经济壮大战略工作考核结果会议原则同意全区安全生产、人口计生、禁治拆违、机关事业单位年度考核、信访、重大项目、争资争项、重点民生实事、县域经济壮大战略工作考核结果，并要求各牵头考评单位根据会议意见修改后提请区委常委会研究审定。

会议还审议通过人事任免事项。

【第三次常务会议】 2017年3月21日，区委副书记、区长李勇主持召开。

一、听取美丽乡村建设工作情况汇报

会议认为：推进美丽乡村建设是贯彻中央1号文件，推进农业供给侧改革的重要实践；是统筹城乡、创新发展、改善民生的重要举措；是加速“打造洞庭生态明珠，建设现代滨江新区”建设的重要抓手。各级各部门必须高度统一思想，切实增强使命感，责任感，把工作抓紧抓实抓出成效。

会议原则同意区农业局提交的《关于建设美丽乡村的实施意见》，要求区农业局根据会议意见进一步修改完善，并提请区委常委会议审定。

会议明确：美丽乡村建设坚持全面推进、分类建设的原则，对全区76个村（社区）按基础类、创建类、示范类三类进行建设和考评，由区农业局牵头，实施环境卫生整治、城乡绿化、住房改善、封洲禁牧、“四好”农村路、产业转型升级、文明乡风培育、助推全域旅游八大行动，确保到2020年全区建成10个省级美丽乡村示范村、2—3个省级美丽乡村示范镇，80%的村庄基本达到美丽乡村建设要求，争创全省美丽乡村整域推进示范区。

会议强调：一是要充分认识推进美丽乡村建设对君山的重要

性；二是要逐步完善、改进建设措施；以建促创，鼓励自选、创新性地开展工作；三是要坚持全民参与，充分发挥镇、村、组的积极性和能动性，全体干部要在各个场合、各个层面宣传、推介美丽乡村建设；区教育局要认真研究，让美丽乡村建设进课堂，促提升，努力营造齐抓共管、全员参与的良好氛围。

二、审议《“四大会战”工作方案》

会议指出：“四大会战”是落实省委、省政府“创新引领、开放崛起”和市委、市政府建设“一极三宜”江湖名城发展战略部署，加快“打造洞庭生态明珠，建设现代滨江新区”进程的重大举措，各部门单位要抓住关键，集中力量，以生态“1+5”为引领，以“四大会战”为抓手，推进各项工作上水平，争一流，做贡献。

会议原则同意区政府办提交的“四大会战”工作方案，要求各牵头单位根据会议意见进一步修改完善，并提请区委常委会议审定。

会议要求：各部门单位要高度重视，履职尽责，进一步细化、量化工作目标任务，科学合理调度项目，及时破解制约瓶颈，确保各项工作按时序进度推进。一是工业园管委会要实行任务时间倒排，督促入园企业抓紧投产，招商引资任务细分到各单位、各部门。二是区交通运输局要全力以赴抓好荆江门码头、LNG码头和二洲子码头建设，按计划启动省道304干线公路、省道306线拓宽改造工程等项目建设。三是区扶贫办要严格按照中央、省、市扶贫工作要求，全力开展脱贫攻坚，确保2017年度贫困人口脱贫、贫困村退出目标任务圆满完成。

三、审议《政府性投资小额工程建设项目招标投标监督管理暂行办法》

会议原则同意区发改工信局提交的《政府性投资小额工程建设项目招标投标监督管理暂行办法》，要求区发改工信局根据上级政策、会议意见进一步修改完善，提请区政府法制办合法性审查后，按规定程序下文。会议明确该《办法》所称小额工程建设项目是指施工单行合同估算价在30万元（含30万元）以上、200万元（含200万元）以下的政府性投资建设项目。

会议要求，一是严格规范程序，严控投资规模。各部门单位工程建设项目，由分管副区长把关审核，杜绝化整为零。二是切实加强监管。在项目具体实施中，要进一步加强事前、事中、事后全程监管工作。

四、听取农垦工作情况汇报

会议指出：农垦是国有农业经济的骨干和代表，是推进农业现代化的重要力量。要深入贯彻落实《中共中央国务院关于进一步推进农垦改革发展的意见》精神，发展壮大农垦事业，充分发挥农垦在农业现代化建设和经济社会发展全局中的重要作用。

会议要求：一是根据《中华人民共和国公司法》的相关规定以及人事调整和工作需要，变更湖南省君山农垦有限公司法人。二是区农垦事务局要根据上级部门的统一安排部署，进一步研究区农垦国有土地使用权确权登记发证工作具体方案，加快推进相关工作。

五、听取融资工作情况汇报

会议认为：融资是当前建设的必要手段，基础设施建设、环境改善等各类工作目标都需要大量的资金支撑，各部门、各单位要正面宣传，引导，全力支持配合融资工作。

会议要求：一是区城投公司要抢抓机遇、全力融资，积极向金融机构争取信贷支持；二是要以长期稳定的低成本融资为主，控制成本；三是要按照“依法、依规、依程序”的要求，规范融资行为，规避融资风险；四是区财政要研究相关国有资产划拨区城投公司的具体方案，保障区城投公司实体运作。

六、审议《工程项目建设和征地拆迁资金管理办法》《融资资金拨付制度》以及《中介咨询服务收费标准》

会议原则同意区城投公司提交的《君山区工程项目建设和征地拆迁资金管理办法》《融资资金拨付制度》以及《中介咨询服务收费标准》，要求区城投公司根据会议意见进一步修改完善。

会议明确《中介咨询服务收费标准》修改完善工作，由副区长李卫兵牵头，进一步研究拿出具体方案，由区政府法制办进行合法性审查后执行。

七、其他事项

（一）关于朱雪红的工作分工。协助罗遥工作。

（二）关于周志辉外出学习期间分管工作的安排。其分管的卫计工作由丰为民代管，教育工作由李卫兵代管，文化体育广电新闻出版、旅游等其他工作由罗遥代管。

【第四次常务会议】 2017年4

月12日，区委副书记、区长李勇主持召开。

一、审议《关于全面推进招商引资工作实施意见》

会议原则同意君山工业园管委会提交的《关于全面推进招商引资工作实施意见》，君山工业园管委会充分吸纳会议提出的意见建议，

进一步修改完善后，提请区委常委会议审定。

会议要求，全区各级各部门要统一思想认识，深刻理解和充分认识利用外来投资的重要性和必要性，要加大宣传力度，营造良好招商氛围，多种措施，推介君山。

二、审议《2017年度全区争资（融资）争项工作绩效考核方案》

会议指出，争资（融资）争项工作是推进地方发展的重要手段，做好争资争项工作是贯彻落实国家投资政策，实现区域经济持续健康发展的重要保证，也是扩大有效投资、稳定经济增长的有力支撑。

会议原则同意区政府办提交的《2017年度全区争资（融资）争项工作绩效考核方案》，根据会议意见进一步修改完善后，按程序发文。

会议要求：一是把市直驻区部门列入争资（融资）争项工作绩效考核范围。二是要把定性与定量考核相结合。

三、听取省道304线建新口至南堤拐公路第三标段设计变更情况汇报

会议原则同意区交通运输局提交的省道304线建新口至南堤拐公路第三标段设计变更（三分店至层山段）方案，即原设计路基宽10米拓宽至14米，路面宽度8.5米拓宽至12米（三分店桥桥宽由原10米宽变更为16米宽）。

会议明确：因工程拓宽涉及的征地拆迁、三杆移位等工作由钱粮湖镇负责。

会议要求，区交通运输局要依法依规处依程序完成设计变更，加快进度，抓紧实施，全力以赴推进项目建设。

四、研究2017年财政预算编制方案（草案）

会议听取2017年财政预算编制情况汇报，并原则同意区财政局提交的2017年度财政预算方案（草案），区财政局要充分吸纳会议提出的意见建议，进一步修改完善，提请区委常委会议、区人大常委会研究。

会议要求，财政预算编制要坚持以人为本，实事求是，厉行节约、勤俭办事的原则，围绕区委、区政府工作部署，狠抓财源建设，壮大财政实力。各部门单位要正确认识当前财政收支形势，坚持量入为出、有保有压，确保收支平衡。财税部门要全力稳增长，合力争资金，倾力保民生，努力促平衡，为推进全区经济社会持续健康发展提供有力的财政保障。会议还明确资金拨付审批程序。

会议还审议通过人事任免事项。

【第五次常务会议】 2017年4月21日，区委副书记、区长李勇主持召开。

一、研究引进社会投资耕地开发工作

会议指出，国家执行严格的耕地保护制度，占用耕地要实行占补平衡，没有完成耕地补充的一律不报批土地，导致耕地指标短缺。引导和规范社会投资耕地开发是顺应投资体制改革，充分发挥社会投资主体的积极性，进一步加强耕地占补平衡工作。

会议明确：一是在资源允许的条件下，全区计划开发1.5万亩。二是社会投资耕地开发指标回购模式、标准参照《岳阳市人民政府办公室关于进一步做好本市耕地占补平衡工作的通知》文件要求，结合君山区实际，确定回购标准为水田指标1.4万元/亩，旱土和旱改水指标0.98万元/亩。三是成立以副区长李卫兵任组长、区政府办副主任朱运行、君山国土分局局长罗元培、区城投公司董事长蔡玉刚为副组长，相关部门单位负责人为成员的引导和规范社会投资耕地开发工作领导小组。投资开发主体由领导小组依规研究确定。

会议要求：社会投资耕地开发工作要严格依法依规依程序按政策要求执行，要充分尊重和听取村、组意见，做好验收备案工作。

二、听取区中医院改扩建项目情况汇报

会议认为，区中医院目前规模小、资金少、设施差，难以满足当地老百姓医疗需要，结合当前公立医院改革的现实要求，改扩建势在必行。

会议原则同意，一是在保证公共医疗基本性质、公共服务价格、水平不变以及群众获得感提升的前提下，参照公立医院改革，引进社会资本对区中医院进行改扩建。二是采取BOT模式进行改扩建。

会议要求：由副区长周志辉牵头负责，区卫计局根据会议意

见，进一步修改完善合作办医模式方案，提交区委常委会议研究确定。

三、听取创办职业技术学校情况汇报

会议原则同意：一是在区一中原校址上采取公办民助形式兴办职业学校；二是由岳阳市外贸职业技术学校作为法人领办学校；三是对区一中进行清产核资后其资产整体划转区城投公司。

会议要求：一是区教育局要严把合同关，区政府法制办要全程参与，就合同条款要认真研究，逐条审定。二是区审计局、区国资办要尽快完成区一中清产核资、债务清理工作，确保国有资产不流失。

四、研究突出环境问题整改工作

会议指出：突出环境问题整改，任务繁重，时间紧迫，责任重大，全区上下要立即进入实战状态，全力以赴推进各项工作，确保按上级有关要求落实环保工作责任，为君山人民创造良好的生态环境会议要求，一是要明确责任，由君山环保分局牵头把突出环境问题责任任务分解，不定期督查，并及时通报进展情况。二是要态度坚决，严格执法。三是要抓紧时间，对表对标，立行立改，迅速推进整改工作。四是要措施得力，各职能部门要主动出击，全方位开展联合执法。

【第六次常务会议】 2017年6月14日，区委副书记、区长李勇主持召开。

一、审议《君山区综治中心建设方案》

（一）原则同意区综治办提交的《君山区综治中心建设方案》，对区、镇（街道）、村（社区）网格化管理指挥平台同步建设、全面覆盖。

（二）综治中心建设，一是要遵循高效实用的原则，严格按照国家标准进行建设，要配备专业人员，确保高效实用；二是要坚持资源整合的原则，由常务副区长罗遥牵头负责，与政务内外网、村级活动中心、农村综合服务平台、美丽乡村“六员”、天网工程等资源进行整合，今后统筹考虑融合城市数字化管理；三是要坚持依规依程序的原则；四是要坚持节俭办事的原则。

（三）由区城投公司负责筹集建设资金，2017年运行费用据实解决，以后运行成本纳入财政预算。

二、研究政府与金诚集团项目合作有关工作

（一）萌宠特色小镇综合项目是集影视文化、文化旅游、文化创意、都市休闲体验、商务办公、高档五星级宾馆、特色人居等功能于一体的综合开发项目，将以高端定位和国际视野打造岳阳城市又一张新名片，成为全国新型城镇化的新亮点。

（二）会议就几个具体问题进行了明确。

1.原则同意与金诚集团合作建设萌宠特色小镇；原则同意区城投公司与金诚集团组建PPP公司，负责项目建设运营；原则同意金诚集团通过公开竞标方式取得项目建设用地，地价不低于75万元/亩。

2.先行启动金诚之星建设。

3.区城投公司要聘请专业机构提供咨询服务，确保项目建设与合作合法合规合程序。

4.明确区文体旅游局为萌宠特色小镇PPP项目实施机构。

5.区城投公司要根据会议意见，将该项目提请区委常委会议研究。

（三）会议要求：一是该项目总体上要实现收支平衡，产业项目、基础配套、景观设施要同步实施，产业与配套的额度要适应、配比要科学合理。二是该项目所有规划设计方案要经项目指挥部审定后，报请区政府批准后实施。三是金诚之星要按地标式建筑打造，商业与住宅要合理配备布局。四是要依法依规包装、申报项目，确保进入国家PPP项目库。五是各相关部门单位要全力以赴，主动担当、全力推进项目建设。

三、审议《君山区城区道路命名方案（草案）》

（一）为进一步完善城市功能，美化城市形象，推进君山区文明城市建设，方便人民生产生活，出台《君山区城区道路命名方案（草案）》很有必要。

（二）会议原则同意区民政局提交的《君山区城区道路命名方案（草案）》，根据会议意见进一步修改完善后，进行公示、公告。

（三）城区道路命名工作要充分尊重历史、尊重现实，要做到规范统一，与有关规划要对接，做到协调一致。

四、审议《君山区烟花爆竹零售经营布点规划》

（一）会议原则同意区安监局提交的《君山区烟花爆竹零售经营布点规划》，明确全区烟花爆竹零售经营布点226家，布点规划固定不变，在布点规划范围内按相关规定严格审批。

（二）区安监局要加强布点

规划宣传，在布点规划范围外不允许存在零售经营点；要严格执行规划，严格时效及审批程序。

五、审议《君山区供销合作社综合改革实施意见》

（一）要充分认识供销合作社综合改革的重要意义，准确把握中央、省、市推进改革的相关部署与总体要求，确保改革整体推进，达到预期目标。一是要积极推进改革工作，严格落实中央、省、市文件有关要求。二是要积极探索改革模式，多种途径创新供销社为民服务方式。

（二）要为供销合作社综合改革提供必要保障：一是区财政统筹解决工作经费20万元；二是将改革工作纳入区政府工作绩效考核；三是在村级活动中心建设中，统筹考虑村级综合服务平台建设。

六、研究项目入驻前审批工作

会议明确，根据《岳阳市人民政府常务会议纪要（第6次）》要求，区政府各位领导及相关部门单位在审查招投标事项时，要将区外企业与本地企业组成联合体，或在君山注册成立具有独立法人资格的公司（或子公司）等作为招投标必要条件，确保项目税收归属君山。

【第七次常务会议】　2017年8月2日，区委副书记、区长李勇主持召开。

一、审议《君山区村（社区）综合服务平台建设工作方案》

会议强调：加强村（社区）综合服务平台建设是巩固合镇并村工作成果、推进村（社区）党组织规范化建设、提升村（社区）公共服务和社会治理能力、巩固党的执政基础的现实需要。

会议原则同意区政府办提交的《君山区村（社区）综合服务平台建设工作方案》，根据会议意见进一步修改完善后，按程序办文，抓紧实施。

会议要求：一是要科学合理确定目标任务，按照实用节俭的原则，精准实施，确保安全高效完成。二是要充分发挥村（社区）积极性，全力推进综合服务平台建设。三是要统筹安排建设任务，与美丽乡村建设、供销社综合改革等统筹安排。四是要充分整合建设资金，制订科学合理的整合方案。五是要妥善处理好原村部遗留资产，原则上要求继续用作公益。

二、审议《关于推进全区殡葬改革工作实施方案》

会议原则同意区民政局提交的《关于推进全区殡葬改革工作实施方案》，根据会议意见进一步修改完善后，提交区委常委会议审定。

会议明确：区政府成立由李勇任组长，丰为民任副组长、相关部门单位负责人为成员的殡葬改革工作领导小组，领导小组下设办公室，丰为民兼任办公室主任，李科任办公室副主任，负责殡葬改革日常工作的指挥协调。各部门单位要严格落实责任，确保殡葬改革各项措施落到实处、取得实效。

会议就进一步推进全区殡葬改革工作强调了几点意见：

（一）突出重点。一是倡导丧事简办，规范丧事办理方式、规模。二是推进公墓建设，结合美丽乡村、村庄规划，原则上实现农村公益性公墓全覆盖。三是提升应火化遗体火化率。四是实现殡仪服务公益化，降低群众治丧成本。五是积极推广文明祭祀。

（二）稳步推进。一是2018年全面完成公墓及火化设施建设。二是进一步完善殡葬奖惩措施。三是加强执法队伍建设，区政府法制办、区编办要认真研究，提出具体意见，按程序报批。

（三）资金保障。进一步扩大殡葬改革补助政策享受范围，突出体现惠民公益性。

三、研究中心城区禁炮工作

会议认为，在中心城区禁止燃放烟花爆竹，对防治环境污染、促进安全生产意义重大。各部门单位要进一步落实《岳阳市城区禁止燃放烟花爆竹管理办法》，加大禁止燃放烟花爆竹工作管理力度。

会议明确，一是自2017年8月1日起，君山垸全域以及区辖各镇集镇建成区全面禁止燃放烟花爆竹和施放电子礼炮，其他区域可参照执行。二是在禁止燃放烟花爆竹的区域内，任何单位或者个人不得生产、销售、储存烟花爆竹。三是禁放区域内举办重大庆典活动确需燃放烟花爆竹的，需经区政府批准、相关部门许可。四是区财政每年统筹安排禁放工作经费50万元，配备禁放执法皮卡车辆1台，罚没收入全额列入禁放工作经费，相关部门要加强对上述经费的管理，依法依规使用。

会议要求，一是要加大宣传，召开工作部署会，通过电视、手机报等媒体大力宣传，营造良好氛围。二是要严格奖惩，严格按《岳阳市城区禁止燃放烟花爆竹管理办法》执行奖惩政策。三是保障要到位，要加强部门联动，由区住建局牵头，相关部门密切配合，确保禁放落实到位，并要进一步完善禁放奖励制度办法。

四、研究君山区房屋征拆补偿安置工作

会议原则同意在君山垸内征拆补偿实施安置房与住房货币安置方案，明确征拆补偿方案新项目实行新办法、老项目实行老办法。

会议要求：一是住房货币安置标准要严格按市政府批准标准执行。二是要科学合理化解存量安置房，鼓励引导住房货币安置对象在区内购买商品住房。三是要严把安置补偿对象关，严格户籍管理，安置补偿人口要公开、透明。

五、审议《君山区招商项目管理暂行办法》

会议原则同意工业园管委会提交的《君山区招商项目管理暂行办法》，根据会议意见进一步修改完善后，按程序办文。

会议强调：制定招商项目相关事项管理办法能切实加强招商项目管理、规范招商项目操作环节和工作流程、明晰招商优惠政策、增强园区发展内力、鼓励国内外投资者到君山投资兴业，确保招商项目顺利落地投产。各相关部门单位要严格遵照执行，进一步营造招商引资的良好环境。

六、听取公安民警实施执法办案积分考核工作情况汇报

会议原则同意公安分局提交的《岳阳市公安局君山分局执法办案积分考核实施细则（试行）》，明确区财政每年统筹安排办案积分制奖励经费40万元。

会议要求：公安分局要严格考核，奖优罚劣，进一步推进执法规范化建设，全面提升公安工作法治化水平，确保严格规范、公正文明执法。

会议还审议通过人事任免事项。

【第八次常务会议】 2017年9月15日，区委副书记、区长李勇主持召开。

一、听取采桑湖生态修复工作有关情况汇报

（一）采桑湖生态问题引起社会舆论高度关注，中央第六环保督察组督察反馈意见整改要求，12月底前全部完成采桑湖生态修复相关整改工作。各相关单位要高度重视，加快实施进度，妥善应对舆情。

（二）会议原则同意区林业局提交的采桑湖生态修复方案。鉴于时间紧、任务重、督查严的压力，以及工程技术要求复杂和建设资金额度不大等原因，原则同意该项目采用邀请招标方式，尽快确定施工单位，迅速开工修复，争取在10月中旬越冬候鸟来临之前完成全部工程建设内容。

（三）区发改工信局要做好立项、邀请招标组织工作；钱粮湖镇要公平公正、按程序选择有资质、有技术的队伍施工，并在区林业局的指导下编制施工方案，严格实施，并按时间节点完成修复工作。区林业局要做好方案文本及修复方案中技术单位和上级林业主管部门的对接工作；区水利局要做好涉及水利建设有关监管工作；区财政局要加强项目资金监管；区新闻中心要加强舆情引导。

二、听取校车安全管理工作有关情况汇报

会议指出：校车安全管理是教育工作的重要环节，也是安全生产监管的重要内容。各相关部门要统一思想，高度重视，全力确保校车安全。

会议原则同意增加校车运营成本政府补贴，合格国标校车19—29座运营成本政府补贴由1.62万元/年·台增加到2.14万元/年·台；合格国标校车30—42座运营成本政府补贴由1.62万元/年·台增加到2.5万元/年·台。会议明确义务教育阶段学生乘车费收取标准上限为650元/生·期，具体价格由区校车办、学校、学生家长代表三方协议确定。

会议要求：教育、安监、公安等相关部门要加强校车安全全方位监管，并对车主及司乘人员进行全面摸排，绝不允许不合适宜人员进入校车司机队伍。区财政要足额拨付校车运营管理经费。

三、听取食品药品监督管理工作有关情况汇报

会议认为：食品药品安全事关人民群众的身体健康，是重大的民生问题，食品药品监管工作也是老百姓最关注的一项工作。今年来，全区食品药品安全监管水平进一步提升，专项整治力度不断加大，严厉打击各种违法行为，确保全区人民饮食用药安全。会议对区食药监管局今年食品药品安全监管工作所取得的成绩给予充分肯定。

会议明确：一是强化食品安全属地管理责任，明确各镇（街道）、场行政一把手负责制。二是建立稳定的投入保障机制，逐步提高食药监管工作经费。

会议要求：区食药监管局要进一步创先争优，树立品牌意识，全力保障全区人民群众饮食用药安全，努力打造省级食药安

全金字招牌。

四、听取计划生育特殊困难家庭扶助工作有关情况汇报

（一）计生特困家庭扶助是重要的民生工作，事关人民群众切身利益，事关社会和谐稳定。各相关部门要高度重视，认真落实奖励扶助政策，切实做好计生特殊家庭的关爱工作。

（二）由副区长周志辉牵头，卫计、财政等相关部门参加，依法依规依程序，严格审定扶助对象，确保公开公平公正。

（三）严格按上级政策标准落实，9月底前将提标扶助金打卡发放到位。

五、听取区委、区人大、区政府、区政协机关办公用房维修工作有关情况汇报

会议认为：区委、区政府和公安分局原办公用房（拟供人大、政协办公用房）使用时间长、设施设备老化、功能不全、存在严重安全隐患，市房屋安全鉴定办公室鉴定为C级危房，君山消防大队下达消防整改通知，急需进行维修整改。

会议明确：成立区委、区人大、区政府、区政协机关办公用房维修整改工作协调领导小组，由罗遥牵头，相关部门参加，具体负责区委、区政府和公安分局原办公用房维修整改工作的统筹协调。

会议要求：区委、区人大、区政府、区政协机关办公用房维修，一是要坚持简单节约、简洁适用、保障基本功能需求的原则。二是要统筹机关办公楼周边环境治理，特别是黑臭水体整治。三是要确保功能布局科学合理。四是要依法依规依程序做好维修整改招标工作，区发改工信局要依规立项；区住建局要全程监管；区财政、区城投公司要科学调度，保障资金。五是要统筹推进维修整改工作，倒排工期，并行有关审批手续，以满足办公的急迫需要，确保农历年前完成维修整改，交付使用。

【第九次常务会议】　2017年9月25日，区委副书记、区长李勇主持召开。

一、审议《君山区肇事肇祸严重精神障碍患者监护和救助救治管理办法》

会议认为：精神病患者管理是社会管理的重要方面，加强对肇事肇祸精神病患者的监护、治疗和管理，对保障人民群众生命财产安全，维护社会和谐稳定意义重大。

会议原则同意区综治办提交的《君山区肇事肇祸严重精神障碍患者监护和救助救治管理办法》，由区综治办牵头、组织相关部门根据会议意见认真梳理，修改完善后按程序办文；同意区财政对三级以上重症的肇事肇祸精神病患者监护人每月发放200元看护管理补贴，对三级以上重症精神病患者统一购买“治安保险”，相关部门要积极创造条件落实上级有关政策文件要求。

会议明确：一是由罗遥牵头、相关部门参加，成立君山区肇事肇祸精神病患者救治救助管理工作联席会议制度，日常工作由区综治办负责牵头落实，区综治办主任任总执行人。二是联席会议负责制定精神病患者筛查、评级、认定、救治等管理办法，确保监护人申领补贴界定程序公平公正、有据可依；同时协调相关部门制定切实可行的行业救助办法。三是由区卫计局牵头负责制定精神病人管理办法，另行研究确定。

二、审议《君山区被征收土地上拆迁房屋合法性认定办法（试行）》《君山区被征收土地上拆迁住房安置人口认定办法（试行）》《君山区被征收土地上拆迁住房安置人口认定实施细则》

（一）原则同意区征收禁违局提交的三个办法（试行），根据会议意见进一步修改完善后，按程序办文，自文件发布之日起执行。

（二）被征收土地上拆迁房屋合法性认定工作由规划分局牵头负责，被征收土地上拆迁住房安置人口认定工作由区征收禁违局牵头负责，确保房屋征收的公正、公平、公开，切实保障被征收户的合法权益。

三、审议《君山区户外广告管理办法》

（一）原则同意区城投公司牵头制定的《君山区户外广告管理办法》。

（二）户外广告是城市品位与形象的名片，是城市容貌的重要标识，加强户外广告管理，创造规范整洁的市容环境，合理利用户外广告资源，服务经济社会发展，必须建立科学合理的管理措施来保证其健康有序的发展。

（三）在充分采纳吸收会议意见的基础上，对管理办法进一步修改完善，按程序办理。

四、研究区城投公司收购湖南金叶众望科技股份有限公司部分股权工作

会议指出，湖南金叶众望科技股份有限公司是一家专业从事生态高效功能性肥料研发、生产

的国有控股企业，公司效益良好，前景广阔，且在积极筹措上市。

会议原则同意区城投公司提出的收购湖南金叶众望科技股份有限公司股权的意见。明确成立由罗遥任组长，李卫兵任副组长，区财政局、区城投公司等单位为成员的收购工作组，负责具体收购工作。

会议要求：收购工作组要聘请专业人士审定收购协议，确保收购工作合法合规，确保投资获得良好效益；区城投公司要积极筹集资金，确保收购工作顺利进行。

五、听取旱改水与耕地开发工作情况汇报

会议原则同意国土分局提出的旱改水与耕地开发工作意见。

根据《关于进一步加强耕地占补平衡管理工作的通知》文件精神，同意湖南华劲农业公司为区本次旱改水补充耕地项目投资主体。今后类似的社会投资旱改水项目，在大的政策没有变化的前提下，参照本次项目实施中确定的基本原则和标准执行。

会议要求：旱改水项目要严格按照有关程序，高效快速推进；要结合美丽乡村建设科学选址。各镇（街道）、区直相关单位要全力配合，明确专人主抓，确保目标如期实现。

【第十次常务会议】 2017年 11月28日，区委副书记、区长李勇主持召开。

一、审议《君山区机关事业单位临时聘用人员管理暂行办法》

会议原则同意区委编办提交的《君山区机关事业单位临时聘用人员管理暂行办法》，根据会议意见进一步修改完善后，按程序办文。

会议强调：出台《君山区机关事业单位临时聘用人员管理暂行办法》对规范区机关事业单位临时聘用人员管理，提高工作效率，降低行政成本，构建和谐稳定的用工关系，意义十分重大。各单位要严格遵照执行，将临时聘用人员的管理纳入规范化的轨道。

会议要求：一是要加大宣传教育力度，临聘人员实施计划管理，各机关事业单位临时聘用人员的选用必须严格按程序报请区政府审批，任何单位不能私自进人、超计划进人。二是要加大执法检查力度，强化监督检查、严肃编制纪律。三是要加大监督管理力度，临时聘用人员选聘工作要全面公开、透明，接受社会的监督。

二、审议《君山垸居民住房建设管理实施细则》

（一）原则同意区征收禁违局提交的《君山垸居民住房建设管理实施细则》，根据会议意见进一步修改完善后，按程序发文至各行政村。街道（场）要组织村、组干部集中学习文件精神，让村组干部照单办事、让群众家喻户晓。

（二）垸内居民个人建房，严格实行分级控制管理。区征收禁违局要根据城乡规划和经济发展实际，进一步细化三类控制区边界范围。

（三）各部门要进一步提高办事效率，着力解决民生建房难问题。原则上一类控制区建房申请每半年集中审查一次，二类控制区建房申请每季度集中审查一次，三类控制区建房申请每两个月审查一次。

（四）要科学设置居民住房建设管理实施流程。进一步明确权责清单，完善公示制度，科学建立申请受理、处理机制。

三、听取《2018—2020年君山区棚户区改造项目规划》编制工作情况汇报

会议原则同意区棚改办提交的2018—2020年君山区棚户区改造项目规划，根据会议意见进一步梳理完善，按程序申报。

会议明确：一是将洞庭湖博览园南面以及柳林洲街道纸厂、机瓦厂片区纳入2018年棚户区改造计划。二是由李卫兵牵头，王大兴、区棚改办以及相关部门参与，对棚改计划进一步梳理，科学合理把握实物安置与货物安置比例。

会议要求：一是要抓好政策机遇，强力推进民生工程，有效改善民生住房。二是要做好结合文章，紧密结合重点工程、重点项目、园区建设，服务发展大局。三是要科学合理确定2018—2020年的棚改计划，坚持量力而行、尽力而为的原则，确保稳妥可控。

四、听取华南石化公司总部迁址落户君山区工作情况汇报

（一）会议原则同意区城投公司提交的支持湖南华南石化股份有限公司总部经济工作方案，由罗遥牵头负责，确保总部搬迁顺利，相关项目落地发展。

（二）会议就几个具体事项进行了明确。

1.区政府全力支持该企业上市，助力企业做大做强。

2.由罗遥牵头，进一步研究该企业总部办公楼土地问题。

3.原则同意区城投公司在辖区范围内申请建设成品油零售加油站、加气站，区城投公司依法依规获得成品油零售许可证后，可优先用于与华南石化公司合作建设、经营。

4.由罗遥牵头，区政府法制办以及国税、地税、财政、城投等部门参与，进一步研究确定华南石化总部落户区后缴纳国税在区级形成可用财力的具体奖励办法。

会议还审议其他事项。

（王守文　熊　龙）

政务信息公开

【概况】　2017年，君山区政务公开政务服务工作在市政务中心的正确领导、大力支持下，紧紧围绕区委、区政府“打造洞庭生态明珠，建设现代滨江新区”工作目标，坚持以“便民、利民、高效、廉洁”为服务宗旨，着力打造“阳光政府、服务政府”，为优化区经济发展环境做出应有贡献。

【政务公开】　一是整合资源，提高网站公共服务能力。2017年，督促各责任单位严格按照《2017年君山区政务公开工作要点》任务分解，及时、全面、准确做好网站信息发布工作，分解政策解读、互动回应、舆情处置等任务。主动公开政府信息5500余条，其中重点领域信息600余条，认真办理依申请公开4件。完成本地政策解读4次，解读形式上做到图文并茂、直观易懂。完成政府公众微博、微信的建设，公开渠道进一步拓宽。二是全面优化在线服务。针对群众关心的热点问题开展调查征集9次，并对调查结果进行及时的公开与反馈。办结市长、区长信箱222件，按时办结率100%。三是切实加强对外宣传。以全市网上宣传月活动为契机，以“互联网+政务服务，我们+你！”为口号，紧贴君山发展实际，推陈出新，精心打造“大美君山”“四大会战”“教育强区”三大特色专栏，以在线访谈、图文解读等生动、灵活的形式，展示君山发展风貌。

【窗口服务】　2017年，一是完善“两集中、两到位”工作。把“两集中、两到位”作为推动窗口整合进驻的重要手段，先后3次与相关部门进行沟通和协调，对大厅进驻审批事项和工作人员再次进行梳理，落实首席代表负责制和审批事项的充分授权。共办理各类审批事项2880件，按时办结率100%，网上审批录入21591件。二是推进政务大厅规范化管理。健全完善《君山区政务中心窗口及窗口工作人员绩效考核办法》，坚持大厅巡查制度，对大厅工作纪律和业务办理情况实行日记录、周统计、月通报、季评比的管理机制，确保大厅工作规范、有序运行。三是开展丰富多彩的文体生活。组织大厅窗口工作人员开展义务植树、户外徒步、红色之旅爱国主义教育活动等，进一步激发工作热情，增强全体窗口工作人员的团结协作精神。

【优化经济环境】　2017年，一是进一步优化联合审批项目办事流程。区政务中心联合审批相关单位对审批流程办事所需材料清单进行汇总，制作联合审批《服务手册》。协同区委编办组织各相关单位讨论制定《关于进一步优化区工业园投资项目审批流程的通知》，收集相关单位工程报建许可审批、项目竣工验收所需材料一次性告知表。为使企业少走弯路，对重点项目，及时组织并召集发改、建设、规划、国土、人防、财政、水利等相关部门联合开展前期指导服务，一次性告知申报资料，使业主准备资料时指向明确，减少不必要的损失。二是把握服务重点，转变服务方式。区政务中心积极开展上门服务、预约服务、延时服务，变“坐等服务”为“主动服务”。为确保各重点项目建设有序推进，及时与项目落户所在地或项目投资业主取得联系，掌握各项目基本情况，了解项目规划、用地、立项、环评等方面的审批服务需求，整理出中心和各进驻部门可提供的服务内容，切实为项目建设搞好事前、事中、事后服务。共受理联审报建项目15个，缴纳报建规费126.54万元。

【为群众排忧解难】　2017年，一是完善制度加强培训。完善首接责任、办理、督查等制度，规范办理流程和管理；从电话用语、工作流程到服务质量，信访条例及相关法律法规等方面，加强对受理、督办人员的培训。二是强化办件回访。安排专人对各单位未办结事项进行催办、督办，对办理不力、群众不满意的发回重办。三是加强现场督办。注重上下和部门联动，针对市民重复投诉事项和一些热点难点问题，多次联合承办单位到现场督查督办，对重大事项报区政府领导批办、督办或召开协调会解决。共稳妥处理热线投诉工单5071件，综合评价99.9分，排名A类。

【“互联网+政务服务”建设】

2017年，一是编制事项清单标准化目录。按照“统一规范、全面准确、合法有效、动态管理、便于应用”的原则，由区委编办牵头，会同区法制办、区政务中心，要求全区各部门依据法定职能，编制权力清单、责任清单等工作，规范政务服务事项目录清单和实施清单，做到“清单之外无审批”。二是完善并多方位公开办事指南。政务中心对入驻窗口所有的行政和服务审批事项进行全面梳理，利用政府门户网站、电子显示屏、宣传栏和办事指南等，进行项目名称、审批依据、申报材料、办理流程、办理时限、收费依据、收费标准“七公开”，提高行政审批工作的透明度。三是网站集约化。自全国政府网站普查以来，通过近两年的整改，关闭一批僵尸网站，整合一批部门、乡镇网站。完成国土分局、区林业局网站向政府门户网站的整合，全区政府网站从普查前的7家，减少至目前独立运行的1家主站，区内集约化达100%。为积极响应岳阳市“一市一平台”集约化建设，9月，启动网站平台上移整合工作，完成数据迁移等工作，后续工作正在有序推进。四是推进电子政务外网延伸。电子政务外网平台上搭载君山区政府门户网站、“12345”热线系统、区政府督查系统、湖南省网上政务服务电子监察系统、信访系统、涉税系统和湖南省投资项目在线审批系统等应用，年末，在一期建设的基础上，按照市电子政务办的要求积极推进电子政务外网向村（社区）延伸，将建成覆盖君山区5个镇（街道办事处）和75个村（社区）的公共服务一体化信息平台，将政务服务延伸到每个村（社区），为群众提供均等、可及、便捷的公共服务，努力建成“大事不出镇，小事不出村，服务在家门”的政务服务新模式，实现服务群众零距离。该项工作已在技术和财政评审过程中。

【村（社区）综合服务平台建设】 2017年，一是初步拟定服务事项目录清单。自工作部署以后，积极与市政务中心和临湘市政务中心衔接，依据市级便民服务事项目录清单，初步拟定君山区村民服务中心服务事项目录清单121项。按照服务类型分为：党务类7项、村务类17项、政务类71项、社会服务类9项和电商服务类17项；按照服务方式分为：办件38项、公示告知件47项、代办件23项和协办件13项。二是配合区委组织部指导村级便民服务大厅规范化建设。按照“便民高效、规范有效、公开透明、依法办事”的原则，制定首问负责、一次性告知、限时办结、服务承诺、委托代办等管理制度。三是启动区电子政务外网向村（社区）延伸工作，积极与市电子政务办对接“岳农”互联网综合服务平台相关事宜。

（丰雨豪）

法治政府建设

【概况】 2017年，区政府法制办在文明执法、文件审查、依法复议、依法应诉方面做了工作。

【严格规范公正文明执法】 坚持从执法人员的队伍建设抓起，注重培训教育、执法检查、案卷评查，强化监管、有错必纠，努力打造良好的执法环境。一是完善行政执法责任制度。进一步完善君山区行政处罚检查制度、重大行政处罚备案审查制度、行政处罚投诉处理制度和违法行政处罚责任追究制度等制度，并在工作中加以落实。二是组织全区执法资格人员参加执法资格换证考试。组织第二批共90名执法人员参加考试，考试及执法证发放工作已经全部完成。三是认真开展行政执法案卷评查工作。每月定期抽查区直各部门2—3份行政执法案卷进行评查，全年共抽取5个区直部门，共计行政处罚案卷9件，下发行政执法监督通知书4份，口头纠错1次。

【严格规范性文件审查把关】

严格落实中央、省、市关于依法行政工作的要求，围绕重大事项决策、规范性文件审核备案、政府法律顾问等重点环节，健全制度，规范程序，不断提升行政工作法治化水平。全年共审查区政府、政府办和部门送审的规范性文件20件，完成14件规范性文件的编号、登记、公布和备案工作。审查非规范性文件82件和政府部门文件15份，审查政府及部门合同25份，政府合同都经过法律顾问审查。完成“放管服”改革涉及的规范性文件清理，将不符合“放管服”改革精神的7件规范性文件宣布失效；对需要修改后继续沿用的6件规范性文件，按要求修改后，报区政府审定并公布；2件未履行统一登记、统一编号、统一公布程序的文依照规定分别补办“三统一”手续并重新公布。

【依法复议、依法应诉】 积极做好行政应诉工作，探索并不断健全行政复议机制，受理行政复议申请，严格审理行政复议案件，努力化解行政争议，全年共办理行政复议案件7件，依法办理行政诉讼案件11件。

（李朝辉 夏 青）

经济研究工作

【概况】 2017年，区政府经济研究中心（简称区经研中心），立足经济发展大局，努力为领导决策当好参谋，搞好服务，取得较好的工作成效。一是精心锤炼文稿。严把行文、运转、审批关，各种文字材料都做到严谨细致规范。今年，共起草领导讲话、工作汇报、典型发言等大型综合材料50多篇。特别是《政府工作报告》客观总结2017年工作，并合理安排2018年工作，受到与会领导及全区人大代表、政协委员的好评。二是扎实开展调研。围绕产业发展、城镇建设和项目建设等课题深入调查研究，认真撰写调研报告，为领导决策提供参考。三是及时上报信息。根据上级信息报送工作要求，全年上报政策反馈、热点难点问题及本区特色工作等方面信息30多条。

（王守文 熊 龙）

信访工作

【推进“互联网+信访”】

2017年，君山区被市信访局确定为全市“一比二看三讲”活动唯一示范单位，依托区综治中心和网格化服务管理信息平台，建立起横向到边、纵向到底的信访信息化服务管理机制，实现区直部门之间互通、区镇村上下贯通。全区308个网格员开展定期和不定期巡查，通过手持移动终端及时上报各类信息，实现隐患早发现、情况早报告、决策早作出、问题早解决，效果很明显。各单位配齐电脑、电话、传真等办公设施，实现全区信访工作信息联网，并与国家、省、市信访局实现互联互通。通过区政府门户网站、君山手机报及各单位网站，向社会公开信访电话、网址，方便群众电话、网上表达诉求和电话、上网查询诉求事项的办理情况，增加群众诉求的便捷性和诉求事项办理的透明度。全区共办理群众来电信访事项135件，网上投诉1415件，网上信访事项及时受理率和按期办理率达100%，矛盾纠纷及时就地化解率达95%以上。

【强化工作责任】 区委、区政府明确信访稳定工作由区委书记谢胜负总责，区委副书记、常务副区长和政法委书记具体抓，其他班子成员按照“常委联乡镇、政府领导包部门”实行“一岗双责”，各镇（办）场和区直单位主要负责人向区委、区政府签订信访工作目标管理责任书。把信访工作纳入全区年度目标综合考评体系，制定《信访工作目标管理考核办法》。区委常委会、区政府常务会全年共研究信访工作9次。进一步健全信访稳定工作责任追究制度，对因决策不当、执法不公、工作方法简单、工作作风不实引发问题、激化矛盾的，从严问责，全年共对6个单位进行通报批评。

【创新“五联六解”工作法】

强化“联村组、联社区、联企业、联学校、联项目”的“五联”工作点信访责任，解决老百姓最直接的问题。一是用心解惑。对有关惠民政策法规条例了解和运用不清楚、不全面、不具体，还有个别意见的，咨询相关职能部门，形成成熟的解决措施或解释沟通办法，尽最大可能理顺情绪、消除隔阂。二是倾情解冻。针对村民家庭或邻里之间存在积怨矛盾、不和谐因素的，通过耐心细致的调解劝和，克服心理阻碍，营造和睦家庭、和谐邻里关系。三是帮扶解困。对精准核实确有困难的群众，共同制定脱贫计划，登簿造册、统一编号，定人、定时、定措施解决。对遭受天灾人祸的老百姓，及时送上党和政府的温暖关怀。四是集中解难。针对集中交办牵涉面较大的问题，联点的区级领导牵头组织会商、调度和协调，对群众反映且已解决的问题，将办理结果及时反馈；对已纳入督办范围的问题，一时确实无法兑现，列入统筹安排计划，跟踪推进，并取得群众的理解与支持。五是转化解疑。通过民意调查，对有吸毒、参与传销、从事地下六合彩活动、赌博、卖淫嫖娼等行为的，与家庭其他成员一起做好其教育转化工作，对家庭中因种种原因有偏执极端或仇视社会倾向的成员，做好政策宣传、劝解感化工作，尽最大可能消除社会治安隐患。六是包案解结。对正常上访已经受理的事项，按程序限时办结，出具信访事项答复意见书并告知信访人，上门送信访人签收。信访人对事项处理意见不服的，正面引导其申请复查复核。2017年，区委、区人大、区政府、区政协31名班子成员和67个区直部门及驻区单位工作责任联系点对应67个村、渔场和管理站、22个社区（居委会）、39家企业、29所中、小学校以及41个重点项目，帮助解决群众生产生活困难问题685个，现场化解信访问题136件。得到群众的倾情回报，在全省全年综治民调中，君山区得分90.76分。

【加强信访宣传】 2017年，区信访局把《信访条例》《关于进一步规范信访事项受理办理程序引导来访人依法逐级走访的实施细则》及法治君山建设要求和中央、省、市关于处理缠访闹访、非正常上访的文件精神，依法逐级走访和有关法律法规作为法治宣传的重要内容。共举办信访知识、法治宣传、平安创建等方面的培训班15次，在重要场所、重要部位、重要路段开设宣传栏160余个，悬挂横幅200多条，发放宣传单20余万份。通过深入广泛的进行法治宣传，在全区形成“非正常上访和缠访闹访不但无助于解决问题，而且要受到依法追究”的正确导向，广大群众遵守社会秩序和信访秩序，依法理性表达利益诉求的自觉得到提高。

【矛盾排查不留死角】 2017年，对社会运行中的不稳定信息及时提出预警；对带有普遍性、苗头性、倾向性、成批性的问题，明确责任主体，提出对策措施；对重点时期、重点地方及群众反映强烈的热点、难点问题，开展专项集中排查，力求做到发现得早、化解得了、控制得住、处理得好。共组织排查各类矛盾纠纷156件次，对排查的问题，逐件落实化解责任，建立工作台账，进行跟踪管理，实行“挂销号”制度，促进社会矛盾纠纷在第一时间发现，第一时间化解。

【规范信访事项受理办理】 2017年，区网上信访工作在上级的关心指导下，严格按照《岳阳市网上信访工作“一比二讲三看”活动实施方案》，确保群众投诉“及时受理，规范办理，按期办结”，逐渐形成“信访网上投、事项网上办、结果网上评、问题网上督、形势网上判”的工作模式，推动网上信访成为群众信访的主渠道。全年共收到网上投诉1415件，其中国家投诉办26件，省长信箱19件，省级转送件21件，市级转送件3件，区本级自录1346件，全部按程序、按要求完成转送、办理、答复，办结率100%，群众满意率95%以上。

（尹李辉）

人力资源和社会保障工作

【社会保障】 2017年，区人力资源和社会保障局（简称区人社局）共计征缴各项社会保险金54507.9万元，完成比为178.4%，其中养老金45502.13万元，城镇职工医保与生育保险金5661.24万元，工伤保险金300万元，失业保险金94.7万元；共争取上级资金支持6.45亿元。社保参保情况。新增城镇企业职工养老保险参保300人，全区养老保险登记参保20.98万人；医疗保险参保237005人，其中城职13908人，城乡220379人；工伤保险参保20000人；失业保险参保5300人。待遇支付情况。全年共计支付各类社会保险待遇11亿元。至12月底，养老保险享受待遇人数48382人，支付额为9.68亿元；城镇职工医疗保险享受待遇人数10347人，支付额为2599.4万元；城乡居民医保享受待遇住院31735人，门诊149392人，共支付10605.13万元；失业保险享受待遇人数226人，支付额为142万元。

【就业创业】 2017年，君山区城镇新增就业2640人，完成比为100.8%；失业人员再就业1310人，完成比为100.8%；就业困难对象再就业342人，完成比为122.1%；新增农村劳动力转移就业1298人，完成比为108.2%；零就业家庭就业援助100%；职业技能培训2677人，完成比为101.8%；新增创业主体1234个，完成比为102.8%，带动城乡就业1819人；发放小额担保贷款800万元，成功扶持创办经济实体79个，安置就业1023人。

【人事人才】 2017年，区人社局认真落实市《巴陵人才工程实施意见》，积极探索在确立公平性的前提下，更加体现适应科学性的问题，达到引得进、留得住人才的目的。全年共招录公务员22人；“四海揽才”招聘35人（教育20人、卫生15人）；区内公开选调7人；“三支一扶”招募3人；城建投公开招聘6人，机关事业单位人员招聘79人。在一系列招考、招录、招聘工作中，严格按照“凡进必考”的要求，全程实行阳光操作，通过完善的制度设计和信息公开、过程公开、结果公开，确保零失误、零差错、零投诉。注重人事规范管理。积极开展机关事业单位人员平时考核试点工作，将防汛抗灾、征地拆迁、脱贫攻坚等中心工作进行重点考核，进一步推进考核工作的“民主化、日常化、综合化、公开化”；完成全区3364名公职人员的调标、311名公务员的职务职级并行，以及3164人次的工资晋级晋档工作；核发12名企业军转干部的生活困难补助、医疗补助等节日补助，维护这部分人员的思想稳定；扎实开展机关事业单位编外聘用工作人员和“吃空饷”的整治清理督查工作取得明显成效。

【劳动维权】　2017年，区人社局深入全区41个建筑企业及施工工地开展“送政策法规上门，送维权告示牌上墙，送温暖服务人心”活动，共发放以社会保险和农民工工资支付等为主要内容的宣传资料1万余份，张贴维权告示牌110余张，出动宣传车10余台次，现场接受咨询200多人次，在社会上形成良好的政策宣传舆论氛围，大大提升用人单位诚信守法经营观念和农民工自我维权意识。为确保农民工工资支付。下发《关于进一步做好保障建设领域农民工工资支付工作的通知》，进一步完善劳动合同管理、农民工实名制管理以及农民工劳动报酬保证金等三项制度；进一步明确工资支付各方主体责任，提高失信企业违法成本；进一步落实各职能部门的监测责任和处罚措施，建立不作为、乱作为的问责机制。当年，涉农民工工资案件受理率、处理率、反馈率均达100%。劳动监察审查。4月，在开展劳动保障监察书面审查中，共审查各类用人单位137家，涉及人数4675人，提出合理化建议98条。专项检查。7—9月，开展用人单位遵守劳动用工和社会保险法律法规暨夏季高温专项检查，共检查130户企业，涉及劳动者4100余人，查出问题29个，责令补签劳动合同2588人，责令企业支付员工工资195万余元。案件查处。处理投诉、举报案件35起，移送公安机关立案1起，为农民工挽回经济损失700余万元，涉及农民工926人，切实维护农民工合法权益，有效维护了社会稳定。

【经济体制改革】　2017年，区人社局实施五险统一征缴改革。基本模式是“一个窗口服务，一张票据缴费，一支队伍征收”，集中、统一征缴，不得再分散征缴。制定《君山区五险统一征缴工作实施方案》，并拟组建五险统一征缴服务机构。基本医疗保险跨省异地就医全国联网和费用直接结算改革。城乡居民医保：2017年1—10月，住院补偿25943人，即时结算23353人，即时结算率90%，其中省级即时结算693人，市级即时结算10051人，区内即时结算12609人。成功办理跨省异地就医备案申请83人次，成功办理跨省异地就医直接结算一例。城镇职工医保：1—10月，共8624人次享受医保待遇，共支付医保金2120.54万元，其中省内结算101人次，支付146.1万元；市内结算8442人次，支付1874.81万元；中心结算80人次，支付98.97万元。成功办理跨省异地就医备案申请90人次（省内53人次、省外37人次），成功办理跨省异地就医直接结算一例。生育保险与职工基本医疗保险合并实施改革。按照全市统一部署，君山区按照“统一参保登记、统一基金征缴和管理、统一医疗服务管理、统一经办和信息服务、确保生育保险待遇不降低”的要求，从7月1日始完成合并实施，截至10月，共有237人享受生育保险待遇，支付基金67.78万元。加快城乡医疗保险制度的整合和政策衔接，推进医保支付方式改革。2016年10月底，已完成城镇居民医保和新农合机构合并、制度整合，同时，加强政策衔接，于2017年3月制定《君山区城乡居民基本医疗保险实施细则（暂行）》。

【所获荣誉】　2017年，钱粮湖百花社区和柳林洲松湖社区被省人社厅认定为省级充分就业星级社区；荣获全市联合打击恶意欠薪工作优胜单位；在区“两会”和党政负责干部等会上，全局系统荣获2017年度全区综合绩效考核先进单位、议案提案办理先进单位、小康建设先进单位、综治工作先进单位、信访工作优胜单位、安全生产达标单位、人口和计划生育优胜单位、脱贫攻坚先进单位、争资争项工作二等奖、民生实事办理优秀单位、“五联”竞赛工作先进单位、绿化工作先进单位等12项荣誉。

（付　启）

民政工作

【概况】　2017年，区民政局获得市级先进单位；区综合绩效考核先进单位；人口与计划生育、社会治安综合治理、信访等专项工作被区委、区政府评为先进单位。

【社会保障】　2017年，君山区最低生活保障制度覆盖城乡全体居民。城乡低保制度在普遍施行的基础上，实现动态管理下的“应保尽保”和“分类施保”，做到“公平、公正、公开”，实现“阳光低保”。全年，发放城乡低保资金2100万元。其中城镇低保户2731人，月补差标准300元/人，农村低保户5872人，月补差标准140元/人。医疗救助实施资助参合参保，门诊医疗救助和慈善医疗援助“五位一体”模式，全年救助大病患者4529人次，救助金444.5万元；临时救助对象2680余人，发放临时救助资金1065万元；精准扶贫、兜底保障工作扎实推进，全区共确定兜底保障对象225户522人，如期实现农村低保与扶贫工作“两线合一”。救助城市生活无着落的流浪乞讨人员1200余人次，救助金额35万余元。农村五保供养工作有新的发展。2017年及时打卡发放五保供养金600万元，较好的保障五保对象的基本生活。全区共有五保老人1024人，其中集中供养人数663人。君山区有星级敬老院三所，其中分路口敬老院位于钱粮湖镇分路口社区，该敬老院占地面积3.07公顷，建筑面积12600平方米，设计床位150个，总投资900万元，入住五保对象已达120余人，是全市规模最大的示范性敬老院之一，已于当年荣获民政部颁发的敬老院工作先进单位。通过连续几年的新（改扩）建敬老院，将君山区的五保集中供养提高到64.8%，这个比率在全省各县（市、区）的排前列。

【社区建设】　2017年，全区共有社区23个、行政村53个，社会大局整体稳定，没有一例到市以上党政机关集体上访和越级上访，全区各行政村都走上村务公开和民主管理的良性发展轨道。民间组织管理方面，开展对各类协会、社会团体违规收费的专项整治活动，并取得很好效果，全区民间组织无违规收费现象。当年新登记民间组织11个，全部手续依法依规；在区划地名管理方面，已全面完成乡镇区划调整和建制村合并工作，乡镇总数为5个，即四镇一街道，行政村（居）总数为76个（其中行政村53个，社区23个）。

【优抚优待】　2017年，春节、“八一”期间，区委、区政府、局领导看望慰问区人武部、消防大队、岳阳监狱武警。按照优抚优待政策，各类抚恤补助费及时足额打卡发放到优抚对象手中。全区享受优待抚恤补助各类对象1368人，已纳入定期补助范围。为特困优抚对象助困76人次64万元，助医70多次58万多元；投入31万元对73名退役士兵进行技能培训。全区共接收退役士兵88人，其中符合政策应由国家统一安置的对象10人，回农村安置退役士兵78人。

【福利事业】　2017年，全年免费为2416余名65岁以上老年人办理老年证；对全区百岁老人的基本情况进行摸底调查并及时发放百岁老人长寿保健金5.8万元。投入123.9万元为2065名65岁以上老人发放基本养老服务补贴，为601名80岁以上老人发放65万元高龄补贴。全年办理婚姻登记3161对，其中办理结婚登记和补登为2322对，无一例违法违规。圆满完成主城区138条道路的清理、规范和命名工作，结束部分道路有路无名，重复命名不规范的历史。

【募捐】　2017年，组织开展“慈善天天捐”活动，全年筹集慈善资金49余万元，组织开展爱心助学活动，帮助52名贫困学生圆了大学梦，并对全区121余名贫困的重大疾病家庭进行援助；加大福彩发行力度，开展广泛深入的宣传，并大力在乡镇增扩福彩发行站点，全年福彩发行量明显上升，福彩发行任务基本完成。

【救灾救济】　2017年，君山区救灾救济工作顺利开展。自然灾害应急救援体系日趋完善，建立各级灾害救助应急预案，严格规范救灾工作程序，救灾工作实行分级负担，做到救灾工作政府主导与社会参与相结合，减灾备灾和应急响应相配套、受灾群众救助和恢复重建相衔接，有效保障受灾群众的基本生活，切实维护灾区的社会稳定。当年区遭受旱灾等多种自然灾害，受灾人口4.914万人，受灾面积17082公顷，损坏房屋149间，直接经济损失5339万元。灾情发生后，在区委、区政府的领导下，民政局积极开展抗灾救灾工作，共发放救灾救济资金201.73万元，民政局出资10万元发放救灾大米、食用油、棉被等物资。6月22日，区遭受洪涝灾害袭击，区民政局及时组织开展救灾减灾工作，第一时间向上争取资金45万元，并下拨54顶救灾帐篷和一批救灾物资，最大限度的保障灾民的基本生活需求。

（郑春和）

招商引资工作

【经济指标】　2017年，君山工业园完成技工贸总收入约122亿元；完成规模工业增加值29.6亿元，占全区规模增加值61.5%，产业集群占比为59.17%，高新技术产业增加值占比54%；完成税收0.55亿元、固定资产投资总量11.95亿元；所有指标均已完成市定目标。

【基础设施】　2017年，君山工业园坚持高起点、高标准规划建设，厂房设计与布局前瞻性、实用性兼备，配套设施规划集聚生产要素的同时，充分考虑员工休闲、购物、娱乐、子女就读等生活功能，逐步实现产城融合；绿化园林式园区渗透海绵城市雨水花园理念，微地形中文化与生态相融共生，宜居宜业的特色充分彰显。园区承载能力日益提升。与主导产业息息相关的分布式能源、冷链物流、污水处理、集中供热、公租房、行政服务（会展）中心等项目即将动工或已投入运营；与生产配套的六纵八横道路骨架网、管廊式水电设计、全覆盖式网络逐步健全；与企业生产密切相关的标准化厂房已建成36万平方米，年度建设厂房面积创历史新高。

【招商成果】　2017年，君山工业园紧密与君山异地商会、寓外乡友联系沟通，大力实施领导招商、专业招商和以商招商，招商引资工作取得新突破。累计收集招商项目信息100多条，新签约引进招商项目21个，合同引资总额43亿元，开工项目15个，竣工投产项目7个，过5亿元的工业项目4个（庆胜新能源、格玛童车、华自新能源、华南仓储物流）。年度招商引资项目数量和质量双双刷新历史纪录。

【项目建设】　2017年，君山工业园在要素保障上，采取协议征地、流转土地征地等多种方式，解决征地难题，保障用地供给，已完成征地33.33公顷。交流园区全部班子成员和部分干部，推行绩效考核激励，园区干部干事创业激情迸发；大力实施人才工程，当年招考引进人才2名，参照城建投的人才引进模式拟引进人才7名，已挂网。园区形成以绩效论英雄、以实干评优劣的良好氛围。项目调度上，实行“一个项目、一名领导、一套班子、一抓到底”的工作机制，坚持双周定期调度，及时解决庆胜新能源、雅美时、三利和、吉兴通等项目存在的困难和问题40多个，以重大项目健康发展推进园区产业的大跨越。服务方式上，优化项目入园审批流程，实行“一窗受理、联合踏勘、串并联审批、在线审批、一表收费、协同监管、联合验收”的运行机制，实行部门集中办公，对企业提出的问题逐一会诊，对急需审批的事项马上审批，办事效率提速50%以上。协税护税上，与国地两税一同深入企业调查税收情况，对税收征缴异常情况的企业，采取积极措施进行帮扶。

【规范管理】　2017年，君山工业园建立健全并严格执行各项规章制度，坚持用制度管人管事管钱，把好管理关口，不留“暗门”，不开“天窗”。切实加强园区队伍建设，通过强化学习培训干部健康生活情趣和积极的工作心态，积极倡导勤勉敬业、勇于担当、无私奉献的高尚情操；加强廉政教育，筑牢园区思想防线，教育和督促园区机关干部不踩“红线”、不触“底线”、远离“高压线”，全力打造风清气正、和谐共赢的园区团队。

（陈　荣）

移民工作

【概况】　2017年，君山区是大、中型水库移民安置区，全区共安置大、中型水库移民近4万人。涉及四川、贵州、江西、湖南4个省35座大、中型水库。全区90%的移民来自岳阳铁山库区，10%的移民来自常德澧县的王家厂和桃源、慈利的黄石等大、中型水库。移民人数占全区总人数的13%，市拨后扶指标数为28000人。当年，直补扶持移民23850人，项目扶持4150人。区移民开发局始终坚持把“关注民生、尊重民意、保障民权”，作为全年移民工作的中心工作，紧扣年初确定的各项目标任务，抓早抓实，强化责任，狠抓落实，全区移民工作稳步发展，保持良好态势。

【后期扶持工作】 2017年，区移民局在移民项目建设上贴近移民生活需要。以重点移民村为中心，精心编制2017年项目计划共4批、81个、2486万元。认真实施2016年计划项目139个、1782万元，项目资金全部实施到位，主要用于农田水利建设配套、新农村建设、饮水安全、道路、交通、供电、污水处理等。在45个村疏通沟渠300公里。硬化村级道路30公里，建垃圾池200多个，购置垃圾箱200余个。重点落在产业开发上，以移民增收致富为根本点，依托区域优势，将特种水产养殖、精细蔬菜、茶叶作为帮助移民增收的三大重点产业。在许市镇天井山林场、柿树岭村、君湖岛黄茶产业园，提质改造优质茶叶基地33.33公顷；巩固发展君山水产养殖场80公顷家鱼养殖基地；新开发芦花洲村蔬菜基地13.33公顷，发展蔬菜大棚400个。产业开发努力探索企业、合作组织、经营大户与移民的融合形式。在移民培训方面，移民局立足于培训对象的脱贫，提高就业与生产技能，助力脱贫致富。4月，在钱粮湖镇组织稻田养殖龙虾技术培训移民75人；5月7—16日，区移民局委托湖南明人教育咨询有限公司在市委党校举办为期10天的育婴员（月嫂）培训班，培训女性移民41人。7月2日，在泰和大酒店举办为期10天的推拿按摩师培训，君山区共有15人参训。学员在培训结束后，统一参加人社部门的职业技能考试，考试合格者颁发相关的证书（育婴员培训证书、按摩师等级证），学员可选择自主择业，也可由培训机构推荐上岗，服务社会，就业创收。移民局委托各镇对移民进行技能培训，共培训移民230余人。在特困移民助学扶助方面，本着政策兼容的原则，对特困家庭、计划生育独生子女家庭给予特殊扶助，受到省计委综治检查组的充分肯定。

【依法行政效能】 2017年，一是规范移民人口管理。按照移民人口动态管理要求，开展人口年检年审，召开各乡镇移民专干会议，制定实施方案，加强组织领导，明确工作责任。1000人以上的移民乡镇，由镇移民专干负责年检，区移民局监督抽查；1000人以下的乡镇由区移民局派专人年检，被核减的直补移民指标转化为项目资金，在乡、村进行项目扶持。2017年核减直补移民433人，有效地维护后扶政策的严肃性。二是规范项目建设管理。区移民局出台《移民项目管理规范流程》，由区法制办审定后下发。在项目管理中，坚持统筹兼顾的原则，严格年度项目计划。做好项目前期工作，由移民村“三会”，即移民代表会、党员代表会、村两委会确定项目内容。区移民局对所有项目，派人现场调研查看，经确定后报市移民局审批。项目实施做到“四个不”，即计划未到不开工，当年计划原则上不调整，擅自变更计划的项目不验收，因项目建设影响稳定的不发开工令。在考核年内实施的项目，均如期实施到位，没有发生变更计划的项目。在项目实施中实行“审、堪、验、查”，也就是指在项目计划时的审查，施工中的勘查，完工后的验收，结算时的资料检查。这四方面的工作形成对项目的全方位监管，保证项目的质量和效益。2016年，区移民局会同区政府办、区财政局、区审计局等相关部门对上年实施的10万元以上的项目进行检查验收，没有发现违规或质量问题。移民项目移民满意，政府放心。三是进一步规范移民资金管理。认真开展移民资金使用管理自查自纠专项活动，针对存在的问题和薄弱环节，逐条逐项进行分析，查找原因并申报“补短板”课题。按照资金管理更加规范、资金使用更加安全、资金效益更加提升的基本要求，与财政局联合，进一步完善《君山区移民项目资金管理实施细则》，移民资金一律实行依章管理、分类管理、民主管理和监督管理。项目资金进一步完善区级报账制，加强项目资金台账、资料管理，实行台账核算，村级专账和村账镇管。移民直补资金通过“一卡通”及时足额发放，并用手机通讯平台通知移民本人。年初，组织对移民资金使用管理工作情况进行抽查，移民资金使用管理安全、有序，没有发现违规行为。对审计部门审计出来的对不符合政策移民发放移民直补金的问题，密切联系相关单位进行追缴。四是加强维权维稳管理。为切实提高全区移民干部和移民的政策法规水平，定期举办全区基层移民干部培训班，分乡镇组织移民专干和相关人员参加，仅2017年，由移民局班子成员授课7场次，从项目建设、县级报账制、移民政策法规等三个方面开展培训，全区50多名基层干部参加学习，依法行政的能力得到提升。坚持把移民维权与维稳统一起来，全面开展移民区域矛盾纠纷排查，落实维稳责任，基本实现移民诉求合理的解决到位，诉求无理的思想教育到位，生产生活困难的帮扶救助到位。全区移民无越级上访，无集访，无重大治安事件，确保移民安置区大局的和谐稳定，为全区稳定做出应有的贡献。五是精准扶贫多措并举新作为。2017年，采取项目扶持、产业开发、实用技术及技能培训、移民助学等多措并举。年初已制定扶贫规划，按照“五个一批”开展精准扶贫。区移民局组织力量，采取部门联动，与区扶贫办对接。全区有3150贫困户，贫困人口有8708人，其中贫困移民占342户，贫困人口758人。在项目上，对重点移民村制定移民后期扶持规划：2017年度资金项目计划，凡是省贫困村，村村都有年度项目扶持计划，并对既是重点移民村，又是省贫困村的两闸村和檀树村实施重点照顾、重点扶持。移民助学超额完成任务。1月，对困难移民独生子女及双女户2016年考取三本以上的应届高中毕业生37人进行资助打卡，共计9.72万元。6月，对困难移民独生子女及双女户2017年考取三本以上的应届高中毕业生进行摸底核实，有40人符合政策。8月，对困难移民独生子女及双女户2017年考上高中并取得学籍的初中应届毕业生进行摸底核实，有14人符合政策。六是美丽乡村建设，突出重点。为认真落实全省移民规划计划会议“突出重点、整村推进”精神。4月，区移民局对良心堡镇望君洲村和钱粮湖镇丰收村、牛奶湖村，柳林州街道永城村、松湖社区进行深入调查了解。①宣传发动，宣讲示范村建设类型、建设要求、建设时间，听取村支两委意见；②讨论谋划，按美丽乡村建设标准，以布局美、产业美、环境美、生活美、风尚美“五美”为目标，建设可持续发展的移民美丽家园；③认真落实，村支两委根据自身的条件参照“五美”建设标准，学习外地经验结合本村实际，拿出切实可行的建设方案和推进路线图，并已申报市局核准。确立君洲村、丰收村为市级移民村整村推进试点村，确立永城村、松湖社区为区级移民村整村推进试点村，第一批项目后扶资金368万元，为整村推进前期工作打下坚实基础。根据湘移函《湖南省水库移民开发管理局关于申报2017年突出重点、精准扶持、整村推进试点村的通知》精神。区移民局已完成钱粮湖镇牛奶湖村为省2017年拟先确定50个移民村作为面上“整村推进”试点村的申报（全省50个名额，岳阳市仅5个，君山区争得1个名额），第一批项目后扶资金300万元。

【队伍建设】 2017年，区移民局重视队伍建设，加快转政风、改学风、正作风，立改立行，营造移民系统风清气正、清正廉洁的良好氛围。一是加强理论学习。学理论、学业务，努力提高综合素质，党组干部先后参加区委组织部举办的党员干部专题培训班的学习，撰写2万多字的学习笔记，5人参加市局的业务培训，工作水平大幅提高。二是严格考勤管理。进一步严肃机关出勤纪律、请销假纪律、廉政纪律，确保机关作风切实转变、工作秩序井然有序、群众办事方便快捷。各股室负责人及机关干部离开单位一天以上的必须向局长报告，并履行请假手续。三是严肃工作作风，要求党员干部严格规范自己的行为，切实转变工作作风，提高工作效率，树立勤政、务实、高效的移民团队形象。工作时间，严禁串岗，严禁上网聊天、玩游戏、炒股票、看小说等。四是确保廉洁自律。要求党员干部都必须用党章严格要求自己，用中央的八项规定和省委的九项规定约束自己，远离腐败，争做合格党员。

（高　翔）

安全生产监督管理

【概况】 2017年，区安全生产监督管理局（简称区安监局）13人，内设办公室（加挂政策法规股）、监督股，加挂安全生产监察执法大队、应急救援指挥中心。其中，在职在编8人、选调1人、借调1人、退伍临时安置2人，临聘司机1人。全年，全区各类事故指数没有超过市政府控制指标，没有发生因非法生产经营造成人员伤亡，没有发生较大以上安全生产事故。全区安全生产工作被评为市级安全生产优胜单位；区安监局被评为全市安全生产优胜单位，被评为全区安全生产先进单位。

【落实责任】 2017年，区安监局坚持“党政同责、一岗双责、齐抓共管、失职追责”，区委谢胜书记、区政府李勇区长分别多次亲自部署安排安全生产工作，5次带队开展安全生产检查；区委常委、常务副区长罗遥主持召开安全会议8次，带队检查安全生产工作10次；区人大常委会专题调研安全生产工作1次，区政协组织政协委员现场视察安全生产工作1次。在全区党政负责干部会议上，各镇（街道）场、安委会成员等36家单位向区长递交安全生产责任状，对安全生产实行“黄牌警告”和“一票否决”。同时，对2016年安全生产工作成绩突出的15个单位进行通报表扬和奖励。全面开展“落实企业主体责任年”活动，严格落实企业安全生产法定职责和义务。

【执法检查】 2017年，区安监局按照《关于开展安全生产大检查工作的通知》，6月始，在全区开展覆盖所有行业、领域的安全生产大检查，共出动执法人员2000余人次，开展执法检查600余次，行政拘留50余人，刑事拘留3人，下达政府关闭令2份，建设单位停工通知书13份，关停4家采石场，查封企业3家，责令“三停”2家，督促整改安全隐患1500余处。组成7个督查组，督查大检查开展情况，下发督查通报4期，督办函、交办函16份，督办各类安全生产问题125个。

【专项整治】 2017年，区安监局出台《君山区安全生产监督管理局2017年行政执法工作计划》，并报区政府审批执行。出台安全生产重大行政处罚听证、“四不两直”和“双随机”抽查等制度，从制度层面保证行政处罚的规范性。计划检查烟花爆竹、危险化学品、非煤矿山、工贸企业28家，使用执法软件下达文书90余份。全面开展烟花爆竹专项整治，取缔关闭“上宅下店、前店后宅”烟花爆竹零售店727家，没收非法烟花爆竹产品35万余元，销毁烟花爆竹制品3400件，行政拘留5人。开展非煤矿山安全生产大整治行动，关停采石场。扎实推进危险化学品专项整治，对1家加油站立案调查，并罚款10万元。协调指导区唯一一家危险化学品生产企业顺利退出，并成功转型。

【文化建设】 2017年，区安监局出台《君山区“落实企业安全生产主体责任年”2017年实施方案》，编印《君山区落实企业主体责任工作指南》，并于5月16日举办全区安全生产专题培训班，各镇（街道）场、安委会成员单位，相关企业等120余人参加。在“君山区安监”微信公众号上，发布安全生产信息动态100余条，解读政策法规80余个。2017年第16个安全生产月，组织开展安全生产基层宣讲、安全文化进万家等十项重点活动，组织企业开展安全生产述职、安全责任承诺、安全隐患大排查等“六个一”活动。6月16日，举办全区安全生产咨询日活动。活动现场共为群众发放宣传资料2万余份，展示警示展板60余块，现场解答安全生产问题100余条，主会场吸引咨询人数达2000余人。

【隐患排治】 2017年，区安监局制定下发《君山区安全生产隐患大排查大整治工作方案》《君山区重大隐患治理“一单四制”制度实施方案》，排查各类隐患500多处，对符合要求的安全隐患200余处，投入资金200余万元，全部整治到位。在工矿商贸企业开展百名专家查隐患活动，对全区20家重点企业开展专家查隐患活动，发现安全隐患122处，指导企业全部整改到位。开展道路交通安全集中整治专项行动。成立道路交通安全隐患排查领导小组，指导各职能部门和乡镇开展隐患地毯式排查，全年，共投入整治资金1835万余元，完成安全隐患项目238个。

（柴　劲　周懿栋）

住房公积金管理

【概况】 2017年，归集8961.95万元，完成全年计划7500万元的119.49%，新增开户单位16个，新增人数155人。其中民营非公企业10个，新增116人；完成非公企业建制计划60人的193%。归集余额2.82亿元。

【开展业务】 2017年，共办理政策性提取1676人， 5260.53万元。发放个人贷款171户，发放金额5236万元，其中异地贷款3户，82万元，完成全年计划4500万元的116.3%。贷款余额为2.277亿元，个贷率控制为80.74%，贷款逾期率始终保持为月逾期为“零”的记录。

【政策调整】 2017年，住房公积金业务政策两次调整，一是

《关于发布2017年度岳阳市住房公积金缴存标准的通知》，主要内容包括：岳阳市职工住房公积金缴存标准为不低于150元（单位和职工最低月缴存额分别为75元），不高于2940元（单位和职工最高月缴存额分别为1470元）。缴存比例不低于5%，不高于12%。另根据上级监管部门有关文件精神，中央、省属直管单位及其职工的住房公积金月最高缴存额可参照长沙市公布的月最高缴存标准（单位和职工最高月缴存额分别为2334元，合计月缴存额不得超过4668元／月）执行。二是《关于明确办理职工解除劳动关系提取要件的通知》，主要内容包括：办理职工解除劳动关系提取不再需要提供失业证明，本地户籍职工在解除劳动关系，账户封存一年之后，可以凭解除劳动关系证明提取其住房公积金账户内的余额，但原单位不得再为其缴存住房公积金；外地户籍职工在解除劳动关系账户封存后，即可凭解除劳动关系证明提取其住房公积金账户内的余额，原单位也不得再为其缴存住房公积金。

（范 维）

议案、提案办理

2017年，共收到区人大和区政协转交政府办理的建议和提案共156件，其中，人大议案1件、代表建议案95件；政协提案60件。经各承办单位的努力，所有议案、建议提案均在8月底前办理完毕。其中，所提问题已解决的有84件，占53.9%；正在解决或列入规划、创造条件逐步解决的有69件，占44.2%；受条件限制、国家政策规定或其他原因所限暂时不能解决的3件，占1.9%。回复率和见面率均达100%，满意率达98%。

（熊 龙）

政协君山区委员会

综 述

【概况】 2017年，在区政协党组的坚强领导下，区政协机关牢记使命，不忘初心，始终以习近平系列讲话精神为指导，牢牢把握团结和民主两大主题，切实履行政治协商、民主监督、参政议政三大职能，致力于打造“五个政协”，为“打造洞庭生态明珠，建设现代滨江新区”贡献智慧，彰显作为。

【政治协商】 2017年，区政协机关紧紧围绕“生态1+5”发展战略和致力于“三个打造”工作部署，开展卓有成效的政治协商活动。在区政协五届一次会议期间，委员们认真听取和讨论“一府两院”工作报告和计划、财政工作报告，就各方面的工作提出176条意见和建议。各民主党派、工商联、无党派、人民团体和社会各界人士围绕全区经济社会发展的热点、难点、重点问题进行深入调研，形成《关于我区发展生态旅游的几点思考与建议》等14篇很有分量的大会发言材料。同时，为不断拓展会议协商的广度。区政协共召开全体会议1次，常委会议7次，主席会议12次，镇（街道）政协联络办主任会议8次。还通过参加区委常委会、政府工作会议、专项工作协调会等途径，进行建言献策，共商发展大计。

【民主监督】 2017年，共征集提案63件，经审查立案62件。在提案办理上，突出加强领导、完善机制、提高质量等举措。11月24日，就重点提案办理工作召开专题常委会。8家重点提案主办单位负责人与提案人集中见面、集体协商，政协常委对提案承办工作进行民主测评。通过共同努力，许多提案已化为助推区委区政府工作的有力举措。当年提案的办复率、委员满意率均为100%。当年，组织委员视察重点就人民群众普遍关注的安全生产、美丽乡村建设、普通高中建设、蓄洪安全区建设、扶贫项目建设、区人民法院工作和区综治中心建设等方面，组织驻区市政协委员和区政协委员开展7次专题视察，都达到预期效果。同年，坚持面向基层，反映社情民意，共收集反映城乡居民意见的社情民意信息80多条，并及时通报相关部门，有效地促进工作。另外，主动协助相关部门做好来信来访工作。共收到来信来访20余件（次）。经耐心细致疏导，及时反馈信息促进问题解决。

【参政议政】 2017年，凝聚各方力量，精心组织三大调研，根据区委的发展战略和区政府的工作部署，成立3个课题组，深入开展“推进独具特色现代产业发展，加速绿色食品产业园区建设”“保护开发旅游资源，大力发展生态旅游”和“推进扩容提质，建设核心城区”等3个重点课题调研。课题组成员先后到湘潭市、常德市、株洲市、益阳市等地学习考察。调研报告初稿出来后，又通过多次召开会议，广泛征求意见，最终形成三个高质量的调研报告。12月1日，召开专题议政协商会，书记谢胜率区委、区政府分管领导和相关区直单位主要负责人参加。对调研报告和建议案中所提出的建议，与会领导都给予充分肯定和高度评价。同时，区政协系统还切合工作实际，开展专题调研，提交理论文章，在各种平台上勇于发声，善于发力。就如何加快君山区农业供给侧结构性改革这一主题，深入调研，形成专题调研报告。在市政协八届一次会议上，驻区市政协委员作题为《着力打造以精细农业为特色的优质农副产品供应基地》的大会发言。针对基层政协委员履职平台不多、履职热情不高、主体作用发挥不够的现状，组织专题调研，在全国县市区政协主席培训班上，提交《关于发挥基层政协委员履职作用的几点思考》的理论研讨文章。为配合省、市政协调研工作，组织工商联界别委员走访区内非公企业。在市政协协商议政会上，君山区民主党派界别委员作《规范招投标监管须从法治层面“亮剑”》的发言。配合省、市政协做好“开放崛起在岳阳”等多个课题调研监督协商工作。根据省、市政协的统一部署，号召全体区政协委员和驻区市政协委员，积极参与“三个一”（“一村一策”“一类一策”“一户一策”）扶贫行动。全区131位区政协委员结对帮扶贫困户139户，累计捐款捐物11.78万元。区政协主席担任脱贫攻坚大会战指挥长，区政协机关5位副主席、9位在职机关干部全体上阵，联系5个镇（街道）7个村，结对帮扶26户贫困户，为扶贫村发展产业扶贫项目4个，建成基础设施和公共服务项目2个，筹措帮扶资金30多万元。全力投入防汛抗灾。当年汛期，区政协所有领导靠前指挥，日夜奋战在防汛抗灾第一线；机关干部除留下一人值班外，全部上第一线，参与值班值守、巡逻查险；全区政协系统自发组织送饮料、送水果、送药品，慰问一线干群。另外，区政协还抽调3名干部专门服务于全区中心工作。

【能力提升】 2017年，坚持与区各民主党派、工商联的工作联系制度，采取联席会议、谈心谈话、联合调研考察等多种形式，沟通情况，听取意见，改进工作，促进政党关系和谐。在加强与兄弟单位的联谊上，组织到湘潭市、常德市、益阳市、株洲市和平江县等地学习考察，交流经验和做法。当年，先后有10批次省内外政协组织到君山区学习考察。同时加强对镇（街道）政协联络办的指导。通过开展广泛的联络联谊活动，既增进友谊，又学习经验，更推介君山，宣传岳阳，为政协工作提标提质，为君山发展引资引智，为江湖名城建设助力助威。为凸显主体作用对全体政协委员按照“全会按界别，平时分区域”的方式，大力拓展委员履职平台。年初，区政协印发相关文件，将区直单位政协委员划分到各镇（街道）政协联络办，以政协联络办为单位参与政协日常活动。当年全区政协委员参与各镇（街道）场议政协商活动40余次，参与全区性议政协商活动8次，参与调研、视察和监督活动760余人次，提出意见建议400余条，委员履职形成“月月有主题，人人都参与，事事见成效”的局面。同时，以“严肃活泼、张弛有度”为原则，以“内强素质，外树形象”为目标，大力推进政协机关建设。在加强党建方面。以“两学一做”主题教育和“好班子”创建活动为抓手，突出党建引领。改选机关支部，增配新力量，党建活动正常有序，核心作用更加突出。在完善制度方面。修订完善学习、考勤、财务管理等一系列制度。在狠抓学习方面。借助会议活动集中学，坚持会议学习政协理论和业务知识制度化、常态化；借助书本网络自己学，给每位机关干部发放《政协机关工作人员必备》等书籍；积极应用互联网+新技术，组织区政协委员安装并使用“湖南省政协云”APP，都达到100%。在力转作风方面。深入开展以“争做爱岗敬业的自重政协人、争做与时俱进的好学政协人、争做奋发向上的阳光政协人”为主题的“机关作风建设年”活动。主动下基层开展联点帮扶工作，区政协办除支持联点村争取项目建设资金外，还经常派干部进村入户督导工作。组织机关干部开展春季踏青、夏季游湖、秋季爬山、冬季读书等有益活动，办起阅览室、文体活动室，办好机关食堂。出现区政协机关干部的人心更齐，作风更实，精气神更足。

（李　丹）

重要会议

【五届一次主席会议】 2017年1月12日，区政协主席陈忠炎主持召开区政协2017年第1次主席会议。会议传达学习市“两会”精神，明确区政协主席会议成员及工作人员分工，议定区政协2017年调研和考察课题，协商通过联络联谊分组安排，听取提案工作情况汇报，并就重点提案进行研究确定。会议强调，要着力打造书香政协、有为政协、活力政协、智慧政协、品质政协，要积极汇聚全区政协委员和社会各界力量，围绕君山区生态“1+5”发展战略和“打造洞庭生态明珠，建设现代滨江新区”奋斗目标多担发展之责，多献睿智之策。

【五届二次主席会议】 2017年1月20日下午，区政协党组书记、主席陈忠炎主持召开区政协2017年第2次主席会和区政协党组2016年度民主生活会，会议组织学习《县以上党和国家机关党员领导干部民主生活会若干规定》，与会班子成员以十八届六中全会精神和“两学一做”学习教育为主题，围绕自身工作实际，认真开展批评与自我批评，并提出整改措施。陈忠炎强调，要贯彻落实中共十八届六中全会精神，充分发挥区政协党组在政协工作中的领导核心作用，以此次民主生活会为新的起点，进一步指导政协党的建设引向深入，把政协工作推上一个新的台阶，为实现“打造洞庭生态明珠、建设现代滨江新区”奋斗目标尽心尽力。

【五届三次主席会议】 2017年2月6日，区政协主席陈忠炎主持召开区政协2017年第3次主席会议，各委办正、副主任列席。会议组织学习《中国人民政治协商会议章程修正案》，明确了区政协2017年重点调研协商监督课题，安排当前工作。会议要求，机关干部要尽快收心，把心思用在“政治协商、民主监督、参政议政”工作上来；要持之以恒抓好机关作风建设；要围绕区委确定的生态“1+5”发展战略和区政府致力“三个打造”（打造一批区域或公用品牌，打造一批企业品牌，打造一批特色农产品品牌）工作目标积极建言献策。

【五届一次常委会议】 2017年2月28日，区政协五届一次常委会召开。会议传达省、市政协会议精神，协商通过有关人事任免，审议通过《君山区政协常委会工作规则》，协商通过《区政协2017年工作要点》，协商通过《区政协2017年重点调研协商监督工作方案》。区政协主席陈忠炎，副主席杨才学、练伟、高本贻、杨再兴出席。陈忠炎强调，政协要突出提升履职能力，启动“书香政协”，突出服务中心大局，展示“有为政协”，突出点线面的结合，呈现“活力政协”，突出基础平台构建，打造“智慧政协”，突出加强自身建设，彰显“品质政协”，巩固好“区委重视、政府支持、政协主动、部门配合”的良好格局，团结奋进，开拓创新，扎实工作，履职有为，为“打造洞庭生态明珠，建设现代滨江新区”而努力奋斗。

【五届二次常委会议】 2017年8月1日，区政协召开五届二次常委会议，专题视察市第十六中开学进展情况。区政协主席陈忠炎，副主席杨才学、高本贻、杨再兴、曹志刚、杨善参加，副区长周志辉列席。陈忠炎要求，办好十六中一定要瞄准目标，坚持正确的办学方向，全面落实党的教育方针；要建好队伍，不断提高师资队伍教育教学水平；要创优环境，严格学校管理制度，通过管理来调动教师学生的积极性；要从严管理，打造平安的校园环境，确保师生安全。会议协商通过有关人事任免事项，组织学习了政协相关知识和省市政协云知识培训会议精神，并对政协委员参与“三个一”扶贫行动进行再动员再部署攻坚行动。

【五届三次常委会议】 2017年11月24日，区政协五届三次常委会议召开，区政协主席陈忠炎主持，区委常委、常务副区长罗遥，区政协副主席杨才学、高本贻、杨再兴、曹志刚、杨善出席。会上，区委办、区政府办分别报告党委系统、政府系统2017年度提案办理工作情况，区政协10件重点提案主办单位就办理情况进行汇报，提案人分别发表评价意见，与会人员对提案承办单位进行民主测评。

陈忠炎对君山区的提案工作给予充分肯定。并要求：要坚持兑现承诺，坚持跟踪落实，坚持严格考核；要善于延伸提案工作链条，增强提案办理协商的深度，善于拓宽提案建议思路，增强提案协商办理的广度，善于强化提案办理实效，增强提案办理协商的力度。如何落实提案办理工作，罗遥要求，各级各部门要进一步深化认识，进一步注重实效，进一步健全机制，进一步压实责任，形成工作合力，为“打造洞庭生态明珠，建设现代滨江新区”做出积极贡献。

【五届四次常委会议】 2017年12月1日，区政协五届四次常委会暨专题议政协商会召开，会议围绕“大力发展全域旅游，打造洞庭生态明珠”开展专题议政协商，区委书记谢胜出席并讲话。区政协主席陈忠炎主持会议，副主席杨才学、高本贻、杨再兴、曹志刚，副主席提名候选人杨善参加。区委常委、常务副区长罗遥，区委常委、统战部长周峰，副区长李卫兵、周志辉列席本次会议。谢胜指出，2017年区政协组织和政协委员围绕全区中心工作，尽责履职，各项工作均取得明显成效。尤其是这次专题调研报告站位高，有深度，监督实，融合十九大报告的重要精神，为区后阶段相关工作拓宽思路，提供参考。谢胜要求，区政府要高度重视调研报告，把报告内容作为重要参考，组织相关部门好好研究，制定相关方案，加快落实。陈忠炎要求，区政协要进一步积极主动适应新常态，继续深入调查研究，广泛协商讨论，提出更多适应时代要求、符合君山区发展规律、反映全区居民意愿的意见建议，同时他希望与会的区直有关部门单位，要高度重视委员的意见建议，认真研究，在今后的工作中积极采纳吸收。

【五届五次常委会议】 2017年12月19日，召开区政协五届五次常委会议，大会审议通过《关于召开区政协五届二次全体会议的决定（草案）》、区政协五届二次会议日程（草案）、区政协五届二次会议各次大会执行主席名单、大会秘书处组成人员名单、提案审查委员会名单、区政协常委会工作报告（审议稿）和提案工作报告（审议稿）；协商决定辞免、增补区政协委员。

【五届委员会第二次会议】

2017年12月24—26日，政协君山区第五届委员会第二次会议在君山宾馆召开，本次会议应到政协委员141名，实到135名，开幕式由区政协副主席杨才学主持。政协主席陈忠炎向大会作工作报告。区政协副主席高本贻向大会报告提案工作情况，会议期间全体政协委员列席人大听取政府工作报告，法院、检察院和计划财政报告，表决通过区政协五届二次会议关于五届区政协常务委员会工作报告的决议（草案）、区政协五届二次会议关于区政协第五届一次会议以来提案工作报告的决议（草案）和区政协五届二次会议政治决议（草案）；报告区政协五届二次会议提案审查委员会关于区政协五届二次会议提案立案情况。区委书记谢胜、副书记区长李勇分别在开幕式和闭幕式上作重要讲话。

【迎春老干部会】 2017年1月20日，区政协召开2017年迎新春退休老干部座谈会，区政协主席陈忠炎代表区政协领导班子向退休老干部通报2016年亮点工作及2017年工作设想。与会的退休老干部纷纷表示，感谢领导对老干部的关心，并就2017年工作提出诚恳的意见和建议。陈忠炎强调将尽心竭力，高度重视老干部工作，做好政协事当好政协人；希望老干部积极建言献策，发挥余热，为“打造洞庭生态明珠，建设现代滨江新区”贡献力量。

【老干支部“七一”座谈会】

2017年6月30日，区政协召开老干支部庆“七一”座谈会。会上，区政协党组全面通报自换届以来的工作情况，区政协原副主席党宗荣以习近平总书记的治国方略为主题上党课，老干支部就如何加强自身建设，争当先进支部进行充分讨论。与会老党员共同回顾党的光辉历程，共同分享国家繁荣富强的自豪和喜悦，并纷纷表示要响应党中央的号召，不忘初心，要再造激情，再添活力，再发余热，要为“打造洞庭生态明珠，建设现滨江新区”积极建言献策。

【学习陈艳辉先进事迹座谈会】

2017年9月19日，区政协机关召开学习陈艳辉先进事迹座谈会。在听取陈艳辉先进事迹介绍后，与会人员踊跃发言，表示要学习他坚定的政治品质、履职奉献的敬业精神、爱民为民的公仆情怀和廉洁清正的品格操守，要向身边的榜样学，要向系统的典型学，要积极干事，忠诚履职，要为实现“打造洞庭生态明珠，建设现代滨江新区”奋斗目标，汇聚最大的力量，奉献最大的能量。

（李　丹）

专题调研考察

【禁违拆违治违专题考察】

2017年2月6日，区政协副主席、工商联主席高本贻率区征收禁违局班子成员等一行到望城社区，联系“五联”工作，通过座谈、实地考察、查阅资料等形式对望城社区禁违拆违治违和土地依法征收工作、党建工作、居民创业和再就业、信访工作、计划生育等工作进行全方位的了解。会上高本贻强调：后阶段将指导社区党建主题教育实践活动，抓好社区党建工作，提高社区党组织的凝聚力、战斗力和创造力，创建社区党建工作示范点，创建和谐社区。

【生态旅游专题考察】 2017年2月8日，区政协副主席练伟一行到区文体旅游局就生态旅游建设情况进行调研，听完工作汇报后，练伟肯定区文体旅游局在生态旅游建设等方面做出的努力，并指出2017年应在积极推进项目建设、完善旅游公共服务设施、创新举办节会等方面做出新的成绩。

【非公经济专题调研】 2017年3月28日，市政协副主席秩励率调研组到区调研非公经济发展法治环境工作。区领导谢胜、周峰、吴国良、杨再兴参加。调研组一行详细了解企业生产经营状况，并现场提出指导意见。座谈会上，副区长吴国良汇报君山区优化非公经济发展法治环境工作情况，参会的企业负责人结合企业发展现状提出意见和建议。调研组表示，将认真收集整理大家的意见和建议，为优化非公经济发展法治环境建言献策，为领导决策提供参考。

【推进扩容提质，建设核心城区】 2017年4月27日，区政协组织相关部门和单位召开"推进扩容提质，建设核心城区"专题调研座谈会，就加快核心城区建设，讲情况，谈问题，提建议。区政协副主席杨再兴、高本贻参加座谈会。杨再兴强调：要高度重视，认真对待；要深入调研，找准对策；要把握重点，切中要领。

【钱粮湖蓄洪垸专题视察】 2017年8月30日，区政协组织部分区政协委员视察洞庭湖区蓄洪工程钱粮湖蓄洪垸安全建设工程，区政协主席陈忠炎，区领导庞域建、杨才学、高本贻、杨再兴、杨善、练小舟参加。区政协委员们先后到分路口移民安置点、围堤工程取土场和分洪闸建设工地，听取相关情况介绍，对安全区的建设给予充分肯定，对后期建设管理提出建议和意见。陈忠炎指出，安全区建设是惠民利民的好事，各级要做好宣传，要宣传好中央的水利建设政策、安全区建设的相关政策和区镇指挥部关于安全区建设的具体实施方案，让干部群众把思想统一到中央、省、市的水利建设战略考虑上来。要科学规划，统筹安排，严格管理，加强安全监管，确保工程建设安全。

【脱贫攻坚专题调研】 2017年9月12日，区政协主席、区脱贫攻坚指挥部指挥长陈忠炎带领区政协机关干部到联点钱粮湖镇牛奶湖村，督导脱贫攻坚工作。在结对帮扶的贫困户高其胜家中，陈忠炎仔细询问前段安装的康复辅助器具的使用情况和康复效果，并勉励他要树立生活信心，坚持康复训练，尽快恢复生产生活能力。随后，他还与该村村干部座谈交流，督导美丽乡村建设工作。

【安全生产专题考察】 2017年9月26日，部分区政协委员对区安全生产工作进行考察。区政协副主席高本贻、杨再兴及相关部门负责人参加。考察人员先后到五星加油站、工业园标准化厂房建设工地、广兴洲七茅线桥梁拓宽现场以及江南渡口等地，对相关台账、隐患整治、安全警示标牌设立、实时监控等安全生产情况进行认真了解，对区安全生产工作取得的成绩给予肯定。高本贻、杨再兴希望安监部门继续全面开展安全生产大检查，着力抓好道路交通安全整治，排除隐患，严格监管，为中共十九大胜利召开创造稳定的安全生产环境。

【综治专题调研】 2017年11月23日，区政协主席陈忠炎带领部分区政协委员考察区综治中心。在听取区综治办负责人的工作汇报和现场联线镇（办）综治中心后，陈忠炎对区综治办在平安君山建设中所取得的成绩给予充分肯定，对区综治中心跻身全省、全国先进行列表示热烈祝贺，并希望综治综合指挥中心在今后的社会管理综合治理过程中，要进一步拓展功能，发挥作用，为决胜全面小康作出更大的贡献。区委常委、区委政法委书记陈华生，区政协副主席杨再兴参加。

（李　丹）

组织民主党派工商联活动

【民盟君山区支部全体盟员赴衡阳学习】 2017年6月9—10日，民盟君山区支部组织全体盟员赴衡阳集中"充电"，通过走访衡阳抗战纪念馆、重温先辈优良革命传统，邀请衡阳专家授课，重点学习习近平总书记重要讲话精神和如何撰写提案议案与社情民意信息，进一步筑牢自身建设支点，提升参政履职能力，勉励全体盟员为全区经济社会发展多献策，献好策。

（李　丹）

民主党派·工商联

中国国民党革命委员会君山区支部

【概况】　2017年，中国国民党革命委员会君山支部（简称民革君山支部）学习贯彻习近平新时代中国特色社会主义思想作为首要政治任务，牢固树立“四个意识”，坚定“四个自信”，用思想武装头脑、指导实践、推动工作，学习成果体现在提高政治能力上，体现在建设平安君山、法治君山、小康君山的大舞台的建设上，紧扣参政为公，议政为民这个主旋律，牢牢把握“利用优势，‘联结’特色，找准切入点，打造新亮点”的工作思路，不断创新工作方法，有效提升参政议政的质量和水平。

【开展理论学习】　2017年，民革君山支部的全体党员加强理论学习，认真搞好民革的思想建设。按照民革市委和中国共产党君山区委的有关要求和具体部署，先后集中组织学习座谈《反分裂国家法》提高认识，统一思想，深入学习民革章程夯实理论基础，强化自身建设，组织民革党员学习贯彻《中国共产党中央关于进一步加强中国共产党领导的多党合作和政治协商制度建设的意见》。通过学习活动，更加坚定广大党员的政治责任感和历史使命感，提高党员履行职能的质量和水平。

【参政议政】　2017年，民革君山支部积极履行职责，不辱使命，积极参政、议政。参加中国共产党君山区委组织的“关于小康君山建设”的调研活动，提出“立足本土、发展旅游业”等多项建议，撰写《关于开展君山区全域旅游文化资源调研活动的方案》，受到政府的高度重视。

【本职工作】　2017年，组织党员参加全市统一战线革命传统教育暨暑期谈心活动。党员以自己的实际行动为社会的文明进步做出积极的贡献，并热衷于社会福利事业，为低保人员和失学儿童捐款、捐物。针对农村不发达地区的儿童，因经济原因失学的情况，为体现民革“教育为本”精神，先后对5名失学儿童进行资助，提高他们战胜困难的自信心，使他们感受到社会主义大家庭的温暖。党员张蕾为“保护母亲河”项目捐赠两亩林。

（毛　君）

中国民主同盟君山区支部

【概况】　2017年，民盟君山区支部在盟市委和区委的领导下以及区委统战部的指导下，紧紧围绕全区中心工作突出民盟特点、把握工作重点、打造工作亮点，在服务发展、参政议政、自身建设等方面都取得长足的发展。

【组织学习】　2017年，民盟君山区支部通过学习，不断努力增进思想建设工作的广度和深度，巩固多党合作的思想政治基础。首先是认真学习习近平新时代中国特色社会主义思想。10月18日上午9时，举世瞩目的中共十九大隆重开幕，习近平代表第十八届中央委员会向大会作报告，支部在11月2日组织全体盟员集中学习十九大精神，通过学习深刻体会到中共执政有方，“两个一百年新愿景”也令人向往，支部将学习好、宣传好，贯彻好十九大精神，继续以中国共产党为师，从严从实要求自己，在履职过程中、在加强自身建设中，做政治上的明白人、做落实上的带头人，主动向党看齐，秉承传统、不忘初心、同心同向、同心同行，找到最大公约数，画出最大同心圆，建设生态君山贡献自己的力量。其次是赴衡阳开展异地学习活动。为进一步加强全体盟员的参政议政、建言献策能力。上半年，支部组织全体盟员赴衡阳集中“充电”，其间通过走访衡阳抗战纪念馆重温先辈优良革命传统，通过参观宋代“四大书院”之首的石鼓书院感受湖湘文化发祥地的传承与辉煌，之后走访参观了衡阳市的“盟员之家”，并与民盟衡阳市委举行培训座谈会，会上颜娟华副主委对民盟君山区支部的到来表示热烈欢迎，并介绍民盟衡阳市委近年来的工作经验，同时安排专家给支部盟员授课，重点讲解撰写社情民意信息的方法和经验。通过此次“充电”之旅，支部盟员的精神世界得到一次洗礼，参政意识与参政能力得到进一步提升。再次是听取永州职院张伟教授授课。8月21日，支部组织全体支部盟员到市交通局听取永州职院张伟教授授课，课堂上张伟教授就民主党派搞好参政议政工作提出“热心”“务实”“创新”六字方针，要通过把党委政府中心工作与支部特点结合起来，不断强化合作共事意识和政党意识。区委统战部领导周昆仑和邓细庚莅临会议并对盟员提出要求及希望。

【组织建设】 2017年，支部继续本着“坚持标准，注重质量”和“人才兴盟”的原则，进一步壮大支部力量，扩大支部社会影响力，发展2名盟员，占基础人数的15%。加强盟费收缴与管理。为使得每次活动都有充足的活动经费，加强支部盟员的凝聚力和向心力，支部一直以来非常重视盟费的收缴与管理工作，每年定期通知盟员缴纳200元盟费，指派专人办理和保管，同时每年终向盟员公布盟费的收支情况，切实做到管理透明。关爱与探望住院盟员。8月，支部盟员、区政协常委、岳西中学教师夏宏因患口腔癌住院，病情一度相当严重，支部组织盟员在8月中旬前往夏老师家探望，以支部名义致送慰问金，并宽慰夏老师好好休养，以实际行动展现盟组织对盟员的关怀。积极筹备“盟员之家”。“盟员之家”是盟员们的学习园地、交流场所、议政平台，通过建设“盟员之家”可以提升组织的活力和凝聚力，扩大民盟的社会影响力，提升盟员的自豪感和归属感。2017年，支部按照上级盟组织的要求积极筹备“盟员之家”建设工作，在盟市委的指导下相继完成盟员数据采集、选址和经费申报工作，支部将充分建设好利用好“盟员之家”这一平台，强化组织观念，规范组织生活，体现组织合力，不断加强组织间、盟员与组织间的沟通交流，展示盟员良好形象，做好基本政治制度的宣传工作，彰显民盟光辉历史，提升履职成果，扩大组织的社会影响。

【参政议政】 2017年，支部把参政议政当作最重要的事情来抓，不断加强支部盟员参政议政能力建设，进一步加大调研力度，以优化议案、提案质量为突破口，不断完善“成品”，挖掘“新品”，打造“精品”。主委刘宏通过市政协提案平台软件系统，提交《“弘扬巴人尚古文化 助推岳阳全域旅游”》和《关于进一步加强农村文化建设的建议》等；在市两会上，市政协委员、区司法局公证处主任盟员湛恒提交《关于建立健全医患纠纷处置机制的建议》，就医患纠纷处置机制提出优化建议；市人大代表、君山区监察局副局长盟员阳芳提交的《关于建新国有农用土地划归君山区管理的建议》就该问题的可行性和必要性做一些阐述；在区两会上，支部提交的《关于在我区发展油茶产业的建议》就区油茶产业的现实状况，提出“进一步以科技为支撑，加快油茶产业化发展步伐”和“要培养龙头企业，提升油茶综合竞争力”等有力举措；《关于我区辖区内旅游景点实施浮动制门票的思考》就景区存在的“高价门票让群众敬而远之”和“不收门票带来治理难题”等问题实施浮动制门票的思索和探讨；《关于拓宽南北干渠，开通垸内航道的建议》为更好地对接洞庭湖博览园、洞庭湖水上欢乐世界这两个特大项目，加快君山垸以水域为依托的深度开发，提出“拓宽南北干渠，开通垸内航道”；区人大代表、钱粮湖镇副镇长吴丽华分别提交《关于君山区拉通区、镇、村三级广播“村村响”的建议》和《关于君山区自来水消毒药品由政府统一采购的建议》分别就区一些民生问题进行深入的思考，等等。另外我支部盟员夏宏和吴勇分别在政协会上就建设健康君山和全面贯彻“生态+”作大会发言，获得区领导的好评。

【社会服务】 2017年，岳阳暴雨连降，支部盟员挺身而出，积极投入到防汛抗灾工作中来，或亲上抗洪抢险一线，或后方提供支援，以实际行动为人民群众生命财产安全保驾护航，彰显了强烈的社会责任感。汛情发生后，积极响应盟市委号召，投身防汛救灾的工作中来。在钱粮湖镇新生垸防汛，负责2280米华容河堤防汛及和丰电排、和丰涵闸的督促、指导、监督工作。盟员吴丽华，自君山区7月1日启动防汛二级响应以来，在钱粮湖镇防汛指挥部办公室负责值班工作，负责信息的上传下达。并担任信息宣传组组长，与上级宣传部门及电视台联系，及时报道防汛中涌现出来的先进事迹和典型人物，综合汇报各类信息，并做好防汛一线大堤的医疗保障及食品安全工作。7月7日上午，支部主委刘宏带领支部盟员，赶赴钱粮湖镇，将1万元慰问金和牛奶、八宝粥、方便面、矿泉水等价值约3500元的物资送到抗洪一线，以此向不顾炎热，不辞辛劳奋战在防汛救灾第一线的干部群众学习致敬。

（陈岳红）

中国民主建国会君山区支部

【概况】　民建君山区支部成立于2000年12月，到2017年有会员19人。支部成立以来，按照会中央提出要把支部建设成为“自我教育的学校、团结互助的集体、参政议政的桥梁、培养人才的基地”的整体要求，发扬传统树新风，立足本岗建新功，努力加强自身建设，积极发挥会员优势，服务全区中心工作，认真履行参政党职能，在思想建设、能力建设、组织建设等方面均取得一定的成绩。连续16年被民建市委评为先进支部，3人被民建省委评为优秀会员。

【思想建设】　2017年，民建君山区支部不断地通过参加民建市委的专题学习、组织支部会员参加有关工作培训、撰写学习体会等形式，学习、领会民建中央、省委、市委以及区委区政府的有关精神，将集中学习与会员自学相结合，将专家授课与自由讨论相结合，将领会精神与研究落实相结合，撰写学习心得体会46篇。

【参政议政】　2017年，民建君山区支部充分履行参政党的职能，全年撰写调研报告5篇，采用4篇；报送社情民意43条，采用31条；合理化工作建议8条，采用6条。

【社会服务】　2017年，区支部先后有46人次参加社会服务活动，赠送书籍500本，协调落实科普活动专项经费30万元；在“两学一助”活动中，支部会员捐资5000元，慰问110户困难家庭，制定长期资助计划，筹资3万元定向资助5名贫困大学生；在扶贫工作中，走访群众62人次，协调解决生产、生活等资金4.8万元。

（左成刚）

中国民主促进会君山区支部

【概况】　中国民主促进会是以从事教育、文化、出版工作的中高级知识分子为主，具有政治联盟性质，致力于中国特色社会主义事业的政党。民进君山区支部成立于2010年10月，到2017年有会员9人，其中机关事业单位6人，教育界2人，企业界1人。会员中担任科级以上领导干部2人，其中姜国平为正处级干部。第一届支部主委是彭志勇，胡思任第二、三届支部主委。

【思想建设】　组织会员学习会章、会史及统一战线相关理论知识，学习了习近平系列重要讲话和中共十九大会议精神。会员参加各类学习培训共20人次，撰写学习心得体会8篇。

【组织建设】　发放了会员联络卡，组织了暑期谈心和联络联谊活动，考察推荐了周容、曹清两名新会员入会。3—6月完成了民进君山区支部第三届委员会的换届选举工作。潘玉文被评为会市委优秀会员，民进君山支部被会市委评为先进基层组织。

【参政议政】　紧扣建设现代滨江新区和“生态1+5”发展战略，围绕“四大会战”“精准扶贫”“农村污染整治”“美丽乡村建设”“发展农村电商”“强化社会保障”等方面开展专题调研，完成调研报告7篇。其中《纵深推进脱贫攻坚　助力全面建成小康社会》成为政协第五届二次会议上的大会发言材料。

【社会服务】　参与“三个一”扶贫行动，每位会员均结对帮扶一名贫困对象。5月9日，联系君山小学骨干教师到许市镇黄金小学开展“城乡手拉手，同步向前走”送教下乡活动，语文、数学、音乐等三堂高质量的示范课获得师生一致好评。8月上旬，联系岳阳“山水有爱”志愿者协会，对黄金村4名贫困学生予以扶贫助学8000元。

（胡　思）

中国农工民主党君山支部

【概况】　中国农工民主党君山支部（简称农工党君山支部）2017年，全体党员高举团结民主大旗，踏实工作，主动作为，积极围绕区委、区政府发展目标，认真履行政治协商、民主监督、参政议政职能，真正发挥参政党的作用，树立良好的形象。

【思想建设】　2017年，农工党君山支部严格按照职能分工履行职责，要求党员要按党章严格要求自己，认真履行一个党员的基本职责。中共十九大召开后，支部组织全体党员认真学习中共十九大精神。支部坚持把支部建设贯彻落实作为支部工作的主题，切实发挥支部组织的战斗力，增强支部党员的活力。

【组织建设】　至2017年，农工党君山支部共有党员9人，其中行政副处级干部党员1人，副科级干部党员3人，副高职称党员1人。2017年召开组织生活3次，对照《中国农工民主党章程》找差距，以问题为导向、开展批评与自我批评与自我批评、突出解决主动作为不够的问题，按规定收缴党费，其开支和用途在党员内部公开。

【参政议政】　至2017年，农工党君山支部共形成调研报告6篇，得到农工党市委和区委统战部的肯定；共报送社情民意10条，参政议政取得明显成效。

【社会服务】　2017年，根据支部优势和特色，在社会服务工作上积极行动，认真组织社会实践活动，取得良好的社会效果。7月，全区防汛形势十分严峻的情况下，支部成员积极投身到防汛抗灾工作中去。通过一系列社会服务活动，密切了支部党员与民众关系。

（刘辉平）

中国致公党岳阳市委君山区支部

【思想建设】　2017年，致公党君山区总支参加各类学习、培训、报告会等达14人次。在省、市级致公刊物或网站上发表稿件3篇。

【组织建设】　2017年，经致公党省委同意，中国致公党君山区组织升级为中国致公党岳阳市君山区总支部委员会（简称致公党君山区总支），下设君山区一支部和二支部。党员人数11人。全年开展组织活动6次。有副处党员1人，副科党员3人；市人大代表1人，区人大代表、常委1人，区政协委员4人（其中常委、副主席1人）。

【参政议政】　2017年，致公党君山区总支参与党派和政协等课题调研6人次，参与民主协商会、评议会和考察活动12人次。报送社情民意8条，被采用2条；向致公党市委报送团体提案5份，被采用1份；报送信息3条。在区人大会议上递交议案1份，被立案；在区政协会议上递交提案4篇，其中重点提案1份，组织部分党员开展与提案承办单位面对面协商。

【社会服务】　2017年，致公党君山区总支参与政协“三个一”精准扶贫活动，结对帮扶贫困户6户，组织开始社会服务活动3次。联合岳阳市恒康五官医院在钱粮湖、许市、广兴洲、良心堡4镇历时4个月下乡入户开展白内障免费义诊活动，接诊2400多人次，免费手术34例；组织向良心堡白血病患者献爱心2600元，并通过微信平台网上发动募捐3万余元；组织党员进行防汛慰问，送去慰问物资6000元；向致公党省委致助金捐款2400元。

（高本贻）

九三学社君山支社

【概况】　九三学社君山支社成立于2011年10月10日，有社员8人。

【学习中共十九大精神】　2017年5月，社员积极参加区委统战部在市委党校组织的集中培训活动，深入学习中共十九大会议精神。支社也召开十九大专题座谈会，营造十九大精神人人学、时时学、深入学的良好氛围。社员葛佳慧代表君山支社参加九三学社岳阳市委“学习十九大精神，发挥参政党作用”演讲比赛，获得第二名好成绩。

【参政议政】　2017年9月，陪同市政协副主席、九三学社市委主委李平一行前往许市镇调研农村留守儿童以及农村教育现状，参与撰写相关调研文章。市第八届政协会议，支社主委陈岳红递交提案《关于合理设置城区道路中心隔离栏的几点建议》。在区第五届政协大会上，社员任星的《创新普法方式，打造法治君山》作大会发言，提案得到区委书记亲笔批示。社员张玥颖的《关于推进教育强区建设的几点建议》作为书面发言材料收纳入册。

【社会服务】 2017年，邀请国家二级心理咨询师、区卫生局副局长杨春桃到新河小学，以“妈妈，我想对你说”为主题，采用音乐、绘画等形式，为留守儿童上了一堂精彩的心理辅导课。6月，在新河小学继续开展连续3年“九三学社同心书屋”建设，募捐少儿书籍、杂志500多本。“六一”儿童节社员到新河小学陪留守儿童共度“六一”儿童节，观看“六一”节目会演。准备节日礼品120份，为优秀学生发放证书和奖品32份。九三学社连续3年关爱留守儿童、农村小学助学活动，得到社会一致好评。在2017年省教育两项督导检查中，新河小学和九三学社联手助学活动，得到检查组高度赞扬，成为加分项。9月14日，邀请九三界别的知名医生到许市镇开展送医送药义诊活动，接受问诊100多人次，发放药品2000多元。参加区委统战部在柿树岭村开展的“同心美丽乡村建设”，开展义诊活动，为农家书屋捐赠书籍，亲栽一棵树参与“同心林基地”建设和同心黄茶基地建设。

【参与防洪】 2017年，因暴雨袭击长江流域洞庭湖水位暴涨，防洪形势严峻，九三学社君山支社党朝松、任星上堤防洪。九三学社君山支社组织物质上堤慰问抗灾干群。

【争先创优】 2017年，年终总结大会载誉而归。九三学社岳阳市委举办年会，君山支社同心助学活动得到九三学社市委的大力表扬，支社主委陈岳红被评为“优秀社务工作者”，社员任星被评为“优秀社员”。

（陈岳红）

区工商业联合会（总商会）

【概况】 2017年，区工商业联合会（简称区工商联）在区委、区政府和市工商联的正确领导下，牢记使命不忘初心，深入学习贯彻落实中共十九大及习近平总书记系列重要讲话精神，着力引导非公经济人士积极投身市委“一极三宜”江湖名城建设，紧紧围绕区委“打造洞庭生态明珠、建设现代滨江新区”，撸起袖子加油干，有力推进各项工作的开展和落实。

【组织学习】 2017年，组织十九大专题学习，使非公企业家深刻领会中共十九大精神，用十九大精神规划企业发展方向，指导企业健康发展。加强非公党建，理想信念更持续。企业重党建，号召党员和扶贫帮扶村结对帮扶，国泰食品有限公司、金联星等企业明确要求公司班子积极支持村企党支部工作。金联星出资6万元支持联点扶贫村扩大稻田套养龙虾产业基地，鼓励发展壮大村级经济，营造“共存共荣，共同进步”的企业氛围。弘扬企业家精神，组织学习《中共中央国务院关于营造企业家健康成长环境弘扬优秀企业家精神更好发挥企业家作用的意见》，把年轻一代民营企业家教育培养工作摆在重要位置，为他们干事创业搭建更大舞台，努力培养一支有信念、有梦想、有本领、有贡献的年轻一代民营企业家队伍。贯彻“非公十条”服务“两个健康”。

【服务非公企业】 2017年，成功举办首届“生态君山”非公经济发展论坛，四大家主要领导、相关职能部门负责人和企业家参与论坛，政企对话，讨论热烈。会后收集整理企业家发言材料装订成《非公经济论坛调研资料汇编》。下企业、访企业家，听取意见采纳建议，编撰“非公经济动态”简报，关注非公经济发展动态，搭建政企交流平台。走访会员企业，做好会员企业资料台账更新，积极扶持商会发展，指导新成立君山电商协会，聚集商会会员86家，在全区15个村挂牌设立农村电商服务网点。引导君山区电商协会申报省级“四好商会”、优秀商会会长、秘书长。

【光彩事业】 2017年，岳阳市十六中学建成投入使用，企业家踊跃捐款“教育基金”教育基金1200多万元。其中工商联会员企业捐款共计751.2万元。防汛救灾捐款捐物心系家乡。2017年汛期水势来得早，区工商联组织非公企业家上防汛大堤慰问防洪保家干部群众，捐款捐物10多万元。

爱心就业、爱心慰问持续升温。国泰食品在爱心帮扶坚持每年帮扶20位特困学生，坚持在每年年节都看望帮扶村的特困党员。金联星特种冶金材料有限公司满载价值5万元的米粮油到钱粮湖镇看望贫困户，对特困学生送上助学金。雅美时电子科技有限公司为残疾人专设岗位，解决5位肢体残疾人员就业问题。广大非公经济人士在爱心奉献中受教育，在参与中境界提升。

【精准扶贫】 2017年，成立“万企帮万村”精准扶贫行动领导小组，对接村企，制订2017—2020年产业帮扶（绿色蔬菜基地、黄茶种植基地）、就业帮扶、公益事业帮扶等五个扶贫项目计划。公益扶贫动真情。区委统战部、区工商联牵头，组织君山区建筑行业协会29位企业主到许市镇洪水港社区访贫问困，资助47.5万元作为洪水港精准扶贫产业开发基金。金联星公司董事长陈建春三到帮扶村钱粮湖镇丰收村，出资5万元支持该村发展光伏产业，每年可为村级集体经济增收6万余元。教育扶贫动真金。倡议区内企业和乡友奉献爱心捐资助学，为区筹集教育基金1200多万元。企业家踊跃参加“金秋助学”“学海泛舟”扶贫助学行动，资助学生30多人。就业帮扶动真心。金联星、童记三利和、李记、国泰、庆胜新能源电子、雅美时电子、泰铭包装、大地印务等20多家公司提供1000余个就业岗位，并专门针对建档立卡贫困户3次组织上岗培训200余人次，实现稳定就业37人。电商扶贫动真意。区电商协会积极推进电商扶贫，开展农村电商业务培训。全区15个村挂牌设立农村电商服务网点，11个贫困村全部纳入，并对特色农产品进行推介，互联网+扶贫模式初现成效。个人结对帮扶动真爱。区内企业老板13人常年结对帮扶31人，资助资金27万元。

（杨　琳）

社会团体

区总工会

【概况】 2017年，区总工会在区委的正确领导和市总工会的大力支持下，全面学习贯彻中共十九大精神和区委群团工作会议精神，紧紧围绕“生态+”发展战略，不断增加工会组织的凝聚力、号召力，团结和引领职工群众为“打造洞庭生态明珠，建设现代滨江新区”作出新贡献。

【组织学习】 2017年，区总工会坚持工会发展道路，坚定政治方向，把学习贯彻中共十九大精神以及新理念、新思想、新战略学习活动引向深入。举办“欢乐潇湘.生态君山”“移风易俗·文明君山”职工文娱汇演活动、开展“书香岳阳·为您读书”朗读比赛、举办工会干部廉政建设和财务培训班，丰富职工生活。

【开展活动】 2017年，区总工会开展“当好主力军、建功‘十三五’”主题劳动竞赛，积极投身“四大会战”和美丽乡村建设劳动竞赛，扎实推进“进企业服务，帮职工解忧”行动，巧做“一户一产业工人”培养工程与精准帮扶结合文章。开展“春送岗位、夏送清凉、金秋助学、冬送温暖”“四送”活动，为困难职工解决燃眉之急。建立劳模示范基地、示范园、先进班组一批，引领职工学习先进争当模范。

【维护权益】 2017年，区总工会深化园区创建，持续推进“五型”职工之家创建工作，着力“会、站、家”一体化建设创建一批模范职工之家。深化和谐劳动关系建设，以工资集体协商为重点，切实保障职工工资收入合理增长。签订工资集体协商协议28份，覆盖企业79家，涵盖职工人数5716人。已建工会的企业工资集体协商建制率达96%。

【工会建设】 2017年，区总工会统筹城乡工会组织建设，加强分类指导，大力推进工会组建工作。新组建工会组织30家，涵盖单位40家，新发展会员2480人，全区各法人单位建会率和职工入会率动态保持在95%以上。以党建带工建，扎实推进工会规范化建设，增强基层工会活力，打造广兴洲镇胜利社区、钱粮湖镇百花社区等党工共建示范点4家。金联星冶金材料有限公司被全国总工会命名“优秀职工书屋”建设示范点。党风廉政和机关作风建设不断得到强化，严格按照反腐倡廉工作部署和党风廉政建设责任目标，落实工作措施，组织开展党风廉政和机关作风建设专题辅导、警示教育，签订党风廉政责任书，深入推进区总工会机关党风廉政和作风建设。

（李　智）

共青团区委

【概况】 2017年，区共青团工作在区委、区政府和团市委的坚强领导下，以学习宣传贯彻中共十八大、十九大及中央、省、市党的群团工作会议精神、省第十五次团代会精神为统领，以助推“打造洞庭生态明珠，建设现代滨江新区”为主题，以履行四项基本职能、提升青年群众工作能力为主线，紧紧围绕“凝聚青年、服务大局、当好桥梁、从严治团”四维工作格局，打造一系列特色鲜明、内涵丰富的工作品牌，共青团事业和青年工作迈入新的发展阶段。被评为2017年度岳阳市共青团工作“红旗单位”。

【向心工程】 2017年，一是突

出抓理想信念教育。通过自学+专题培训+外出培训的形式，鼓励基层团组织和广大团员青年深入学习习近平总书记系列重要讲话精神和治国理政新理念新思想新战略，特别是关于青少年和共青团工作的重要论述；学习团章、团史和团内相关文件。十九大闭幕后，团区委第一时间组织基层团委书记和青年代表60余人进行十九大精神的专题学习，并邀请市委党校原副校长刘建新授课。“五四”期间，组织青年干部（团干）专题培训班，区委副书记白再兴，区委常委、纪委书记李力之、市委组织部副处级调研员余戈等先后授课，全区青年干部、团干、大学生村官共计130余人参加培训。此外，选派代颖慧、张志鹏等8人先后赴中央、省市参与培训。二是突出抓主题教育活动。积极开展“喜迎十九大·齐心谋发展——学习习近平总书记系列重要讲话精神知识竞赛”活动，覆盖人数近千人；以“清明祭英烈”为主题，组织200余名青年志愿者、共青团员、少先队员深入周逸群烈士墓等爱国主义教育基地，开展“缅怀先烈·报效祖国”系列活动，引导青少年进一步了解历史、热爱祖国、服务社会。在小学生群体中开展“喜迎十九大，我向习爷爷说句心里话”及绘画、书信比赛等活动。通过形式多样的宣传教育活动，对青少年群体全覆盖，进一步增强广大青少年跟党走的思想自觉和行动自觉。三是突出抓网络舆论引导。牢牢把握“君山共青团”微信公众号这个舆论宣传主阵地，推出近500条热点信息，受到广大青年的欢迎。3月5日编发的《岳阳市君山区油菜花节即将在良心堡镇开幕，赶紧出发吧！》点击量突破16000人次，转发3000多次。7月31日编发的《8.11就在君山，团区委叫你不要做单身》一文点击量一夜突破一千五。特别是4月通过微信公众号平台启动的“2017君山区十佳青年岗位能手”网络评选活动，参与人数破30万人次，极大地宣传展示君山青年的新形象。

【攻坚工程】 2017年，一是助力精准扶贫。扎实推进“情满君山·爱心圆梦”希望工程活动。全年累计争资30多万元，帮扶贫困学子60多名。3月，针对农村留守儿童，团区委与湖南农业大学东方科技学院在柳林洲镇新河小学捐赠爱心书屋一所；“六一”儿童节，针对事实孤儿开展大走访大慰问活动。8月10—25日，组织志愿者先后为广兴洲镇殷家铺社区等十个省级贫困村送去总计15万元的慰问物资。此外，为联点的良心堡镇黄泥港村送去4万多元的慰问物资。二是助推美丽乡村建设。4月21日启动“美丽乡村·青少年先行”活动，号召青少年先行先动起来，争做美丽乡村建设的宣传者、先行者、推动者和守护者。此外，先后组织志愿者参与第五届良心堡镇油菜花节、2017中国（岳阳）野生荷花旅游文化节暨首届环洞庭湖民间歌手邀请赛、“江湖情、滨江美”生态文化节、2017中国（岳阳）热气球节等节会活动，全力助推美丽乡村建设。三是竭力服务青年创业就业。积极对接创业青年的需求，全心全意做好服务工作。帮助康之源中药材合作社成功申请建设占地6000多平方米的加工产房。在全市青年创业大赛上，君山推荐的农创科技创业项目荣获一等奖。四是做好优秀青年人才的推荐工作。当年，团区委数次向组织部门推荐优秀青年干部，多名85后干部得到提拔，其中，有1人是2017年“五四”期间评选的“十佳青年岗位能手”。

【影响工程】 2017年，一是通过典型引领提升带动力。2016—2017年，团区委推选的区人民医院团总支获评省级优秀团总支，公安分局团总支获评全市青年文明号，陈勇、杨杨、邓祥等分获“湖南省优秀共青团干”“最美基层共青团干部”“最美共青团员”称号，潘琛、李巍、余思娴等分获市级优秀团干、市级优秀共青团员称号。4月，启动君山区“十佳青年岗位能手”选树活动，胡燕、杨可可等20人不同行业、不同岗位的青年分获君山区“十佳青年岗位能手”、君山区“优秀青年岗位能手”荣誉称号。此外，推送区检察院公诉科参评“团员先锋岗（队）”、推送万伟参选全国农村致富带头人和省青联委员。二是在志愿服务中强化辐射力。全年先后开展慰问事实孤儿、防汛抗灾物资慰问、慰问留守儿童、文明劝导等志愿服务活动20场，志愿服务内容紧扣党政中心，紧贴社会热点，包括关爱弱势群体、生态保护、美丽乡村建设、精准扶贫、青年创业就业等多个方面，参与人数多达4000多人次。7月1日18时，区全面启动防汛二级响应，团区委积极组建青年突击队和青年志愿者服务队，共征集青年防汛突击队志愿者203名，成立青年防汛突击队志愿组7个。广泛动员青年企业家和社会各界捐款捐资5万多元。7月10日，团省委书记汤立斌、市委副书记李爱武到君山防线一线慰问志愿者和青年突击队员，并对君山青年在防汛救灾工作中的突出表现给予高度评价。三是在创新社会管理中提升感染力。继续深化共青团与人大代表、政协委员面对面活动。与司法局、检察院等单位联手，全面推进重点青少年群体服务管理和预防犯罪活动，深入开展花季护航、青少年阳光服务、青少年自护教育行动等活动，5月，联合区人民检察院青年检察官李妍等人就在五星小学以“预防校园暴力、共建和谐校园”为题结合办理未成年犯罪案件的经验为学生开设法律课堂，帮助学生进一步认识校园暴力的危害，增强自我保护意识、促进少年学生健康成长。8月，团区委积极响应《中长期青年发展规（2016—2025年）》中关于关注青年婚恋问题的号召，在合众领岛别墅区开展“缘起君山·情定领岛”大型相亲交友活动，区内外超过200名单身青年朋友参加，有效地创造了情感留人的氛围。9月，联动柳林洲街道办事处开展“平安君山·和谐柳林”综治宣传活动，到西城小学、新河小学、濠河小学等宣传《中华人民共和国未成年保护法》《中华人民共和国禁毒法》，并发放禁毒宣传图文资料。还针对广兴洲镇特殊儿童开展心理关爱辅导等等。

（陈鑫琪）

区妇女联合会

【概况】　2017年，在区委、区政府的正确领导和市妇联的具体指导下，区妇联认真学习并全面贯彻习近平总书记《中共中央关于加强和改进党的群团工作的意见》讲话精神，围绕区委、区政府“打造洞庭生态明珠、建设现代滨江新区”发展目标和生态“1+5”发展战略，团结广大妇女发挥“半边天”作用，建新功、立新业。

【扶创业】　引领广大妇女创新创业、巾帼建功。举办一期月嫂培训班，参训妇女人数达200人。开展“春风行动”，帮助1072名女性就业。推荐的区妇幼保健计划生育服务中心获评“市级巾帼文明岗”，河西电子商务有限公司获评“湖南省巾帼建功先进集体”，钱粮湖镇红太阳幼儿园获评“市三八红旗集体”，岳西中学黄会敏老师获评“市三八红旗手”。

【送温暖】　2017年，团区委组织35—64周岁的农村适龄妇女进行免费“两癌”检查；申报的6名特困“两癌”患者获国家专项救助金6万元、7名特困“两癌”患者获省专项救助金8.4万元；多方筹措资金，对全区42名贫困留守儿童和母亲进行了慰问，共送去慰问金3.1万元、“彩虹包裹”50个；4个“儿童快乐家园”公益项目点已全面启动开放，价值40万元的器材等物资惠及万千儿童。邀请专业机构讲师和心理咨询师到钱粮湖镇托龙山社区和柳林洲街道办事处林角社区，为近140名家长和孩子进行家庭教育知识专题讲座，跟社区留守儿童开展心理关爱互动活动。

【促和谐】　2017年，团区委广泛开展“书香家庭”“文明家庭”等创建活动，刘敏、周宏家庭获评省“书香家庭”，陈杰夫家庭获评省“文明家庭”。“三八”期间举行“最美”系列评选表彰活动，共表彰9户区级“最美家庭”、5名“最美女性”、4名“最美创业”典型代表。其中，陈可爱家庭获评省“最美家庭”。推选彭胜军、涂丽2篇优秀作品参选省“家书抵万金”征集活动，分别获得全省二等奖和优胜奖。

【教育培训】　2017年，团区委进一步强化教育培训，不断提升妇联干部能力素质。9月底，举办为期两天的全区妇联系统干部培训班，组织区直、乡镇、村三级150余名妇联干部进行学习。推选1名女干部到清华大学，2名女干部到省妇干校、4名女干部到省妇联参加业务能力培训，3名女干部到市委党校学习。立足区妇女儿童实际，组织相关职能部门制定出台区2016—2020年妇女儿童发展规划并稳步推进实施。

【脱贫行动】　2017年，团区委为联点村良心堡镇的黄泥岗村抗洪救灾、村部建设资助3万元经费，妇联干部结对帮扶6户建档扶贫户，共捐助8000多元的现金及衣物，全年预脱贫2户。组织开展“下基层、访妇情、办实事”“精准扶贫”等活动，全区妇联系统干部走访慰问困难妇女儿童9000多人次，发放宣传资料15000份。鼓励贫困妇女参加劳动社会保障部门开展的技能培训，通过专业学习，100多名贫困妇女获得育婴师资格证。8月底，开展“金秋助学”活动，为10名贫困家庭的中小学生送上1000元助学金，解决他们筹集学费的燃眉之急，让他们顺利入学。

【基层改革】 2017年，团区委联合区委组织部下发《关于坚持党建带妇建全面推进服务型基层妇联组织建设的意见》，印发《君山区乡镇（街道）、村（社区）妇联组织改实施方案》的通知，明确基层妇联改革的各项工作要求。6月底，全区5个乡镇（街道）妇联换届已全部完成，75个村（社区）“会改联”工作也全面落实，共选举产生乡镇妇联专职主席5人，兼职副主席15人，执委131人；村（社区）妇联专职主席75人，兼职副主席150人，执委1149人。

（何　晖）

区科学技术协会

【概况】 2017年度，君山区科学技术协会（简称区科协）圆满完成区委下达的工作目标任务，被岳阳市科学技术协会授予全市科协工作先进单位。

【换届选举】 2017年11月30日，区科协成功召开第四次代表大会，大会回顾总结五年来的工作成就，规划未来五年的工作。并选举产生新一届领导班子。曹志刚当选为新一届主席，王威任党组书记，专职副主席一名（杨应刚），兼职副主席6名（李玉梅、刘红亮、陈文立、邵坚、黄伟良、曹红林）。

【科技普及】 2017年，科普宣传、科普资源共建共享大格局呈常态化工作正常运行。区科协、区教育局一方面充分发挥科技教育特色学校、青少年科技教育基地以及科技辅导员的作用，组织中小学开展青少年科技创新大赛、大手拉小手科技传播等各类科学实践活动，进行中小学生素质教育研究探讨，为全区广大中小学生的健康成长提供良好的平台；另一方面积极推进新科学课程的全面实施，深化中小学科学课程教材、内容、教法改革，围绕素质教育，开展“弘扬民族精神”“环保教育”等主题系列活动。区科协、区团委注重对青少年爱党、爱国、爱社会主义教育，开展“天天读书一小时，月月读书一本”读书竞赛活动。

【农村科普】 2017年，全区农村主题科普活动精彩纷呈。社区群众广场舞大赛有声有色，许市镇黄金村村级活动广场每季度的龙狮表演赛异彩纷呈，柳林洲办事处柳林社区老年腰鼓队、科普志愿者利用社区科普活动站、科技图书室、农民科技学校等科普设施，开展的各类科普宣传活动已蔚然成风。据统计，2017年完成新建村级科普服务站（文化活动中心）2个，科普宣传栏30处近4000平方米，新增科普图书近3万册。

【社区科普】 2017年，区科协组织区直学会开展“村会结合”“学会进社区”等科技服务活动。一方面，通过开展各类科技咨询工作，进一步加强对科技咨询的规范化管理；另一方面，充分发挥社区科普大学的平台作用，不断深入推进社区居民科学素质提升工程。区直学会、科普志愿者发挥作用明显，开班授课、现场咨询、社区大课堂、广场文化活动等科普活动形式多样。据统计，参加活动的市级科普专家有32人，市级对口学者、专家有16人开设培训班18场次，共计18360人，组织社区广场文化活动16场（次），参加区直部门28个，受惠居民近126000人。

【科普活动】 2017年，科技活动周主题活动辐射、示范、带动作用明显；“流动科技馆”“周六课堂”“银会对接”小额贷款服务等活动初见成效。围绕“科技生活、创新圆梦”，区科技活动周领导小组成员单位联合举行科技大篷车、科技下乡、健康进社区、科普基地开放、科普知识讲座等活动。区科协、教育局、科技局、农业局、卫生局、老年科协等16家区直单位（部门）联合开展科技宣传活动，现场为群众发放科普资料、开展义诊，并免费为群众发放药品。活动共展出展板120余块，发放各类宣传资料3万余份，接受群众咨询7800人（次），受益群众5100多人（次）。全面开展科技流动馆巡展，力求在巡展中实现重点人群提质行动稳步推进。组织全区26个学校的中小学生、13个社区的居民、18220人依次参观流动科技馆，30名中小学生观后感获科普征文一、二、三等奖。建好科普大学教学点，以许市中学、君山小学为试点开办“周六课堂”，并以“周六课堂”为载体启动巴陵千名小院士孵化工程，培养学生的科学爱好的同时，为全区培养后备科技人才服务。精心组织银企对接服务，办求在对接中实现示范基础金融服务稳步提升。主动与邮政储蓄东茅岭支行对接，开展银企对接服务活动，精心筛选9家科技示范基地，3家成功获得贷款支持。

【精准扶贫】 2017年，区科协组织专家及农业科技人员32名，采取培训等方式实施产业技能精准扶贫，共帮扶贫困农户131户，当年脱贫的82户。

（曹志刚）

区文联

【组织建设】 2017年4月底，区委将政治素质高、文学造诣较深的原君山电视台常务副台长孙文才提拔为文联主席；5月中旬，对区诗词楹联协会进行换届，选举新的协会理事会，新吸纳协会会员32人；6月中旬，将区委宣传部办公室主任郭鸣提拔为副主席，配齐配强区文联班子。区文联下设作家、摄影、诗联、书画、舞蹈、音乐等6个协会。今年，指导协会进行换届，补充新鲜血液，扩充文艺队伍。年初对区摄影协会进行换届。10月初，对区作家协会进行换届，选举新的理事会，新吸纳会员68人，为发展君山的文学艺术队伍建设打下基础。区诗词楹联协会换届后，先后有良心堡镇、钱粮湖镇成立镇诗词楹联协会，发展会员60多人。

【文艺会刊】 改版《君山文艺》。将原《君山岛》综合刊物改版为纯文学刊物，更加注重刊用作品的文学性，分设“小说原创”“心香一瓣”“诗词新韵”“君山风情”“校园季风”“本刊特稿”等6个栏目。全年共出刊《君山文艺》3期，刊载作品86篇。建立君山文艺微信群。先后建立“君山摄影家协会群”“君山作协群”“君山文艺作品推送群”等微信平台。在作协群中，大家互相交流，发表自己的作品互相评论，传播写作知识进行辅导，讨论后较为成熟的作品转入推送群，极大地提升作协会员的创作激情和创作能力。同时《君山文艺》克服过去选材渠道狭窄，作品取向单一，编辑取舍封闭等毛病，对丰富杂志内容，提高刊物质量。鼓励协会办好会刊。广兴洲镇文联办好会刊《野荷文学》，其他乡镇文联也结合自身实际认真办好会刊，积极推行作品，宣传推介君山。同时，利用“君山在线”微信公众号开始“君山美文”栏目，积极推送好的文学作品。

【文艺采风】 2017年11月18日，组织作家深入区十六中举行讲座，师生反响良好。11月22日，区作协与广兴洲镇联合举办作协培训班和采风活动，参与这次活动的作协会员和摄协会员52人，邀请市知名老作家、诗人、摄影家张步真、杨凭墙、刘正南、杨西霞、郑雪梅等到场指导，张步真、杨凭墙分别为会员上辅导课。下午，组织到洪市、沿江、合兴村采风，参观美丽乡村建设，为创作积累素材。

【文艺活动】 2017年，区文联围绕区委、区政府中心工作，以“美丽乡村”建设为主题，组织大型摄影作品展，历时5个多月，收到反映君山美丽乡村建设的摄影参赛作品870多幅，评选出76幅入围作品，一等奖1名、二等奖2名、三等奖3名和优秀奖、入围奖若干名。于区两会期间组织“美丽乡村”大型摄影展，参展作品80多幅，参观人数达5000多人。联合诗词楹联协会、音乐协会、舞蹈协会等开展文化下乡活动。区舞蹈协会和音乐协会结合区“移风易俗”“欢乐潇湘”等群众文化活动，编排本土文艺节目，深入镇村演出和代表君山参加全市会演，深受群众喜爱和领导好评。区楹联诗词协会、作家协会和书画协会联合开展春节送楹联活动，春节期间组织会员现场书写春联1200多幅，免费送给群众。诗词楹联协会组织开展楹联进校园活动，协会会员每周定期到许市黄金小学、钱粮镇中学等学校授课，传授诗词楹联知识，深受学生喜爱。

（郭　鸣）

区残疾人联合会

【概 况】 2017年，在区委、区政府的坚强领导和精心指导下，区残联围绕全区工作大局，以残疾人根本利益和现实需求为导向，以创新优化残疾人服务和保障体系建设为主线，努力提高残疾人工作的“质量”，把区委、区政府对残疾人的关心和温暖带给残疾人，让他们共享君山经济社会发展成果，共同建设幸福、和谐君山。

【康复工作】 2017年，残疾人康复工作是一项社会性工程，需要调动全社会力量和基层的积极性，区残联在原有的3个康复基地、7个残疾人康复指导站的基础上，在全区82个行政村社区配置康复协调员，实现区、街（镇）、村三级网络全覆盖，康复工作措施得力，成效显著：一是圆满完成“为34名耳聋、智障、孤独症、脑瘫、肢体残疾儿童提供专业精准康复训练”；二是创新工作方法，整体推进“贫困白内障患者复明工程”计划，主动联络、爱尔眼科医院，深入街（镇）、村（社区），对各类眼疾患者进行义诊、为白内障患者实施筛查与复明手术活动2次、31人次，取得良好的康复效果和社会效果。区残联针对康复对象的各类特殊需求，狠抓工作落实。全年，共为25名低视力患者配用助视器，为43名听力患者配用助听器，为106名下肢残疾人赠送轮椅，为78名肢残者配发拐杖，为5名肢残者配发矫形器，为12名安装普及型大、小腿、上肢假肢，为54名盲人配发盲杖，为50名肢体残疾人进行社区康复训练，为20名贫困白内障患者实施全免费复明手术（全部植入晶体，脱盲率100%，脱残率80%），为34名0—14岁贫困残疾儿童实施精准康复工程，举办康复员培训2期；共投入康复经费24万余元，逐步向“人人享有康复服务”目标迈进。

【就业工作】 2017年，区残联紧紧围绕市、区两级下达的目标任务，创新残疾人就业工作方式，积极争取市残联政策倾斜，取得良好成绩：一是创新开展残疾人种养殖培训延伸服务，邀请岳阳职院教授、区计算机学校、农业、水产等部门专业技术人员、种养殖专家举办3期残疾人计算机、种养殖培训班，将生产实用技术送给残疾人手中，提高残疾人农户种养殖技术；二是积极争取省市残联对君山农村残疾人发展种养殖生产给予政策上的倾斜，扶持户数比上年度多6户；三是规范盲人保健按摩，对辖区内从事盲人按摩机构以及从业人员情况进行摸底调查，做好盲人按摩人员从事按摩资格审核，全面掌握区盲人保健按摩机构发展状况及盲人从业人员就业情况，为上级部门科学制定盲人按摩优惠政策提供准确依据；四是加强残疾人就业服务队伍建设，定期组织工作人员学习，选派2名工作人员参加中残联和清华大学继续教育学院联合举办的基层残疾人就业指导员远程培训班。全年共举办各类技能培训班3期，培训160人（残疾人职业技能培训15人，农村残疾人实用技术培训145人）；新增残疾人就业15人；培育扶持残疾人企业和种养殖专业合作社3户、经营大户13户。

【扶贫工作】 2017年，残疾人扶贫工作关系到残疾人家庭的幸福、社会的稳定，区残联积极开展各项残疾人扶贫救助工作，采取政府部门对口帮扶、党员干部结对帮扶和残联重点帮扶等措施，扶贫与扶智相结合、政策扶持与资金、物资扶持相结合。动员全社会理解、尊重、关心、帮助残疾人。扶持残疾人事业发展，让残疾人逐步自食其力、脱贫致富。全年为797名残疾人代缴新农合参保费7.173万元；为944名一、二级重度残疾人代缴养老保险9.44 万元；为2184名一、二级重度残疾人发放护理补贴122.1万元。补助就读中专及以上学校残疾学生和特困残疾人家庭子女学费11人，补助金额共15000元；为特困精神、智力残疾人开展家庭照料服务40人，发放补助2.4万元；开展党组织扶贫工作，组织全会党员帮扶5个街（镇）12户年人均纯收入在3500元以下的贫困残疾人家庭进行帮扶，确保残疾人家庭年收入有所增加，实现脱贫。

【信访维权】 2017年，信访、维权工作关系到残疾人的诉求、社会的稳定，要求全体工作人员“人人都当接访员”，并结合工作实际，开展普法教育，解决区残疾人信访问题。一是理事会坚持每月召开一次矛盾纠纷排查工作会议，集中听取信访工作汇报，每月两次接待上访残疾人，亲自处理残疾人来信来访反映的重要问题，及时排查、处理重大、敏感问题；二是充分发挥各街镇残联专干和村级联络员作用，对残疾人矛盾纠纷和不稳定因素进行深入细致的全面排查，力争把问题解决在当地，矛盾化解在基层；三是对上级反馈的上访案件重点跟踪随访，有效化解各类矛盾；四是从日常接访工作中，及早发现越级上访的苗头倾向，提前做好预案，避免越级上访发生；五是加大对贫困残疾人涉法案件的援助力度，积极与区司法局进行协商，为残疾人开辟绿色通道。全年，区残联共接待残疾人来信来访175件次（个人信15件，个人访160人次），办理上级交办信访件11件，办结率、处理回告率均100%，接待残疾人法律咨询48人（次），为其中贫困残疾人办理法律援助案件3件，残疾人合法权益得到有效维护。

【文体宣传】 2017年，区残联在区委、区政府的大力支持下，创新工作思路，加大宣文工作力度：一是“助残日”“国际残疾人日”等残疾人节日活动开展有声有色，成功举办君山区庆祝第28个“全国助残日”暨慈善捐赠文艺演出活动；二是续实施“强基育人”工程，加强街镇、村（社区）残疾人组织建设，继续创建残疾人工作示范村（社区）。全年，区残联在各级网站、杂志上刊登信息22篇。强劲的宣传声势，扩大区残疾人事业的影响，营造扶残助残的良好社会舆论氛围。

【组织建设】 2017年，区残疾人基层组织建设取得长足发展，管理日趋规范，“工作思路清晰化、业务开展规范化、重点工作特色化、服务标准统一化、组织形象文明化、残健关系和谐化”工作目标逐步实现，基层残疾人组织建设工作效果显著：一是成立各类残疾人专门协会，即盲人协会、聋人协会、肢残协会、智力残疾人亲友协会、精神残疾亲友协会等五类残疾人专门协会。主要任务是：密切联系本类残疾人，反映特殊需求，维护合法权益，开展适合其特点的活动。二是全区残疾人基础信息动态更新工作完成，掌握全区3876名残疾人的基础信息资料。通过与2016年专项调查数据进行对比分析，形成“君山区残疾人基本服务状况和需求专项调查分析报告”。全区累计核发残疾人证3876本。三是举办一期村级残疾人工作联络员和街镇残联专干业务知识和普法培训班，完满完成街镇残联理事长培训任务。四是加强街镇残联绩效目标管理，由2位副理事长带队，分2个组对5个街镇残疾人工作进行督导，年底对街镇残疾人工作进行年度考核，街镇残疾人工作全部超额完成或完成任务。五是继续在全区开展残疾人工作示范村（社区）创建活动，7个村（社区）达到示范村（社区）标准。六是建立全区持证残疾人基本信息数据平台，在全区范围内开展一次持证残疾人基本服务情况调查，深入了解和掌握残疾人现实状况，有针对性地制定和落实有关惠残政策，进一步提高和改善对残疾人的服务。

【服务平台建设】 2017年，区残联一是搭建信息化无障碍服务平台。对残联网站服务系统进行全面升级，将所有服务项目都纳入网络管理服务系统中，建立网上申报、服务查询等阳光信息平台。同时，为及时满足残疾人的需求，在网上开辟服务绿色通道。辖区残疾人遇有突发事件或存在申请困难时可通过绿色通道进行申请，由社区专职委员上门帮助提交申请，残疾人不出门就能得到相应的服务，充分满足残疾人无障碍服务的要求。二是积极开展无障碍环境建设督导工作，为残疾人出行提供便利。区无障碍环境建设督导小组每月定期到辖区公共场所进行无障碍环境建设检查，对在检查中发现的问题，及时向责任单位提出整改意见，并以照片的形式记录下来，书面向区文明办、市残联报告。为方便工作和增加社会对无障碍环境建设的认识，印制宣传小册子和温馨提示发放到各个相关单位。区无障碍环境督导队共到社区公共场所检查督导30次，发现需整改无障碍设施有38处，为迎接全国文明城市检查完成新建盲道6300米，其他无障碍设施新建120处，提出整改意见120件。相关单位都非常重视残疾人无障碍环境建设，克服困难，积极配合和支持改造提升工作，使区公共场所的无障碍设施得到一定的改善。

【特色工作】 2017年，精准扶贫工作成效显著。实施残疾人康复救助项目。全年免费为106名贫困肢残人配发代步轮椅，为盲人配发放盲杖54根，免费提供各类辅助器具如拐杖、手杖等506件，装配假肢12例，聋儿语训3例，配发助听器43台，植入人工耳蜗1例；智力、肢体残疾人康复训练31例，配发矫形器5例。40名智力、精神残疾人居家托养全面完成。已全部打卡发放。康复救助工程快速推进。开展0—6岁残疾儿童精准康复训练工作，实行残疾儿童和陪护家长“双免费”政策，完成残疾儿童康复训练36人次。实施白内障免费手术20例，建立白内障手术全免费长效机制。落实普及型假肢装配任务12例；为贫困残疾人配发各种辅具500余件。精神病住院救助10人，精神病服药救助36人，让精神病残疾人病情有效得到控制。培训社区康复协调员91人。贫困残疾人无障碍工作扎实有效。举办实用技术培训班3期，培训残疾人160人。完成20户农村贫困残疾人无障碍改造。为13名高中和高等教育阶段残疾学生发放教育补贴1.5万元。培训村社区残疾人联络员117人。信访维权工作成绩斐然。把信访维权工作列入理事会的一项重要内容，始终坚持“预访为主、教育疏导、防止激化”的原则，把信访关口前移，变上访为下访，变被动为主动，理事长接待日制度延伸到每星期三天，分别由两位理事长、副理事长接待，明确要求全体机关干部要相互配合，认真做好残疾人来信、来访工作，对残疾人信访工作实行一站式服务。接待残疾人来信来访175人次，100%的信访事件均得到妥善解决。无一起反映遗弃、虐待、侮辱等侵犯残疾人合法权益的信访件。

（刘庆春）

军 事

综 述

【概况】 2017年，区人武部在军分区和区委、区政府的坚强领导下，坚持以上级党委全会精神为指导，认真贯彻落实党管武装制度，年度例行性工作和组织参与急难险重任务完成出色，全面建设进步明显。

【思想政治建设】 2017年，区人武部按照习近平主席“政治建军”要求，坚持把学习宣贯中共十九大精神、习近平总书记系列重要讲话和区委党代会精神作为学习重点，教育引导官兵自觉维护核心、听从指挥、看齐追随。一是突出抓好十九大精神的学习宣贯。区人武部党委机关结合集中理论学习，重点抓好“维护核心、听从指挥”主题教育和“两学一做”学习教育常态化制度化落实；十九大召开期间，集中组织官兵、职工收听收看大会盛况，原原本本学习中共十九大报告和修改后的党章；在全区民兵队伍中开展“学习宣传贯彻中共十九大精神”学习教育，编印下发应知应会学习手册8000份，让十九大精神人人皆知，入脑入心。二是积极支援参与区委政府经济建设。学习贯彻区委“1+5”发展战略，积极投身地方经济建设，在开展扶贫帮困、抢险救灾、民生工程、生态文明建设、文化建设等方面，成效显著。落实习总书记扶贫工作“军队要走在前列”的指示，区人武部先后6次组织到扶贫联系点帮扶，进行政策宣讲、产业扶持、物资赠送等。结合“双带双促”活动的深入开展，为困难家庭官兵、退伍老兵和烈士发放慰问金近3万元。三是认真开展国防教育活动。认真组织召开区国教委全会，分析工作形势，部署2018年工作任务，开展首届“爱我国防、强我中华”国防教育课竞赛活动，来自区6所初中学校的10名教师参加最后的决赛角逐，6名个人受表彰奖励，经验做法被军分区推广。

【干部在职训练】 2017年，区人武部先后组织4期首长机关在职训练，突出基础体能训练和业务技能训练。一季度，按照“两面思考、三处可用”的要求展开研究作业，2名主官课题研究深入、准备充分，在军分区组织的抽考中取得较好成绩；1月上旬，组织全区民兵营长76人集训，提升岗位履职能力素质；11月下旬，5名现役干部接受军分区抽考，所考6门课目全部优秀。选送4名基层专武干部参加全市集训。

【民兵训练】 2017年，分5期组织民兵舟桥、安全警戒、应急维稳、森林灭火和分队集训；6月中下旬，区民兵舟桥分队，参加全市组织的舟桥营水上综合演练，实战能力得到有效提高。

【国防动员】 三季度，按照“政府管任务，征兵机构管质量”的原则，在适龄青少年、大学生征集比例提高、体检要求更加严格规范的情况下，职能部门上下齐心、通力协作，依法依规抓好兵员征集工作，为部队输送优质兵员。

【党管武装】 2017年，区人武部继续保持着党管武装工作好的优良传统，军地关系非常融洽。区委常委议军会明确解决区人武部按新体制新编制招聘职工、运行配套设施建设问题。春节和“八一”节前夕，区委、区政府先后两次看望慰问驻区部队和特困复退军人。

【参建参治】 2017年，区人武部主动请缨参加抢险救灾、处突维稳等急难险重任务。7月，按照市防指统一调度，区人武部组织民兵应急分队40人紧急增援湘阴县沙田垸抗洪抢险，成功封堵管涌险情6处，修筑子堤2000多米；在组织处置洞庭湖柳林洲段护坡加固行动中，紧急调集民兵队伍200余人，快速搭设帐篷、装运砂包，完成任务较好。

【议军会议】 2017年12月19日，区委书记、人武部党委第一书记谢胜在君山宾馆二楼会议室主持召开常委议军会议，会议对区人武部各项工作给予充分肯定，并就区人武部、驻区预备役三团汽车连、消防大队提交的问题进行研究，形成共识，并下发会议纪要。

【绩效考评】 2017年12月18日，军分区政治工作处主任黄良武上校率联合考评工作组对区人武部部长彭志展、政委施文亮进行主官绩效考评。工作组分别找干部、基层武装部长进行谈话并进行民主测评。

（张继保）

人民防空

【概况】 区人防办现有干部6人，队伍精干，全部具有大专、本科学历。是年，被岳阳市人防办评为人防工程建设和行政执法先进单位，被区人民政府评为平安创建先进单位。

【人防教育】 一是进行多方位、多层次宣传。在区电视台定期播放人防宣传短片和宣传资料，利用区政府网站和手机报等平台发布人防工作动态；结合“5・12”防灾减灾日和“11・1”警报试鸣日向市民发放宣传资料，截至2017年底累计向市民赠送人防宣传手册1万多份。二是人防知识进课堂。把人防宣传与学校教育相结合，把学生作为教育的对象，广泛开展人防知识讲座。三是人防教育基地建设。对全区三个人防教育基地进行维护管理。四是开展紧急疏散演练。以11月1日防空警报试鸣日为切入点，在全区中小学开展紧急疏散演练活动，极大地提高全社会，特别是青少年的国防观念、人防意识，进一步推进人防安全知识技能在全社会的普及。

【人防执法】 2017年，在行政执法过程中，严格执法行为，提高依法办事水平。一是规范执法程序。二是规范征收标准。在项目审批过程中，严格按照标准，依法征收，办共审批项目28个，全部依法依规依程序进行审批。

【机关建设】 一是加强对执法人员业务学习培训，使每位执法人员做到懂执法程序，懂执法依据，懂执法艺术。在执法工作中做到规范有序，公正透明。二是狠抓党风廉政建设，通过强化领导、建立责任清单、深化警示教育、定期开展核查等措施，把党风廉政建设工作落到了实处。三是狠抓机关作风建设，打造“准军事化”机关。

【人防工程】 启动人防工程，完善人防系统建设。区人防工程建设有新的进展。经过努力，君山壹号项目2千平方米的人防地下室通过验收；清螺小区两个单元3800平方米人防地下室动工建设。

【指挥通信】 2017年，对中心城区的所有人防警报设施进行维护，对警报器操作人员进行集中培训，确保11月1日（防空警报试鸣日），区中心城区警报覆盖率、鸣响率均达100%。

（余　燕）

法 治

政法委及综治

【概况】 2017年，君山区在全市综治民调排名中，上半年排全市第二名、下半年排全市第一名，全年综合得分90.79分、全市第二名，全区5个乡镇中良心堡镇排全市前10位。君山区成功获评湖南省2017年度“平安县（市区）”创建示范单位，继续保持全省平安县市区称号；综治中心建设和网格化服务管理工作得到中央综治办主任陈训秋的充分肯定；防范和处理“法轮功”等邪教组织工作继续保持“三个零指标”目标管理；执法监督和涉法涉诉信访工作获得上级充分肯定；机关党建和扶贫工作都取得较好的成绩；班子队伍更加严谨务实富有战斗力；为全区社会大局稳定和中共十九大期间君山区的稳定作出积极贡献。

【维稳工作】 2017年，君山区始终把维护社会稳定作为一切工作的出发点和落脚点，进一步健全维稳工作责任制、重大事件报告制、重大事项（决策）社会稳定风险评估办法，以及矛盾纠纷和不稳定因素摸底排查化解等制度，积极处理影响稳定的突出问题，维护全区社会大局稳定。强化情报信息分析研判，落实社会稳定形势分析制度，特别是退役军人、非法集资、房产开发、投资受损等不稳定苗头，即时预警交办，采取措施化解，严防形成规模集访。着力开展不稳定因素排查，全年开展12次不稳定因素排查，收集、整合各类不稳定情报信息152条。强化矛盾纠纷源头化解，成立了驻交警大队、区法院、区林业局、区农经局、区医院等单位部门7个专业性、行业性人民调解组织。2017年共调处各类矛盾纠纷1087起，调解成功1076起，调解成功率达99%。妥善处置各类群体性事件，区维稳办牵头组织协调处理群体性苗头事件27起，其他交通事故、医患纠纷、土地纠纷、刑事治安案件、投资受损群体（锦秀佳园和迪亚庄园业主）等重点领域引发的群体性事件3起。依法打击违法活动行为，共处理悬挂横幅、围堵机关大门等违法过激行为7起，依法行政区域拘留4人，维护正常的信访秩序。开展重点领域专项治理，成立重点领域突出问题专项治理行动领导小组，对涉法涉诉、涉众型金融、退役军人、房地产开发系列建设4个重点问题分别成立专门小组，开展专项治理，收到较好的效果。

【防邪工作】 2017年，全区成功创建3个无邪教创建示范村（社区）。全面排查，重点布控。在各个特护期，由610办牵头对全区所有邪教组织及人员进行全面回访、彻底清查、重点稳控，对不放心人员分解量化到镇，实行实名制管理，严格落实“四盯一”的防控措施。进行严厉打击。全年移送3名邪教“法轮功”顽固分子到市办学习班教育改造，在十九大期间成功摧毁1起邪教“法轮功”反宣制作窝点，收缴邪教资料1万余份。

【综治工作】 2017年，君山区被获为湖南省2017年度“平安县（市区）”创建示范单位，继续保持全省平安县市区称号。突出做好综治及综治民调工作。主要措施有：走访全覆盖。督促区直单位按照“五联”分工、镇按照联点包村、村按照包组包户的形式，全部下基层、进村组、入农户、访民情，实现走访全覆盖。同时，政法委组织检、法、司干部通过暗访、督查及政法机关治安巡逻等形式全年累计下乡1200多天、走访群众3600多户，及时受理化解信访问题84个，收集各类建议和诉求100多条。巡逻全覆盖。经区委批准协调组织开展区四大家领导及班子成员义务治安巡逻活动。同时，在民调期间组织检法司分别到全区各镇、村进行义务治安巡逻。宣传全覆盖。充分利用会议、课堂、电视台、君山手机报、宣传单、横幅、宣传橱窗等各种平台，加大对综治民调有关知识的宣传。综治办全年共印发《重拳打击保平安 平安构建促和谐》等各类宣传资料11万份，印制《君山区平安创建资料汇编》1000多份。整治违法犯罪全覆盖。针对省市民调反映、群众举报以及暗访督查了解的反映突出的偷盗、吸贩毒等社会治安问题，督促公安机关加强治安防控、加大打击力度、全力提高破案率，最大限度提升群众的安全感。督查督导全覆盖。通过采取不定期抽查、工作督查、暗访、召开综治工作例会、综治工作讲评会、发通报等形式，督促综治工作的有效开展。全年共开展4次大型的综治工作督查督导活动，发综治督查通报5期，召开综治民调工作调度会6次。

【执法监督】 2017年，共组织开展12次常规或专项执法监督检查，接待处理群众来信来访267批次352人次，涉法涉诉信访案件36起，成功处置交通事故、医患纠纷、土地征拆、房产开发、控违拆违等群体性事件18起，处理越战老兵集访事件7起。

【综治中心建设】 2017年，由区综治办承担的综治中心和网格化建设项目，投资近400万元，建立区、镇、村三级综治中心建设，并将综治信息系统、公共安全视频监控系统、网格化服务管理系统接入中心，实战化运作。在综治网格化服务管理方面，全区划分为303个网格，招聘兼职网格员308名，所有网格员手持移动终端，录入信息10多万条。11月17日，中央综治委副主任、中央政法委秘书长、中央综治办主任陈训到区综治中心考察时，对区综治中心和网格化建设给予高度评价，称赞为全国一流。

【其他工作】 2017年，积极开展“五联”工作。分解任务、安排专项工作经费，共为联点对象安排解决帮扶资金近20万元，办实事4 起。突出抓好文明城市迎检工作。认真做好卫生责任区及委机关的卫生工作，充分履行创建“社会治安模范城市”的职责，所提交的迎全国卫生城市检查资料得到文明办的好评。积极做好精准扶贫工作。钱粮湖镇高桥村是政法委负责的省级扶贫村，先后召开4次政法委班子会、到高桥村召开8次村支两委会专题研究扶贫工作，政法委机关10名工作人员共接对34户贫困户。全年开展走访、慰问、帮扶389人次，为高桥村扶贫项目（光伏发电）安排10万元，为贫困户解决危房改造13户，解决村级道路建设、农户饮水、电力保障、农村环境整治、村办企业该扩建等。80千瓦光伏发电已经与电力部门完成并网工作，为村集体经济增收5万元以上。认真做好司法体制改革工作。由司法体制和社会体制改革领导小组承担的改革任务有2个大项9个小项，除因上级相关文件未出台原因外，其余的基本得到完成。

【加强领导】 2017年，政法各单位内部的人事调整、重大活动开展等，都需要向政法委报告并征求意见。在打击违法犯罪、管控吸毒人员、加强出租房屋和流动人口管理、推进社会治安防范等方面，加大指导督导。对涉及社会稳定、上级批示交办件、群众关注的重点案件认真搞好协调和督办。

（张胜良）

公安工作

【概况】 2017年，君山公安分局是随市行政区划调整于1997年3月18日挂牌成立的，现有民警155名、职工90名。局党委班子成员8名，内设26个机构；辖派出所8个，民警70人，有社区警务室12个，农村警务室12个，配备社区（驻村）民警36人。

【重要会议】 2017年1月20日区纪委常委周鑫一行到君山公安分局对落实党风廉政建设“两个责任”和领导班子年度考核进行测评。测评会由政委张爱萍主持，全局137名民警参加测评。

2月8日君山公安分局组织局领导和各单位负责人召开2017年公安工作务虚会。分局党委副书记、政委张爱萍主持会议，区政府副区长、公安分局党委书记、局长彭红卫作重要讲话。会上，各单位负责人围绕业务能力建设和提高公众安全感满意度进行讨论。发言者立足分局现状，结合本单位实际， 研究分析当前全区公安工作和队伍建设存在的薄弱环节及亟待解决的重要问题，立足务实，务虚漫谈。

4月7日，分局精准扶贫工作会议在对口扶贫单位——君山区柳林洲办事处新洲村支部会议室召开，分局全体党委班子成员、新洲村村支两委班子成员共计13人参加会议，会议由副区长、分局局长彭红卫主持。按照精准扶贫工作要求，在前期调研和走访基础上，分局党委班子成员和机关部分部门负责人对扶贫对象和任务进行了一对一的认领。

5月10日，分局在机关四楼会议室召开精准扶贫工作推进会，分局党委全体班子成员、各精准扶贫对口联系部门负责人及局扶贫工作领导小组全体工作人员20人参加会议，会议由党委委员、副局长兼政工室主任余志勇主持。

6月19日，“迎接十九大 忠诚保平安”岳阳公安英模事迹巡回报告会在君山区委报告厅举行。区委常委、政法委书记陈华生，市局政治部相关负责人，君山分局党委班子全体成员、思想政治工作顾问、二级机构双主职及机关民警代表，区人民检察院、法院、司法局部分相关负责人共200余人参加报告会。报告会由区政府副区长、分局局长彭红卫主持。23日，区禁毒委召开2017年度全区禁毒工作大会。区禁毒委各成员单位、各镇（办）场、派出所主要负责人参加会议。区委副书记、区长、禁毒委主任李勇，区政法委书记陈华生，区政府副区长、分局局长、区禁毒委常务副主任彭红卫，区委政法委副书记、维稳办主任邓红球，区委宣传部副部长王吉平、区禁毒委副主任庞玉环等相关领导出席会议。会上，邓红球宣读《关于调整区禁毒委员会成员的通知》和《关于表彰2016年度禁毒工作先进单位及先进个人的决定》，庞玉环宣读《君山区禁毒宣传月活动方案》。接着，2016年度全区禁毒工作先进单位区司法局作典型发言、广兴洲镇作表态发言，各镇、办（场）负责人向禁毒委递交禁毒责任状。最后，彭红卫回顾总结2016年度全区禁毒工作，并分析当前禁毒工作的形势，就下步禁毒工作进行部署。

7月14日，区长李勇、副区长罗遥、政法委书记陈华生等一行到君山公安分局调研工作，会议由彭红卫主持。会上，副局长刘志忠汇报执法办案积分制开展情况，副局长黄群汇报拘留所和执法办案区建设工作情况，副局长黎明汇报“天网工程”建设情况。彭红卫汇报当前公安工作和下一步工作计划。李勇听取汇报后对分局在维护社会政治稳定和治安大局平稳以及公安业务工作等方面取得的成绩给予充分肯定，并表示区政府将尽全力给予关心和支持，还对下步工作提出意见。

8月9日，区禁毒委组织召开社区戒毒（康复）工作推进会，副区长、分局党委书记、局长彭红卫出席会议。会议由分局副局长黎明主持，区政法委、区司法局、分局禁毒大队、各派出所、镇办负责人及禁毒专干参加会议。

11月16日，全区今冬明春消防工作会议在分局会议室召开。副区长、分局党委书记、局长彭红卫和分局党委委员、副局长龙颖超出席会议，区消防安全委员会成员单位负责人、镇办场负责人、公安派出所所长及消防大队主要负责人参加会议。会上，消防大队通报2017年以来全区火灾形势，并结合君山地方特点讲解火灾的主要易发地，对火灾事故主要原因进行分析，对冬季火灾趋势进行研判。随后，与会人员对辖区内消防工作进行简明扼要地汇报，并提出相关工作建议。

22日，常务副区长罗遥一行三人到君山分局协调“天网”工程建设工作。区法制办、区综治办、区住建局、区电力局、区交通局、交警君山大队、各乡镇代表及相关人员与会。会上，区综治办、区住建局、区电力局、区交通局、交警君山大队、区各乡镇代表分别对“天网”工程建设做表态发言。

12月11日，区长李勇组织区政府办、区委政研室、区财政局、区发改局、区编办等部门对2017年全区司法线上工作进行调研，公安分局、区司法局、君山交警大队、君山消防大队参加会议。会上，君山交警大队、君山消防大队、区司法局和公安分局代表分别进行工作汇报。

【科研成果】 君山分局“警辅人员阶梯式管理机制”被省公安厅评为成绩突出重点改革项目组。君山分局“表皮外伤证据固定软件”，被省公安厅评为微改革微创新大赛银牌项目。

【大事活动】 2017年1月17日，首届君山公安分局“爱岗爱局爱君山”主题演讲比赛在分局机关四楼大会议室隆重举行。本次赛事邀请区委常委、宣传部长李爱玲，区委常委、政法委书记陈华生，原区人大常委会主任杨培菊，区政法委副书记邓红球等领导作为大赛评委。分局民警、家属代表、区团委、区妇联及社会各界人士近100人参加活动。区电视台、区委宣传部、君山在线、洞庭之声等有关媒体记者进行全程采访。3月6日，公安分局开展“爱心图书一元捐”学雷锋献爱心活动，副区长、分局党委书记、局长彭红卫带头参与献爱心活动。此次爱心捐赠的对象为君山区柳林洲镇新河小学学生，为其购买书籍共计160余册。23日，君山公安分局巡警大队团员大会暨第一届班子选举会议在巡警大队会议室召开，区团委书记代颖慧、副书记陈勇，公安分局党委委员、副局长龙颖超，公安分局机关党支部书记、政工室副主任徐龙，分局、团委书记李巍及该局巡警大队全体成员参加会议。28日，分局组织50余名民警到天井山森林公园，参加“2017年植树造林”活动。通过近3个小时的努力，将200棵松柏点缀原本突兀的山头，为景区增添一抹新绿。4月21日，分局组织40人志愿者队伍，参加由团区委主办的“美丽君山 青少年先行”活动启动仪式。仪式结束后，志愿者们与君山中学400余名学生完成6公里的生态徒步活动。5月4日，君山公安分局“青春飞扬五四力量”主题文化拓展活动在省级森林公园天井山举行，来自分局机关、各派出所14个部门41人参加活动。12日，分局在君山宾馆西坪开展公共安全应急宣传活动。摆出反恐防暴知识宣传、各类应急知识宣传等展板3块，发放宣传资料500余份，悬挂横幅2条，为群众做公共安全讲解100余人次。6月13日，《2017年全区企事业单位集中无偿献血活动》在君山宾馆前坪举行。分局国保大队、人口与出入境管理大队、巡警大队和执法中心办案区等9名民警参加此次义务献血活动。7月12日，分局联合区食品药品监督局在君山区挂口居委会“家宁超市”前广场举行以“尚德守法，共治共享食品安全”为主题的食品安全宣传活动。20日，分局组织老党员（党龄20年以上）和优秀党务工作者一行40多人到湘鄂西革命根据地瞿家湾开展“缅怀先烈，坚定信念”主题警示教育活动，瞻仰革命烈士纪念碑，向革命烈士纪念碑敬献花篮，表达对革命先辈的缅怀和崇敬之情，并在革命烈士纪念碑前，面对鲜红的党旗，大家一起重温入党誓词，表达永远忠于党、忠于人民的初心和决心。9月8日，分局在国家AAAAA级景区君山公园组织反恐演习。副区长、分局局长彭红卫任总指挥，演习模拟设置4名持刀歹徒在君山岛景区门口砍杀游客，君山公园派出所和巡逻特警先期处置，后由巡警大队、刑侦大队、治安大队、柳林洲派出所、林角佬派出所、交警大队、消防大队和“120”急救中心组成的反恐突击队迅速增援。演习中，重点演练集结、抓捕、救护、现场勘察、设卡拦截等科目。12月25日，由区反恐办组织，分局反恐大队牵头，各小组成员单位、乡镇、分局下辖派出所及各行业场所在辖区开展为期一周形式多样的集中宣传活动，在十六中、君山宾馆、公园景区、家宁超市、岳阳监狱、柳林洲、广兴洲、钱粮湖集镇等地同步开展，出动警力60余人，发放资料5000余份，放置展板36块，启用移动宣传车2台，户外电子屏投放反恐宣传标语100余条，悬挂横幅100余条。

（湛　汩）

公安消防

【概况】 2017年，岳阳市君山区公安消防大队（简称区公安消防大队）在区委、区政府的关心支持下，紧紧围绕年初工作目标，坚持理清思路、明确重点、扎实推进，全年未发生较大以上火灾事故，圆满完成全年各项工作任务。大队荣获支队级先进党委班子、支队级“护航十九大、装备大比武”活动团体第二名，大队共1人次荣获三等功，10人次荣获支队嘉奖。全年，大队共接警出动90次，出动车辆151辆，出动警力889人，抢救财产价值2027万元，为全区经济社会发展和人民生命财产安全做出积极贡献。

【部队管理】 2017年，大队将“两学一做”学习教育常态化制度化和“维护核心、听从指挥”主题教育活动贯穿全年思想政治教育主线，积极谋划“党员夜学”“撰写心得体会”“开展座谈讨论”等系列活动，全面筑牢官兵政治思想防线。同时，大队注重廉政教育，建成廉政文化墙和廉政教育室，先后部署开展酒驾、网络安全、清理流毒、“六涉”问题、干部风险“大排查、大管控”等专项整治活动，充分发挥廉政文化激浊扬清功效。

【监督执法】 2017年，大队先后4次提请政府召开专题会议部署消防工作，对全年消防工作、火灾隐患整治、公共消防基础设施等进行研究部署，协调解决部分制约全区消防工作发展的瓶颈性问题，基本实现“政府挂帅，部门联动，社会参与，群防群治”的消防工作局面。在全区范围内先后部署开展了冬春火灾防控、夏季消防检查、“一带一路”安保、“金砖会晤”安保、十九大安保等专项行动。组织各行业系统、社会群防群治力量开展易燃易爆场所、高层建筑、电动车治理等专项整治行动。2017年，大队共检查单位2067家，整改火灾隐患4142处，下发处罚决定书32份，责令三停19家，查封单位39家，拘留16人，罚款631000元，执法数据较去年大幅度提升。

【灭火救援】 2017年，钱粮湖专职消防队于5月1日正式完成人员征召、装备购置、执勤训练等相关工作，并担负起钱粮湖镇、良心堡镇等乡镇的灭火救援工作，辖区内其他建制镇、行政村全部建立志愿消防队，有效解决乡镇灭火难、控火难的问题。指导君山岛、岳阳监狱成立企业专职消防队，完善全区灭火救援网络格局。

【消防宣传】 2017年，大队借助“互联网+”手段，依托君山电视台、手机报、“村村响”、官方微博、微信等平台开展常态化宣传教育；发动全区中小学生参加全国消防安全知识网络大赛，君山区2人次进入复赛；利用“消防宣传摩托车”走街串巷，深入居民楼栋、住宅小区、公共娱乐场所等开展动态式消防安全宣传；全力推进消防宣传“七进”活动，打造洞庭大道“消防宣传示范街”、沿途电子显示屏“亮屏工程”等特色宣传品牌；消防监督员每周进行半天消防宣传，向群众发放宣传资料10000余份，组织重点单位、微型消防站人员消防安全培训20余次，全面提高公众消防安全意识，营造铺天盖地的消防宣传氛围。

（龙　倩）

交通管理

【交通秩序】 2017年，交警君山大队（简称君山大队）在以大队长许辉波为首的新任领导班子带领下，在区委区政府的关心下，大队以十九大道路交通安全保卫系列工作部署为契机，紧紧围绕“降事故、保安全、保畅通、保稳定”的目标任务，严格落实道路交通安全监管措施，强化道路通行秩序管理，加强源头管理和队伍建设，采取转变思路、阵地前移、部门联动等措施，全力以赴预防交通事故，事故指数得到大幅下降，君山交通安全管理工作再上新台阶。据统计，全年，辖区交通事故死人人数较2016年下降51.4 %，经济损失下降11.6%。“五一”期间较2016年事故下降46.8%，国庆期间较2016年事故上升8.7%，但国庆期间事故死亡人数为零，较2016年同期死亡8人，数据下降显著。区委、区政府高度重视道路交通安全，把道路交通安全纳入区政府全年重点工作目标。6月30日，在区政府四楼会议室举行“君山区道路交通安全集中整治工作会议”，各镇办（街道）、场及相关部门50余家单位主要负责人、分管负责人参会。会上，交警大队、区交通局、区安监局、区教育局和广兴洲镇等5家单位作表态发言；19家单位向区长递交责任状。区委副书记、区长李勇等区政府领导、交警支队党委副书记肖典广出席会议。会后，君山大队根据方案部署，结合交警支队十九大道路交通安全保卫系列方案以及“三个不发生创建活动”“四大攻坚战”“打非治违百日行动”“冬春攻势”，强力整治辖区道路交通秩序，通过认真落实《君山主城区道路交通秩序专项整治方案》《君山区摩托车、农用车专项整治方案》《君山区校车专项整治方案》《君山区客运车辆专项整治方案》，开通路口监控设施，强化部门联动等措施，纠正各类违法行为47930起，刑拘19人，拘留58人，有力震慑各类交通违法行为，使辖区秩序明显好转。

【交通事故处理】 2017年 12月28日上午，岳阳市道路交通事故快处快赔中心君山点揭牌仪式隆重举行。快处快赔中心的成立，标志着区道路交通事故的处理和保险理赔的水平又上一个新的台阶。公安交警和保险公司将在快处快赔中心共同提供一站式便捷服务，让广大的驾驶员朋友在处理交通事故时节省大量的时间和精力，是一项服务民生，服务民众，维护社会稳定的重要民心工程。在交通事故处警工作中，君山大队按照“迅速出警，快速处置”的工作原则，始终坚持领导带班，民警24小时值班，24小时接出警工作。建立了集“人民调解、司法调解和行政调解”为一体的“三调合一”的事故处理工作机制，妥善处理事故纠纷，保护当事人合法权益，维护社会稳定，构建和谐社会和融洽警民关系上发挥出积极的作用。全年，交警大队共处理各类交通事故2756起，没有发生一起由于交警执法过错被查处的案件，没有发生一起因交警工作不当而引起的群体性事件。

【车辆、驾驶人管理】 2017年，君山大队车管所以优质、高效、便民服务为中心，深化贯彻上级交管部门的工作部署，规范窗口管理，提高服务质量。全年共受理机动车注册登记988笔，驾驶证业务458笔。大力开展黄标车淘汰工作，辖区共有剩余黄标车254台，大队多次下乡入户宣传黄标车淘汰工作，在年底完成目标黄标车淘汰率达到百分之百的任务。大队开设的驾驶人审验电话告知平台，共告知3854人次、短信温馨提示7000余条，使辖区驾驶人证件的审验达到97%。

【隐患排查治理】 2017年，君山大队共排查道路交通安全隐患356余处，并按照“一单四制”的要求，逐一建立隐患台账，列出隐患治理点，形成专题报告争取到政府支持，完善辖区道路交通安全硬件建设。全年，君山辖区完成投入2000多万元，完善改造农村地区波形护栏等交通设施；投入260万元改造建新路口弯道；新建设三处路口红绿灯；投入100多万元完善洞庭大道与省道306线接口处的标牌标志标线，使辖区道路基础建设取得明显好转。同时，完善恢复所有灯控路口电子警察系统登录工作。

【警保卫工作】 2017年，君山大队高度重视警保卫工作，全年完成各类警保卫130余起。大队通过周密部署、齐心协力，做到十九大安保、中秋国庆安保、抗洪抢险、2017中国新能源汽车拉力锦标赛、首届热气球节、中国山地户外健身休闲大会等各类警保卫任务万无一失。

【交通安全宣传】 2017年，君山大队以预防和减少重特大交通事故为中心，围绕“保安全、保畅通、保稳定”的目标，大队深入企业、单位、乡镇进行宣传，成效显著。大队成立以“落实责任 携手平安”道路交通安全宣传活动领导小组，制定交通安全宣传工作方案，6月26日，以“落实责任 携手平安”为主题，联动君山媒体，君山广播、手机报举行新闻发布会、通气会或主题活动等多种宣传形式，同步启动宣传月活动；为使宣传工作不留死角，大队分别在车管办证窗口、违章处理大厅、客运站、集镇人员密集区等场所摆放宣传展板、播放光盘、横挂条幅、张贴专项集中整治宣传挂图、发放宣传资料，同时加派人员在各镇市集期间设置咨询台，向群众讲解交通安全知识。并在主要街道、重点路段喷涂墙体标语进行宣传，扩大宣传效果；大队制作15000万份“君山交警致广大摩托车驾驶员朋友的一封信”，下发摩托车上牌办理流程、摩托车上牌资料、摩托车驾驶证办理流程、事故案例、农村家长MP3、农村驾驶员MP3、折翼的天使MP4等资料，由镇办场根据需要制作宣传展板，以钱粮湖、良心堡、广兴洲三大集镇为主要宣传阵地，辐射其他乡镇、公路沿线村镇，形成一个全面的宣传网络。对自驾游群众，及时通过微博微信报告天气状况，同时广泛介绍冰雪、雾霾等恶劣天气行车常识，教育劝导摒弃交通陋习，守法驾驶、文明行车。对乘坐包车务工人员，深入务工人员集散地、用工厂、企业，宣传超员车、“黑车”的危害，提示包租合法单位合格车辆返乡。对农垦区群众，通过喇叭、展板，进村入户发放小册子、传单等形式，宣传典型事故案例，警示教育群众不坐超员车、不坐非客运车辆、不酒后驾车，增强群众的交通安全法制意识和交通文明意识，提高交通安全行为能力，有效预防和减少道路交通事故；大队组织民警深入全区各个客运站，组织客运站负责人、客运司乘人员开展面对面的交通安全宣传教育，并给每人发放《致客运车辆驾驶人的一封信》，对客运企业负责人，通报重大事故案例和责任倒查情况，督促主动落实交通安全主体责任，严格落实客运车辆发车前播放《乘坐客车安全须知》提示片。对营运驾驶人，大队用短信平台，及时通报交通事故信息，警示提示不超速、不超员、不疲劳驾驶。对广大乘客通过宣传标语和橱窗宣传安全乘车知识，劝告使用安全带，不携带危险品乘车；大队积极与电视台、报社联系，充分利用媒体的舆论优势和影响力，拓展交通安全宣传教育工作的范围，组织新闻记者深入基层一线进行采访报道，曝光严重违法行为和典型交通事故案例，同时利用警务微博开设“情满旅途，交警同行”微话题，并通过各类媒体公布交通管理部门春运便民利民服务承诺及交管工作措施，发布安全行车提示，展示交警精神风貌，加强网民互动交流，听取群众意见和建议，争取群众理解和支持，营造警爱民、民拥警的和谐警民关系；在学校、幼儿园开学后，大队及时组织警力上门，以“小手拉大手”或“知风险，会避险”为主题，通过“开学第一课”、主题班会等形式，切实抓好宣传教育，每名新生在入学时接受一次交通安全主题教育。另外，对所有校车进行安全排查，对所有校车驾驶员资质进行认证，发放宣传资料3000余份，制作宣传展板15块，发送宣传信息4万余条。

（李忠东）

检察工作

【概 况】 2017年，君山区检察院在区委和上级检察机关的坚强领导下，紧紧围绕君山改革发展稳定大局，忠实履行法律监督职责，各项检察工作在加强和改进中取得新的进步。

【司法保障】 2017年，区检察院制定实行《服务保障生态“1+5”发展战略十条意见》，找准检察工作切入点和着力点，综合运用法律监督手段，统筹推进司法办案，提高服务实效。服务“四大会战”。继续深入开展优化经济发展环境专项监督和“三违三强”专项整治行动，共立案查办非法采砂、工程招投标领域职务犯罪5人，依法批捕起诉强揽工程、强买强卖、强行阻工犯罪3人，护航工程项目建设；坚决打击破坏经济秩序、影响社会稳定的涉众型经济犯罪，批捕起诉非法吸收公众存款、违法发放、骗取贷款、地下六合彩赌博等犯罪21人，维护健康市场环境；落实《岳阳市检察机关服务和保障脱贫攻坚实施意见》，开展“精准扶贫、精准预防”专项监督活动，主动对接联点单位，走访扶贫对象，协调解决资金困难，为群众办实事，助推脱贫攻坚。服务企业发展。主动联系重点企业，积极回应企业司法诉求，开辟办理涉企案件“绿色通道”，共办理破坏生产经营、故意毁坏企业财物案3件6人，并结合办案为企业挽回损失，保障企业权益；认真落实“除虫护花”和“依法容错”机制，坚持平等保护、区别对待、宽严并重，对涉嫌非法经营、行贿犯罪等3名企业负责人及时解除强制措施，并依法作出公正处理，最大限度地减少司法办案活动对涉案企业造成的负面影响，向全社会传递维护企业合法权益，保护发展活力的强烈信号。服务生态建设。服务生态发展战略，坚决惩治滥采滥伐、滥捕滥猎等破坏环境资源犯罪，共办理非法采矿、滥伐林木等犯罪5件9人；积极介入中央环保督查组发现的突出问题，对城区屠宰场污染环境问题，发出诉前检察建议2份，督促相关部门履行监管职责，整改到位，巩固督查成效；在对王某、杨某等3人非法收购、运输、出售珍贵、濒危野生动物案依法提起公诉时，通知被告人所在村负责人和部分村民旁听，结合庭审开展法制宣传教育，生动诠释“没有买卖就没有伤害”的环保理念，唤起群众环保意识，护航绿水青山。

【平安君山建设】 2017年，区检察院始终把维护社会大局稳定作为基本任务，推进平安君山建设，共批捕各类刑事犯罪嫌疑人93人，起诉171人。依法惩治各类刑事犯罪，突出打击绑架、故意伤害和“两抢一盗”等多发性侵财犯罪，共起诉43人，增强群众安全感；严厉打击电信网络等新型犯罪，共起诉8人，维护群众财产利益；配合相关部门，加大对黄赌毒犯罪的惩治力度，共起诉43人，维护良好治安秩序；深入开展食品药品和破坏环境资源专项立案监督活动，办理生产、销售假药、有毒有害食品犯罪2人，保障人民群众生命健康。综合运用提前介入、量刑建议等手段，确保打击效果，被法院判处有期徒刑五年以上的12人，其中十年以上的8人，有力震慑犯罪，彰显法制权威，如办理的邹某、谢某等人故意伤害案件，邹、谢等人邀集十余名社会闲散人员持管制刀具在君山一茶楼当众打架斗殴，虽然双方已经和解，但考虑到社会影响恶劣，区检察院依法提出判处实刑的量刑意见，被法院采纳，有效防止“一和了之，明缓实放”现象的发生。努力化解社会矛盾。运用宽严相济刑事政策，该严则严，当宽则宽，加大刑事和解办理案件力度，化解社会矛盾，修复社会关系，共依法不捕19人、不起诉27人。加强未成年人检察工作，严厉打击针对未成年人实施的性侵、伤害等犯罪，共批捕、起诉2人；加强对涉罪未成年人的教育、感化和挽救，建立专人办理、心理咨询工作机制，对2名涉嫌轻微犯罪的未成年人依法决定附条件不起诉；开展法制进校园巡讲活动，选派业务精通、熟悉未成年人心理的干警担任法制副校长；举办“防治校园欺凌，护航未成年人成长”主题检察开放日，邀请中学生代表参加，提升未成年人对平安建设的获得感。用心解决群众诉求，依法保障刑事诉讼当事人合法权益，办结刑事申诉案件2起，实现赴省、进京涉检“零上访”，区检察院被评为第九届“全国检察机关文明接待室”。注重延伸办案服务。克服就案办案思想，在办理何某以工业盐充当食用盐非法经营案件时，向相关部门发出检察建议，开展以腌制盐为重点的专项检查，着力查处“黑心企业”，保障群众舌尖上的安全；在全区五个镇办设立特邀接访室，提供面对面的法律服务，把矛盾化解在基层；在“法律明白人暨调解主任培训班”上开展“刑事和解适用条件及范围”专题讲座，提升共治共管、运用法治化手段解决纠纷能力；针对网络诈骗易发多发的现象，结合办案实际编印《防范诈骗三十六计》5000余册发送群众手中，增强群众防范意识。

【惩治腐败】 2017年，区检察院在国家监察体制改革和司法体制改革双重推进的大背景下，确保思想不乱、工作不断、力度不减，为反腐败形成压倒性态势作出贡献。集中力量查办案件。按照侦查一体化要求，坚决完成上级交办任务，共立案查办贪污贿赂、渎职侵权等职务犯罪案件9件9人，同比上升33%；着力推进职务犯罪侦查工作“抓系统，系统抓”，统筹全院办案力量，深挖河道采砂、工程招投标领域窝案串案，其中立案查办长沙市轨道交通集团招投标办许某等2人受贿案、湘阴县湘滨镇中心卫生院院长王某等2人贪污受贿、行贿案、岳阳市水务局砂管办副主任钟某等3人滥用职权、受贿案；密切关注本地职务犯罪动向，共初核项目建设、扶贫领域举报线索6件，全部移送相关部门做出处理。努力提升预防实效。实行专项预防与社会预防同步推进，深入分析去年查办的岳阳市驾管所等职务犯罪案发案原因，完成犯罪分析2篇，向相关单位发出检察建议；按照上级统一部署，对2016年度全区贫困户危房改造项目开展预防调查，先后调查走访4个区直部门、5个镇办、45个村、70户贫困危改房户，撰写专项调查报告，督促相关部门对存在的突出问题整改落实；结合身边人、身边事、身边案，制作“职务犯罪的法律与预防”专题，在9个区直部门、2个乡镇举办讲座，提升相关单位自我预防能力。

【法律监督】 2017年，区检察院坚持依法、全面、规范、有效监督，积极推进法治君山建设，努力使人民群众有更多的公平正义获得感。突出监督重点。加强侦查监督，对侦查机关不应当立案而立案的监督撤案1件，纠正漏捕9人，对侦查活动违法情形提出纠正意见7件次，对侦查机关提请逮捕和移送审查起诉的案件，认为不构成犯罪的不捕1人，认为证据不足的不捕22人、不起诉5人；加强刑事执行检察，配合司法行政部门探索实现对社区矫正人员监督、管理一体化，发放检察监督联系卡，开展刑事执行专项检察2次，对发现的问题发出检察建议16份，确保社区矫正对象无脱管漏管和重新违法犯罪；积极开展羁押必要性审查工作，对不需要继续羁押的4人提出变更强制措施建议，依法维护诉讼参与人合法权益。加强民事行政检察监督，共办理督促履职案件5件、执行监督案件2件，公益诉讼案件2件，促进依法行政。拓展监督途径。主动对接以审判为中心的诉讼制度改革，与公安、法院建立常态化的联系会商机制，形成监督合力，确保侦查、起诉案件经得起法律的检验，全年无撤回起诉和判无罪案件；积极拓展监督领域和范围，推动监督关口前移，在区环保局和食品药品监督局分别设立检察联络室，推动行政执法与刑事司法无缝衔接。提升司法公信。以改革促公信，积极落实司法责任制改革，明确司法责任，放权不放任，12名员额检察官和新的办案组织全部到岗到位，努力构筑公正司法的“制度长堤”；以规范赢公信，深入开展规范司法行为专项整治活动，依托案件管理平台强化案件统一受理、流程监控和案件质量督查评查，执法状况考评在全市检察机关排名前列，检察队伍形象在综治民调中获得好成绩。

【自身建设】 2017年，区检察院坚持从严治检不动摇，强化教育管理，努力打造一支信念坚定、司法为民、敢于担当、清正廉洁的检察队伍。突出党建引领。以党建带队建，召开党员大会改选机关总支，选优配强支部书记，投入资金新建较高水准党建工作室，深入推进“两学一做”主题教育常态化、制度化；举行员额检察官入额宣誓和“坚定理想信念、维护公平正义”座谈，组织开展“重温骆驼精神，激发干事热情”主题党日活动，提升干警职业尊荣感和使命感；切实履行党风廉政建设“两个责任”，推行警示格言常态化提醒监督，开展“办案规范化和纪律作风建设督查巡查”和“慵懒散”专项整治活动，组织新进人员上好艰苦奋斗的院史课、检察工作的业务课、纪律作风的廉政课，增强队伍廉洁从检的行为自觉。强化素能建设。向读书要素质，向学习要能力。投入20余万元建成80多平方米、藏书6000余册的图书室，建立读书有任务、读书有奖励、读书有保障的督学、奖学、促学机制，推行“月读”活动，评选季度“读书之星”、年度“学习标兵”，调动干警学习积极性，促进读书常态化；办好“君检讲坛”，定期邀请专家学者讲述政治理论和专业知识，选派20多人次参加最高检、省检察院业务培训，提升实战能力。区检察院被评为全省首届十个“读书风气最盛检察院”之一，1名干警获选全国检察机关“百千万侦查预防人才”，1名干警获评区十佳青年岗位能手，在全市公诉人团体论辩赛中区检察院荣获第三名，1人被评为十佳辩手，并选拔参加全省公诉人团体论辩赛，岳阳代表队获得一等奖。深化文明创建。以荣获全省第六届文明单位为契机，推动文明创建与各项工作深度融合，开展向联点学校捐书捐物的“大手牵小手，共建温馨和谐校园”活动，传递检察温暖；开展“志愿者环保行”、义务植树、无偿献血和各类文体活动，传送文明新风；开展“法治君山春天行”活动，举办基层组织人员法制讲座、“三八”妇女节法律咨询、集中接访，引导群众树立学法懂法尊法守法意识，传播法治正能量。区检察院被评为全市无偿献血优秀团队，1人被评为岳阳市无偿献血优秀个人，全市检察长会议推介区检察院“提升队伍活力，打造四型机关（书香、有为、活力、品质）”的经验做法。

【坚持党的领导】 2017年，区检察院毫不动摇地坚持党的领导，主动接受监督，确保检察权在法治轨道上运行。始终坚持党的领导。始终坚持党对检察工作的绝对领导，认真落实重大事项向区委报告制度，不折不扣执行区委各项决策部署，紧紧依靠区委领导，稳妥解决检察改革中遇到的困难和矛盾，协调解决人员编制等制约检察事业发展的瓶颈，确保检察工作正确政治方向，奠定检察事业长远发展根基。自觉接受监督。始终把人大监督作为加强和改进检察工作的强大动力，接受区人大常委会专题审议区检察院刑事检察工作；认真向人大、政协、民主党派报告工作情况，通过上门走访、专题座谈、举行检察开放日活动等，与人大代表、政协委员保持经常性联系，认真听取意见、建议和批评，及时整改。深化检务公开。构建全方位、立体化检务公开系统，在全市率先实行辩护与代理网上预约申请微信平台服务，全年公开案件程序性信息756条、法律文书78份，公开率居全市前列；利用报刊、网络和微信公众平台大力宣传检察工作情况，接受公众检阅，以公开促监督；建成开放、动态、透明的“一站式”检察服务大厅，为群众提供优质、便捷、高效服务，妥善处理群众来信来访120人次，为企业提供行贿犯罪档案查询1468人次，接待律师31人次。当年，区检察院被评为全省十六个“检察服务大厅建设示范院”之一。

（王文兵）

法院工作

【概况】 2017年，君山区人民法院在区委的坚强领导、区人大及其常委会的有力监督下，在区政府、区政协的大力支持、上级法院和社会各界的指导关心下，全面贯彻中共十八大和十八届三中、四中、五中、六中全会以及中央政法工作会议精神，深入贯彻学习中共十九大精神和习近平总书记系列重要讲话精神，围绕“努力让人民群众在每一个司法案件中感受到公平正义”的目标，始终坚持“司法为民、公正司法”工作主线，忠实履行宪法法律赋予的职责，各项工作取得新的进步。全年共受理案件 2241件，审结、执结1895件，同比上升24.43%和12.46%。

【履行审判职能】 2017年，

区法院依法惩治刑事犯罪，全力维护社会稳定。全年受理各类刑事案件157件，审结133件，判处罪犯195人，同比分别增加48.11%、49.46%和59.83%。严惩严重危害公民人身权、财产权犯罪，审理绑架、强奸、诈骗、盗窃等案件35 件。对绑架主犯朱十柏依法从重判处有期徒刑12年，有力震慑犯罪。保护妇女、儿童权益，对强奸、猥亵儿童的罪犯陈××、曾××分别判处有期徒刑6年和3年。捣毁吴××等8人电信网络诈骗团伙，挽回经济损失30余万元。严惩毒品犯罪，审理贩卖、运输、非法持有毒品案件22件，判处罪犯26人，罪犯方××、郭××均被判处10年以上有期徒刑。严惩经济领域犯罪，稳妥审理9件虚开增值税专用发票系列案，对两名主犯分别判处有期徒刑14年和13年，为国家挽回税款损失共计504万元。严惩破坏环境资源犯罪，依法审结王动良等3人非法收购、运输、出售珍贵、濒危野生动物案，现已启动逐级呈报最高人民法院核准程序。落实宽严相济，坚持惩治犯罪与保障人权相统一。依法判处十年以上有期徒刑8人，三年到十年9人，三年以下95人，量刑总体平衡。对犯罪情节较轻、人身危险性较小、真诚认罪悔罪，赔偿积极且得到被害人谅解的被告人，加大非监禁刑的适用；对39名被告人分别判处拘役、单处罚金、免刑，对45人适用缓刑，促使犯罪人积极回归社会。

【处理民商纠纷】 2017年，区法院受理民商事案件1491件，审结1311件，同比上升31.95%和35.85%。案件调解率为63.92%。注重以人为本，维系家庭美德和社会道德。审结婚姻家庭、劳动争议、交通事故、人身损害等关系群众切身利益的案件385件，加强对妇女儿童、劳动者、事故受害方等弱势群体的保障。坚持契约至上，引导重诺守约和社会诚信。审结买卖合同、租赁合同等案件187件。审理湖南科益公司与岳阳易富公司万头猪场租赁合同纠纷案，通过多次耐心细致的协调，最终妥善化解双方当事人的尖锐矛盾，有效维护和谐稳定。保护公平竞争，维护公序良俗的交易秩序。审结建设工程、民间借贷、担保等案件328件。在以亚龙置业公司为被告的系列诉讼案中，及时对1.05亿公司财产采取保全措施，有效防止开发商一房多卖、抽逃资金，保障债权的实现。着力防范风险，规范金融和市场秩序。在审理268件农行君山支行与农户之间的小额农业政策性金融借款合同纠纷系列案中，发现存在违规操作、涉嫌骗取贷款情况。对此，区法院已将该系列案及时移送区公安分局进行立案侦查。践行绿色发展，全面落实生态“1+5”发展战略。成立洞庭湖环境资源法庭，依法审理省高级人民法院指定的第一起跨行政区划环境民事公益诉讼案件并当庭宣判，率先在全省敲响环境民事公益诉讼第一锤，取得良好的审判效果和社会效果，为洞庭湖水资源保护产生积极的示范效应。

【行政审判】 2017年，区法院坚持保护与监督并重，共受理行政诉讼和行政非诉执行案件33件，审结执结30件。依法监督和支持行政机关发挥市场监管、公共服务和社会管理等职能，稳妥处理城乡规划、土地征用、房屋拆迁等案件，对行政行为合法的24件非诉行政案件裁定准予强制执行，准予执行率达100%。主动服务全区发展大局，有力支持重点项目建设，配合水利局、征拆局等相关部门开展征拆工作，推进蒙华铁路、杭瑞高速等大型工程项目建设。依法稳妥审理涉及民生和资源环境保护的团湖公园承包纠纷案、君山公园“西口渔村”依法关停案，大力支持区政府相关决策。

【保障涉诉权益】 2017年，区法院受理案件560件，执结421件，执行标的1753.74万元。完善执行信息化建设，拓宽执行网络查控范围，共查询银行账号6205个，金额360余万元，车辆信息75条，并推动实现对被执行人房屋、土地使用权等财产的网络查询全覆盖。创新执行财产处置办法，积极推进网络司法拍卖工作，深化异地执行协作工作机制。开展以追索劳动报酬、赡养费、抚养费等几类案件为重点的“涉民生案件”专项执行活动，快速办结民工工资、损害赔偿等案件86件，共兑付75万余元。多项强制措施并举，全力破解“执行难”，依法加大对“老赖”的打击力度，共限制出境2人，司法拘留26人，采取临时性控制措施15人。落实联合信用惩戒机制，让失信被执行人在消费、出行、贷款、工商登记等方面处处受限，促使其自动履行义务。在高朋飞、朱宗奎等32名农民工劳务合同纠纷案中，将拒不履行判决义务的湖北鼎新建设集团纳入失信被执行人名单，限制对外招投标，依法冻结其工程款，促使被执行人主动支付工资款52万元。

【增强司法公信】 2017年，区法院完善立案信访机制。落实立案登记制有关规定，依法做到有案必立、有诉必理，符合立案条件则当场立案，切实保障群众诉权。坚持繁简分流和调解速裁，减轻当事人诉累。对诉讼金额不大且双方同意调解的案件，先行调解处理78件。对事实清楚、权利义务关系明确、争议不大的案件，采取速裁方式处理 227 件。做好涉诉信访工作，坚持“群众信访无小事”，做到热情接待、耐心疏导、及时处理，全年共接待来访人员315人次，处理群众信访事项11件，化解涉诉信访案件17件。坚持信访领导责任制，实行“四定一包”工作模式，稳妥处置锦绣佳园、圣皇家具、迪亚庄园等涉诉信访群体事件及刘××、袁××等上访人员的信访突发事件共12起。在特殊维稳防护期，加大排查稳控力度，成功劝阻欲到省进京上访的涉诉信访人员5人，确保中共十九大召开期间无到省赴京非访、无个人极端事件、无重大负面网络舆情。坚持畅通多元化信访渠道，实行院领导值班接访、带案下访有机结合，对锦绣佳园等重大信访案件建立信访人员微信群，随时聆听群众心声，及时通报执行工作进程，积极引导他们通过合法途径表达诉求。践行能动司法理念。指导人民调解工作，开展“三调联动”，化解基层社会矛盾。大力开展巡回审判，真正将司法为民的要求落到实处。钱粮湖、许市两个法庭共受理案件759件，审结案件704件。把法庭搬到社区、田间地头和百姓家门口，就地开庭16场次，就地调解90场次。正式启用位于钱粮湖镇的法庭审判办公楼，切实方便群众诉讼。创新工作模式，加大对辖区企业的司法服务力度。对金联星公司等10多家企业开展调研走访、召开座谈会，了解掌握企业生产经营中遇到的法律难题，提出司法建议，提高企业管控和化解风险的能力。关心弱势群体的实际困难，加大司法救助力度。对暂时无法执行到位、申请人因情况特殊急需救济的小额案件，尝试先行垫付，缓解燃眉之急；对经济确有困难的当事人减免诉讼费21万余元；为确无财产可供执行、申请人家庭面临重大困难的当事人解决司法救助金20万余元，彰显司法的人文关怀。加大司法公开力度。加强和推进司法民主，在区人大常委会的监督指导下完成人民陪审员换届选任工作，新任40名人民陪审员全年参审案件达706件。在“3·15”消费者权益保护日、“12·4”国家宪法日等时间，举行法院公众开放日活动6次，邀请人大代表、政协委员视察法院工作，听庭评庭，接受监督；组织第十六中学、岳西中学学生300余人参观法院，旁听庭审，近距离感受法院工作，接受法制教育。积极回应人民群众对司法公开的新期待，全面推进立案、庭审、执行、审务公开，通过法院网站和官方微博开展庭审视频直播14场，公布裁判文书1875份，审判流程信息实现全面公开。

【司法改革】 2017年，区法院全面推进重大基础性改革。员额制改革全面到位。通过考试、考核、审议等程序，确定首批员额法官20人。完成司法人员分类管理，审判一线的法官和司法辅助人员占全体干警的91%，资源配置更加合理，审判质效持续提升。探索组建5个专业化审判团队，办案模式由承办法官“单打独斗”逐步向团队“协同作战”转变。严格遴选标准，完善聘用制书记员的管理和教育，稳定聘用制书记员队伍，进一步充实审判辅助力量。随着改革的深入推进，各类司法人员职责权限更加明确，职业发展渠道更加畅通，人员结构更加优化，业务能力、审判能力进一步提高。全面落实司法责任制改革。进一步明确法官在审判团队中的主体地位和职责要求。落实主审法官、合议庭办案负责制，案件的分配方式由传统的以庭室为单位分案变成随机分案，签发模式由会签模式逐步转变为主审法官直接签发，真正落实司法责任制，做到让审理者裁判，由裁判者负责。明确“入额必办案”，运用发改率、结案率、案件执结率等主要办案指标对员额法官进行绩效考核。加强院庭长带头办案的表率作用，合理确定院庭长每年独立承办和参与审理案件的数量要求，推动全院法官“勇挑重担、攻坚克难”的执法办案氛围。全年院、庭长办案共计624件，同比上升38.77%。员额法官审结、执结案件1516件，全院共12人办案超过100件。书记员全年参与庭审记录1400余次，整理案卷1090册，首次实现案件审结后案卷及时归档。全面加强智慧法院建设。完成审判、执行流程信息管理系统、人事信息管理系统的建设，实现在线实时管理、实时预警，运用司法大数据为案件分类、审限跟踪提供信息支撑。新建成2个科技法庭，1个警务执行指挥中心。高标准配置钱粮湖数字法庭，使群众通过网络直播、点播庭审实况等方式实时全程动态了解庭审过程，还原庭审现场。依托信息化技术深入推进审判流程、裁判文书、执行信息三大公开平台建设，不断提升审判质效。

【从严治院】 2017年，区法院加强政治思想建设，确保正确方向。始终坚持党管一切的政治站位，始终在思想上行动上与党中央保持高度一致。牢固树立“四个意识”，严守政治纪律和政治规矩。扎实开展“两学一做”学习教育，大力弘扬“岳阳四种精神”，积极践行“巴陵先锋先行”，深入学习中共十九大和习近平总书记系列重要讲话精神。严格落实党组中心组学习制度、民主集中制和“三会一课”制度，定期召开民主生活会、组织生活会，严肃党内政治生活。加强党建工作与工会、妇联、共青团工作共同推进，荣获湖南省“模范职工之家”称号。打造以法院文化长廊为亮点的法院文化宣传基地，打响以培育职业尊荣感、强化团队精神、促进审判改革为内核的文化品牌，成为2017年区直机关党建工作推进会的现场考察示范点。紧跟区委部署，以高度的政治觉悟和良好的工作作风，积极完成全区综治民调、文明创建、防汛抗洪、精准扶贫和“五联竞赛”等中心工作任务。加强纪律作风建设，维护司法廉洁。全面落实从严治党要求，严格落实“两个责任”和“一岗双责”，层层签订党风廉政建设责任状，坚持把党风廉政建设与审判工作同部署、同监督、同落实。广泛开展廉洁司法教育，通过上党课、举办讲座、观看廉政宣传片、集中学习讨论《重大违纪违法典型案件选编》等形式，引导干警筑牢拒腐防变的思想道德防线。强化对干警的日常管理监督，不定期对上下班纪律、庭审形象、工作八小时之外作风纪律进行督查，在节假日发送廉政短信，确保干警时刻保持敬畏之心，干净做事、清白做人。对群众反映的问题和线索，认真调查核实，决不姑息迁就，全年干警无违法违纪行为。加强能力素质建设，提高职业素养。根据员额法官、审判辅助人员和司法行政人员不同需求，实行分级分类培训。选派干警参加上级法院审判业务及综合业务培训共45人次。率先在湖南理工学院举办为期5天的员额法官首期民商事法学理论培训，特邀参加过《民法总则》修订的廖永安教授等8名知名专家授课，进一步提升法官的法学理论水平和业务能力。组织庭审观摩3场，专题案件交流78场，裁判文书评查239份，对改判、发回重审的17件案件，进行逐案讲评，提升法官法律适用、庭审驾驭、文书制作的能力。注重青年干警的培养，选派4名青年干警进入国家法官学院、北京大学进修，对新招录的3名法官助理集中开展为期两个月的案件讲评、专业辅导活动，营造健康向上的人才培养氛围。强化审判理论和司法实务研究，撰写的《乡镇国有土地承包是否属于农村土地承包法调整范围》案例被最高人民法院采用，可作为全国法院指导此类案件的判例，有2篇调研论文在省诉讼法学年会上获奖。

（张 蕾）

司法工作

【概况】 2017年，区司法局按照区委、区政府及上级主管部门的部署和要求，全体司法行政干警同心协力、苦干实干、奋勇向前，在大力实施“1+5”发展战略中，取得较好的成绩，推动了全区司法行政工作的创新发展。是年，司法局被区委、区政府评为2017年度全区综合绩效考核先进单位、全区作风建设工作先进单位、民生实事工作优秀单位、人口与计划生育工作优胜单位等，共有12人获全省或全区先进个人。

【法治宣传】 2017年，区司法局召开全区“六五”普法总结表彰暨“七五”普法部署动员会议，印发了“谁执法谁普法”年度普法责任清单和考评办法，对36个有普法任务的单位进行督查考核；开展元旦、春节期间的“送法下乡”、农村法治宣传教育月、“6·26”国际禁毒日、“12·4”国家宪法日等系列主题法治宣传活动；深入各镇（街道）、村及社区组织“法润三湘”志愿者活动15场次，举办“做法律明白人”微宣讲活动53场次，开展“以案释法”专题宣讲23场次，发放法治宣传挂历5000余张、《做法律明白人》读本3000多册，印发各类法治宣传资料4万多份；完成全区干部年度学法考法工作，有42名处级领导干部参加集中学法考试，2661名科级及以下干部参加网上学法考试，学时完成率达95%，参考率达97%；举办一期全区“法律明白人”培训班，117名新选拔的“法律明白人”参加了集中培训；投入10多万元，完成明珠法治文化广场的第二期建设。钱粮湖镇高桥村党支部书记被评为全省百名优秀法律明白人，广兴洲镇合兴村、钱粮湖镇托龙山社区被评为全省民主法治示范村及社区。

【人民调解】 2017年，区司法局健全矛盾纠纷动态排查预警和调处、管控等机制，开展“三调联动解纠纷、防控风险促发展”专项调解活动。规范人民调解队伍建设，举办一期全区调解主任培训班。实行调解员考试上岗制度，对全区300多名调解员进行统一编号，统一颁发证书、徽章和胸牌等。严格实施人民调解案件“以奖代补”制度，共发放“以奖代补”经费5万多元。为迎接中共十九大胜利召开，9月初，在全区部署开展“联调化矛盾，息访促平安”人民调解专项攻坚活动，排查化解矛盾纠纷105起。如9月中旬，良心堡司法所成功解决一起涉及职工170多人、金额达100多万元的拖欠工资纠纷案。许市司法所成功调处一起赡养纠纷案，在中央电视台法治频道“小区大事”专栏进行专题报道。全区各级调解组织开展矛盾纠纷集中排查362次，调处各类矛盾纠纷1087件，共涉及当事人2692人，调解成功1076件，化解疑难复杂案件9起，防群体性事件3起，全区无一起民转刑案发生。

【社区矫正】 2017年，区司法局为抓好社区服刑人员和刑释人员的管控，积极防范减少社会对抗。严格落实社区矫正监管制度，每季度召开一次安全监管分析研判会。做好全国“两会”、金砖国家峰会、迎十九大等特护期间的监管工作，确保未发生社区服刑人员脱管失控。全年，新接收社区服刑人员39人，现在矫人员80人。开展调查评估28人，举行入矫宣告39人、解矫宣告18人、训诫46人次，组织集中教育学习活动34场次、心理矫正咨询92人次，开展《高墙外的任性》警示教育活动12场次，举行社区服刑人员行为规范教育625人次。全区社区服刑和刑释人员实现零脱管、漏管和零重新违法犯罪。

【安置帮教】 2017年，区司法局继续开展“情暖高墙，关爱孩子”专项帮扶活动。2017年，上门走访家属84户、捎信12封、组织爱心捐助6000元、提供法律援助7起。建立刑释人员信息资料库，确保基本信息核实率、预释放回执率、重点对象接回（送）率均达100%。9月初，积极协调落实东安监狱瘫痪的刑释人员李方群安置帮教工作。

【法律援助】 2017年，区司法局大力推行法律援助“绿色通道”“如法网+法律服务”和一小时法律服务圈等十项便民举措，建立和完善律师坐班、“如法网”值班等制度。深化法律援助为民办实事工程，实行“点援制”“同行评估”等制度，建立潜在受援人数据库。全年共受理法援案件86件，办结案件65件，解答法律咨询425人次，接待来信来访172人次，为当事人避免或挽回经济损失近600万元。君山公证处办理各类公证业务163件。围绕区委区政府中心工作，派驻律师参与涉法涉诉信访、征地拆迁等工作，上门进行法律咨询服务，依法引导群众表达利益诉求。落实市政府关于城区公证体制改革的部署，完成君山公证处体制机构改革、人员分流、资产清算等工作。

【社区戒毒】 2017年，区司法局加强社区戒毒社区康复人员服务管理，签订社区戒毒社区康复协议书41份，提供咨询75人次，开展尿检服务29人次，慰问困难吸毒人员家庭10户3000元。在中小学校深化禁毒宣传，在禁毒基地先后接待3000多名中小学师生接受现场教育。

【基层基础】 2017年，区司法局高标准完成5个司法所的升级改造，统一规范标识、标牌、工作制度等，统一配备执法记录仪、录音笔、电脑、传真机、数码相机、扫描仪、档案柜以及办公桌椅等设施。制定基层司法所年度绩效考核实施办法，将业务工作目标予以量化考核。同时，选拔年轻机关干警到司法所挂职锻炼，充实基层司法所的人员力量，确保每个司法所至少有3名工作人员。

【执法建设】 2017年，区司法局开展8次行政执法业务的集中学习，聘请5名政协委员为全区司法行政系统的政风行风监督员。开展执法质量检查，在5月和8月，对社区矫正、法律援助、公证、律师、人民调解等工作开展案卷质量抽查。同时，完成5名市级人民监督员集中学习培训工作，组织人民监督员参加市检察院监督案件评查活动4次，参加区检察院“检务公开”等活动3次。

【队伍建设】 2017年，区司法局建立和健全党组会议制度、班子会议制度、“三重一大”决策制度、考勤制度、人事制度、学习制度、财务管理制度、每周工作例会制度等，进一步明确办公室、公共法律服务中心、社区矫正股、法援中心等岗位职责。坚持实行班子成员行政值周制度，局机关每周一召开工作例会。全年，共办理群众来信来访投诉1件、“12345”热线督办单31件，完成区政府交办的《关于加强公民普法教育的建议》议案的回复。强化对党员干部教育引导，组织全体党员干部集中上《学习党章，做合格党员》《新时代，新征程》《发扬红船精神，不忘初心、继续前行》等党课，组织岳阳“四种精神”的专题辅导讲课，在全区组织的喜迎十九大、齐心谋发展，学习习近平总书记系列重要讲话精神知识抢答赛中获优胜奖。组织党员赴任弼时故居、杨开慧烈士纪念馆和井冈山实地参观、感受。同时加强对班子及党员的教育监管，督促其廉洁从政，严格落实“约谈”制度和“警示”教育。

（赵 双）

岳阳监狱

【概况】 2017年，湖南省岳阳监狱以中共十九大精神为指引，认真学习贯彻习近平新时代中国特色社会主义思想尤其是政法思想，按照司法部、省委省政府和省厅局部署要求，以补短板、强弱项、控风险、提质量为着力点，大力实施“11123”工程，全面推进监狱工作转型升级和内涵式发展。截至年底，岳阳监狱已连续十七年零七个月实现无罪犯脱逃、无重大狱内案件、无重大疫情、无重大安全生产事故的“四无”目标，监狱经济实现平稳增长，班子队伍建设明显加强，监狱整体工作持续向好，为岳阳市及君山区经济社会发展和繁荣稳定作出新贡献。在省直监狱系统年度绩效考核中获评良好单位。

【第十一次党代会】 2017年7月28日，中共湖南省岳阳监狱第十一次党员代表大会胜利召开，省司法厅、省监狱管理局有关负责同志到会指导。彭锋代表第十届监狱党委作题为《坚持从严管党治党、推进全面依法治监，奋力打造社会主义现代化监狱》的工作报告，彭立春代表上届纪委作题为《聚焦主业、突出主责，努力开创党风廉洁建设和反腐败工作新局面》的工作报告，会议全面总结回顾过去五年工作成绩、主要经验及问题困难，分析研判当前监狱工作形势，提出未来五年工作指导思想、发展目标、工作任务和主要措施。会议指出，未来五年岳阳监狱将以中共十九大精神和习近平新时代中国特色社会主义思想为指导，以总体国家安全观和治本安全观为统领，认真贯彻落实省委省政府和部厅局部署要求，坚持新发展理念，牢树“五种主体意识”，深化改革转型，加速基本建设，完善治理体系，推动监狱整体工作转型升级、提质发展，为决胜全面建成小康社会和平安湖南、法治湖南建设作出新贡献。会议强调，岳阳监狱将大力实施“四化三型二创一区”战略（监狱制度标准化、管理法治化、队伍职业化、发展社会化，建设法治型、生态型、智能型监狱，创建“部级现代化文明监狱”“省直文明单位”，打造湖南监狱工作样板示范区），努力把岳阳监狱建成执法严明、管理规范、保障有力、安全文明、特色鲜明的社会主义现代化监狱。会议还选举产生以彭锋为书记的新一届监狱党委班子和以彭立春为书记的新一届监狱纪委班子，开启了新时代岳阳监狱发展的新征程。

【防汛抗洪】 2017年6、7月间，洞庭湖流域遭受多轮特大暴雨袭击，湘、资、沅三水暴涨，入湖水流量超过历史极值，岳阳监狱所担负的15.87公里洞庭湖大堤相继突破警戒水位和保证水位，辖区及周边数十万人民群众生命财产安全遭受严重威胁。岳阳监狱党委在省厅局和省市防汛指挥部的关怀重视与督导指挥下，再次将防汛抗洪主战场作为检验“两学一做”的大考场，将临时支部建在防汛一线，将党旗插在防汛大堤，数百名共产党员团结带领全狱警察职工，一手抓前方防汛抗洪，一手抓后方监狱日常管理教育，通过半个多月的顽强拼搏、连续作战，再次夺取防汛抗洪工作的全面胜利，实现前方、后方的全面安全，圆满兑现“请总理放心的承诺”。省司法厅党组书记范运田，厅党组成员、副厅长、省监狱管理局原党委书记、局长方华堂，岳阳市委原书记胡忠雄等领导先后到防汛一线督导检查和慰问，对全体防汛抗洪将士给予极大鼓舞。当年岳阳监狱被表彰为“岳阳市防汛抗灾工作先进集体”，防汛抢险队队长刘光宙被评为“全省防汛抗灾工作先进个人”。

【安保工作】　2017年，岳阳监狱将“为迎接党的十九大胜利召开营造安全稳定的政治社会环境”作为工作主线，全力确保监狱和辖区持续安全稳定。9月22日始，监狱启动十九大特别防护期。25日举行“喜迎十九大、忠诚保平安”升国旗誓师仪式，吹响迎接十九大维稳安保工作“集结号”。27日，监狱召开“迎接十九大、全力保平安”动员大会，全面部署动员十九大期间安全稳定工作。按照特别防护期要求，监狱严格落实各项工作措施，实行监狱、公司领导双岗值班，取消中层以上干部休假，加强各岗位值班防守和应急处突等工作。联合驻狱武警开展全狱性大清监，由监狱、公司领导带队对各单位、各岗位、各部位进行安全隐患大排查，每日由监狱、公司领导带队巡查并召开日碰头会，每周由监狱主要领导主持召开狱情犯情分析例会，及时研究解决影响安全稳定的各类问题。省监狱局工作组分两批进驻监狱全程督查指导十九大期间安全稳定，帮助解决实际困难和问题。通过各级共同努力，全狱未发生任何安全事故（件）和重大不稳定因素，保持监狱持续安全稳定，为中共十九大胜利召开作出积极贡献。

【重点工程建设】　2017年1月，岳阳监狱收押调遣（出入监教育）中心正式建成启用。负责收押来自岳阳市各看守所和长沙市部分看守所余刑在三个月以上的有期徒刑罪犯，截至年底已分批收押新犯1500余人，经过不少于2个月的入监教育后分配到有关监狱单位服刑改造，为罪犯走好服刑改造路迈好“第一步”。5月，省监狱管理局三医院（岳阳监狱医院）精神病区正式启用，标志着全省监狱系统精神病犯开始实现集中收治关押。该医院设精神病犯治疗监区、康复监区和普通病犯监区3个监区，设立精神病床位300张。对全省精神病犯实行集中收治关押，既有利于推进罪犯分类关押改造的落实，减轻相关监狱单位的监管安全风险，提高全省监狱系统的安全保障水平，又有利于保护罪犯基本权益，让精神病犯得到更加科学有效的治疗，利于其回归后更好地适应社会，维护社会和谐安宁，推动治本安全观的落地生根。为管好治好精神病犯，岳阳监狱警察和医务人员时刻面临被辱骂、袭击等巨大风险，付出大量的心血和汗水，确保病犯治疗、监管“两不误”，实现改造效益和医疗效益“双提升”。

【开展专项活动】　2017年，岳阳监狱为推进“两学一做”学习教育制度化常态化，全面促进监狱警察职工队伍思想作风转变，加速监狱管理转型升级，以更好地适应新形势、新环境、新要求，结合全国、全省和部厅局开展的一系列教育整治活动，采取整合打包的方式，在全狱警察职工队伍中开展“转观念、正风纪、去陋习、促发展”专项活动，通过深入学习讨论、认真查找梳理陋习清单、制定完善整改方案、加强督察考核问责，集中整治队伍思想、作风、工作等方面的突出问题，取得明显成效。先后组织400多名警察职工赴上级机关、省内外先进单位、高等院校脱产培训或跟班学习，组织近千名党员赴红色革命基地、传统文化基地或精准扶贫联系点开展主题党日活动，坚持每月党委中心组学习、每周政治学习日、支部“三会一课”等制度，并邀请省委党校、市委讲师团、知名高校专家教授来狱授课指导，拓展全狱警察职工的思维视野，提升政治站位、理论素养和业务能力。推进监狱内设机构调整、警察“三定”、工人“四定”工作，通过公开竞争选拔方式，提拔正科职干部10名、副科职干部16名、科级非领导职务102名；完成建新实业公司全部400多名工人的岗位调整，从优秀工人中公开选拔中层管理人员4名，建立新的薪酬机制和考核机制，致力打造政治过硬、本领高强的新时代警察职工队伍。

【志愿服务】　2017年9月26日，岳阳监狱联合岳阳市文广新局、市司法局和农工党岳阳市委等单位部门举行“文化进高墙、知识促改造”志愿服务活动启动仪式，市人民政府副市长、农工党岳阳市委主委李为，省监狱局党委委员、副局长颜忠毅及各承办单位领导出席，岳阳监狱警察职工、服刑人员和社会各界人士近5000人参加。仪式上，岳阳监狱与相关单位签订帮教协议并进行授牌。有关单位现场向监狱捐赠图书，与会人员还欣赏由岳阳市文化志愿者和岳阳监狱服刑人员带来的文艺演出，组织观看岳阳市文化遗产保护暨优秀摄影作品展。此次活动是根据省司法厅和省文化厅统一部署开展的一项民心工程，以社会主义核心价值观为引领，坚持以文化人、以文育人，利用社会资源开展文化帮教，不断提高服刑人员改造质量，助推平安湖南、法治湖南建设。岳阳监狱还邀请北京市“心灵之声”残疾人艺术团、岳阳市图书馆、“感动中国人物”李丽等多家单位和社会爱心人士，到监狱开展送文艺、送图书、送春联、送讲座等活动，在丰富服刑人员改造生活的同时，为监狱教育改造和安全稳定注入新活力。

【标准化建设】 2017年上半年，岳阳监狱按照省监狱管理局和监狱党委工作部署，全面推进监狱工作标准化建设。成立标准化建设领导小组和各推进小组，召开动员会和推进会，举办专题培训班，制订工作方案和实施计划，突出狱政管理、生活卫生两个试点项目，全力推进标准化建设工作。至年底，基本完成各单位、部门、岗位工作职责、工作标准的清理修订，各类工作管理标准清理制定与修订工作加速推进，汇编形成《岳阳监狱工作管理制度汇编（2017）》，收纳修订和新制定的工作制度规范性文件128份，其他各类工作标准正在加紧修订完善中。支部标准化建设加速推进，根据机构现状全狱设置1个党总支和37个党支部，选举产生新支部班子成员，健全党小组。建立完善党建工作制度机制20余项，按照“11个一”标准建立各支部党建活动室，统一规范“5+5+1”支部党建工作台账，深入推进“两学一做”学习教育制度化、常态化，大力学习宣传贯彻中共十九大精神，开展“戴党徽、树形象、受监督”“主题党日”“微党课竞赛”“党员先锋岗”“民主评议党员”等活动，顺利通过省局党支部标准化建设达标验收。

（赵 辉）

经济监督与管理

综合计划管理

【概况】 区发展改革和工业信息化局（简称区发改和工信局），负责发展改革、工业信息化、统计、物价等工作，截至2017年12月底，全局在编在岗人员31人，班子成员9人。

【项目建设】 2017年，全区共有重大建设项目36个，总投资69.7亿元，计划投资29.8亿元，实际开工29个，开工率80.6%，完成投资10.78亿元。推进速度较快，已经竣工或即将竣工的项目有：荆江门长江作业区一期完成计划投资1500万元、区大中型沟渠疏浚项目完成年计划投资1820万元、泰和现代农业公园完成年计划投资5800万元、兴蒙生物项目完成年计划投资4000万元、岳阳市第十六中学完成年计划投资4000万元等。

【项目争资】 2017年，发改系统向上申报保障性安居工程配套基础设施建设项目、中医院改扩建项目、大农米业粮食仓储项目、光伏扶贫项目、救灾应急补助、政法基础设施项目等。已落实三批保障性安居工程配套基础设施建设项目资金共计8550万元、救灾应急补助130万元、光伏扶贫100万元。其中，保障房建设项目争资额度排全市第二。

【项目包装储备】 一是编制2017年区重大招商项目库，收集整理项目20个，总投资246.4亿元；二是上报2017—2018年环资类投资备选项目6个，总投资20.7亿元；三是上报洞庭湖水环境综合治理规划项目15个，总投资101.4亿元；四是上报2018年中央投资计划草案，拟申报项目50个，总投资49.8亿元。

【招投标】 2017年4月，出台《君山区去政府性投资小额工程建设项目监督管理暂行办法》以来，组织进行简易招标程序项目共58个，申请备案项目102个，村级服务平台建设项目共34个。实施小额招标以来，扶税1000多万元，扶税率达11%。

（张四铭）

统计工作

【概况】 2017年，君山统计工作在习近平新时代中国特色社会主义思想指导下，围绕区委、区政府“打造洞庭生态明珠，建设现代滨江新区”目标，和“生态1+5”发展战略，坚决贯彻落实国家、省、市三级统计局统计业务工作要求，在真实准确地反映经济社会发展，努力提高统计数据质量上迈出坚实的步伐并取得满意的成绩。

【农普工作】 2017年，区委、区政府高度重视农业普查工作，安排第三次全国农业普查工作专项经费50万元，确保普查的正常运转。本次普查，全区共划分85个普查区、315个普查小区；清查出3.87万农户、229个规模经营户、209个农业经营单位，2.83万公顷耕地、0.39万公顷淡水养殖、0.14万公顷林地；在111个普查指导员和274个普查员的历时3个月的共同努力下，完成所有普查表格的现场登记和填报，所有表格均通过国家、省、市、区和镇5级验收。5月底，完成普查方案要求的第二阶段所有工作。

【统计工作】 2017年，较好地完成省、市统计局布置的各项工作任务。一是完成战略型新型产业申报工作，全区共成功申报5家。二是完成高新技术产品企业申报工作，全区共成功申报5家。三是配合市局开展“四上（规模以上工业企业、资质等级建筑业企业、限额以上批零住餐企业、规模以上服务业企业）”单位建档立卡及清查工作，对137家单位进行建档立卡，同时清除空壳企业24家，其中工业14家、批零4家、住餐2家、重点服务业3家、投资1家。四是完成2018年度“两刊一报”征订任务20套。投资试点工作顺利推进。3次派人参加省统计局组织的试点培训，10月，完成试点平台数据的报送。贸易企业排查任务完成。全年共迎接省局抽查1次，市局检查1次，对贸易企业存在的突出问题进行整改。名录库的维护常态化。将名录库中的临时码及主要属性指标进行核实修改，并清退所有非企业单位。其他常规性工作正常开展。如质如量的完成2017年乡镇电子台账、县卡和乡卡等年报工作以及乡划分、人口变动抽样调查。

【联网直报】 2017年，依托全区经济工作部门，将工业企业、建筑企业、贸易企业、服务企业“一套表”直接推向企业，由经济工作部门负责指导和管理平台数据上报工作。全区共参加联网直报企业工业70家，建筑7家，房地产8家，批零贸易12家，重点服务业19家，投资16家，住宿餐饮业3家，共135家。统计局负责业务培训技术指导，并开展不定期的工作督促检查。积极开展“四上”申报工作。全年共成功申报工业2家（兴蒙制药、美威饲料）、建筑企业3家（南博建筑、泽安建筑、嘉思建筑）、房地产业1家（远良置业）、重点服务业2家（阳光宝贝、团湖公园旅游公司）、投资1家（农业局）、贸易2家（君建加油站、荷韵君山宾馆）。加大“四上”单位培育工作力度。按照“一套表”调查单位审批办法，根据工商注册资料和纳税数据，摸排筛选出重点培育扶持企业和大型个体户，建立本地“四上”单位培育库，努力实现“小上规、个转企”目标，积极支持引导企业升级入库，增强“四上”单位后备力量。

【预测预警】 2017年，经济发展速度和预期目标对比预警。每季度召开部门联席会议，对GDP重要支撑指标进行调度分析，提出预测预警方案，供区领导调度经济工作时参考；小康建设指标监测预警。及时将短板指标、存在的问题、对策建议写进分析材料，供领导参考。在全区各级各部门的共同努力下，2017年君山区获得全省24个二类县市区小康考评得分第一名的成绩；实事办理进度与年度目标对比预警。督促承办单位加快进度，做好基础工作台账，迎接上级检查，全区重点民生实事工作得到省、市考核办的充分肯定。

【统计服务】 2017年，为将区域经济社会发展的两大方面综合好，将情况反映上来，一是及时发布2016年经济社会发展统计公报；二是于5月底前完成《君山统计年鉴》的编辑工作；三是牵头组织召开全区季度GDP核算部门联席会议，明确部门工作职责，指出相关指标数据与预期目标存在的差距，指导部门搞好数据采集和报送工作。出好“大主意”。每季度调度一次经济运行情况，撰写好经济运行分析报告，根据现实存在的突出问题，提出有针对性的对策和建议，为全区经济工作把脉、献策。今年已撰写综合分析报告3篇，专业分析报告3篇。谋好“大战略”。根据国家区域经济发展布局，面对“一带一路”、洞庭湖生态经济区和城市经济圈，为将区发展定好位，在“十三五”规划编制工作中充分发挥统计的数据库作用，提出独到的修编建议，得到主要领导的充分肯定。

【队伍建设】 2017年，以区政府的实事考核和区委的小康考核为契机，以2014年君政办函44号《关于进一步加强统计基层基础工作的通知》为依据，建立工作协调机制，制定GDP核算部门联席会议制度，并明确部门分管领导和专兼职统计人员，同时对乡镇的统计站进行规范化建设。全区现有部门统计人员65人，乡镇站场统计人员12人。每年结合统计年报会，普查培训会对部门及乡镇统计工作人员进行业务培训并布置报表任务。

（吴又健）

物价管理

【清费减负】 2017年，区发改和工信局根据国家、省、市要求，对涉企收费进行全面清理，分六次取消、停止、降低和放开一批涉企经营服务性和行政事业性收费。其中，取消的收费项目和政府基金18项，降低的收费项目5项，停止的收费项目25项，放开的收费项目8项，预计为区企业降低成本在3000万元以上。

【价费改革】 一是实施食盐价格改革。根据国家发改委文件精神，自2017年1月1日起，放开食盐出厂、批发零售价格。二是开展按病种收费改革。出台按病种收费工作方案，遴选100个病种，并组织开展收费标准测算。三是落实能源价格改革。天然气定价改革，非居民用气门站价格由市场主导形成，建立天然气管道运输定价新机制，遵循“准许成本加合理收益”的原则制定和调整天然气管输价格。改革输配电价，在发电和售电两侧实行市场开放准入，对具有自然垄断的输配电网环节加强监管，实行政府定价。

【价费检查】 先后开展四大类专项检查，即教育收费专项检查、涉企收费专项检查、电力价格专项检查、房地产价格行为联合检查，各部门各单位依法依规收费意识明显增强，各类价费行为相对规范，乱涨价、乱收费等违法现象明显减少，经济发展环境进一步优化。

（张四铭）

食品药品监督管理

【概况】 2017年，君山区食品药品监督管理局（简称区食品药品监管局）在区委、区政府的坚强领导下和市食品药品监督管理局的悉心指导下，在区人大、区政协的监督下，局党组带领全局干部忠诚履职、积极作为，坚持“三突出三提升”，守住了没有发生群体性食品、药品安全事故的底线。

【工作成绩】 2017年，完成行政许可审批502件，督促健康体检办证2507多人，开展日常监督检查1800余家次，下达责令整改通知1200多份，抽样检验493批次，其中农残快检240批次，录入上报药品不良反应336例，立案查处食品药品违法案件116起。培训从业人员1000多人次，发放宣传资料和宣传物品3万余份，通过电视、手机信息报、监管对象手机信息平台、政府门户网等媒体发布信息60多条。在《岳阳日报》、省、市局网站刊登信息14条。办理“12345”“12331”群众来信、来访37起，所有案件得到及时快速处理，办结率、满意率均达100%。

【执法检查】 食品药品立案查处情况：2017年，共立案116起（2016年统计到12底共112起），同比增加4起，其中食品100起，化妆品1起，药品12起，药械3起，全部结案。移送公安2起（李金虎无证经营无标签食用盐案和张金辉涉嫌销售伪劣食品案），移送市局1起（薛建军从非正规渠道购进药品案）。食用农产品抽检任务完成情况：共完成食用农产品抽检240批次（省局下达任务数为240批次），食品药品快速检测253批次，抽检结果全部在政府门户网及相关网站公示。食品安全“扫雷”工作情况：2017年查扣问题食品32495.1公斤，其中没收的32000公斤食盐通过国资委交由盐业公司予以拍卖，将拍卖所得上缴国库。查处取缔黑作坊5个，省级实事“扫雷”行动圆满完成。食品生产监管工作情况：对全区23家已获证食品生产企业开展风险分级，共评定B级企业6家，C级企业10家，D级企业7家。制定《君山区食品生产企业责任人约谈制度》，通过开展日常监管和食品生产加工小作坊、面食制品、茶叶、湿米粉、桶装饮用水、酱腌菜等专项整治，共检查食品生产加工企业99家，下达责令整改通知书18份，停产通知书5份，监督抽检15批次，立案查处1起抽检不合格企业。食品流通监管工作情况：2017年共接待行政许可审批502家，完成468家，督促健康体检办证2507人。开展日常监督检查1800余家次，下达责令整改通知1200多份，销毁不合格产品4种类，200公斤。“两非”案件查处工作情况：开展了2次避孕药具零售市场及特殊药品、终止妊娠药品专项整治，共检查49家药品零售企业，区直医疗单位14家，下达责令整改12份，整改复查12家，立案查处1家，完成市局下达任务。医疗器械重点工作情况：日常监管与专项整治相结合，共检查医疗机构（含村卫生室、个体诊所）145家，医疗零售企业49家，下达责令整改90余份，立案3起，监管覆盖率达到100%。保健食品和化妆品重点工作情况：完善全区49家保健食品经营单位、25家化妆品经营单位监管档案，期间共查处保健食品化妆品违法案件3例，罚没款3万余元。酒类监管工作情况：立案查处酒类案件3起，成功破获“苏洋经典”保健酒虚假宣传案，退还受骗群众购酒款26万余元。查封冒牌“牛栏山”酒32箱。药械不良反应报告工作情况：全年完成药品不良反应230例（市局任务数178例）、器械不良反应78例（市局任务数56例）、化妆品不良反应28例（市局任务数25例），均超额完成任务。政务信息工作情况：主动公开政府信息704条，其中检测信息284条，“四品一械”行政处罚信息127条，工作动态9条，在省局、市局网站公示工作动态12条。

【夯实监管基础】 2017年6月，区委为区食品药品监督局新配备1名副局长和1名食安办专职副主任，另外选调2名退伍人员充实到监管一线。由区两办发文明确，在每个行政村（社区）配备一名食品安全协管员，全区共89名。其待遇由区、镇、村（社区）按7∶2∶1比例落实，并统一考核，打通食品安全监管的“最后一公里”。君山区的做法得到省、市主管部门充分肯定。当年区财政预算区食药监局项目经费为143万元（含检测车购置及运行经费47万元），同比（上年经费预算84万元）增加59万元，食药监管经费增长高于财政增幅。1—5月争取其他渠道资金60万元，至11月底完成罚没收入96.37万元。区政府常务会议专门研究食药监工作，明确各镇（办）场行政一把手为食品药品监管工作“第一责任人”。食品药品安全监管工作在镇（办）场年终综合绩效考核中的权重，由往年的2%提升至3%。通过开展“食品安全宣传周”和“用药安全宣传月”大型宣传活动，提升社会对食药监工作的了解和支持，通过争取区人民检察院成立驻食药监局检察联络室，争取公安分局治安大队组建食药环中队，为依法行政、打击食药领域违法犯罪行为，确保全区人民食药安全提供坚实支撑。

【服务工作】 2017年，在中央环保督查工作中，区食品药品监督局配合相关部门，关停君山岛入口处3家水上餐饮船；撤销西口渔村的餐饮经营服务许可证；清理在湖洲湿地开展烧烤的场所。在防汛期间，除守好责任堤段和穿堤涵闸外，还组织专门力量对在大堤上开办临时食堂的镇（办）场指挥所和各村临时就餐场所进行食品安全检测，发放汛期食品安全知识注意事项200多份。开展“前灶后店”专项整治，确保君山城区顺利通过国家文明城市复检；开展旅游路沿线“农家乐”专项整治，确保2017中国（岳阳君山）山地户外健身休闲大会和2017中国（岳阳君山）国际热气球节期间游客的饮食安全；精心部署，确保君山区高考、中考考点学生用餐安全和十九大特护期间的饮食用药安全。周密安排，顺利通过省食药监局、省农委联合开展的全省食用农产品质量安全监管联合检查，圆满承办由市政协徐新楚主席、市政府副市长李为带队到区开展的食品安全视察活动。把扶贫帮困工作与业务工作同部署、同落实、同考核。15户贫困户与局机关干部一对一结对帮扶，根据贫困户个体差异，分别实施危房改造、小额信贷、介绍外出务工、扶贫助学、低保兜底等精准的脱贫规划，效果明显。当年，君山区被市食安委评为全市食品安全工作先进县市区，首次荣获全省食品安全工作先进县市区。

（蒋　宇）

国土资源管理

【保障发展】 2017年，岳阳市国土资源局君山区分局（简称君山国土分局）主动上门与用地单位对接，想方设法协调，共批回10宗地，面积101.87公顷。其中2016年第六批次建设用地项目7.67公顷、省道306线君山段道路拓宽工程4.91公顷、国道240线（一期）8.02公顷，西城中心幼儿园0.18公顷，君贸小区棚改（三期）0.54公顷，柳毅路提质改造一期9.88公顷，省道304线君山区建新口至南堤拐公路32.4公顷，金属制品加工0.54公顷，混凝土搅拌站1.91公顷、2017年第三批次建设用地项目35.8公顷。严格规范土地供应，经营性用地和工业用地全部实行网上挂牌出让。全年供应土地11宗，面积共148.93公顷。其中划拨土地4宗，面积117.2公顷；出让土地7宗，面积31.73公顷，土地出让金2亿多元。

【保护资源】 2017年，全区耕地保有量2.69万公顷，其中基本农田保护面积为2.31万公顷，剩余0.37万公顷为其他农用地。区政府专门召开耕地保护专题会议，各镇（办）场与区政府签订耕地保护责任状。完成永久性基本农田划定工作并通过省厅验收，新增基本农田界桩327个。耕地占补平衡方面，全区完成补充耕地指标94.53公顷。落实中央环保督查工作，成立矿山关闭工作领导小组。协助区政府对云丰、天山两家采石场的关闭令下发，并于9月5日制定《强制停产实施方案》组织区直部门开展现场强制停产行动。

【执法监察】 切实做好2016年度土地矿产卫片执法检查，国土资源部下发土地变更调查遥感监测图斑227个，监测总面积219.24公顷。其中占用耕地面积145.05公顷。通过积极与法规、支队和技术单位对接，顺利通过省、市验收合格。加大违法案件查处力度。共发现并制止违法用地102起，立案查处6宗，违法用地总面积6.73公顷，罚没款收缴全部到位，共计16万余元。加强测绘执法，对辖区内的测量标志进行定期和不定期巡查，确保测绘点位完好。

【土地整治】 2017年，君山国土分局扎实推进土地整治与开发项目建设。共组织实施10个项目，总投资4430万元，建设规模0.17万公顷。其中，2016年度省投、市县项目总投资800万元，建设规模412.2公顷，已完成验收报备；良心堡镇团结村等2个土地开发项目总投资494万元，建设规模64公顷，新增耕地40公顷，已完成验收；方台村旱改水项目总投资538万元，建设规模88.33公顷，已完成市级验收；2017年度省投市、县项目（高标准农田建设）已启动施工，总投资2598万元，建设规模0.11万公顷。

【服务民生】 2017年，岳阳市不动产登记君山窗口工作取得新突破，全年共办理各类不动产登记业务2022件。自成立不动产登记窗口以来，完成落宗1583件，办理查封登记70宗，完成首次登记1535宗，完成转移登记716宗，完成抵押登记237宗，办理抵押注销登记463宗，受理其他登记31件。

【队伍建设】 2017年，君山国土分局积极开展廉洁文化活动，发放教育读本，编发廉政提示短信，要求每名党员手抄党章、撰写学习笔记和心得体会，班子成员和中层干部轮流讲党课，组织全局干部职工前往岳阳监狱开展警示教育体验活动，组织观看党风廉政建设专题片等多部警示教育片，并开展观后感讨论。认真组织“雁过拔毛”式腐败问题和“纠四风、治陋习”专项整治行动，教育干部职工要始终把纪律和规矩挺在前面，心有所畏、行有所止。全年共组织单位干部职工集中业务学习8次，发放学习书册120多本，参加省市不动产登记、“四全”模式等业务培训78人次，开展“两学一做”学习教育5次。

【荣誉档案】 2017年，君山区国土分局被区委、区政府评为“全面建成小康社会”综合绩效考评先进单位，并在“争资争项”“实事办理”“用地保障”“协税护税”“推进新型工业园”等十多个方面受到区委区政府表彰。

（傅　龙）

审计工作

【概况】 2017年，君山区审计局共实施审计项目141个，审计查出问题金额5.54亿元，管理不规范金额4.23亿元，审计处理应上缴财政872万元，核减政府投资资金464万元，移送经济案件线索2条，提交审计报告和信息35篇，促进相关部门单位建立和完善规章制度17项。

【财政审计】 区本级财政预算执行审计继续采取“专项＋部门”的方式组织实施，重点关注财政预决算管理和财经政策法规执行，地方政府性财务管理，有关作风建设规定落实，以及财政支出绩效等情况，促进盘活存量，用好增量，整合专项，优化结构，防范风险，提高效益。2016年度区本级财政预算执行情况审计共查出违规金额5.09亿元，其中预算管理不规范金额1.11亿元。预算支出安排不规范金额678.87万元，收支执行不规范金额1097.2万元，专项资金管理不规范金额7429.45万元，财政债务管理不规范金额2.35亿元，区本级部门预算执行审计查出违规金额1228万元，“三公经费”管理不规范24.24万元，政策措施贯彻执行审计中发现：（1）安居工程资金管理使用不规范金额4688.89万元。（2）保障性住房分配使用方面存在廉租补贴发放对象共27人不合规，违规领取廉租补贴资金3.99万元。（3）扶贫资金管理和使用中存在不规范金额899.76万元。政府投资建设项目审计中，长江引水工程项目审核减工程造价201.73万元。针对审计发现的问题，提出深入推进政府和部门预算决算公开、扩大范围、细化内容，深化国库集中支付改革，清理规范财政资金专户和预算单位银行账户，强化对重大政策、重点项目和民生专项资金落实情况的监督检查。健全预算绩效评价体系，注重评价结果反馈和应用。建立健全财政部门内控制度，完善审批程序，规范资金管理，建立完善政府财务管理机制，有效防控财政风险等审计建议。2017年度本级财政预算和其他财政收支审计结果报告和工作报告，受到区政府、区人大的高度重视和充分肯定。

【政策跟踪审计】 2017年，按照市审计局的统一安排部署，政策跟踪审计要牢牢抓住项目落地、资金保障、简政放权、政策落实、风险防范五个抓手，持续加强稳增长等政策措施落实情况的跟踪审计，重点关注“三去一降一补”任务落实和重点领域政策落实情况和实施效果，推动各项政策措施落地生根。区审计局完成对区房地产去库存、区发改局、区财政局、区住建局、湖南新泰和绿色农业集团有限公司等部门和单位的政策落实情况的跟踪审计。房地产去库存情况审计。审计中发现个别房地产开发企业在投资方面存在资金链断裂风险而出现配套设施等部分项目停工，引发信访问题，对君山区商品房销售有一定的负面影响，产生去库存的被动局面。稳增长政策落实跟踪审计。区审计局对君山区截至2017年落实稳增长政策实施跟踪审计。重点审计“两房两棚”“两供两治”省重点项目投资建设等情况。审计区发改局、区财政局、区住建局及湖南新泰绿色产业集团有限责任公司等相关部门和单位。审计中发现：1.安居工程资金使用效率过低，造成财政资金闲置。截至2016年12月31日，区财政局保障性住房建设累计结余资金中超过一年以上未分配使用的资金共计4688，89万元。同时在工程建设管理方面存在部分项目工程报批手续不齐全等问题。2.保障性住房分配使用方面存在廉租补贴发放对家不合规，违规领取廉租补贴改变公租房用途等问题。针对存在的问题，对区政府提出应加强源头管理，提高保障性住房资格审核工作的准确性。既要重视项目计划编制的严谨性，更要强调项目计划执行的严肃性，既要重视项目的政策效应，更要强调项目的社会效应等建议。意见和建议得到区政府主要领导的重视，并批示相关单位实行整改。

【民生审计】 2017年，按照保障民生兜底，关注民生资金整合使用和项目实施效果，突出重点，完善制度的要求。根据省厅、市审计局统一组织和安排，区审计局将扶贫审计摆在更加突出的位置，健全精准扶贫，精准脱贫政策落实的跟踪监督机制，做到实现扶贫审计全覆盖。上半年，区审计局对区2015—2016年度扶贫资金管理使用情况进行专项审计。审计中发现存在扶贫专项资金存量比重大。截至2016年扶贫资金专账余额609，76万元未及时下拨，占总下达资金的44.9%，227万元扶贫资金未纳入统筹管理以及扶贫专项资金报账不符合规定等问题。同时在精准扶贫目标任务分解、扶贫项目安排实施和运营中存在精准扶贫不科学，结构不合理，计划项目内容变更未按规定程序报批，目标任务数分解下达不一致等问题。在审计过程中，坚持把维护人民群众利益贯穿始终，把提高公共资金绩效贯彻始终，针对揭示和反映的问题，分析原因，提出可行的建议，服务被审计单位规范管理，充分彰显审计在服务国家治理中的积极作用。

【经济责任审计】 2017年，为适应审计新形势的变化，为区委、区政府选拔任用领导干部提供参考依据，君山区经责审计由“问责”向“问效”转变。一是明确绩效目标。在确定经济责任审计项目目标时，将被审计领导干部是否加强内部管理、严格决策程序、提高财政资金使用效益，推动本辖区、本部门科学发展，作为审计的重要目标。二是关注绩效内容。在经济责任审计内容上，将审计重点放在财政资金的经济效益和社会效益、国有资产保值和增值、重大经济决策效率性和效果性等方面，从高效节约上下功夫，提出建议和意见，督促被审计单位提升管理水平。三是注重绩效分析。在经济责任审计中，利用多种审计方法，对被审计单位财务管理内控控制、主要经济指标完成情况及其任期内的重大决策情况等方面的内容进行测算和分析，提高审计结果的质量和水平。四是完善绩效评价。在对领导干部履职情况进行评价时，从单纯的财务收支评价向绩效评价转型，突出决策绩效评价、资金管理使用绩效评价、主要经济指标完成情况绩效评价，实现领导干部经责审计由“问责”向“问效”转变。2017年经济责任审计中心接受区委组织部委托实施离任审计项目18个，完成6个，共查处并纠正违规行为金额3436.51万元，其中：负主管责任706.6万元，负领导责任2729.94万元。全面关注领导干部在政策执行、经济发展、财政管理、民生改善、资源保护、风险防控、党风廉政建设等各个方面履职尽责的情况。同时，区审计局安排精干力量配合参与协助省审计厅组织实施的对君山区原区委书记杨昆、区长谢胜经济责任审计工作。此次参与配合工作得到区委、区政府和省厅审计组的充分肯定。

【政府投资审计】　2017年，区审计局严格按照政府投资项目审计工作规程，以质量和效益为中心，加大对政府投资项目审计力度。关注政府投资的立项审批和计划下达，资金使用和建设管理，促进完善投资管理，提高投资管理综合效益，建设项目结算实行“三审制”。全年共完成政府投资审计项目135个，送审金额79.08亿元，审定金额74.44亿元，核减金额4.64亿元。

【服务政府中心工作】　2017年，审计机关作为党和国家监督体系的重要组成部分，时刻围绕政府中心工作，积极有效地履行审计监督职能，充分发挥审计作用。区审计局抽派精干专业审计人员参与政府中心工作和临时交办审计项目7个，其中，5月至7月，参与协助省审计厅组织实施的对君山区原区委书记杨昆，区长谢胜经济责任审计工作；先后共抽派三批共6人次参与市委巡察和区委巡察工作，为期三个月；派人参与区政府“吃空饷”人员清理和市纪委对岳阳市临港新区“三公经费”及案件查处等，完成上级交办的各项任务。

（谢旭东）

工商行政管理

【概况】　2017年，岳阳市工商行政管理局君山分局（简称工商分局）下设派出机构5个：君山工商所、广兴洲工商所、许市工商所、层山工商所和良心堡工商所；局机关内设职能股（室）等机构11个：办公室（含工会），人事股（含老干、党务），监察室，财务股，法规股，消费者权益保护股〔含“12315”申（投）诉举报指挥中心〕，注册登记股、企业和个体私营经济监督管理股，经济检查股（含打传办、反垄断与反不正当竞争办），市场规范管理股（含合同、网监），商标广告监督管理股；事业机构3个：区个体私营经济发展指导中心（含个体劳动者私营企业协会办公室）、区消费者委员会办公室和信息中心。下设党支部7个，党员56名。在职干部职工51人（其中公务员37人、工人14人）。2017年，是继续深化商事制度改革之年。该局以提升市场监管现代化水平为重点，以优化营商环境为导向，以打造过硬干部队伍为目标，进一步解放思想，转变作风，勇于担当，积极作为，在推进“放管服”改革中，不断谋求工商行政管理新作为，开创市场监管工作新局面，围绕“打造洞庭生态明珠，建设现代滨江新区”目标，全体干部职工顽强拼搏，奋发求为，各项工作平稳发展。

办结各类违法案件33起；办理动产抵押登记5件，为企业融资1100万元人民币；受理消费投诉65起，处理65起，调处率100%。

2017年，工商分局荣获君山区市直驻区综合绩效考核先进单位、文明窗口单位、人口和计划生育优胜单位、全区“六五”普

2017年市场主体发展情况统计表

表1

2017年发展总数（户）	同比增长（%）	个体工商户（户）	同比增长（%）	各类企业（户）	同比增长（%）	农民专业合作社（户）	同比增长（%）
1446	16	1231	17.5	215	10.3	74	48

2017年市场主体年报统计表

表2

市场主体总年报率（%）	个体户年报率（%）	企业年报率（%）	农民专业合作社年报率（%）
97.6	99.8	94.2	98.8

法依法治理先进单位、综治工作考评达标单位、查处取缔无证无照经营工作先进单位、安全生产工作达标单位以及市局绩效考核达标单位等荣誉。

【商事制度改革】 2017年，工商分局紧紧围绕区委、区政府工作大局，助推市场主体发展。一是稳步推进“多证合一”改革。整合5个部门10项涉企事项，共发出“多证合一”营业执照117户。9月28日始，实行更大范围“多证合一”改革，扩大到20个部门30个证照事项。累计发放“一照一码”企业营业执照188户、个体工商户“两证整合”营业执照879户。二是启动电子营业执照和全程电子化登记改革。进一步推进工商登记注册便利化、信息化，11月7日，该局发出首张全程电子化注册登记营业执照，标志着君山区开启“全流程、无纸化、零见面”的登记新模式。三是持续深化商事登记便利化改革。实施企业集群注册、企业名称自主申报登记管理改革以及对未开业企业、无债权债务企业实行简易注销登记，使市场主体的进入和退出更便捷高效。通过深化商事制度改革，市场活力进一步增强，截至年底，全区各类市场主体总量达10248户，其中，新登记注册市场主体1445户，增长4.3％。

【市场监管】 2017年，工商分局在市场监管方面做了以下工作：一是专项整治有成效。部署各类市场整治。立案查处各类违法案件33起，涉案金额达135万元。二是消保维权有作为。开展“网络诚信、消费无忧”年主题活动、诚信经营幸福湖南放心消费创建活动和互联网消费教育进农村活动，为文明、安全、放心消费环境保驾护航。是年，共承办“12315”投诉、举报和“12345”公众服务热线转办件65件，处理率100％，为消费者挽回直接经济损失10余万元。三是智慧监管平台逐步完善。启用“国家企业信用信息公示系统（部门协同监管平台-湖南）”，通过部门涉企信息共享、联合惩戒，实现“一处违法、处处受限”。四是企业信用监管长效机制逐步形成。积极推进“全国一张网”的应用，稳步实行“双随机、一公开”，建立企业“红黑榜”，加强违法信息公示，及时曝光失信违法企业，公示行政处罚信息33条、经营异常名录信息400余条，在政府采购、工程招投标、授予荣誉称号、“两代表一委员”等方面予以禁止或限制。加强年报公示工作，年报企业545户，年报率92.37％；年报农专309户，年报率84.2％；年报个体工商户7084户，年报率95.09％。

【服务大局】 2017年，工商分局充分发挥职能，全力服务中心工作。一是服务创新创业。该局充分利用市政府、市工商局关于创新创业入库培育、创新创业专项扶持等政策，大力宣传、发动，帮助初创企业破解融资难题，撬动银行发放创业担保免息贷款60万元，帮助企业办理抵押贷款1090万元，助力10余户成长性好、规模较大、发展前景广的个体户，转型升级为企业。二是服务园区建设。对于政府招商引资企业，特别是入驻工业园区的企业，开设绿色通道，实行重点服务。全年，新增入园企业20余家。三是服务品牌战略。发挥宣传引领作用，加强商标行政指导，在辖区各乡镇分别成立商标指导服务站，实行一对一帮扶、点对点对接，指导注册国内商标58个，农产品商标25件。四是服务非公党建。中共岳阳市君山区非公有制经济组织综合委员会于8月29日挂牌成立。该局积极履行非公经济党建工作指导职能，在“两个覆盖”上下功夫，引导非公有制经济组织建立党组织77个，非公企业党员人数达375人。该局非公团工委工作经验在全省非公团工委交流会上作推介。五是服务脱贫攻坚。对上反嘴村4户结对帮扶对象，因户施策，精准扶持。相继为贫困户解决改善种植结构、提高低保标准、协调解决贫困户小孩读书补助、低保资金停发等问题。六是服务文明建设。在全国文明城市复查迎检中勇挑重担，积极作为，在农贸市场创建主阵地、“五小门店”、责任路段、校园周边等。该局倾注大量心血，特别是该局负责的君柳市场，设施陈旧落后，是典型的脏、乱、差市场，该局机关和君山所组织力量，开展宣传、劝导工作，不间断值守。复查结束后，又配合区政府对市场进行提质改造，完成市场外5个临街门店的搬迁工作和配套设施升级改造，全面提升市场形象，消除安全隐患。七是服务环保督查工作。中央掀起环保整治高潮。该局配合有关单位对沿江、沿湖特别是洞庭湖大堤南堤与君山公园路口外滩的非法旅游开发及建筑物烧烤灶行为进行专项整治，清理烧烤灶台60余个。在区政府统一指挥下，与相关部门联合执法，对东洞庭湖湿地君山公园附近水域，违规经营餐饮船只依法全部关停，16处户外及船体广告全部清除。对限期未变更经营地址的两家餐饮船依法吊销营业执照，一家无照餐饮船进行取缔，另一家予以撤销登记。在区政府领导下，该局配合国土、安监、环保等部门，加强矿山企业监管及关停工作，对两家矿山企业和3家个体户依法吊销营业执照。

（魏国军　彭　隽）

财政·税收

财　政

【概况】　2017年，君山区财政局在区委、区政府的正确领导、在区人大、区政协的监督支持下，财政工作紧扣区委“打造洞庭生态明珠，建设现代滨江新区”战略目标，主动适应经济新常态，积极组织财政收入，优化财政支出结构，全面深化财税改革，着力促进经济转型和创新发展，财政职能充分彰显，财政作用充分发挥，各项工作正有条不紊推进。

【勤征细管】　2017年，区财政局面对复杂严峻的经济形势和艰巨繁重的改革发展稳定任务，财税部门严格按照区委区政府工作部署，通力协作，全力抓收。至11月底，完成公共财政预算收入35999万元，占预算77.9%，增长8.6%。分部门情况：国税部门完成15848万元，占预算79.2%，增长9.7%；地税部门完成9318万元，占预算71.7%，增长10.4%；财政部门完成10833万元，占预算81.8%，增长5.5%。预计全年完成人代会确定的公共财政预算收入4.64亿元，问题不大。如果按照市里比上年增长15%的要求，在收入挤水分和保增长的两难境况下，再增加收入任务2000万元，存在很大的困难和压力。为完成收入任务，在财税征管上：一是充分发挥征管部门联动效应。积极与城建、房管、国土、工商、国地税等相关部门沟通联系，定期召开工作联系会议，研究解决税收征管中遇到的困难和问题，确保涉税信息的真实性和准确性，充分发挥部门联动促增收的效应。二是充分发挥镇办主动效应。区政府每季召开各镇办财税收入督战会，督促各镇办将收入任务落实到企业、项目、责任人，并加大财税收入考核力度，充分发挥镇办主动效应。三是充分发挥综合治税推动效应。充分利用综合治税平台，积极开展拖欠税款、车船运输税等专项整治，全年查补拖欠税款2000多万元。在向上争资争项上：一是争取政策扶持。积极与省厅对接，争取省厅在重点生态功能区转移支付和县级基本财力保障补助上给予君山区更大的支持力度。省厅已追加君山区均衡性转移支付2400万元；二是积极争取项目支持。预计全年与各部门单位向上争取各类项目资金13亿元，有力支持社会保障、教育、卫生、交通运输等事业发展；三是争取较大额度的地方政府债券资金。通过多方努力，君山区争取5.08亿元的政府债券资金，其中，新增债券1.18亿元，置换债券3.9亿元（下达6950万元，预计后段下达3.2亿元），有效缓解区公益性基础设施建设和债务还本付息的压力，减少融资成本。

【统筹调度】　2017年，区财政局按照“保工资、保运转、保民生、保改革、促和谐、促发展”的理财思路，使全区广大干部群众都感受到公共财政的阳光。一是在保运转上，始终把人员工资的拨付作为财政支出首位目标，确保人员工资的及时发放。在财力拮据的情况下，将乡镇工作人员和乡村教师的乡镇工作补贴按照月人平200元的标准补助到镇（办）和教育系统；安排700万元，用于发放公车改革补助。二是在惠民生上，加大教育事业投入力度，区本级投入教育经费1.21亿元，同比增长12%，全额保障教师工资，支持十六中引进骨干教师和学科带头人，确保教育投入考核达标。加大对社保、卫计等社会事业的经费投入，安排养老保险补助12158万元，确保养老金的发放；安排城镇医疗保险基金3244万元，城乡居民医疗保险1872万元，公共卫生和血防经费1017万元，保障公共卫生事业的发展。三是在强“三农”上，落实基层党建经费投入考核要求，安排村级运转保障经费784万元，安排社区运转保障经费627万元，村干部和离任村干部工资按要求及时发放，确保村级组织的正常运转和上级考核的顺利通过。四是在促发展上，安排项目前期经费1100万元，财源建设经费500万元，旅游发展基金100万元，积极培植财源，加大项目争取力度，为区可持续发展打下坚实的基础。

【严格监管】 2017年，区财政局以资金管理为主线，紧跟政策热点，推进财政改革，提高理财绩效。一是深化部门预算改革。严格按照预算编制、执行、监督、绩效评价“四位一体”的科学化精细化管理模式，加强预算管理，规范预算执行，严格预算追加，预算管理的科学化精细化水平不断提高。严格财政预算公开。以全口径、全公开、全透明为目标，落实政府信息公开要求，不断拓展政府预决算、部门预决算和“三公”经费预决算公开的广度和深度。全区58家一级预算单位中已全部在区政府门户网站公开部门预决算和“三公”经费预决算。加强国库集中支付改革。国库集中支付范围进一步拓宽，财政专项资金国库集中支付改革准备就绪。二是继续强化重点支出控管。加强政府采购管理。完成采购项目计划180个，合计金额1.24亿元，实际完成采购金额1.18万元，节约采购计划资金633万元，节约率占采购金额的5.4%。强化投资评审管理，完成评审项目531个，评审金额15.27亿元，审减不合理项目支出3.7亿元，审减率24.2%。抓“三公”经费压缩。在预算源头扭紧经费开支的“水龙头”，制止铺张浪费。截至9月底，全区“三公”经费比上年同期压缩32.7%。三是圆满完成公车改革公车处置工作。区直党政机关单位纳入公务用车制度改革后，保留公车53台，处置公车54台，处置净收入108.7455万元已全额上缴财政。四是大力开展监督检查。开展国有资产调查摸底：完成全区公租房、廉租房调查摸底；完成行政事业单位经营性资产的摸底工作；完成区一中清产核资和资产移接交工作；参与对自来水公司资产的清查核实，对泰和公司截留财政傍水征收的规费问题，提出了必须全额征缴的意见；完成“原君山纸厂驻岳阳办事处”资产因棚改项目拆迁的补偿工作，为财政增收255万元等。开展全区扶贫资金专项检查。开展“吃空饷”专项检查等。

【机关建设】 2017年，区财政局严格按照“规矩做人，规范干事，规程理财”的要求，加强财政干部队伍建设，加强机关内部管理。一是作风建设有突破。认真贯彻落实中央八项规定，紧盯“四风”问题新形式新动向，坚决防止“四风”问题反弹。严格按照全区推进精准扶贫工作要求，深入联点贫困村，深入走访困难群众，开展结对帮扶，切实为困难群众办实事、解难题，锤炼亲民务实的工作作风。二是内部管理有加强。完善绩效考核办法，健全预算编制、账户管理、资金监管等多项机关管理制度，实现人人有事做、事事有人抓，有效推动全局工作。开展“雁过拔毛”式腐败问题专项整治工作，为做好全区财政工作奠定良好基础。三是硬件建设有效果。开展信息化机房建设整改、网络安全整改备份和异地灾备整改，总预算金额265万元，所有设施实现智能防控自动一体化，提高财政业务系统设备的稳定性，为全区“金财工程”验收奠定了坚实的基础。四是廉政建设有成效。积极倡导“一身正气做人，一尘不染理财”的廉政文化，做到“安全教育时时抓，廉政警钟时时敲”，实现“业务办理零差错、廉政建设零违规”的目标，确保财政资金和财政人员安全。

【二级机构】 区农业综合开发办公室 贯彻执行农业综合开发的方针政策及项目、资金、财务管理制度；编制农业综合开发规划；管理和统筹安排全区财政农业综合开发资金；组织检查农业综合开发项目的执行情况。区乡镇财政管理局负责乡镇财政管理拟订、体制建设、管理方式改革和日常工作指导等；负责组织推广“镇财区管镇用”改革、管理工作；负责全区乡镇财政干部队伍的建设和管理工作；负责契税、耕地占用税的征收管理工作，监督契税、耕地占用税的法律、法规和方针政策宣传贯彻实施情况；稽查全区契税、耕地占用税的偷、漏、抗税案件；负责规划和组织实施乡镇财政管理信息化建设；参与组织和实施农村税费改革、农村综合配套改革等；负责各项政策性补贴的发放。区非税收入征收管理局 预测分析全区财政经济形势，研究经济运行中有关财政问题，提出实施宏观调控的政策建议，参与财政发展战略和重大财政改革方案的研究；研究拟订行政事业性收费、政府性基金（附加）、罚没收入、国有资产和国有资源收益以及其他非税收入征收管理政策、制度和办法；负责审批全区行政事业性收费立项，并参与标准核定；负责区级政府性基金设立的审核及申报工作；负责区级非税收入缓征、减征、免征的审核和申报事项；君山区财政国库集中支付局（含工资中心）拟定区级财政国库集中支付管理制度和国库集中支付信息系统管理制度，管理国库集中支付信息系统建设和运行；办理财政资金支付，接受并审核预算单位报送的财政直接支付申请，核定财政直接支付金额，开具财政直接支付指令；监督代理银行办理财政资金直接支付与财政资金授权支付业务；办理预算资金收支结算拨付；统一管理区本级财政性资金的银行账户及财政专户；负责管理区级国库集中支付凭证，办理国库集中支付记账、对账、编制会计报表和集中支付预算执行情况分析工作，指导预算单位国库集中支付会计核算工作。确定国库集中支付代理银行；监督代理银行执行委托代理协议；组织对代理银行进行年度业务考评；研究制订区级国库集中支付监督管理制度，监控、核查国库集中支付执行情况，编写国库集中支付监控信息报告和情况通报，受理预算单位、代理银行和收款人有关国库集中支付业务投诉；负责支付局内系统和预算单位系统管理和维护；监测系统安全，确定与部门、代理银行网上收支信息交换的范围和方式；负责各预算单位统发工资人员的资格、工资标准、津补贴的审查、录入、申请、支付等工作，并对统发工资单位上报数据的及时性和准确性进行检查监督；负责统发工资单位每月住房公积金、老金、医疗保险金、个人所得税及政府指令性集资款的代扣代缴工作；负责办理部分行政事业单位的集中会计核算工作。接受上级财政部门的业务指导和年度考评；办理局领导交办的其他工作。

（余　岸）

国家税务

【概况】　2017年，岳阳市君山区国家税务局（简称区国税局）在市局和区委、区政府的坚强领导下，紧紧围绕“聚焦主业，强化能力，务实创新，提升站位”的工作主题，主动适应税收新常态，科学谋划、沉着应对、真抓实干，较好地完成各项工作任务。累计组织各项税收收入2.32亿元，比上年同期增长23.43%，其中：增值税2.06亿元，企业所得税2599万元，消费税2万元。

【税收征管】　2017年，区国税局制定君山区农产品种植业税收风险防控办法，建立起建筑房地产行业税收管理一体化管理运行机制。完成风险应对19户次，合计入库税款198.87万元。2017年共对32户个体纳税人进行重新核定，其中调整至起征点以上户数16户。组织辖内181户企业开展2016年企业所得税汇算清缴，入库税金200余万元，优惠政策享受面达到100%，辅导纳税人调增应纳税所得额1023万余元。利用企业所得税风险管理平台，规范所得税管理平台的操作，共计核查修改92条疑点记录，核查率和通过率均为100%。国地两家积极主动向区政府请示汇报，由君山区人民政府发文，明确各部门协税护税职责，加强社会综合治税工作，继续加强房地产、土地转让办证环节税收管理，对全区范围内实施建安工程项目源头控税，协力落实源头控税各项措施。

【税制改革】　2017年，区国税局严格落实税制改革任务，继续做好全面推开营改增试点各项工作，按照要求开展好“政策大辅导”活动，深化政策效应分析，完善营改增试点行业管理模式。落实深化征管体制改革任务，对照具体改革措施的路线图、时间表扎实推进。坚定不移落实《国家税务局 地方税务局合作工作规范》规定的合作事项，在《岳阳日报》、君山在线进行推广。国地税联合办理登记352户，变更登记103户，注销登记164户，国税局代地税局累计征收税费645.93万元，地税局代国税局累计征收增值税22.77万元。落实税务行政审批制度改革，按照要求清理规范行政审批项目，做到“放管服”协同推进。6月，辖区内起征点以上纳税人全部进入增值税发票新系统。区局成立以一把手为组长，其他党组成员为副组长的推行实名办税领导小组，完成实名制办税2851户。

【纳税服务】　2017年，区国税

局搭建国地电子税企交流平台1个，科技型中小企业群1个。新增单警执法音视频记录仪6台，简并征期322户，营造营商法治环境。完善“一窗一人办税”服务模式，规划完善咨询辅导区、自助办税区和等候休息区，新增咨询导税台1个，增设税率速查器。成立税收政策服务室，分岗、分线、分责回答联合办税热点、难点、焦点问题56个，查漏补缺8个。开展“问需求 优服务 促改革”活动，征求意见建议68条，解决问题54条。举行2次重点税源企业座谈，了解经营情况、搜集涉税问题12个，当场解决问题8个，不能解决的后续跟进、限时答复；全年，开展纳税人学堂6期296人次。发放宣传辅导资料1.8万份，制作易拉宝十多个。国地咨询服务专家团队深入企业“坐诊”19次，帮助企业发现税收风险、规范财务管理16户。国地税联合办税业务培训12次，联合开展税法宣传3次。全年，“12366”零投诉，评出2016年A级纳税人3户、B级68户、C级43户、D级28户，开展“银税互动”，为2户纳税企业办理贷款5400万元。

【廉政建设】 2017年，区国税局对干部职工发布会议提醒5次，短信提醒20次，其他提醒10次。组织干部前往法院参加职务犯罪案件旁听和其他形式多样的警示教育，进行“两节”警示，单位基建工程警示。每周两次开展定期不定期作风建设督查。调整完善《岳阳市君山区落实党风廉政建设主体责任工作任务清单》，明确4类责任主体60个责任事项及时间安排。对纳税服务科、钱粮湖分局的票证使用情况进行检查，同时对收入核算科的管理情况进行检查，现场整改9个，提出监察建议5条，与相关科室协调整改1个。开展对办税大厅代开增值税专用发票的执法监察，对发现的问题进行责任追究，并与绩效考核挂钩。对市局巡察组在巡察中指出的问题，立行立改。制定整改措施47条，完善相关制度规定11项，确保巡视整改率达100%，使各项工作全面规范。落实全面从严治党各项要求，开展多种党建工作培训和党建理论专题学习会，筑牢思想防线；加强党建工作的督促与考核，党建质量逐步提升。

【阳光文化】 2017年，区国税局明确阳光文化建设的指导思想、基本原则、总体目标和重要意义，成立阳光文化建设领导小组。制定阳光文化建设的整体规划和实施方案。编制阳光文化建设的工作清单。建立阳光文化建设的评价与考核机制，并入绩效考核。硬件上装修办公楼、食堂、综合楼，改造美化院落，改造给排水管网，为干部健康生活、快乐工作提供富有阳光文化氛围的优美舒适的环境。同时，谱写阳光文化主题歌《拥抱阳光追梦想》，制作《歌唱阳光文化》歌，撰写阳光文化赋，绘制“我阳光的一天”卡通画。绘制“荷香气正，莲洁风清”大幅工笔画，局域网改版新增加阳光心语、阳光论坛、阳光茶座、阳光俱乐部等版面内容，编印阳光文化手册。并在办公楼过道悬挂以阳光文化为主题的励志语录牌匾。以梅、菊、兰、竹、松画和书法作品渲染阳光文化，展现区局各项工作取得的成果及未来的愿景。

【行政效能】 2017年，区国税局健全绩效管理机制，优化指标体系，定期召开分析讲评会、推进会。突出对重点工作督查督办，对业务和政工工作的督查领域全覆盖，确保各项重点工作扎实、有效推进。根据上级安排进行7次大督查工作，发放38张督查督办单。加强舆情信访管理，确保舆情信访事件第一时间妥善处理。主动公开政府信息数386条，行政许可、行政处罚均按照要求在7个工作日以内进行公开。加强税收信息宣传，壮大正面税务声音，发表通讯109篇，调研、经验材料2篇。其中在中央级媒体上稿1篇，省级媒体6篇，市级88篇，区级16篇。加强综治管理，提高行政效能，9月1日，如期搬进新装修办公大楼，新视频会场和电教室合二为一，全局网络按千兆网规格进行综合布线和组网。建立干部健康卡、健康档案，组织干部参加市局乒乓球赛，参加区政府组织的篮球赛。组织干部参加义务植树、义务献血等，积极落实精准扶贫政策，树立国税良好形象。

（楚琬琰）

地方税务

【概况】 2017年，君山区地方税务局（简称区地税局）下设5个科室、2个税务分局、1个稽查局、1个办税服务中心。区地税局坚持做大做细收入工作、做实做深征管转型、做优做精纳税服务、做牢做强队伍建设，圆满完成全年工作任务。获得“全市基层党建示范单位”“全区综合绩效考核先进单位”“全区平安单位”等荣誉，李幸福被评为全省地税系统优秀税务工作者、梅琳娟被评为全省地税系统优秀办税员、白锐被评为全市地税系统优秀纳税评估员。

【地税收入】 2017年，区地税局通过营业税清缴、房土两税清查、行政事业单位个人所得税全员全额申报专项行动、车船税委托代收代缴等系列挖潜增收有力举措，全年共计入库各项收入12837万元。其中，计划口径数12186万元（含国税代征数645万元），费金入库650万元。剔除营业税因素，同比增长27.3%。

【征管转型】 2017年，区地税局强劲推进征管改革，突出抓好职能转变、信息挖潜、评估促收、风控堵漏，巩固征管转型模式。开展纳税评估户数280户，风险应对处理10批次，调查巡查248户，执行行政处罚14户，清理陈欠户数41户，进行催报4340条次，税务稽查户数6户，有效整治税收秩序。同时，涉税信息平台正式启用，提升综合治税的成效。

【纳税服务】 2017年，区地税局持续开展“便民办税春风行动”，围绕“放管服”大力优化税收营商环境。深入推进国地税联合办税大厅建设，开启“导税区”和“办税区”分离新型服务模式，全力推进“一窗一人办税”，提高办税便捷度。精心组织税收宣传月、纳税服务日等活动，通过发放宣传资料、制作悬挂宣传标语、建立校园税收宣传栏、组建纳税服务咨询专家团队、举办纳税人学堂等形式，税收宣传卓有成效、服务质效稳步提升。

【队伍建设】 2017年，区地税局深入开展“两学一做”学习教育，通过“三会一课”、组织党员干部登陆“红星云”等，全体党员筑牢了政治信念。组织专题业务培训，开设周五学习课堂，选送年轻骨干参加湖师大能力提升研修班，增强干部综合素质。不断丰富“君文化”内涵，开通“税沐莲香”微信公众号，完善了荣誉室、图书室建设，丰富文体活动，倾情倾力抓好精准扶贫和防汛抗灾，团队活力、队伍张力进一步彰显。区地税局爱心助学系列行动被作为全区典型推介到省扶贫办、省教育厅。

（毛　伟　陈启武）

金 融

中国农业银行君山支行

【概况】 2017年，中国农业银行股份有限公司岳阳君山支行（简称农行君山支行）坚持以党建为统领，紧紧围绕区委、区政府和上级行工作会议精神，确定“全员行动，强化营销，努力实现业务发展新突破”的工作思路，全力打造“四有”商业银行，努力为区域经济发展服务。综合绩效考核排名列全市农行第3，较去年上升2个名次。

【党建工作】 2017年，农行君山支行以机关及网点为单位建立基层党支部，按组织程序择优提拔3名中层骨干，发展2名新党员，对部分党支部书记和班子成员进行调整。11月末，网点负责人兼任党支部书记的3个，运营主管兼任纪检委员占比达到100%。深入开展“两学一做”专题学习教育，通过采取党委书记上党课、行领导挂点联建、以支部为单位集中学习、举办庆祝建党95周年系列活动、组织学习党的19大报告等形式，使广大党员深刻领会“两学一做”学习教育内涵，增强思想和行动自觉性，党员干部“走出去、沉下去、动起来”的局面初步形成。基层党组织的战斗堡垒作用得到显现；全面“从严治党、从严治行”，加强纪委监督执纪问责力量，从严查处各类违法违纪违规问题，全行纪律规矩意识得到增强；严格执行纪委书记廉政谈话制度，将“八项规定”、总行“28条”和“40个严禁”内化于心、外化于形，全行加强作风建设的自觉性不断提高。

【政企合作】 2017年，农行君山支行在助推区域经济发展方面信贷投放力度有限，区政府资源严重倾斜于信用社等金融机构。为扭转支行在区内资源与金融地位严重不匹配的尴尬局面。一是加强沟通，密切联系。积极同区政府沟通、汇报，让政府了解农行君山支行为区政府各单位、区内企业和人民群众提供金融服务所做的努力和贡献，塑造正面的大行担当形象。二是抓住要害，主动作为。以区内引水工程项目为切入点，积极和政府相关部门对接，为区内民生工程提供金融支持，破解制约话语权的根本性问题。上半年，投放区内引水工程项目贷款5000万元，打开农行君山支行与区政府合作的新局面，也在岳阳市第十六中学综合营销方面争取主动权和话语权。截至2017年末，各项贷款时点3.32亿元，较年初增加5034万元。从增量结构看，对公贷款净增占比大。其中，个人贷款净增594万，占贷款净增额11.8%；对公贷款净增5000万元，占贷款净增额93.2%。

【夯实基础】 2017年，农行君山支行存款高位运行，多措并举，确保存款指标不掉队、不拖后腿。第一，做实大户稳存、增存。落实高端客户重大节日拜访，组织“三八”节户外联谊活动，强化日常电话联系。当年，贵宾客户新增520户，存款余额净增1.36亿元。加强与区政府重点部门和单位对接与沟通，以财政局、社保局、水利局、公积金和城建投等为重点，做好传统节日拜访和日常沟通，有效提升存款留存比率和季末时点存款贡献度。第二，做好理财、保险产品监测与转存。动员网点人员在销售理财产品时对所售产品进行合理期限结构配置，并建立明细台账，季末及时联系客户将产品转存。根据系统提取的保险到期数据，提前与客户取得联系，密切跟踪资金进展情况，确保将到期资金收归。第三，做优全员揽存。在合理测算存款来源和缺口基础上，及时制定支行全员揽存方案，并实行“个人与任务”“个人与网点（部门）”的双挂钩机制和单设突出贡献奖，引导员工团结协作，多做贡献。年末，各项存款时点余额19.61亿元，日平余额19.14亿元，比年初净增4321万。其中个人存款时点余额13.89亿元，较年初增加8300万元，日平余额13.73亿元，较年初增加1.28亿元。

【“双基”管理】 2017年，农行君山支行以深化网点转型为契机，加强队伍建设。在综合考量全行人力资源情况、部门设置和工作实际的前提下，对综合管理部、客户部和支行营业部重新梳理和制定部门（网点）职责，做到该上收的职责上收，该下放职责的下放，合理确定权与责，界限清晰，分管协作，解决支行长久以来对账难、加钞推诿、对公客户分管不到位等问题。坚持“精简、高效”的定岗原则，合理设定部门（网点）人数和实行部门（网点）双选，提升人岗匹配度，确保“人尽其事”“人尽其责”。支行深化绩效改革，充分激发员工效能。根据省、市分行网点转型工作要求和指导意见，已基本完成支行绩效优化分配改革一系列方案的报备工作。注重绩效改革思想动员工作。逐网点召开员工转型动员会，传达网点转型理念，促使员工从观念上逐步转变，接受当前经营变化的趋势。组织部门负责人、网点主任参与绩效改革方案制定，以负责人讲绩效改革作为思想动员的主要形式，逐步让员工践行新理念，激发新作为。优化人员配置，打造核心领导班子。4月，组织内部竞聘，通过综合考评，共选拔7名优秀的中层骨干，为各部门、网点领导班子的组建提供精兵强将，为转型工作落实提供有力支撑。

【治理不良资产】 2017年，农行君山支行组建清收团队，专职化清收、核销。成立清收团队，集中管理不良贷款的清收、核销、诉讼等工作。共核销不良信用卡60户，金额376万元；上门自主清收、强制扣收共收回不良资产342.87万元，收回已核销不良资产64.3万元。加强与外部合作，多渠道清收。共提起诉讼215户，本息合计1697万元；移交公安经侦不良信用卡64户，涉及本金473.13万元；委托律师催收33户，涉及本金369万元，已有2户判决执行。强化存量管控，组织大额白金卡资金复查工作。6月，开展10万元以上白金卡资信复查，涉及客户255户，金额2600万元，已完成184户客户的资信复查。

（陈 德）

中国工商银行君山支行

【概况】 2017年，中国工商银行君山支行（简称工行君山支行）按总行提出的“建世界一流金融企业，做基业长青百年老店”的工作要求，着力强化对市场，对客户的研究各项业务取得可喜的成绩。全年储蓄存款余额22956万元，对公存款9495万元，公司贷款1400万元，个人贷款1900万元，中间业务收入70万元。

【业务工作】 2017年，工行君山支行牢固树立“没有存款，就没有可用资金；没有日均，就没有效益”的理念，突出日均存款，时点存款双向努力目标，迎难而上，认真落实营销举措，全力抓好存款营销工作。

【网点营销】 2017年，做好大额取款挽留工作。网点负责人实行坐班制对大额取款进行挽留。

【柜员营销】 2017年，通过对客户叫号单的信息识别，从办理业务的关键环节入手，柜员养成开口营销习惯。优质小微企业贷款和个人贷款发放，提升工行君山支行的竞争力。加强与区工商联的联系，召开银企座谈会优选小微企业。工行君山支行为岳阳市融盛贸易有限公司发放贷款850万元；为湖南大农粮食有限公司发放贷款400万元；为区“名鑫·洞庭林语”“团结小区”两个房地产项目做好按揭准入。

（彭 颖）

岳阳农村商业银行在君山区范围内的营业服务网点

【概况】 岳阳农村商业银行在君山区范围内现有营业网点 11 个。即君山支行、柳林洲支行、建新支行、广兴洲支行、许市支行、采桑湖支行、钱粮湖支行、良心堡支行、三分店分理处、凉亭分理处、黄金分理处。便民服务网点19个。现有在职员工110

人。在省信用联社、君山区各级政府的大力支持下，岳阳农村商业银行君山区范围内各网点主动顺应经济发展新常态，把握新要求，在全体员工的辛勤努力下，各项工作继续保持良好的发展态势，各项存款稳步增长，贷款支农力度加大，经营效益提升，转型业务发展加快，各项工作呈现出协调发展、整体提升的良好局面，发挥支持区域经济发展的主力军作用。

【业务】 截至2017年12月末，各项存款余额达29.76亿，比年初增加6913万元；各项贷款余额7.77亿，其中涉农贷款7.69亿元，占比98%，小微企业贷款2.06亿元，占比26%。设立金融扶贫点11个，累计发放扶贫贷款741笔，金额2816万元。

（谭岳峰）

人民保险君山支公司

【概况】 中国人民财产保险股份有限公司岳阳市君山支公司（简称人保财险君山支公司），成立于1996年5月18日，现有干部员工27人，其中，大专以上文化27人；内设综合部、三个业务部，下辖君山营销服务部、钱粮湖营销服务部。

【业务】 2017年，人保财险君山支公司认真贯彻落实区委、区政府和上级公司的各项工作部署，于9月30日正式搬迁至君山区九公里处办公。充分发挥保险的经济补偿、社会管理、资金融通等职能，围绕服务当地经济社会发展和民生大局，在服务中求发展，创造良好的社会效益，公司经营管理取得新的成效，业务保持稳定发展，对社会的贡献度进一步提高。全年实现保费收入4670万元，累计支付各类保险赔款3125.6万元，上缴各类税收495.7万元。

【服务】 2017年，人保财险君山支公司以君山营销服务部、钱粮湖营销服务部为依托，根据君山区地域特点，进一步加强服务队伍建设，不断扩大服务辐射范围，进一步拉近保险服务的距离，使广大群众能够更加及时、快捷、便利地享受到保险服务。年内新增“三农”营销服务人员18名，共有服务人员135名，其中，乡镇专（兼）干和村协保员78名。

【产品】 2017年，人保财险君山支公司积极配合支持区委、区政府民生工程建设，针对本区域农村居民经济水平和基本保障需求，开发农村居民小额人身意外伤害保险；针对广大民众对食品安全保障的需要，开发食品安全责任险。公司的服务领域得到进一步扩展。

（黄秋辉）

工业经济与信息化

工业经济与信息化

【概况】 2017年，全区70家规模工业企业完成总产值223亿元，同比增长4.7%；完成规模工业增加值62.7亿元，同比增长5.7%；全区工业实缴税金8089万元，同比增长12.9%；工业用电7480万度，同比下降3.9%；工业占GDP的比重为39.9%。

【信息化工作】 推进信息化进程。2017年，根据湖南省经信委确认，君山区54个行政村，光纤开通率、4G开通率均达到100%。君山银针建立了信息服务中心，采用现代ERP系统实施企业内部实时数据采集，控制生产环节，提高产品质量，同时结合茶叶行业特点，按照“BIB”模式搭建企业电子商务平台。

【工业投资】 全区完成工业固定资产投资66.1亿元，同比增长5.7%；完成工业技改投资51.7亿元，同比增长5.2%。三利和食品、兴蒙制药、雅美时电子、众厨乐食品、劲扬生物等7个项目新建成投产。兴达化工转型项目、大农米业、吉兴通电子、君聚源电子、爱润食品、巧娃食品、口水娃食品、小龙虾速食品、天乐包装、拉丝蛋白等15个项目陆续开工建设。

【企业创新】 劲阳电子、展翔生物2家企业成功申报高新技术企业，神威电磁铁等5家企业申报战略性新兴产业企业。

（张四铭）

规模以上工业总产值

表3　　单位：个、人、万元

	企业个数	职工人数	按当年价计算
总计	59	22684	1622820
一、按行政区划分：			
1.柳林洲镇	46	15420	1090339
2.广兴洲镇	2	175	5877
3.许市镇	3	1661	107606
4.钱粮湖镇	6	4672	351184
5.良心堡镇	2	756	67814
二、按园区划分：			
1.园区企业	42	14688	1155227
2.非园区企业	17	7996	467593

主要工业产品生产量

表4

项目	计量单位	产品生产量
自来水生产量	万吨	4743
大米	万吨	22
食用植物油	吨	78131
其中：菜籽油	吨	56702
饲料	吨	212206
饮料酒（白酒）	吨	1147
纱	吨	30115
布	万米	13277
中成药	吨	26040
塑料制品	吨	35242
服装	万件	1583

规模以上工业主要经济指标

表5

亏损企业亏损总额	利税总额	应交税金及附加	本年应付职工薪酬	本年应交增值税	全部从业人员年平均人数（万人）
0.01	8.02	2.74	9.08	0.67	2.27
0.00	0.00	0.00	0.00	0.00	—
0.01	8.02	2.74	9.08	0.67	2.27
—	0.25	0.14	0.47	0.03	0.19
—	0.25	0.13	0.48	0.05	0.15
—	1.48	0.47	0.88	0.11	0.23
—	1.27	0.40	0.66	0.07	0.15
—	0.21	0.08	0.22	0.04	0.08
—	0.33	0.04	0.21	0.01	0.05
0.01	5.71	1.96	7.05	0.47	1.64
—	0.69	0.18	0.46	0.07	0.12
0.01	4.73	1.62	6.17	0.32	1.45
—	0.29	0.16	0.42	0.08	0.07
—	1.20	0.45	1.42	0.14	0.46
—	0.25	0.14	0.47	0.03	0.19
—	0.25	0.13	0.48	0.05	0.15
—	0.69	0.18	0.46	0.07	0.12
—	0.61	0.21	0.63	0.09	0.13
—	0.33	0.04	0.21	0.01	0.05

续表5

亏损企业亏损总额	利税总额	应交税金及附加	本年应付职工薪酬	本年应交增值税	全部从业人员年平均人数（万人）
—	0.29	0.16	0.42	0.08	0.07
0.01	6.21	2.09	7.04	0.44	1.68
—	1.27	0.40	0.66	0.07	0.15
0.01	4.73	1.62	6.17	0.32	1.45
—	0.21	0.08	0.22	0.04	0.08
0.00	0.00	0.00	0.00	0.00	—
0.01	–0.01	0.00	0.02	—	0.01
—	1.52	0.54	1.13	0.11	0.33
0.01	6.87	2.34	8.29	0.52	2.01
—	1.15	0.40	0.79	0.14	0.25
—	0.09	0.05	0.82	0.00	0.13
—	3.70	1.47	5.74	0.30	1.33
0.01	4.22	1.22	2.52	0.36	0.80
0.01	8.02	2.74	9.08	0.67	22684
0.01	7.76	2.67	8.86	0.63	22236
0.01	1.46	0.62	2.50	0.14	7258
—	0.37	0.10	0.44	0.02	853
—	0.37	0.10	0.44	0.02	853
0.01	0.26	0.04	0.07	0.01	268
0.01	0.26	0.04	0.07	0.01	268
—	0.14	0.12	0.41	0.01	1585
—	0.14	0.12	0.41	0.01	1585
—	0.25	0.19	0.73	0.04	2972
—	0.25	0.19	0.73	0.04	2972
—	0.03	0.02	0.45	0.02	540
—	0.03	0.02	0.45	0.02	540
—	0.42	0.14	0.40	0.04	1040
—	0.42	0.14	0.40	0.04	1040
—	0.23	0.11	0.52	0.01	1478
—	0.15	0.07	0.44	0.00	1156
—	0.15	0.07	0.44	0.00	1156
—	0.08	0.04	0.09	0.01	322
—	0.08	0.04	0.09	0.01	322
—	0.30	0.11	0.32	0.02	661
—	0.24	0.09	0.21	0.01	265
—	0.24	0.09	0.21	0.01	265
—	0.06	0.02	0.11	0.00	396
—	0.06	0.02	0.11	0.00	396
—	1.37	0.44	1.97	0.13	4268

续表5

亏损企业亏损总额	利税总额	应交税金及附加	本年应付职工薪酬	本年应交增值税	全部从业人员年平均人数（万人）
—	1.03	0.34	1.77	0.08	3729
—	0.76	0.26	1.53	0.08	2708
—	0.28	0.08	0.24	0.00	1021
—	0.33	0.10	0.20	0.05	539
—	0.33	0.10	0.20	0.05	539
—	0.09	0.04	0.01	0.01	41
—	0.09	0.04	0.01	0.01	41
—	0.09	0.04	0.01	0.01	41
—	0.72	0.12	0.20	0.00	505
—	0.72	0.12	0.20	0.00	505
—	0.72	0.12	0.20	0.00	505
—	0.36	0.15	0.49	0.06	1216
—	0.36	0.15	0.49	0.06	1216
—	0.04	0.03	0.26	0.01	349
—	0.32	0.12	0.23	0.05	867
—	0.03	0.01	0.03	0.00	77
—	0.03	0.01	0.03	0.00	77
—	0.03	0.01	0.03	0.00	77
—	1.50	0.44	1.04	0.08	1823
—	1.12	0.33	0.22	0.07	315
—	1.12	0.33	0.22	0.07	315
—	0.00	0.00	0.03	—	98
—	0.00	0.00	0.03	—	98
—	0.38	0.11	0.79	0.00	1410
—	0.38	0.11	0.79	0.00	1410
—	0.39	0.09	0.35	0.02	891
—	0.03	0.01	0.08	0.01	235
—	0.03	0.01	0.08	0.01	235
—	0.36	0.08	0.27	0.01	656
—	0.36	0.08	0.27	0.01	656
—	0.09	0.03	0.10	0.00	251
—	0.09	0.03	0.10	0.00	251
—	0.09	0.03	0.10	0.00	251
—	0.10	0.06	0.09	0.02	317
—	0.03	0.01	0.03	0.00	61
—	0.03	0.01	0.03	0.00	61
—	0.03	0.02	0.02	0.01	97
—	0.03	0.02	0.02	0.01	97
—	0.04	0.03	0.03	0.01	159

续表5

亏损企业亏损总额	利税总额	应交税金及附加	本年应付职工薪酬	本年应交增值税	全部从业人员年平均人数（万人）
—	0.04	0.03	0.03	0.01	159
—	0.25	0.12	0.75	0.01	1387
—	0.03	0.01	0.03	0.00	62
—	0.03	0.01	0.03	0.00	62
—	0.22	0.11	0.73	0.00	1325
—	0.22	0.11	0.73	0.00	1325
—	0.31	0.07	0.08	0.03	349
—	0.06	0.02	0.03	0.01	142
—	0.06	0.02	0.03	0.01	142
—	0.13	0.00	0.03	—	117
—	0.13	0.00	0.03	—	117
—	0.11	0.04	0.02	0.03	90
—	0.11	0.04	0.02	0.03	90
—	0.28	0.08	0.20	0.00	650
—	0.28	0.08	0.20	0.00	650
—	0.28	0.08	0.20	0.00	650
—	0.04	0.03	0.01	0.01	56
—	0.04	0.03	0.01	0.01	56
—	0.04	0.03	0.01	0.01	56
—	0.17	0.10	0.16	0.05	742
—	0.03	0.02	0.05	0.01	195
—	0.03	0.02	0.05	0.01	195
—	0.10	0.06	0.02	0.03	135
—	0.10	0.06	0.02	0.03	135
—	0.02	0.01	0.02	0.00	98
—	0.02	0.01	0.02	0.00	98
—	0.01	0.01	0.07	0.00	314
—	0.01	0.01	0.07	0.00	314
—	0.04	0.03	0.04	0.01	207
—	0.04	0.03	0.04	0.01	207
—	0.04	0.03	0.04	0.01	207
—	0.05	0.04	0.01	0.01	59
—	0.05	0.04	0.01	0.01	59
—	0.05	0.04	0.01	0.01	59
—	0.26	0.07	0.22	0.04	448
—	0.26	0.07	0.22	0.04	448
—	0.26	0.07	0.22	0.04	448
—	0.26	0.07	0.22	0.04	448

工业园区建设

【概 况】 2017年，君山工业园按区委、区政府的统一部署，紧扣全市产业园区建设大会战目标任务，深入贯彻落实“园区十条”，精密安排部署，广泛宣传动员，创新方式方法，层层压实责任，园区发展稳步推进。年内完成技工贸总收入约122亿元；完成规模工业增加值29.6亿元，占全区规模增加值61.5%，产业集群占比为59.17%，高新技术产业增加值占比54%；完成税收0.55亿元、固定资产投资总量11.95亿元；所有指标均已完成市定目标。

【基础设施】 2017年，园区坚持高起点、高标准规划建设，厂房设计与布局前瞻性、实用性兼备，配套设施规划集聚生产要素的同时，充分考虑员工休闲、购物、娱乐、子女就读等生活功能，逐步实现产城融合；绿化园林式园区渗透海绵城市雨水花园理念，微地形中文化与生态相融共生，宜居宜业的特色充分彰显。园区承载能力日益提升。与主导产业息息相关的分布式能源、冷链物流、污水处理、集中供热、公租房、行政服务（会展）中心等项目即将动工或已投入运营；与生产配套的六纵八横道路骨架网、管廊式水电设计、全覆盖式网络逐步健全；与企业生产密切相关的标准化厂房已建成36万平方米，年度建设厂房面积创历史新高。园区招商基础平台不断夯实。

【招商引资】 2017年，园区紧密与君山异地商会、寓外乡友联系沟通，大力实施领导招商、专业招商和以商招商，招商引资工作取得新突破。全年，累计收集招商项目信息100多条，新签约引进招商项目21个，合同引资总额43亿元，开工项目15个，竣工投产项目7个，过5亿元的工业项目4个（庆胜新能源、格玛童车、华自新能源、华南仓储物流），年度招商引资项目数量和质量双双刷新历史记录。

【项目建设】 2017年，要素保障上采取协议征地、流转土地征地等多种方式，解决征地难题，保障用地供给，目前已完成征地500亩。交流园区全部班子成员和部分干部，推行绩效考核激励，园区干部干事创业激情迸发；大力实施人才工程，通过全区招考已引进人才2名，参照城建投的人才引进模式拟引进人才7名，当年已挂网，城建投保障资金投入，全力配合支持，园区形成以绩效论英雄、以实干评优劣的良好氛围。在项目调度上，实行“一个项目、一名领导、一套班子、一抓到底”的工作机制，坚持双周定期调度，及时解决了庆胜新能源、雅美时、三利和、吉兴通等项目存在的困难和问题40多个，以重大项目健康发展推进园区产业的大跨越。在服务方式上，优化项目入园审批流程，实行“一窗受理、联合踏勘、串并联审批、在线审批、一表收费、协同监管、联合验收”的运行机制，实行部门集中办公，对企业提出的问题逐一会诊，对急需审批的事项马上审批，办事效率提速50%以上。在协税护税上，与国地两税一同深入企业调查税收情况，对税收征缴异常情况的企业，采取积极的措施进行帮扶。

【制度建设】 2017年，园区建立健全并严格执行各项规章制度，坚持用制度管人管事管钱，把好管理关口，不留“暗门”，不开“天窗”。切实加强园区队伍建设，通过强化学习培育干部健康生活情趣和积极的工作心态，积极倡导勤勉敬业、勇于担当、无私奉献的高尚情操；加强廉政教育，筑牢园区思想防线，教育和督促园区机关干部不踩“红线”、不触“底线”、远离“高压线”，全力打造风清气正、和谐共赢的园区团队。

（陈 荣）

企业选介

【湖南劲阳电子有限公司】

2012年签约入园，已累计上缴各类税收1000万元，安排就业180人，公司产品主要用于国家电网和南方电网智能电表，行业占有率达到65%以上。2017年，公司的产能已经不能满足市场需求，新上了热敏电阻产能从年产3亿只扩产到年产6亿只，月产20万只的浪涌保护器生产线。目前已在园区租赁标准化厂房。预计项目投产后，年产值1.5亿元，年上缴税收500万元。

【岳阳市佳顺食品有限公司】 成立于2007年4月，注册资金500万元，公司位于君山工业园荆江门片区内，是一家集生产、销售、代加工等于一体的有限公司。主要生产洞庭湖野生芦苇笋、野生水芹菜、洞庭湖臭桂鱼、洞庭湖刁子鱼等农副产品销售。公司以雄厚的实力、合理的价格、优良的服务与多家企业建立长期的合作关系，产品遍布全国各地。2017年，实现销售收入约6000万元，年上缴税收200万元。

【岳阳天香中药饮片有限公司】 位于君山工业园荆江门片区，是一家集中药饮片生产、销售为一体的民营中药饮片企业。2008年成功通过国家GMP认证，2013年通过国家2010版GMP延期认证，并于2015年12月顺利取得国家新版GMP认证证书，是岳阳地区首家通过GMP认证的中药饮片生产企业。企业涵盖中药饮片的净制、切制、炒制、炙制、蒸制、煮制、炖制、燀制、制炭等多种生产炮制工艺，具备600多个品种、1000多个品规的中药饮片生产销售能力，年产中药饮片1000余吨。产品主要销往湖南、湖北及岳阳周边地区，产品入市后深受客户及消费者好评。预计2018年，实现销售收入7000万元，上缴税收300万元。

【岳阳市巧娃食品有限公司】

建于1997年，是一家专业从事休闲食品研发与深加工的企业，下辖岳阳市巧娃食品有限公司和湖南洞庭渔乐园食品有限公司。有生产基地40亩，厂房建筑面积15000多平方米，专业生产鱼制品、豆制品、蔬菜制品。公司拥有固定资产6000多万元，年产值1.5亿元，安置员工就业400多人。其中专业技术人员50余人。公司在洞庭湖绿色食品产业园投资2亿元，在君山工业园建标准化厂房第四期第8栋整栋，建设休闲鱼制品生产项目。预计年创销售收入 8000万元，上缴税收 270万元。

【岳阳君聚源新能源科技有限责任公司】 位于君山区柳林洲街道办事处洞庭湖绿色食品产业园区，2017年7月在市工商行政管理局君山分局登记，注册资本500万元。主要经营锂离子电池制造，锂离子电池材料的生产、销售、研制。目前，该企业正处于试生产阶段2017年，实现销售收入1亿元，上缴税收300万元。

【岳阳雅美时电子科技有限公司】

成立于2014年5月，位于区柳林洲镇君山大道349号，注册资金4000万元。主要生产电子产品（不含无线电管制器材）的研发、生产及销售；电子工程施工（涉及行政许可的凭许可经营）。岳阳雅美时电子科技有限公司是一家生产高性能微型扬声器电声配件、LED照明产品以及高精度激光设备的公司。本公司具有较强的自主研发能力拥有知识产权证书，产品专利8项，LED产品2项，激光自动化设备已申报6项。2017年，实现销售收入8000万元，上缴税收220万元。

【岳阳市永金起重永磁铁有限公司】 成立于2002年，主要从事永磁铁磁力起重设备的研发、生产和销售。公司注册资本1200万元，现有员工85人。公司开发出常规型、磁力渗透型、加长型、超宽加长型、高温型等多种型号规格的自动变换磁路起重永磁铁产品和手动变换磁路永磁起重器产品，各种产品均拥有自主知识产权。永金自动变换磁路起重永磁铁产品利用起重设备吊钩的上下起降带动转动臂运动，完成生磁和消磁循环，达到吸卸料目的，适用于船舶修造、铆焊厂、结构件厂、仓库、车间、货场等，可与各种起重设备配套使用，吸吊所有导磁材料。手动变换磁路永磁起重器只需转动手柄，就可以实现生磁和消磁循环，达到吸卸料目的，适用于小型工件、超厚圆柱、棱台、中厚板材、型钢的配送和机械金属加工。公司已向全国大中型船舶修造、工程机械、重型机床、模具制造、钢铁冶炼、港口机械、物流中转等企业提供数万台（套）产品。2008年，在君山工业园征地30亩，兴建起重永磁铁生产基地。建成两栋3000平方米标准双跨厂房，新引进数控剪板机等大型机器设备30余台（其中数控设备13台），检测和试验仪器20余台套，形成年产起重永磁铁6000台（套）的生产能力。按照ISO9001标准建立的质量体系是产品质量的根本保证。公司先后获得“中国著名品牌”“守诚信重质量单位”“AAA级质量诚信单位”“中国名优品牌”等荣誉。产品由安邦财产保险公司承保，实行“三包”，即一个月内包退，两个月内包换，一年内包免费维修。2017年，实现销售收入8000万元，上缴税收250万元。

【湖南金联星冶金材料技术有限公司】成立于2001年，位于君山大道6888号，现注册资本3000万元，是国内较早专业从事研究、设计、生产新型铝合金熔炼与铸造材料品种最多、最齐全的一家高新技术企业，总资产达1.2亿元。已申请、授权或拥有6项发明专利技术及2项实用新型专利，共生产出4大系列产品，其中“AlSr20铝锶合金线材料”填补了国内空白。产品渗透到冶金、机电、交通、建材等制造行业，并出口到德国、美国、土耳其、俄罗斯等国家和地区，在广东佛山、浙江金华、江苏无锡、重庆等地设有办事处。公司自创办以来，始终坚持科技兴企战略，不断研究开发新技术、新产品，在国内是唯一一家能替代进口产品的高锶含量铝锶合金线材进行系统开发并应用的企业，积累了丰富的研发和生产经验。通过近十年的发展，已形成研究、中试转化、生产、销售相结合的科技成果转化和推广应用体系，成为国内铝合金熔炼及铸造材料行业的龙头企业。公司建立现代企业管理制度，运用先进的经营管理理念管理企业，建立科学、完善的企业文化体系，充分发挥员工的团队精神，取得突飞猛进的成绩。公司由最初成立时注册资本50万元、员工10人、一间只有100多平方米的简陋的实验室（和车间），逐步发展到现在注册资本3000万元，拥有2名博士、5名硕士在内的182名员工，厂区占地面积达5.33公顷，建有标准厂房1.8万平方米，固定资产 5600 万元的高新技术企业。2007年，被市科技局、市财政局评为“技术创新试点企业”、被省经委列入“湖南小巨人计划企业”。2008年，列入省首批重点培育的66家后备上市企业、被省科技局、省财政局、省国税局、省地税局联合认证为享受国家税收优惠政策的“湖南省高新技术企业”。2017年，实现销售收入2亿元，上缴税收800万元。

【岳阳大地印务有限公司】 于2009年10月签约入园，占地50亩，建设标准房屋6幢，其中厂房2幢，2010年6月正式投入生产，现已拥有固定资产5000多万元。2017年，再投资3000万元，新建厂房和引进新设备，9月，将德国购置的全新生产设备安装到位后新建项目正式投入生产。公司现有员工150人，其中高级技术人员68人，安排下岗失业人员60人。主要经营范围为高档画册、精品包装盒，产品包装盒、药品包装及简装盒，公司简介、说明书、宣传册、标书、表格、无碳复写纸及商标、各种标签、不干胶的设计印刷。一直与金光集团等全国知名造纸企业合作，共同探讨研制挂面行业特定的专用食品级挂面包装纸。经过各挂面厂的多次反复试包，赢得全国多家挂面企业的肯定，形成以挂面包装纸印刷为主的且较具规模的生产基地，销售业绩逐年攀升。2017年创产值8000万元，上缴税收180万元。

【岳阳精诚印刷有限公司】 于1996年8月成立，是一家生产挂面、包装箱、印刷的民营企业，公司法定代表人为邓世伟。注册资金150万元，现有员工220人。2009年与君山工业园签约，征地35亩，建8000平方米的生产车间，建综合办公楼1500平方米，建仓库4000平方米，建一条包装全自动流水线及相应的彩印配套设备，项目总投资6000多万元，安排就业400—500人。至2017年形成面条生产线年产挂面2万吨，创产值6000万元，实现税收100多万元。

【岳阳中力新材料有限公司】

位于君山工业园大众路，占地40余亩，总投资6000万元，建有厂房2栋、仓库4栋、综合办公楼一栋和员工宿舍楼一栋，拥有新型环保聚氨酯发泡设备及加工设备11台。2007年被省科技局、省财政局、省国税局、省地税局联合认证为享受国家税收优惠政策的“湖南省高新技术企业”。2017年9月，全面投入生产，现有员工120人，其中高级技术人员4人，中级技术人员14人。专门从事海绵、复合布、席梦思沙发、坐垫等产品的生产和销售，海绵种类涵盖有中低密度与高密度海绵、慢回弹与高回弹海绵、阻燃与不可燃海绵、闭孔及开孔规格海绵等。生产的30多个系列海绵产品已广泛应用于家具生产、汽车坐垫、鞋材应用、清洁用具、打印机构件、过滤设备上。销售网络覆盖全国各地，年创产值5000万元，税收100多万元。

【岳阳神威电磁设备有限公司】

成立于2009年5月。是一家集科研、制造、服务型私营制企业。公司于2011年6月入驻君山区工业园，占地33.5亩，总投资2100万元。现已进行一期建设投入，基本配套和基础设施都已完成，公司现正筹备动工建设二期工程，包括一栋钢结构厂房2800 平方米，一栋综合办公楼四层2600平方米，9月上旬动工，工期6个月，现有员工38人，总产能达2500万。二期投入后总产能翻一翻，人数达到50人，年销售额达4000万元，实现税收80万元。主要生产经营起重电磁铁、电磁永磁除铁器、电缆卷筒、整流控制设备、停电保磁控制设备、电磁搅拌器、变频电源、整流变压器等电磁成套设备。公司产品畅销国内外各大型钢铁企业、造船厂、煤矿、港口码头、机械制造厂、锻造厂等，市场需求稳定，涉及领域广。公司在做好常规产品的生产同时，把目光投向高附加值，市场稀缺的加工服务业，实现利盈增长点的突破，寻求公司快速健康的发展。2017年，实现销售收入5000万元，上缴税收200万元。

【岳阳致远电磁技术有限公司】

于2009年2月签约入园，占地50亩，厂房面积6000平方米。现在岗职工总人数112人，其中管理人员37人，高级职称8人，中级职称13人，设计人员16人。公司是集技术开发、生产制造、售后服务于一体的股份制企业。率先通过了ISO9001：2000等质量体系认证，产品质量稳定可靠。产品范围涵盖：起重电磁铁、电磁除铁器及配套电控设备，停电保磁装置、永磁吸吊器、永磁除铁器、电缆卷筒、软管卷筒、微机配铁称、金属探测器、电动卷筒、电磁轮、永磁轮、电磁辊、永磁辊、磁选机，以及其他相关磁电产品的制造，销售，机械加工，所有产品均可根据客户需求量身订做。营销网络星罗棋布，遍布全国。产品还远销欧美和东南亚的印尼、马来西亚、新加坡、越南以及中国台湾地区等。2017年，创销售收入9000万元，上缴税收300万元。

【湖南国泰食品有限公司】 主营酱腌菜深加工和销售，注册资金800万元，总投资8000万元，新建标准厂房1.5万平方米，配有自动化流水生产线200多台套，每天可生产各种小包装酱腌菜400万包。员工878人，有职称的专业人员56人，其中中级以上20人。自2010年3月始正式运作。2011年8月通过HACCP、ISO9001：2008等质量管理体系认证。2011年被评为省农业产业化重点农业龙头企业。实施公司+基地+农户+合作社经营的产业一体化经营管理模式。年加工各类蔬菜8至12万吨,带动基地面积2.5万亩,惠及农户1万多户，年增加农户收入3000多万元，2010年、2011年分别实现销售产值1.07、1.2亿元，2011年缴税金500多万元。公司与康师傅控股、今麦郎日清食品、白象集团、三江购物、东方航空、南方航空等企业结为长期合作伙伴。2017年，实现销售收入1.5亿元，上缴税收400万元。

【湖南李记食品有限公司】

2006年在君山投资新建，并于2007年7月正式投产。占地面积7.09公顷，总资产9300万元，现有员工850人，各类技术人员29人，其中高级技术人员4人，中级技术人员14人。公司拥有鱼酸菜生产线一条及酸菜风味包生产线一条，年加工鲜蔬菜12万吨。公司重视产品质量及品牌建设，在全国与多所高校及研究院有合作关系，并与中国食品发酵工业研究院合作，筹建“中国李记”泡菜研发中心。2009年公司通过ISO9001、ISO14001及HACCP三大国际认证体系；2010年公司与国家科技部签订星火计划项目任务书，同年“李记枭雄”获得湖南省著名商标称号，公司还是湖南省农业产业化龙头企业。主要生产酱腌菜系列产品，以销定产，产品覆盖全国市场。12月，与统一企业及白象集团合作，生产具有自主品牌的酸菜风味包系列产品，在市场上取得热烈反响。产品质量一等率达99.9%以上，合格率、产销率均达100%。2017年，实现销售收入1.2亿元，上缴税收280万元。

【湖南童记三利和食品有限公司】 湖南童记三利和食品有限公司成立于2007年，是一家专业从事鱼制品、肉制品、豆制品深加工的绿色食品企业，现有员工500多人，年产值3亿元，拥有休闲酱汁鱼领导品牌、湖南省著名商标“童记三利和”。由该公司投资建设的年产5万吨休闲食品项目，总投资2.5万元，占地5.62公顷，总建筑面积9.68万平方米，其中标准化厂房8.5万平方米，办公、研发等配套设施1.17万平方米，项目分两期建设，第一期投资1.3亿元，建设标准化厂房6.18亿平方米，配套建筑5245平方米，目前一期已全部建成投产；二期投资12000万元，主要建设厂房3.5亿平方米及相关配套设施。预计建成投产后年产值将突破10亿元，税收6000余万元，解决劳动力就业1200多人。2017年，实现销售收入1.2亿元，上缴税收350万元。

（陈　荣）

电力工业

【概况】 2017年，国网君山区供电公司现有主业员工141人，农电员工49人。君山区范围内10千伏线路35条，长度788.68公里。变电站4座：其中110千伏变电站1座；35千伏变电站3座。共有在运主变7台，总容量523.5兆伏安。其中110千伏主变1台，容量200兆伏安；35千伏主变6台，容量323.5兆伏安。

【供电情况】 2017年，区供电公司完成售电量2.46亿千瓦时、比上年增长7.32%；应收和实收电费16300.34万元，电费回收率、电费上解率100%；城网实际供电可靠率99.9686%；农网实际供电可靠率99.8151%，全面完成市公司指标。工业用电8477.15千瓦时；农业用电2632.09千瓦时；居民生活用电11497.63千瓦时。

【电网安全】 2017年，区供电公司深入开展“本职安全年”活动，狠抓现场安全管理，截至12月31日，连续安全生产5735天。未发生外人触电伤亡事故，全年被省公司评为无违章现场1处，市公司无违章现场4处。

【电网建设】 2017年，农网项目：君山区10千伏钱东Ⅰ回线路改造等工程；许市镇许家牌村等中低压配电网改造工程（集抄）；柳林洲镇双元村中低压配电网改造等工程；钱粮湖镇三分店村中低压配电网改造等工程。共投资3379.73万元，完成3379.73万元。城网项目：区10千伏君柳Ⅰ回纺织厂台区新增布点等工程；10千伏君柳Ⅱ回芦花洲1#台区新增布点等工程。

（胡加强）

交 通

【概况】 2017年，君山区交通运输局紧紧围绕区委、区政府“打造洞庭生态明珠、建设现代滨江新区”奋斗目标，以办人民满意交通为宗旨，为区域经济发展提供基础保障；以创“四好农村路”示范区为统揽，为区域道路网格构建发展奠定坚实基础；以“交通大建设、大提质、大发展”为契机，为项目前期、项目建设、项目监管营造高效快捷的建设环境，全力打好交通建设大会战和港口建设大会战，积极创建“四好农村路”示范区，较好地完成了全年目标任务。全区交通运输工作在区委、区政府领导下，紧紧围绕全区经济社会发展的总体部署和加快建设区域性综合交通枢纽的总体目标，凝心聚力、攻坚克难、真抓实干，各项工作成绩可圈可点，圆满地完成各项工作任务，获得全市交通运输发展目标管理考核一等奖（连续九年）、市级“四好农村路”示范县、市交通建设大会战先进单位（全市六区六县仅君山区和平江县全部获得此三项奖励）；全区综合绩效考核、安全生产、人口和计划生育、脱贫攻坚、民生实事、“五联”竞赛、议案提案办理先进单位、争资争项工作一等奖、重大项目建设工作二等奖、抗洪抢险、综治工作（平安建设）合格单位等十几项荣誉。

【道路建设】 2017年，省道304线建新口至南堤拐公路工程：该项目2013年7月纳入湖南省“十二五”中期干线公路调整规划，属于岳阳市交通建设大会战君山区干线公路项目。起点位于建新良种场西南侧与国道240线（原省道306线）相接，止于君山区南堤拐，全长22.79公里，估算总投资1.7亿元。全年投资1.3亿元，完成全部路基建设，四标达竣工验收标准。洞庭大道西延（花漾年华—建新间堤）工程：该项目为2017年区政府重点推进的重大项目建设之一，是岳阳市第二批重大开工项目之一。全长4.576公里，路幅宽55米，市政道路，总投资3.43亿元。线路起点为花漾年华十字路口，终点为建新大堤。全年投资3600万元，完成一期工程（加油站至省道306线与柳毅路交汇处1.745公里）的前期工作和路基工程建设。创建“四好农村路”示范区：按照省市统一部署，在全区开展以“建好、管好、护好、营运好”为主题的“四好农村路”建设活动。“四好农村路”及基础设施升级行动建设总投入资金2131万元，新修农村道路24.05公里，道路升级改造20.78公里。旧桥维修1座，新建1座，创建省级文明示范路60公里，管养示范乡镇2个。君山区“四好农村路”建设工作进入岳阳市先进行列。农村公路、安保工程、危桥改造项目：全年投资8172.7万元，完成农村公路提质改造36公里、安防工程124公里、建设20个招呼站。华南石化进仓路：全长0.41公里，二级公路。全年总投资500多万元完成建设任务。君山区旅游路道路工程：已完成工可编制和规划方案设计。

【港口建设】 荆江门作业区一期工程：根据区委、区政府研究决定，该项目暂按陆域和水域两块分步进行建设。按照全区港口大会战的工作要求，全年投资2000万元，完成全部水工船舶停靠平台和全部栈桥（二座）建设任务。LNG液化天然气码头建设工程：我们积极配合华电集团，加强与交通部、省交通厅、市交通局对接，拟建3个LNG接收码头、4个输出码头、2个工作泊位以及储运、气化、管输等配套设施，年储存量约150万吨，总投资30亿元。7月，交通运输部下发《关于印发长江干线京杭运河西江航运干线液化天然气加注码头布局方案（2017—2025年）的通知》，将岳阳港君山港区纳入布局范围之内。2017年该项目完成了拟选址踏勘、限制性条件排查、用地红线图测绘、土地申报和规划设计方案等前期工作。林阁佬作业区二洲子码头建设：拟建2个3000吨级兼顾5000吨级江海轮泊位，设计年吞吐量150万吨。项目总投资估算2.5亿元。2017年完成陆域部分仓储建设和水工部分工程测量，码头工程可行性论证报告、防洪评估和航道安全论证正在编制中，累计完成投资1.1亿元。岸线管理治理：一是通过开展非法砂石码头专项整治行动，取缔、关停了长江、洞庭湖、藕池河东支沿岸所有的非法砂石码头（39处）。收回可利用岸线4520米，清除砂石36.7万吨，机械设施设备33（台/套），拆除违章建筑、房屋（板房）18间，拖离煤炭码头工作趸船1艘，挖断进场道路180多米。二是将码头的进场道路挖断或用混凝土封闭，清理堆场及设备，并对非法砂石堆场进行覆土与复绿工作。长江沿岸的14处非法砂石码头已全部完成覆土复绿工作，在15天的时间内完成覆土5.88万方，复绿面积19.6万平方米，出动施工设备中（大）型挖机60多台次，出动人工对草皮（草籽）水土保持维护100多人次，施工费用180万元。后阶段将继续对洞庭湖沿岸25处非法砂石码头开展覆土复绿措施，同时加强非法码头巡查、监管力度，防止已关停的非法码头死灰复燃或有新的非法码头经营。三是完成岸线控制性详规编制，已进行部门意见征求，待与岳阳港总体规划对接后，再进行专家评审。

【安全生产】 2017年，严格落实交通运输安全生产“党政同责、一岗双责”监管责任，持续开展“企业安全生产责任年”和“隐患清零”专项行动，全年共组织各类安全执法检查行动110余次，出动执法人员327人次，检查生产经营单位190余家，下达执法文书18份。实行长途汽车售票实名登记制，重点做好道路旅客运输、危化品运输、渡口渡船安全及春运、节假日、两会等特殊时段的安全工作，实现全年安全生产责任“零事故”，为全区经济社会发展创造良好环境。

【超限超载治理】 2017年，共处罚超限超载车辆130台次，卸载货物1324.1吨，纠正非法改、拼装车辆（含切割“马槽车”）16台次，罚款42万元（罚款不含桥头、建新站数据）。全区站点车辆超限超载率下降至上级规定的范围以内，迎接好省厅每年4次的超限率调查和检查，确保超限率为零；确保不出现严重的货车非法超限超载情况；确保治超工作进入全市先进行列。

（曾　艳）

公路运输

【概况】 2017年，君山公路管理局是岳阳市公路局下属正科级事业单位，主要担负着君山区域内2条省道（306线、202线）和3条县道（090线、072线、114线）5条线路共99.5公里公路的建设、养护和管理工作。局机关内设办公室、人事股、安机股、工务股、财务股等职能股室，下辖路政执法大队、中心养护站。现有干部职工119人，其中大专以上学历52人，工程等专业技术人员25人。

【养护生产】 2017年，区公路管理局日常保养和养护保畅工作常抓不懈，干支线养护综合优良率达73.561%，超过市定目标2个百分点；沥青路面坑槽修补规范，水泥路面清灌缝、压浆换板等预防性养护措施成效明显，桥梁日常养护和隐患排查整改得到了加强；积极应对用路破损，县090线保持安全畅通。共完成养护、安保工程投入463万余元，被区委、区政府授予道路交通安全专项整治先进单位称号。

【项目建设】 县道072线建新至广兴洲段拓宽改造项目由公路管理局负责，现已完成初设方案、工可编制等立项申报，正在办理规划、用地、地勘、环评、水保等手续，外业设计各项工作同步进行。

【路政管理】 2017年，君山路政执法工作，继续围绕“执法管理规范化、超限超载治理常态化、大队建设标准化”的工作目标，按照年初制定的路政工作措施，履职尽责，狠抓落实，全年共清除路障353处，拆除擅自设置非公路标志牌23块，整顿公路沿线违法摊点67个，清除违法棚屋75个、拆除违法建（构）筑物5处，清除公路边坡农作物约2公里，有力有效维护路产路权。办理路政案件9起，其中办结赔补偿案件6起，办理许可案件3起，路政管好率96%。

（曾　艳）

农　业

农村经营管理

【概况】 2017年，君山区农村经营管理局以中共十八届六中全会精神为指导，按照省、市农村工作会议要求，紧紧围绕深化农村改革主旋律，进一步加快、规范农民合作社发展，进一步加强农民权益维护和农民负担监督管理、农村土地承包管理、农村集体“三资”管理，着力解决农经工作当前面临的热点、难点和焦点问题，不断探新工作方式，全面完成各项任务。全年，全区合作社总数达到434家；新增家庭农场29家，完成3家国家级示范社的监测以及4家省级示范社清理认定工作。荣获全省发展农业适度规模经营工作先进单位，岳阳市农村经营管理工作先进单位、市农民专业合作组织建设工作先进单位、市培育发展家庭农场工作先进单位、市农村土地承包经营权登记颁证工作先进单位。

【村级财务管理及农村党风廉政建设】 2017年，区农经局一是开展村级财务清查。牵头完成全区第五届村居换届财务清查和村居组织成员的经济责任审计工作，督促各镇（办）对审计工作中发现的问题进行整改。突出重点安排专人到许市、良心堡镇整顿和规范村级财务和资产管理，有效防止侵占、挪用和私设“账外账”“小金库”等问题的发生。根据省纪委统一要求，督促各镇办对2017年上半年度村级财务在“互联网+监督”平台进行公开，并按要求对村级财务公开内容进行统一规范。对全区村级财务软件全面升级改造。二是推进农村集体经济年度达标工作。申报省级集体经济发展示范村1个、进步村4个，申报市级示范村3个。按照农业部统一部署，着手推进集体产权制度改革，制定区集体产权制度改革试点工作方案（草案），将广兴洲镇洪市村定为试点村。三是加强村务公开监督和村民监督委员会的建设指导。着力指导乡镇对全区53个行政村实行村账“双代管”建设。为推进全区“三资”管理工作，根据实际制定《君山区农村三资管理办法（草案）》。加强村务决策、“三资”管理、村务公开的监督，努力促进村（居）务监督全过程、全方位、全覆盖，促进村（居）干部廉洁履职。

【土地承包管理】 2017年，区农经局加强国有农用地管理。开展国有农用地摸底调查和研究，逐步建立档案数据库。着力推进公司化运作，进一步完善湖南省君山农垦有限公司内部分工和职能职责，开展国有农用地租赁费征缴工作，全年收取租赁费1189万元。做好土地承包纠纷调处工作。成立土地仲裁君山中心庭和许市、钱粮湖庭，在所有乡镇设立土地流转服务中心；调处41起土地承包纠纷案。稳妥推进农村土地承包经营权确权工作。全面推进广兴洲镇、许市镇、钱粮湖镇（分路口居委会）0.84万公顷农村集体土地承包经营权确权登记颁证工作。区农村土地承包经营权确权登记颁证已完成入户调查、现场勘测指界等外业调查以及第二轮公示，进入自查自纠、处理矛盾纠纷阶段。

【减轻农民负担】 2017年，区农经局强化责任落实。签订减轻农民负担工作责任状，将工作责任落实到部门单位、落实到具体责任人。强化惠农补贴监督。开展农工负担跟踪监测。严格执行“四公开”“四到户”制度，填发《农民负担与补贴监督卡》4万多份。开展涉农收费专项治理。对2016年省减负办对区惠农政策落实检查中发现的公共卫生服务费补助不到位、学校乱收费等9个违规问题，督促各镇（办）和相关部门逐步整改到位，严肃处理广兴洲镇洪市村的违纪违规行为。2017年，组织1次全区性工作检查，迎接1次全市性惠农减负检查，对发现的问题正在对接整改当中。

【农民合作组织建设】 2017年，区农经局通过示范引导、宣传教育、政策扶持等抓手，推进君山区合作社、家庭农场建设，出现快速发展的态势。全区新增合作社66家，合作社总数达到434家；新增家庭农场29家，农经部门认定和工商部门注册达到99家。完成3家国家级示范社的监测以及4家省级示范社清理认定工作。着手开展小龙虾、才鱼、水稻、葡萄四个品牌的农民专业合作联社的筹建调查摸底工作。同时，制定《关于进一步促进农民合作社规范发展的实施意见（草案）》。

【农垦事务建设】 2017年，区农经局着力推进国有垦区危房改造工作。全年计划5872户，总计完成44820户，争取小区外配套资金4000万元。严格按照农业部制定的《全国农垦系统国有农场农工负担监测点管理办法》要求，在原两大农场建立156个固定监测户，切实做好各项数据采集和情况分析。按照农垦改革要求，逐步推进农垦企业公司化运作，召开湖南省君山农垦有限公司第二届董事会，研究公司机构设置、经营田收费和农垦土地确权等相关事项，成立钱粮湖、柳林洲、良心堡、水产养殖、芦苇等5个分公司以及70个管理站。加强对区级部分1198.8万元经营田租赁费征缴，第一阶段征缴403万元，超额完成任务，第二阶段在12月20日前将795.8万元全部征缴到位。完成农场办社会职能改革数据摸底，制定完善《君山区进一步完善国有农场办社会职能改革工作方案（草案）》。

（谯桃源）

美丽乡村建设

【概况】 2017年，在区委、区政府的正确领导与上级业务部门的精心指导下，全区上下按照“规划科学、生产发展、生活富裕、村容整洁、管理民主、宜居宜业”（后改为“产业兴旺、生态宜居、乡风文明、治理有效、生活富裕”）的总体要求，围绕构建“布局美、产业美、环境美、生活美、风尚美”的“五美”乡村格局，推进美丽乡村建设，着力打造洞庭生态明珠，建设现代滨江新区。君山区75个村（居），按照“全面推进、分类建设、动态管理、争创特色”的方略，有计划、有步骤地予以推进；各村居结合实际，因地制宜、因村施策、有序地开展环境卫生整治、住房改善、封洲禁牧、文明乡风培育、城乡绿化、四好农村路、产业转型升级、助推全域旅游“八大行动”；涌现出一大批美丽乡村建设先进镇，如良心堡镇、钱粮湖镇、许市镇，和一大批美丽乡村建设先进村，如美丽村居洪市村，文明乡风合兴村，乡村旅游金盆村、牛奶湖村和福星村，农业产业转型升级马颈河村，“四好”农村路望君洲村，城乡绿化柿树岭村等。

【农村环境卫生整治】 2017年，君山区将农村环境卫生整治工作纳入美丽乡村建设内容之一，“乡自查、区督促、分级评”“周暗访、月督查、季讲评”等工作已形成常态。全区共聘用“六员”414人，采用优胜劣汰的动态管理办法，确保队伍精干，为区环境卫生整治工作提供人员保障、奠定扎实的基础。上半年，在市农委组织对全市各县、市、区进行交叉暗访、明察检查评比中，区农村环境卫生整治综合情况排名第一，并获奖励资金20万元，区农村环境整治工作取得明显成效。

【村民住房改善】 2017年，君山区各镇（街）均至少有1处30户以上的村民集中建房点，重点打造分路口、振兴、岳华、三家店四个工作步伐快的安置点，其中振兴点和分路口点得到市相关领导高度肯定。全区8个集中规范建房点共建成341户，其中钱粮湖镇分路口社区安置点40户，良心堡镇河头小区20户，柳林洲街道办事处挂口村24户、岳华村续建3户、三家店村安置点44户、永城村三百弓组43户、景明路机砖厂129户、上反咀村安置点38户。全区已建立并完善村民建房的动态巡查和联合执法机制。

【封洲禁牧】 2017年，全区强力推进钱粮湖镇、许市镇、良心堡镇的牛羊淘汰及柳林洲街道办事处、广兴洲镇、芦苇总场、水产养殖场的防复养反弹工作，共淘汰水牛2111头、黄牛2542头、羊7730只，全面淘汰牛羊合计12383头。全区建立区、镇、村三级防复养反弹机制，每村（居）配备1名防复养管理员，坚持不定期上堤巡查，一月一督查，一月一通报，对出现牛羊复养反弹的乡镇责令限期处置，确保责任落实到人。全区没有发现牛羊复养反弹现象。

【文明乡风培育】 2017年，全区务实推进“刹人情歪风、治婚丧陋习、树文明新风”等文明乡风培育，组织1200多名党员干部带头“立家规、传家训、树家风”公开承诺，并在媒体上公布。全面开展公益广告“六进”活动；组建由120名镇村“六员”“五老”及210名文明劝导员开展移风易俗微宣讲进村入户和乡风文明劝导；发放移风易俗倡议书2.3万份，开展集中培训12场次，培训3000余人次；各创建示范村成立“一约四会”，全区76个村（居）“一约四会”制度均全部制作上墙；组织开展区、镇两级道德模范、身边好人推荐评选活动，推出典型人物120多人，共涌现出“湖南好人”6人（岳阳市28人），湖南省道德模范提名奖1人，市道德模范4人，区级道德模范40人；通过乡风文明广告牌、村村响广播、电子显示屏、七彩涂鸦墙体彩绘、移风易俗文化墙、宣传栏、文化走廊等项目建设以及开展“破陋习树新风”群众文艺会演等方式，将乡风文明培育融入群众喜闻乐见的活动和载体中，积极倡导文明新风。全区共完成七彩涂鸦6000多平方米，建设文化墙3000多米，制作乡风文明广告牌、宣传栏1200多块。全区移风易俗已经深入人心，人情歪风婚丧陋习得到有效遏制，文明和谐的乡风逐步形成。

【城乡绿化】 2017年，全区美丽乡村建设“城乡绿化行动”与市城乡绿化三年行动“农村绿化工程”建设相结合，统筹推进。在君山区争创全省美丽乡村整域推进示范区总体部署下，全区29个美丽乡村示范类、创建类村（居）绿化建设任务总体完成，共种植绿化苗木32万株，整体实施成效良好，《湖南日报》《岳阳日报》等主要媒体均予报道。上半年，广兴洲镇整体推进成效突出，该镇洪市村绿化建设成效被作为农村绿化典型被市《城市绿化三年行动》简报第一期通报表彰；沿江村五支渠新建绿化带为长江经济带洞庭湖水环境综合治理“五大专项行动”现场推进会提供考察现场。在样板推动下，全区下半年26个村严格按程序、按要求实施村庄绿化，在短时期内极大改善村庄生产、生活环境，绿化成效显著。

【“四好”农村路建设及基础设施升级】 2017年4月26日，按照区“四好农村路”建设工作会议要求，全面启动建设工作。各镇（街道）农村公路管理规章制度都已上墙，档案管理按照“一路一档、一桥一档”都已建立，养护台账已基本完善，内业资料已逐步规范完整。各镇（街）、公路所“文明示范路”创建项目都已完成：区公路所5条县道35.735公里、良心堡5条线路13.353公里、钱粮湖镇4条线路16.147公里、许市镇4条线路9.77公里、广兴洲2条线路7.006公里、柳林洲街道4条线路16.581公里，共投资248.6万元。美丽乡村“四好”农村路建设及基础设施升级行动有序开展，现已完成新建道路19条21.38公里，原有道路升级改造10条20.964公里，路肩培土3条16.26公里；新建桥梁一座、维修旧桥一座。

【产业转型升级】 一是质量安全有成效。2017年，全国首批103家国家农产品质量安全县，君山区作为湖南省4个成功创建县区，予以正式授牌，并在全省率先实施食用农产品质量合格证管理，探索农产品产地准出管理与市场准入管理。二是一村一品有亮点。农业部公布第七批全国一村一品示范村镇，钱粮湖镇马颈河村（三封辣椒）获得殊荣（全省共11个）。三是科技兴农有举措。全区深入开展农业科技服务，认真组织实施全省洞庭湖区粮油生产全程机械化项目，推进“以机代人”“以机换牛”工程，农业综合机械化水平不断提高。大力发展立体间套种、稻虾共作等高效农业，全区发展稻虾共作0.8万公顷，0.27万多公顷大棚西瓜、葡萄、番茄等，平产值可达万元以上。四是经营主体培育有作为。全区新增专业合作社33家、达402家，新增家庭农场27家、达93家，全区土地流转面积达1.1万公顷。新泰和农业集团已启动国家农业公园项目建设，流转土地面积0.13万公顷，沼气池、育苗棚等标准化种养设施已完成主体工程建设。

【助推全域旅游】 2017年，通过助推全域旅游行动，全区已涌现出合兴、金盆、洪市、福星、牛奶湖、新洲等一批乡村旅游示范村。同时，通过组织、筹办多样化的当地旅游活动：6月，许市镇金盆村的荷花观赏旅游节；8月，全区“美丽乡村之乡风文明进万家”主题群众文艺会演；10月，国际热气球节等等，吸引各方游客，打响区旅游品牌。各行政村（居）综合文化服务中心建设，按照“七个一”基本标准进行建设。至12月，全区共有休闲农业与乡村旅游重点镇（办）、场9个，休闲农业企业49家，规模休闲农业企业23家，农家乐138家，有上星级的休闲农庄20家，其中国家星级农庄6家（五星级2家、四星级2家、三星级2家），省星级农庄20家（省五星级5家、省四星级2家、省三星级13家），全国休闲农业与乡村旅游示范点2家，营业收入过千万元的有10家，是全省100多个县市区获得国家星级农庄最多的单位，也是岳阳市唯一进入国家五星级休闲农庄的县市区。当年成立了君山区休闲农业协会，吸纳会员150多名。

【湖南虹宇生态园】 地处岳阳市君山区洞庭大道，林阁佬路段占地20余公顷，总投资1.5亿元。是岳阳楼、君山岛5A级景区通道的中心区域，与市中心城区仅一桥之隔。生态园以特色优势产业为基础，以农旅结合、以农促旅、以旅强农为指导思想，是一家集现代农业、旅游观光、餐饮住宿、休闲娱乐、商务会议、拓展健身、科普教育为一体的现代农业休闲庄园。2017年接待入园游人20万人次。

【君山区乡村之恋休闲农庄】

君山区乡村之恋生态休闲农庄是由周国军个人独资于2000年创办，位于洞庭湖大桥以西10公里，省道306线以南1公里处，与东洞庭湖、长江毗邻。总投资6000多万元，农庄总占地92公顷，其中农庄占地8.53公顷，才鱼养殖基地占地80公顷。岳阳市君山区乡村之恋休闲农庄是一个以洞庭水乡风情、乡村民俗文化、农家生活情趣为特色，集生态餐饮、乡间风情、养殖、休闲、垂钓、会务、住宿及娱乐休闲旅游与生态景观于一体的休闲农业庄园。年接待游客近12万人次。

（许安益）

种植业

【概况】 2017年，区农业局以创建“国家农产品质量安全示范县”为目标，认真贯彻落实省、市农业农村工作会议精神，坚持以科学发展观统领工作全局，紧紧围绕稳定粮食生产、调优农业产业结构、保证质量安全，履职尽责，真抓实干，强化服务，各项工作稳步推进。全年农作物播种面积63.98千公顷，实现总产值约8.23亿元。其中：粮食播种面积29.39千公顷，比上年增长-0.2%；每公顷单产5.47吨；总产16.07万吨，比上年减少0.2%。经济作物播种面积10.9千公顷，比上年增加0.06千公顷，其中棉花种植面积6.76千公顷，比上年增长15%，总产籽棉1万吨,与上年持平。水果3千公顷，与上年基本持平；其中挂果面积2.9千公顷，生产各类水果14.23万吨，产值12512万元。全年种植蔬菜面积10.15千公顷，产值9亿元。其中种植包菜6.67千公顷、辣椒2.67千公顷、南瓜2.67千公顷、芥菜2.67千公顷、大白菜2千公顷、豇豆0.67千公顷、其他蔬菜面积2.67千公顷。油料及其他播种面积13.54千公顷。

【落实项目建设】 2017年，区农业局一是认真落实农业部早稻专业化集中育秧示范项目建设。全区完成早稻集中育秧面积0.6万公顷，其中专业化集中育秧0.27万公顷。有4个镇40个村986户参与早稻集中育秧，广兴洲、许市为重点示范乡镇。争取早稻集中育秧项目资金90万元，落实专业化集中育秧面积126.09公顷，发展育秧主体151人，育秧大户142个，扶持和发展家庭农场及合作社17个；推广机插秧面积740公顷，全面完成省农业委早稻集中育秧面积0.27万公顷大田任务。二是组织实施湘米工程项目。根据《湖南省做优做强湘米产业工作方案》和省农委相关通知精神，狠抓基地建设和订单生产，在质和量两个方面得到稳定发展。争取湘米工程项目资金40万元。全区水稻种植面积2.46万公顷，优质稻种植面积达到2.14万公顷，其中高档优质稻面积0.27万公顷。与隆平高科种植专业合作社订单生产高档优质稻湘晚籼13号、泰优390、盛泰优018/4.1万亩，生产高档优质稻1.8万吨，每公顷产值1200元，基地总产值4920万元，比种常规稻增收460多万元，为企业创利320多万元。三是继续实施“湖南省双季稻区早熟油菜品种选育和机械化生产技术研究与示范项目”。该项目资金10万元，选址钱粮湖镇银环社区。

【落实补贴发放】 2017年，区农业局做好棉花目标价格改革中央财政补贴发放工作。根据中央、省、市文件精神结合君山区实际，制定君山区棉花目标价格改革实施方案。加强政策宣传和解释工作，认真做好各单位面积核实上报工作，确保棉花目标价格补贴资金及时、足额发放到位。全区共完成棉花目标价格补贴0.65万公顷，补贴标准为每公顷116.43元，共发放补贴资金1132.52万元。做好耕地地力补贴及双季稻补贴发放工作。起草制定《2017年君山区耕地地力补贴及双季稻补贴实施方案》，全面核实补贴面积。全区耕地地力双季稻补贴3446.46万元全部打卡发放到户。补贴村94个，补贴农户34736户。其中：耕地地力补贴面积1.99万公顷，补贴资金2985.6万元。双季稻种植补贴面积为0.3万公顷，补贴资金311.5万元。

【加强技术指导】 2017年，区农业局认真落实省、市关于发展粮食生产的意见，结合君山区实际，参与制定粮食发展相关文件制度，起草《君山区关于发展粮食生的意见》《2017年度君山区粮食生产任务计划》等文件。是组织技术培训。开展早稻专业化集中育秧等各种培训6次，发放技术资料8100多份，现场指导水稻机械化插秧技术6次，机插秧技术培训百余人。指导应急管理。针对粮食作物不同时期的生长特点适时提供生产技术意见，针对区强降雨、暴风等天气灾害，及时发放农作物生产管理意见（2016年早稻生产意见、油菜后期管理意见、棉花育苗、移栽指导意见等）。做好病虫草鼠害监测防控。设立农科所、柳林洲、钱粮湖、良心堡、广兴洲、许市6个监测点。落实越冬基数调查，加大对外来入侵检疫性病虫杂草的防控，开展水稻、辣椒病虫害统防统治，稳步推进植保专业化防治工作。

【科技推广示范】 2017年，区农业局为增加农民收入，调整种植结构，加快现代农业发展步伐，成立君山区2017年基层农技推广体系改革与建设专家组（种植业），大力推进农作物新品种新技术的试验示范工作。围绕优势农产品和特色产业发展需要，按照一业为主，多种经营的原则，一是在广兴洲镇洪市村绿色洞庭专业合作社建立6.67公顷农业科技试验示范基地。推广无人植保机、水稻全程机械化、稻虾综合种养、大棚蔬菜水肥一体化技术和一季两收再生稻栽培技术等先进适用技术模式。并组织全区蔬菜、水稻、农机等专业合作社及家庭农场主、种养大户和新型职业农民等开展6次现场观摩培训活动。二是依托许市镇许家牌村黄家岭水稻专业合作社和良心堡镇维新村稻虾综合种养专业合作社分别建立水稻新品种、再生稻和稻虾综合种养等6.67公顷高产技术示范基地，观察水稻新品种的生产适应性与产量性状、学习再生稻省工省时以及稻虾综合种养等技术要点，探索与之相配套的水稻丰产栽培、小龙虾如何优质高产等集成技术。多次组织区稻虾种养户现场参观学习；示范基地成展示区水稻和稻虾综合种养生产水平科技成果的重要窗口。通过基地开展农业新品种、新技术、新产品的试验示范，充分发挥基地的学习培训和引领带动作用。通过基地开展农业新品种、新技术、新产品的试验示范，充分发挥基地的学习培训和引领带动作用。

【农业主导产业】 2017年，君山区有省、市龙头企业25家，其中省级龙头企业4家、市级龙头企业21家。全区农产品加工企业达到94家，其中规模企业45家。另外，根据资源优势和农业生产现状，围绕粮、棉、油、茶、蔬菜、水产、水果等七大主导产业，建立了一批与龙头企业配套，规模较大的生产基地（如钱粮湖马颈河村万亩蔬菜基地、广兴洲0.13万公顷“赵大爷放心菜”标准化核心基地、西城办事处333.33公顷精细蔬菜基地），使企业、基地、农户连为一体，形成了、“企业带基地、基地连农户”的产业化发展之路，龙头企业直接带动的本地农户约3万余户，全区80%农产品通过龙头企业或合作经济组织有序进入市场，实现增值增效。凸现以湖南李记年加工15万吨泡菜和湖南国泰年生产6万吨黄秋葵为龙头的蔬菜产业，以湖南君山银针年产万吨银针茶的茶叶产业，以隆平粮社、盈之宝米业年加工15万吨大米为带动的粮食产业，以九瑞棉麻和率新年产6万锭棉纺、5000锭棉麻布为主的棉麻产业，以佳顺食品年加工4万亩鲜芦笋的食品产业等。全年农产品加工业生产总值172.3亿元，规模企业总产值154.1亿元，增加8.5亿元，增长6.5%。

【发展休闲农业】 2017年，休闲农业与乡村旅游快速增长，全年共接待游客258万人次，休闲农业与乡村旅游总收入10.2亿元，增长0.9亿元，增幅0.97%。全区上星级的休闲农庄20家，其中国家级星级农庄5家（五星级2家、四星级1家、三星级2家），省星级休闲农庄15家（省五星级2家、省四星级2家、省三星级11家）。全区共有休闲农业与乡村旅游重点镇（办）、场9个，休闲农业企业51家，规模休闲农业企业25家，农家乐165家，全国休闲农业与乡村旅游示范点2家。

【提升品牌效应】 2017年，区农业局根据市场需求，积极抓好名牌产品、著名商标、绿色食品、有机食品的产品质量认定，通过鼓励企业申报农业“三品一标”（有机食品、绿色食品、无公害农产品和地理标志农产品），使农产品的品牌价值得到了提升，影响力日趋扩大。全区现有中国驰名商标3个（君山银针、巴陵春茶、建宁通心白莲），中国名牌产品1个（国泰牌腌菜）、中国著名商标1个（李记乐宝腌菜），湖南著名产品2个，湖南著名商标1个。有绿色食品27个（彭激光葡萄、盛源酸豆角等）、无公害农产品13个（采桑湖龙虾专业合作社龙虾、良心堡镇前锋渔业产销专业合作社鳙鱼、草鱼、黄鳝等）、地理标志产品1个（广兴洲大白菜）、地理标志保护品牌1个（君山银针）。全区有0.44万公顷农产品基地获国家无公害蔬菜和健康水产品产地认证。为君山农产品进入国际国内市场打下坚实的基础。

【确保农产品质量安全】 2017年，区农业局不断加大农产品质量安全例行监测和抽检力度，重点对主要农产品生产经营企业及基地、省、市级农业专业合作社开展例行巡检，全年，共完成定性检测菜、果、茶样品4200个，印发检测通报12期；深入开展农产品质量安全专项整治，联合执法队伍，继续深化“农资打假”“禁限用高毒农药”“三品一标”等专项整治行动；加强农产品产地金属污染防治，完成全区农产品产地重金属污染土壤采样150个，耕地重金属污染VIP技术修复治理试点试验工作在良心堡镇七星湖村、护城村同步实施。建立监管长效机制，通过承诺书、保证书等形式，落实农产品生产经营者为质量安全第一责任人的责任，建立质量问题约谈制度，强化生产经营者质量安全意识；加强信息化建设以提升监管效率，以将2个乡镇农产品质量安全监管站、7家农资店和3家农业生产企业纳入农产品质量安全信息化监管（如新泰和基地，从投入品门店——育苗工厂——大棚基地—检测室——配送中心——销售门店的无缝监管模式。实现“责任主体有备案、生产过程有记录、产品流向可追踪、主体责任可溯源、风险隐患可识别、危害程度可评估、监管信息可共享”的农产品质量安全监管平台）；加强宣传培训引导，结合《中华人民共和国农产品质量安全法》《中华人民共和国食品安全法》等法律法规宣传，强化全社会的质量安全意识，营造良好的舆论氛围。

【绿色农产品】 君山脐橙：君山区许市镇柿树岭村境内有一座小山丘，高约30米，丘顶是一圆形的洼地，看似一个鸡窝，故得名金鸡山。金鸡山下有一座庙，相传为宋钦宗弟弟康王赵构在临安登基后派工部人员修建，故名康王庙。在康王庙附近，住着一户殷姓人家，老两口年近五十，膝下有一女儿，年芳二八，勤劳美丽。一家人种着两亩薄田，一片果园，果园里满是橙子。邻村有一财主，对殷家姑娘的美貌垂涎已久，便派人求亲。姑娘早闻财主恶名，誓死不从，在财主迎亲的当天，撞向一颗挂满橙子的果树，顿时血流满地。姑娘死后，老两口终日以泪洗面。等到橙子采摘的时候，两老人发现，每个橙子上竟然多出一个小孔，与自己女儿身上的肚脐眼一模一样，故老两口给橙子取名脐橙。从此脐橙便开始广为栽种。2017年进入盛产期脐橙面积达1000亩，产脐橙1500吨。

君山菜油：良心堡是君山区的菜油大镇，2000年10月，由原钱粮湖农场四、五、八分场合并建镇。面积68平方公里，耕地5.4万亩（其中水田800公顷，旱地2800公顷），下辖9个村民委

员会，1个养殖场，2个居委会。有8722户，人口32497人。2015年底，全镇人平纯收入为14850元。良心堡镇历来有种植油菜的习惯，年均种植面积0.27万公顷。2016年底全镇油菜种植面积约0.3万公顷，其中福星村种植规模较大，大规模连片种植面积达333.33余公顷，也是我镇历届油菜花节主办场所。为扩大良心堡油菜花旅游品牌，自2012年举办第一届油菜花节以来，陆续举办四届节会，社会反响较好，良心堡油菜花旅游品牌已初具效应，良心堡镇创办万亩油菜花节，每年吸引来此踏青赏花的约4万人。以特色旅游小镇，发展旅游产品为目标，充分发挥旅游扶贫的市场优势、产业活力、造血功能，大力发展乡村旅游，开创旅游与扶贫的双赢格局，完成了村民服务中心及健身休闲广场、赏花台、油菜花景区及油菜花主路四大项目建设。为加大培育乡村旅游扶贫的支柱产业地位，充分依托丰富的资源优势，围绕乡村建筑、乡村田园风光、乡村手工艺品，实践体现田园风光的观光型乡村旅游产品，开发“住农家屋、吃农家饭、干农家活、享农家乐”的休闲体验型乡村旅游品牌，培育了一批农林特色特产品和旅游商品，乡村旅游支柱产业的地位基本形成。同时良心堡镇作为一个典型的农业镇，农业部万亩油菜种植基地，有名的油菜之乡。该镇利用万亩油菜，发展小榨菜油产业。目前良心堡镇年产油菜籽超600万斤，且全部用小榨炒熟籽物理压榨，无任何添加。小榨菜油颜色清亮，香气扑鼻，口感绝佳，是上等餐用放心植物油。

团湖湖藕：团湖位于君山区境内广兴洲镇西南隅，总面积533.33多公顷，是洞庭湖的潮中湖，也是亚洲最大的野生荷花聚集地。其湖藕为团湖“三珍”和地方特产。团湖湖藕节长，每节3公寸以上，长的可以7公寸，每支湖藕有3—4节，2—3米长，君

山区组织的首届挖藕节评出的“藕王”，长2.38米，当场拍出1.5万元的天价。团湖藕均为九孔，不论粗细，不分长短，一律为九孔，不多一孔也不少一孔。团湖民歌中有“团湖湖藕九只眼”之说。藕孔每截自成一体，真正的“节”上只有孔痕而无孔眼，也就是说截与截之间的节上的孔并不互通，藕内的汁液不可流动，只能渗透。团湖的藕略呈褐色，白里透黄。因为湖底腐殖质堆积的淤泥有一米多深，又没有污染，特殊的生态环境为湖藕提供了特殊的生长条件，故此藕表皮略显黄色。团湖藕可炒片可清炖：炒片清脆可口，略带甜味；清炖味醇且粉，入口简直不需咀嚼。筒子骨炖藕为上上之选，其汤香味弥漫诱食开胃。团湖盛产湖藕，历有“九仓库”之称，曾养活许多穷人。有的和饭吃，若拌米粉食盐蒸，百吃不厌。上世纪60—70年代，每天下湖挖藕的农民不下1000人，每人能挖50多公斤，也就是说每天的产量都在5万公斤以上，每年从10月至次年的1—2月，采挖期

长达4个多月，年产量在千万斤以上。

君山葡萄：君山的葡萄基地主要集中在柳林洲街道的五星村和新洲村，共有葡萄面积66.67公顷，种植户53户，已成为岳阳市远近闻名的高品质葡萄产区，吸引了众多消费者慕名前来采摘、购买。该葡萄基地自2001年由农户自发开始种植，在政府扶持下，逐渐发展壮大，2010年该基地被定为大学生村官创业基地。

2008年农户自发成立了“盛丰葡萄合作社”，由合作社统一管理，各种植户加强技术交流。种植品种有夏黑、巨峰、红提、金手指、美人指、无核白鸡心等十多个品种，葡萄成熟后外形美观、颗粒均匀、肉质紧致、美味可口、正成为“绿色、优质、美味、高端”葡萄的代名词，其中彭激光葡萄已被评为“绿色食品”、兴腾葡萄正在进行申报。为促进特色农业和生态休闲产业的发展，促使农业增效、农民增收，柳林洲镇将葡萄产业与新洲村农家乐有机结合，已形成一条完整的产业链。2017年，实现销售收入1500万元，户平均入28.3万元。

君山才鱼：永城村是君山区才鱼养殖的特色村，生态优势明显，近年来，为积极融入长江经济带发展战略，坚持“共抓大保

护、不搞大开发”，按照办事处决策部署，着力构建生态发展新格局，为经济社会发展注入了强劲活力。这个村通过政府引导、各界支持、群众自发参与的形式，共发展才鱼养殖水面93.33公顷。由于坚持健康养殖、绿色养殖，所产才鱼品质好、价格高，广受赞誉和欢迎。平均亩创产值10万元以上，纯利润近6万元。仅才鱼年产值可达1亿元。产品远销广东、山东、四川、湖北、上海、陕西、甘肃等多个地区。作为美丽乡村建设示范村的永城村，专业养殖户130多户，2014年，其才鱼基地被评为农业部第九批水产健康养殖示范场，2017年，该村产值过亿元，成为全区首个“亿元村”。

君山“稻丫香”绿色生态大米：是通过实施“打造洞庭生态明珠，建设现代滨江新区”发展战略，在广兴洲、许市、钱粮湖三镇建设优质水稻基地6666.67公顷，经开展土地整治，改善土壤环境，推广水稻优质品种和“稻虾种养”立体生态农业模式。确保了全区17.66千公倾水稻全部达

到绿色无公害标准。2014—2017年，全区对外销售商品粮约40万吨，经湖南省粮油产品质量监测中心、岳阳市质量技术监督局多次抽检，重金属镉含量为0.07—0.128毫克/公斤，远低于国家食品卫生限制标准，稻谷品质和卫生安全指标名列全市第一。

君山大米销售窗口

为推动全区绿色食品产业发展，2016年“湖南大农粮食米业有限公司”进驻君山绿色工业园，建设年产8万吨大米加工及应急配送收储基地，公司依托君山优质生态粮食资源，与农户结成“公司+基地+农户+合作社”紧密的产销合作模式，创建君山“稻丫香”系列君山大米绿色生态品牌，产品在第一届全国粮食贸易大会、第十四届福建粮食产销协作会、2017年、2018年湖南粮博会、食餐会获得广大客商和用户的好评。国家粮食局等上级部门领导多次莅临考察、指导，鼓励并支持君山大农米业发挥龙头引领作用，做大做强“君山大米”品牌，为君山粮食增产、农民增收和区域经济发展做出新贡献。

（蔡　兵）

附录：

君山芦笋：又名荻笋、柴笋、石刁柏、龙须菜，指芦苇的幼茎和嫩芽。芦笋食药同源，自古以来备受推崇，在世界十大抗

癌食物中列第三位。《神农本草》将芦笋列为“上品之上”，称“久服不仅能轻身，还有益气延年”的功效。明朝李时珍《本草纲目》记载：芦笋“瘿结热气，利小便”，具润肺、镇咳、祛痰、杀虫之功效，称其能“解诸内毒”。《中华医典》更是详述芦笋内含芦丁、维生素C，能降低血压、软化血管，减少胆固醇吸收，可作为高血压、冠心病人的食疗方剂。君山芦笋，别名“洞庭龙草”，生长在东洞庭湖区的滩涂湿地上，在国际上享有“蔬菜之王”的美称，经权威检验机构多次检测，富含多种氨基酸、蛋白质和维生素，其含量均高于一般水果和果蔬，特别是芦笋中的天冬酰胺和微量元素硒、钼、铬、猛等，具有调节机体代谢，提高身体免疫力的功效，是营养、美容、减肥、抗衰老的保健佳品，对高血压、心脏病、白血病、血癌、水肿、膀胱炎等的预防和治疗中，具有很强的抑制作用和药理效应。

君山芦笋历史悠久。据考证，早在5000–7000年前君山区范围内就已生长芦苇。芦苇古称“葭”“蒹”“菼”，是洞庭湖一带面积最广、经济价值最高的水生植物。其食用历史从宋初始，自古文人骚客为芦笋的美味和芦苇的风采所倾倒。《诗经》有咏：“蒹葭苍苍，白露为霜”；苏东坡在《惠崇春江晚景》中描

述道：“竹外桃花三两枝，春江水暖鸭先知。蒌蒿满地芦芽短，正是河豚欲上时”。王安石在《後元丰行》中描述“鲥鱼出网蔽洲渚，荻笋肥甘胜牛乳。”欧阳修《离峡州后回寄元珍表臣》诗云：“荻笋鲥鱼方有味,恨无佳客共杯盘。”南宋宁宗御书《潇湘八景》中更有“朔风离塞漠，落日下潇湖。古碛多葭菼,平田足稻粱”的词句。

君山芦笋的商业化销售最早可追溯到明初。据考证，明初以来，君山境内农民就有种植上市蔬菜的习惯，除常规蔬菜外，还有芦笋、水芹、藜蒿、芡实、鱼腥草、地米菜、雁鸭须等野生蔬菜，产量也较高。清末、民国时期，君山境内共有11个集市，与外县相交的有22个集市。交易的主要品种有鱼、蔬菜、鸡鸭等土特产等，芦笋、藜蒿、风干鱼等湖鲜销售区域逐步扩大。集市时间大多在早晨，农民踏露赶集，俗称“露水集”。

革命战争年代，作为天然屏障的芦苇荡曾是君山儿女游击战争的好战场，芦笋、藜蒿、水芹等野菜为革命先烈们提供了食物来源。在新中国成立前，君山境内芦席湾一带有居民3000余人，栖息在境内的湖洲滩头上，以割苇编席捕鱼为生，芦笋、藜蒿、菱藕等野菜是广大渔民的重要食粮。

中华人民共和国成立后，君山境内开始大规模围垦。1958年，围挽君山农场、钱粮湖农场，在围挽时期，菱藕、芦笋、藜蒿、芡实等野菜帮助十几万民工度过了缺粮少食的特别困难时期。1964–1988年，王震将军先后16次到君山视察指导工作，对君山和钱粮湖农场的经济发展尤其是芦苇产业的发展，进行多次实地指导，并对君山的新鲜芦笋、藜蒿及颌针鱼、风干鱼等湖鲜野味赞不绝口。上世纪60年代后期，随着长江下荆江实施裁湾工程，外洲不断淤积升高，芦苇基地面积不断扩大，芦苇基地由333.33公顷发展到1600公顷。1979年国营君山芦苇场成立后，又扩大芦苇面积453.33公顷。至2016年底，全区共有芦苇基地0.33万公顷。由于君山芦苇出纸率高、利润率高，特别是1957年辽宁省锦州造纸厂来君山乡潜力社购苇3000余吨，进行造纸试验，并得出出纸率远高于北方荻芦，从而大力推广芦苇造纸后，职工群众把芦苇称之为“摇钱树”把芦苇地称为“聚宝盆”。君山芦笋作为芦苇生产的衍生品，其经济价值并未被充分重视，除了供渔民和农民食用外，少量的销往岳阳、长沙、益阳、常德和华容、监利、石首等周边县区。

上世纪90年代始，随着经济社会的发展，特别是交通、物流事业的发展，芦笋的经济价值和药用价值逐渐被人们所认可，特别是2005年11月，原君山芦苇场和原大湾芦苇场合并成立君山芦苇总场后，在保持传统芦苇生产的同时，开始将芦笋作为全场“一镇一品”的特色产品，大力建设绿色农产品规模基地，并充分酝酿发展湖洲经济和生态观光产业。2010年，芦笋厂等企业新增投资150万元，上交利税近40万元，安置劳动力就业100余人，群众增收100多万元。2011年，君山区被授予中国食品安全年度先进县（区）、中国绿色食品建设示范基地、中国果菜安全

生产示范区。区政府提出，建立面积约5330公顷，以湖洲芦笋、藜蒿、野芹、雁鸭须为代表的野生菜生产基地。当年，仅芦苇总场芦笋加工采笋25万公斤，生产袋装成品100多吨，群众劳务增收30多万元。2012年，正式提出芦苇总场发展湖洲经济和生态观光业的思路，依托万顷芦苇荡，建设“七弓岭生态园”。加大旅游产品开发力度，包装开发有机果蔬、洞庭生态鱼、君山黄茶等湖乡特色旅游产品，并将洞庭湖生态蔬菜加工作为重大招商项目。芦苇总场当年完成滩涂平整50多公顷，建成高标准蔬菜基地10多公顷，加工芦笋100多吨，群众劳务增收40多万元。2013年，区探索推广休闲蔬菜产业，充分发挥近城优势，科学规划区域，广泛宣传导向，建立亲耕亲种、自采自摘的休闲体验型蔬菜园区。当年，芦苇总场平整七弓岭湖洲空地13.33公顷建成野生蔬菜基地；新植林木5000株，完成打笋25万公斤，生产芦笋150吨，群众劳务增收40万元。2014年，区政府正式提出，通过3-5年时间，打响芦苇荡踏青观光等富有湖乡特色的生态休闲旅游品牌，将君山打造成沿江环湖的生态休闲旅游集散中心。芦苇总场将芦苇基地全部收回自主经营，并转变发展思路，由芦苇生产逐步向芦笋深加工和休闲旅游过渡。当年生产芦笋170吨，群众劳务增收55万元。2016年，佳顺食品年加工2.67千公顷鲜芦笋的正式投产，全区芦笋加工水平得到显著提高，产品附加值和品牌知名度得到进一步提升。2017年8月29日，随着副区长丰为民为区农村电商综合服务中心揭牌，“智慧君山”商务服务平台正式上线，将充分发挥农村电商综合服务中心的作用，通过互联网与产业发展的深度融合，组织培养更多农村电商扶贫人才，帮助农村电商人员增长知识、提高技能，通过电商形式将本地区的野生湖藕、洞庭湖野生鱼、君山银针、芦笋、无公害葡萄、藜蒿等土特产搬上互联网，拓宽特色农副产品销售渠道，形成电商驱动型的美丽乡村发展新模式，推动了精准扶贫和产业发展。据不完全统计，截止2016年底：全区共有芦笋采摘、加工、运输等从业人员4000多人，全年芦笋产业产值5200万元。君山芦笋热销长沙、岳阳、武汉、广东、福建、上海、北京、江西、河南等地，被誉为“洞庭龙草”“君山四宝”。

君山区地处洞庭湖平原东北部，在长江中游荆江门段南岸，北、东、南三面环水，东、南濒抵东洞庭湖水域，河流湖泊属长江水系。君山区属典型亚热带季风气候区，具有湖区气候特色，光照充足，降水丰沛，四季分明，年日照时数1726.7小时，平时气温16.8摄氏度，年均降雨量1417毫米。土壤系长江及支流藕池河和湘资沅澧四水携带的泥沙和腐殖物淤积而成，以紫潮土、紫潮沙泥土、沙底紫湖潮泥土为主。地势平坦、土层深厚、土壤肥沃，有机质含量为3.12%，有效氮含量为为3-5千克／亩、有效磷含量为3-4千克／亩、有效钾含量为4-5千克／亩，呈微碱性，非常适合芦笋的生长发育。全区现有长江、东洞庭湖、采桑湖、团湖、北湖、七星湖、濠河、华容河、藕池河等多处大型自然水域滩涂，且紧邻岳阳市中心，建立休闲旅游式绿色湖鲜特产基地的条件得天独厚。君山行政区划辖柳林洲、钱粮湖、良心堡、广兴洲、许市等5个镇、街道以及建新农场区域的水域滩涂，均适宜发展芦笋产业。

君山芦笋天赐野成，质地鲜嫩，风味鲜美，柔嫩可口，营养丰富，风味独特，集天然野生和绿色有机等特点于一体，因茎粗、芽嫩、味正、气香而得名，有白、绿两种颜色：白芦笋多制作罐头，绿芦笋供人鲜食。鲜食芦笋外壳为青绿色，剥去外壳后，笋肉肉质紧密细致、柔嫩润滑，色泽鲜亮，多为米白色，水焯后为乳白色。其味香脆滑、清爽可口。营养丰富，含有大量的维生素、无机盐、蛋白质、氨基酸。其中富含钾和锌等对人体有益的微量元素，以及对心血管疾病具有一定药用价值的天门冬氨基酸成分。经检测，每千克君山芦笋氨基酸含量19.9g、蛋白质含量29.83g、天门冬氨酸含量8.6g、钾含量达44646mg、锌含量达119mg。君山芦笋的加工特别讲究鲜笋的采摘时间与质量，严格选采产自东洞庭湖区滩涂湿地上的野生芦笋。鲜笋在每年3月中旬芦牙开始绽放的短短半个月之内采摘完选用本地洁净的水源，通过筛选、冲洗、精选、分级、切割、包装、冷藏、运输等多重工序，最大限度保证芦笋的鲜嫩度和营养。有的加工企业

在切割后，另焯水并加入适当精盐腌制，制成风味特别的腌制芦笋，也十分畅销。君山芦笋烹调时切成薄片，炒、煮、炖、凉拌均可，以其为原料制作的著名菜肴有干锅芦笋、虾仁芦笋、芦笋溜肉片、糖醋芦笋片、芦笋烧干贝、芦笋鲍鱼汤等。为做大做强君山芦笋产业，为更好的保护与传承君山芦笋历史文化、制作工艺和烹饪文化，区政府组织相关部门深入挖掘传统制作技艺，大力实施农业产业化发展战略，加强君山芦笋公共品牌建设和品牌宣传工作，努力提高芦笋、藜蒿、风干鱼等十二大地方特色农副产品的附加值和市场竞争力。芦笋、藜蒿等湖洲野生菜的板块建设已被列入君山区“十三五”计划，芦笋采摘已列入君山区三节连四季中春季踏青活动的重要一环，将重点培育壮大蔬菜和油料农产品加工龙头企业，加快推进农产品品牌建设，先后推动央视《远方的家》栏目、湖南卫视《湖南新闻联播》、红网、新浪、搜狐、潇湘晨报等省级以上知名媒体和《岳阳日报》、岳阳电视台等本地媒体，以及大量的自媒体等对君山芦笋进行报道，全力支持芦苇总场和区农业技术推广中心牵头申报“君山芦笋”地理标志商标。将进一步加强君山芦笋公用品牌的创建工作，深入挖掘芦笋制作和烹饪文化，推动制作技术申遗，充分利用泰和集团芦笋科技园的技术优势，创新芦笋生产工艺和包装、保鲜技术，统一行业标准、统一包装、统一监管，并牵头筹备组建“君山芦笋”产业联盟，规范市场主体的经营行为，稳定产品质量，确保食品安全，通过行业规范和品牌创建活动，形成全产业上中下游联动效应，提升君山芦笋行业整体竞争实力，真正让君山芦笋走进“百城万店”，传播君山美食文化，全力打造“全国农业产业化示范基地”和“全国生态原产地示范区”，助力君山产业结构调整和经济发展！

钱粮湖六门闸风干鱼：又叫风吹鱼，是洞庭湖区渔民世代相传的特色美食，有着悠久的历史。风干鱼的由来是渔民在湖区打鱼时，遇到恶劣天气上岸不便，或是天气炎热时，为了防止鱼变质，便将鱼直接剖开，在湖水中反复冲洗后，用适当食盐腌制，再将鱼直接挂在船头快速风干，等待靠岸后再进行销售或食用。经过风干处理的鱼咸淡适中、味道纯正、口感劲道、饱含清香，是洞庭湖区的一种传统特色湖鲜。

君山范围内的风干鱼历史悠久，据文物部门考证，早在8000年以前，君山境内古巴人皆以渔猎为主业；常因积涝而不能种植，多以舟楫为家，专事捕捞，因湖区风浪较大，为便于鲜鱼保存，采用剖洗、晾晒等方式，待靠岸后再交换食盐、粮食、蔬菜等生活必用品。因境内六门闸等地位于洞庭湖边，且水浅平稳，离居民点近，方便渔民靠岸交易，通过渔民的口口相传，交换地点逐步固定在该地，该地的风干鱼等湖区特产逐步声名远扬，是君山风干鱼的杰出代表，六门闸也因为成为洞庭湖区远近闻名的渔村。

君山区临江岸线41.13公里，临洞庭湖岸线27.8公里，拥有长江、东洞庭湖、采桑湖、团湖、北湖、七星湖、濠河、华容河、藕池河等多处大型自然水域滩涂，水面面积2万公顷，水网密布，水位稳定，水草丰富，天然饵料较多，非常适宜鱼类的生长繁殖。渔民在长期的捕捞活动中，积累了丰富的捕捞和鱼鲜保存经验，根据不同的水域、不同季节天气、不同鱼种的习性，摸索出不同的捕捞方法，以及鱼鲜保存方法。据民国初年统计，临湘县到境内捕鱼的渔民1250户、渔船55艘；岳阳县1350户、渔船500艘；华容县9399户、渔船1364艘；湖北监利、石首等县渔民1.2万人。枯水季节，渔民云集六门闸、君山岛等地搭起临时茅棚，行行列列，俨如街市。涨水季节，渔民各备船只，全家人吃住在船上，习称“连家船”，并按不同渔具组成“护子帮”“架子帮”“麻篆帮”“挂钩帮”等帮派，按地域设立帮头，由帮头向湖主购买水域后开始捕捞。在鱼汛期，由于每天都有较多鱼获，且离岸较远，无暇运输，为及时保存捕获的鱼鲜，往往实行男性集体捕鱼、女性集体腌制风干的形式，待船舱装满后再就近运到湖边摆摊或集市销售。清末、民国时期，君山境内共有11个集市，与外县相交的有22个集市，沿湖沿江人烟稠密的地方集市点最多，交易的主要品种有鱼、蔬菜、鸡鸭等土特产等，芦笋、藜蒿、风干鱼等湖鲜的销售区域逐步扩大。集市时间大多在早晨，农民踏露赶集，俗称“露水集”。新中国成立前，渔民主要栖息在境内层山、芦席湾的一带的洞庭湖洲滩头上，以割苇编席捕鱼为生，食芦笋、藜蒿、菱藕等野菜，风干鱼等湖鲜鱼获是广大渔民的主要经济来源，因交通不便，除了供渔民和农民食用外，少量的销往岳阳、华容、监利、石首、益阳、临湘、澧县等周边县区，被誉为“君山四宝”。

上世纪50年代末期，为发展经济，境内湖区居民充分利用天然水面发展人工养殖，并由人放天养转为湖塘精养，风干鱼解决了湖区交通不便带来的运输难题。在围垦挽垸时期，菱藕、芦笋、藜蒿、芡实等野菜，风干鱼等湖鲜帮助十几万民工度过了缺粮少食的特别困难时期。1964-1988年，王震将军先后16次到君山视察指导工作，对君山和钱粮湖农场的经济发展尤其是芦苇产业的发展，进行了多次实地指导，并对君山的新鲜芦笋、藜蒿及领针鱼、风干鱼等湖鲜野味赞不绝口。改革开放后，人工捕捞呈上升趋势，风干鱼的原料来源亦以野生鱼为主。2000年后，随着水环境变化，野生鱼类资源减少，捕捞收入不及其他种养业，从事天然捕捞的渔民越来越少，从事人工养殖的渔民逐渐增加，风干鱼的原料来源由纯野生鱼获逐步向长江、洞庭湖、采桑

湖、团湖、北湖、七星湖、濠河等自然水域为主、其他水库塘堰为辅转变。2008年，为保护资源，救济渔民，省委出台渔民济困政策，君山将接纳的渔民集中安置在六门闸等地，以捕捞为主业的生产方式结束，鱼类养殖业持续发展，风干鱼产业作为渔民上岸转产解困工作的重要一环，得到了区政府的高度重视。君山区渔民上岸和解困工作经验受到国家副主席习近平、省委书记张春贤、市委书记易炼红的充分肯定，中央电视台、《人民日报》先后三次报道。2009年，君山区提出，深入挖掘湖乡饮食文化底蕴，规划建设六门闸特色美食街。当年，钱粮湖镇年产鲜鱼1.1万吨、养殖场年产鲜鱼3410吨，风干鱼产业开始迅猛发展。2010年，君山区将特种水产作为君山十大绿色农产品来抓，并将风干鱼等湖鲜美食作为旅游产品开发的重要一环，启动六门闸野生渔都建设。君山区被评为全省洞庭湖区捕捞渔民上岸定居和解困工作先进集体，湖南卫视单独播放《岳阳君山区渔民喜迁新居》的现场新闻，在全省引起良好反响。2011年，君山水产养殖场被评为国家级健康水产养殖示范场、钱粮湖东北湖渔场成功申报国家级绿色健康养殖小区，君山区提出加快发展现代农业，水产养殖场、采桑湖镇建设万亩绿色水产品供应基地，完成六门闸野生渔都建设，大力推广亲耕亲渔等旅游项目。2012年，君山区正式提出钱粮湖镇发展农产品加工、水产养殖场发展特色养殖和休闲渔业的思路，加大旅游产品开发力度，包装开发有机果蔬、洞庭生态鱼、君山黄茶等湖乡特

色旅游产品，推进旅游业与文化的融合，挖掘以洞庭湖生态渔都为代表的洞庭湖渔船文化。集临湖观景、餐饮美食、渔业加工、移民安置于一体的洞庭湖（六门闸）生态渔村第一期工程完成。2013年，君山区提出推进现代农业与新型工业融合发展，发展壮大食品产业和农产品加工业，发展品牌化农业，张扬水乡洞庭、人文湘楚的个性魅力。全区水产品总量3.24万吨，总产值3.6亿元。2014年，君山区全面推进标准化规模养殖，加强水产品质量管理、渔业技术推广、休闲渔业发展和健康养殖小区建设，继续大力落实渔民转产培训解困各项政策，当年渔业总产值3.8亿元、水产品总产量3.55万吨。2015年，君山区积极争创全国平安渔业示范县，大力推广健康养殖，加快产业转型升级，突出发展以名优特产为主的健康水产养殖业，当年，全区水产品总量3.8万吨，渔业总产值7.65亿元。2016年，君山区被评为全国平安渔业示范县、全国农产品质量安全示范县，全区水产品总量3.98万吨，渔业总产值8.63亿元，君山风干鱼随着六门闸生态渔村的全面运营，品牌效应逐步彰显。2017年8月29日，随着丰为民副区长为君山区农村电商综合服务中心揭牌，“智慧君山”商务服务平台正式上线，将充分发

挥农村电商综合服务中心的作用，通过互联网与产业发展的深度融合，组织培养更多的农村电商扶贫人才，帮助农村电商人员增长知识、提高技能，通过电商形式将本地区的野生湖藕、洞庭湖野生鱼、君山银针、芦笋、无公害葡萄、藜蒿等土特产搬上互联网，拓宽特色农副产品销售渠道，形成电商驱动型的美丽乡村发展新模式，推动精准扶贫和产业发展。据不完全统计，截止2016年底，全区共有风干鱼养殖、捕捞、加工、销售等从业人员6000多人，先后涌现高手风干鱼陈建锋、曾记风干鱼曾志华、燕子风干鱼陈海燕、大唐风干鱼唐智、洞庭风干鱼沈定超、孔府风干鱼孔令文、玉兰风干鱼熊玉兰等大批产值过百万的加工大户，全年风干鱼产业产值2.97亿元，君山风干鱼热销本省和北京、上海、广东、湖北、江西、四川、重庆、河南等全国20多个省市区，并通过电商、微商、外贸等多种形式，远销欧美市场。

君山区地处洞庭湖平原东北部，在长江中游荆江门段南岸，北、东、南三面环水，东、南濒抵东洞庭湖水域，河流湖泊属长江水系。君山区属典型亚热带季风气候区，具有湖区气候的特色，光照充足，降水丰沛，四季分明，年日照时数1726.7小时，

平时气温16.8摄氏度，年均降雨量1417毫米。该区域水质清澈，水草肥美，天然饵料丰富，非常适宜鱼类的生长繁殖。鱼类以野生为主，自然生长，优越的气候环境和独特的地理条件早就了君山风干鱼生长快、鳞片紧密、纯天然、无污染、无泥腥味、肉质细腻自然、味道鲜美等特点。全区柳林洲镇、钱粮湖、良心堡、广兴洲、许市等5个镇、街道均适宜发展风干鱼产业。

君山风干鱼的加工特别讲究原料的品质，食材严格采用君山区境内湖区水面自然生长的桂花鱼、翘白鱼、鳡鱼、刁子鱼、鲫鱼、草鱼、刀鱼等鱼类，经剖开、去内脏、去鱼鳞、清洗、腌制、风吹等传统工序，无添加、无防腐，最大限度的保持了鱼的营养和鲜嫩，咸淡适中、白里透红、味道纯正、口感劲道、清香飘逸。君山风干鱼烹调时蒸、煎、煮、炖、焖、熘、干锅、红烧等均可。

为做大做强风干鱼产业，更好地保护与传承君山风干鱼历史文化、制作工艺和烹饪文化，区政府组织相关部门深入挖掘传统制作技艺，大力实施农业产业化发展战略，加强君山风干鱼公共品牌建设和品牌宣传工作，努力提高芦笋、藜蒿、风干鱼等十二

大地方特色农副产品的附加值和市场竞争力。君山区将现代渔业和农产品加工产业的发展作为全区发展的重心，积极落实各项政策，加快推进农产品品牌建设，先后推动央视《远方的家》江河万里行栏目、《人民日报》、湖南卫视《湖南新闻联播》《播报多看点》《湖南日报》、红网、新浪、搜狐、潇湘晨报等省级以上知名媒体和《岳阳日报》、岳阳电视台等本地媒体，以及大量的自媒体等对风干鱼产业进行了报道，全力支持君山风干鱼协会成立并牵头申报地理标志商标。下一步，君山区将进一步加强风干鱼公用品牌的创建工作，深入挖掘风干鱼制作和烹饪文化，推动制作技术申遗，指导君山风干鱼协会推进全区风干鱼产业统一的生产流程、统一质量要求、统一的包装、统一行业标准，规范市场主体的经营行为，稳定产品质量，确保食品安全，通过行业规范和品牌创建活动，形成全产业上中下游联动效应，提升全区风干鱼行业整体竞争实力，着力培育和提升地理标志商标的附加值，真正让君山风干鱼助力君山渔业升级和美食文化传播，让风干鱼产业成为君山乡村振兴和产业发展的突破点。

（湘盾知识产权 甘 磊）

林 业

【概况】 2017年，区林业局围绕“乔木进城”和中央环保督查工作，全面完成“湘林杯”和迎接全市社会综合绩效考评等各项指标，年末，区林地总面积7121.5公顷（其中有林地6137.6公顷，占林地总面积的86.18%），森林覆盖率20.86%，森林活立木总蓄积394450立方米。全年林业建设领域总投入7605万元，增长11%；林业总产值10895.6万元，较上年增长16%。

【乔木进城】 2017年，区林业局在“乔木进城”工作方面，通过城区道路、庭院和环城水系山体三大绿化增量工程，全年，共完成城区道路绿带13840米、庭院绿地5.67万平方米、环城水系山体绿化7公顷，共栽植乔木12698株，超过年度计划（0.9万株）的41%。

【环保督查和湿地保护】 2017年，区林业局根据中央第六环保督察组督察反馈意见，开展采桑湖生态修复、洞庭湖自然保护区欧美黑杨调查清理、采石场关停等工作。主要完成下列工作：采桑湖生态修复完成联通上、下采桑湖的两个栅格闸建设；对采桑湖内的有害生物进行一次全面清除，移植珍稀濒危湿地植物10000余株，种植沉水、浮水水生植物20公顷和湿地植物防护带4500米。区林业局成立工作班子，根据区政府制定的工作方案，联合环保、工商、公安、水利、农业、住建、食药等部门开展联合整治行动，对湿地内非法烧烤等旅游设施进行清除，将湿地内餐饮船只关停并拖离；对长江、洞庭湖沿线保护区内的非法码头和沙石场进行清理，清除保护区外滩及河面网箱养殖和畜禽养殖等，并按要求将区东洞庭湖保护区内210个人类活动斑点全部整治到位。

【植树造林】 2017年，君山区人工造林0.08万公顷，其中重点工程长江防护林造林200公顷；森林抚育0.1万公顷（其中：中央财政项目533.33公顷），全民义务植树32万株。

【林业资源保护】 2017年，统筹部署开展涉林犯罪专项行动，林业生态安全保障建设进一步加强，市场秩序进一步规范。全年共受理各类涉林案件30起，查处28起，其中受理林业刑事案件9起，已破案7起，刑事拘留2人，依法取保候审12人，移送起诉14人，其余2起均取得突破性进展；受理林业行政案件20起，已破案18起，挽回直接经济损失10万多元，调处各类纠纷10起。

（陈筑衢）

水产业

【概况】 2017年，全区的渔业生产工作在区委、区政府的坚强领导下，认真贯彻落实新发展理念，深化水产养殖业供给侧结构性改革，大力推进产业转型和绿色发展，以“健康养殖”为抓手，着力打造优质水产品供应基地，全区水产养殖业发展稳中有进、稳中向好，呈现出良好的发展趋势。全年生产水产品总产量4.56万吨，其中鲜鱼3.12万吨，小龙虾1.46万吨，比上年增长0.81万吨；总产值12.3亿元，同比增长2.1亿元，渔农人均年收入2.8万元。

【产业转型】 2017年，区农业局突出现代渔业建设，紧紧围绕“提质增效、减量创收”，加大水产健康养殖示范场创建，大幅调减网箱养殖，壮大名特优水产产业链。全区乌鲤、大口鲶、黄鳝、鳜鱼、黄颡鱼、泥鳅、小龙虾等特种养殖占全区总养殖面积的50%以上。其中柳林洲双五村乌鲤养殖、钱粮湖镇东北湖渔场养殖大口鲶、黄颡鱼养殖；良心堡镇养殖黄鳝、鳡鱼、翘鲌养殖；广兴洲渔场大湖网箱养殖鳜鱼、泥鳅养殖；采桑湖的鲈鱼养殖；团湖原生态野生甲鱼、鲫鱼养殖；岳阳监狱的稻田套养小龙虾养殖都保持着良好的发展势头，通过扩大名特优水产面积，在养殖模式方式上进行转变，大幅度提升产品的附加值，有效推进产业转型。全区创建部级水产健康养殖示范场5个，发展名特优水产养殖0.16万公顷，发展稻虾种养面积1.03万公顷，改造标准化精养鱼池面积23.33公顷，渔业发展基础和养殖结构不断优化，转型之路更加稳健。

【质量监管】 坚持以市场为导向，以质量促发展，不断优化水产养殖结构，通过政策扶持、技术支持、规划引导、加快形成以钱粮湖镇、良心堡镇为主导的水产品安全生态区，在全区范围内大力发展稻虾综合种养。在生产过程中，坚持“产出来”“管出来”一手抓、两手硬的方式，深入开展水产养殖专项整治行动，实行部门联动，严查使用抗生素、禁用药物的违法违规行为。加强水产品质量安全日常监测，完善水产品质量安全机制。全区部、省级养殖示范区100%建立生产、用药和销售记录监管率达100%；苗种生产单位100%建立生产、用药和销售记录，监管率达100%。通过对所有养殖示范场抽样检测，检测结果全部合格。加大水产养殖场的基础设施进行改造力度，严格执行生产操作规程。完善养殖技术服务，使水产养殖业得到健康平稳发展。由于农产品质量安全监管到位，君山区在2017年被农业部认定为首批国家级农产品质检安全县，全国农产品加工业示范基地。

【防控执法】 坚持安全防控执法先行，以创建国家级“平安渔业”示范区为抓手，加强对渔业安全生产的监管，将渔业安全纳入常态化管理，形成长效管理机制。一是成立区渔业安全生产领导小组，分别与生产单位签订“责任书”和“承诺书”；二是积极开展“安全生产宣传月”活动，在渔业企业、重点渔村悬挂和张贴“渔业安全生产月”主题内容宣传条幅和标语、发放安全生产宣传资料；三是对全区渔船进行安全生产检查，强化对“高危船”“三无船”的重点监控。四是逐步完善养殖证和捕捞许可证制度，全区国有水面发证和捕捞许可证发放率达100%。以保护渔业资源为重点，强化渔业渔政执法，严厉打击电力捕鱼、“迷魂阵”、拦河缯（网）等非法捕捞行为，大力推进水生生物环境保护工作。一是加大宣传力度。通过竖禁止违法捕捞的警示牌、制作宣传窗、印发通告等宣传资料，大力宣传渔业法律法规。二是集中开展整治行动。联合公安等部门集中开展打击非法捕捞专项整治行动，及时处置违法捕捞行为。同时结合洞庭湖禁渔期、增殖放流等活动，进一步加强有关法律的宣传，使打击违法捕捞工作在全区保持高压态势。三是强化监督管理。区渔政部门按5公里范围配备一名监护信息员，对沿堤重点水域进行24小时监管，在全区范围公布渔政执法举报电话，接受社会力量的管理。四是加大渔业污染事故查处力度，强化水域生态保护管理，建立渔业安全生产事故控制指标体系和责任追究制度，推进渔业安全生产和渔船标准化作业。

【提质增效】 2017年，区农业局以“提质增效、减量增收、绿色发展、富裕渔民”为目标，积极鼓励引导养殖户改变养殖观念和生产模式，引进水产新品种，推广健康养殖技术；大力发展名特优水产养殖，并且将渔业养殖与旅游业有机结合，发展休闲渔业。全区发展特种养殖品种达到13个，面积扩大到0.16万公顷，在工商部门注册的休闲渔业企业有39家，形成一定的规模，促进休闲渔业的发展。一是开展苗种及水产品生产管理。全区精养池塘面积0.36万公顷，湖泊0.32万公顷，投放各种规格鱼种3662吨，同比增加172吨，人工繁殖鱼苗6.12亿尾，预计水产品产量3.21万吨。二是引进台湾泥鳅80万尾、黄颡鱼1320万尾、鲈鱼4500万尾进行示范养殖推广；全区已创建部级水产健康示范场5家，占总面积的48%。三是扩大稻田综合种养。在上年实施稻田养殖小龙虾的基础上，2017年分别在钱粮湖镇和良心堡镇实施了稻—虾、稻—渔养殖，扩大种养面积2万亩。四是积极开展循环流水养鱼。计划实施循环流水养鱼技术，在年底已建成6组养鱼设施660平方米中不断试验养殖新品种，养殖品种将发展到鳜鱼、黄颡鱼、草鱼、鳊鱼等。五是强化养殖服务和技术培训。为提高养殖户的养殖技术和管理水平，邀请市农委的专家对养殖户进行授课培训，推广渔业新技术，将渔业技术送到田埂，要求有记录、有反馈。90名水产养殖新型职业农民进行实地学习。

（杨德良　戴四新）

畜牧业

【概况】 2017年，君山区紧密围绕结构调整总体战略，积极推进产业化经营，认真落实生态环境专项整治行动方案，全区生猪出栏26.7万头，存栏11.6万头。家禽出笼230万羽，存笼110万羽。君山区为血吸虫病重点疫区，实行牛、羊净化淘汰，牛存栏520头，羊存栏1500只。

【标准化生产】 2017年，认真组织实施“养殖标准化示范创建活动”，以示范创建活动推动养殖业标准化进程，实现畜牧养殖规模化，促进畜牧业健康发展。与此同时，区农业局大力推进规模养殖场污染治理，积极配合区环保局对全区养猪户采取农牧结合、农牧循环处理模式和建设沼气工程+配套设施处理模式以及新型零排放生物发酵床工艺，有效改善养殖废物污染问题。

【无害化处理】 2017年，为加强病死畜禽无害化处理，制定《君山区病死畜禽无害化处理制度》与《君山区病死畜禽无害化处理收集点建设方案》，下发《加强病死动物无害化处理监管工作的通知》；组织开展无害化处理技术培训；结合春秋季动物集中免疫工作，发动镇村全面开展辖区内沟、港、渠、坝的排查，严厉打击乱抛乱弃病死猪的不法行为；另外，积极着手病死畜禽收集暂存点项目建设。区无害化处理收集暂存点建设项目选址在许市镇金盆村，经区政府、局党组组织协调，从生猪调出大县奖励资金中落实收集点建设资金50万元。项目基础建设、水电冷库设施设备，病死畜禽运输车辆全部建设采购到位，按项目方案要求12月前投入使用。

【专项整治】 2017年，为认真贯彻落实省政府办公厅《关于印发〈洞庭湖生态经济圈水环境综合治理〉的通知》文件精神，并按照省政府办公厅《关于印发〈洞庭湖区养殖环境整治专项行动实施方案〉的通知》要求，加强全区生态经济建设，改善畜禽渔业养殖环境，促进养殖业持续健康发展，在专项领导小组及相关部门的共同努力下，共拆除畜禽规模养殖场59家74363.8平方米，完成工作任务的100%；拆除禁养区规模养殖场20家59179平方米；完成工作任务的100%；全区共有19家规模养殖场需进行粪污处理设施配套升级，已经改造升级的有12家，完成工作任务的63%。

【落实政策】 2017年，开展生猪参保。根据国家有关能繁母猪保险、育肥猪保险及病死动物无害化处理等文件精神，全区能繁母猪参保8650头，育肥猪参保11.12万头，病死猪无害化处理6316头，能繁母猪病死无害化处理324头。动物防疫省级劳务补助到位19.6万元，病死猪无害化处理补助资金到位28.1万元，均由财政局以惠农一卡通的形式全部打卡发放到个人，没有截留、挪用、占用、套取国家惠农资金现象。实行血防净化，根据《2017年岳阳市动物血防工作任务承包和经费分配原则》，合理制订《君山区2017年动物血防工作计划》。按照血防计划，3—4月化疗牛511头，化疗羊523只；5月中旬至6月底普查牛511头，羊1449只，无阳性牛羊，牛羊血吸虫病感染率为0；9—10月对重点防控区域易感放牧牛羊进行一次群化疗，共化疗家畜1626头（只），其中化疗牛511头、羊1115只。全年总计投服血防药物吡喹酮达10.2公斤，保证普查单元牛普查覆盖率达90%以上，扩大化疗覆盖率为100%。

【开展防控】 2017年，全面完成重大动物疫病集中免疫任务。根据省、市重防指及区政府的安排部署，及时组织召开春秋季动物防疫会议，签订了重大动物疫病防控目标管理和免疫工作责任状，坚持“预防为主”的方针，落实养殖户主体责任，重点抓好禽流感、口蹄疫、小反刍兽疫的强制免疫和猪瘟、鸡新城疫的全面免疫，统筹做好狂犬、猪链球菌病等常规病种的免疫工作，加强疫苗和应急物资管理，全面取缔村级动物防疫员制度，努力推进兽医社会化服务体系建设，以许市镇、钱粮湖镇为试点单位，积极探索政府购买兽医社会化服务。全年共完成禽流感免疫142.71万羽、猪口蹄疫免疫17.31万头、牛羊口蹄疫0.4万头份、小反刍兽疫0.3万头份，国家强制免疫病种常年免疫密度达92%以上，春秋集中免疫应免动物免疫率达100%；猪瘟免疫17.31万头，鸡新城疫免疫123.4万羽，全区实施全面免疫；狂犬、猪链球菌病、山羊痘等常规免疫病种的免疫达到上级业务部门的要求。认真开展动物疫情监测。2017年免疫效果监测共完成猪O型口蹄疫监测200样，牛羊O-I型口蹄疫监测50样，高致病性猪蓝耳病监测200样，猪瘟监测200样，禽流感监测300样，免疫抗体检测群体合格率均达80%以上；家禽H7N9禽流感监测496羽次；农业部东洞庭湖野禽专项监测野鸟鲜粪采样送检60份；东洞庭湖禽流感省级专项监测采样送检野鸟粪便1000份，环洞庭湖6个规模禽场家禽禽流感监测送检口腔肛门试子720份、环境试子240份、血清240份。根据《湖南省牛羊布鲁氏菌基线调查实施方案》和《岳阳市动物疫情监测与防治经费项目任务委托合同》要求，2017年君山区共完成牛羊布病监测208头次，其中监测牛场4户，监测牛80头次，监测羊场4户，监测羊128头次，无布病阳性牛羊；监测牛羊血吸虫病1960头次，其中监测牛511头次，监测羊1449头次，无血吸虫病阳性牛羊。

【执法监督】 2017年，稳步推进产地检疫与电子出证工作。君山区共设置10个产地检疫申报点、6个产地检疫电子出证站。负责全区产地检疫和电子出证工作，全年共完成生猪产地检疫8.75万头、禽类产地检疫78.63万羽、牛羊产地检疫0.13万头，对“依法应当检疫而未经检疫”“未经审批跨省引进种用动物”“不按规定处置病死动物及产品”等现象进行立案查处，全年共立案6起，结案6起。全区产地检疫申报点覆盖率、产地检疫开展面、申报受理率均达100%，与上年同期相比产地检疫率提高11%，检出病害畜禽无害化处理率达100%。坚持开展屠宰检疫，对定点屠宰场依法按规定实施屠前宰后全过程检疫管理，严格把好入场查验关、同步检疫关、出场签证关，杜绝病死猪进入屠宰环节，严防注水猪肉、病害猪肉流入市场，全年共完成屠宰检疫4.5万头。

【质量监管】 2017年，切实加强动物卫生安全源头监管。按照《君山区畜禽产品质量安全专项整治实施方案》与《君山区“瘦肉精”及违法违禁药品整治方案》要求，全年购买“瘦肉精试纸条”投资约3万元，开展2次市场专项整治活动，抽查市场14个、定点屠宰点3处、生猪养殖大户124户，共抽检生猪尿样415个，抽查饲料样品72样次；生猪产地检疫5%“瘦肉精”同步检测4375头次；生猪屠宰检疫5%“瘦肉精”抽样检测2250头次，未发现瘦肉精阳性，有力保证区全年无一例畜禽及其产品质量安全事故发生。不断规范饲料兽药安全生产使用。包括整治和规范兽药生产行为及市场经营，重点检查兽药生产企业执行落实GMP制度，依法查处不按国家标准生产兽药或擅自改变组分、在兽药中违法添加抗生素有效成分的违规违法行为，重点检查督促兽药经营企业执行落实GSP制度，经4月摸底排查，全区有GSP认证兽药店17家，饲料店16家。5—9月对兽药、饲料店开展2次集中整治，4次巡查监督，与兽药、饲料店签订质量安全承诺书共计45份，向养殖户做大量抗生素危害的宣传，与124家生猪规模养殖户、12家家禽规模养殖户签订自配料质量安全与规模兽药使用承诺书。

（任立明 徐海辉）

湿地管理中心

【概况】 君山区湿地管理中心是2016年12月成立的，为正科级事业单位，内设办公室、资源保护发展股、人事财务股等三个职能股室。主要职责：贯彻执行国家及省市有关湿地保护的方针政策和法律法规；在区林业局的指导下，组织编制湿地保护和建设发展规划，负责湿地保护项目与利用开发的规划、申报和实施，对退化的湿地进行恢复改造；组织宣传有关湿地保护的法律法规，开展湿地保护知识的教育，负责协助查处违反湿地保护法律法规的案件；组织实施湿地自然资源的调查、监测、科研、保护和救护工作；维护湿地生态平衡，加强湿地资源利用开发，规范管理湿地施药、开垦、排放、建设和外来物种引入等生产活动。2017年区湿地管理中心在区委、区政府的正确领导和上级主管部门的指导和大力支持下，围绕“打造洞庭生态明珠，建设现代滨江新区”奋斗目标，坚持一手抓宣传，一手抓整治，增强群众的湿地保护意识，有效地遏制了破坏湿地行为。全面完成区委、区政府交给的各项工作任务。

【班子建设】 2017年，为着力打造学习型班子，坚持中心组学习制度，要求班子成员轮流上党课，听取区委宣传部和区党校专家宣讲，重点学习领会十九大报告精神，并写好个人学习心得体会。为着力打造和谐型班子，坚持民主集中制，凡重大问题决策、大额资金使用等问题，一律按照“三个不直接分管”、集体讨论决定、末位表态发言等制度坚决落实，不搞“一言堂”，一人说了算。在重大事项决策过程中，积极征求干部职工意见，落实干部职工的知情权、参与权、监督权。班子内部形成想事、干事的良好工作氛围。为着力打造廉洁型班子，全面落实党风廉政建设责任制，中心班子成员按照一岗双责的要求，分管联系的各股室，落实主体责任和监督责任到位。强化班子内部权力运行程序的监督和制约，班子成员互相尊重，互相监督。组织全体党员干部深入学习《中国共产党纪律处分条例（实行）》《廉政准则》等党纪政纪和法律法规，开展“纠四风、治陋习”“雁过拔毛”等专项整治活动，进一步增强防腐拒变能力，营造风清气正的工作氛围。为着力打造服务型班子，坚持以人为本，关注民生。针对群众关心的生态环境问题，移交问题线索多起，积极参与杨树林烧烤灶台清除、餐饮船只关停、污染水质治理、非法开垦围垦等执法行动，为群众创造良好的生产生活环境。

【党建工作】　2017年，区湿地管理中心以“两学一做”“讲政治、有信念，讲规矩、有纪律，讲道德、有品行，讲奉献、有作为”等活动为载体，制定学习计划，要求班子成员每年必须读1-3本政治、业务方面的书籍，带领干部职工每周一下午开展集中学习，做好笔记和心得体会。在抓思想建设的同时，坚决落实党建工作责任制，形成一把手挂帅亲自抓、分管同志负责具体抓、班子成员分工集体抓的有力格局。在廉政建设方面，集体收看廉政建设警示教育片。同时围绕贯彻落实中央八项规定和省委九项规定，严格执行党政机关厉行节约反对浪费条列，从严整治“庸懒慢浮贪”，从严查处“四风”问题，从严查处滥用公款公权行为。

【湿地保护】　区湿地管理中心充分利用“世界湿地日”“野生动物日”“防灾减灾日”和中央环保督察的机遇，通过现场设点、宣传展板、宣传横幅、宣传车、电视广告等形式，对《中华人民共和国野生动植物法》《湖南省湿地保护条例》《湿地保护管理规定（国家林业局第32号令）》《岳阳市人民政府关于进一步加强东洞庭湖国家级自然保护区综合整治的通告》等，进行广泛深入的宣传，提升社会公众对保护湿地爱护野生动植物的认识，进一步提高人民群众保护湿地、爱护野生动植物的自觉意识。为迎接中央环保组的督查，坚持对全区湿地特别是沿湖沿江一线的湿地，进行重点巡查，共发现并移交问题线索20多起，并积极参与杨树林烧烤灶台清除、餐饮船只关停、污染水质治理、砖厂取土关停、非法开垦围垦等执法行动。与省市林业部门多次衔接、汇报，加强与市东洞庭湖保护局联系，在退耕还湿等项目上有一定进展。年内还制定并出台一系列内部管理制度，坚持抓“两学一做”教育和机关作风建设，成立党支部和工会，管理和保护工作步入正常化轨道。

（熊绍湘）

其他管理及公司选介

【城西警务合成中心（森林公安）】　2017年，通过统筹部署开展涉林犯罪专项行动，林业生态安全保障建设进一步加强，市场秩序进一步规范。全年共受理各类涉林案件30起，查处28起，其中受理林业刑事案件9起，已破案7起，刑事拘留2人，依法取保候审12人，移送起诉14人，其余2起均取得突破性进展；受理林业行政案件20起，已破案18起，挽回直接经济损失10万多元，调处各类纠纷10起。是加强林政资源管理。

【天井山国有林场】　2017年，天井山林场为有效保护现有森林生态资源，停止林木砍伐，加大森林防火力度，严控火源，在重点时段、山头和地块坚持24小时巡护，取得了全年无一例森林火灾发生的佳绩。在确保日常工作正常开展的同时，加大了基础设施建设，在许市镇政府的支持下，投入143万元，完成了1.01公里进场公路的修建，并在珠目山新建300亩花卉风景观赏林。

【君山林果花木公司】　2017年，君山林果花木公司紧紧抓住全市城乡绿化三年行动和区美丽乡村建设整域推进示范区建设契机，大力发展生产经营，主要完成洞庭大道“乔木进城”工程、岳阳市第十六中学校园绿化工程和部分农村绿化工程，全年经营总收入突破1500万元。

（陈筑衢）

农业机械管理

【概况】　2017年，农机监理所以农业增效、农民增收为核心，以粮油生产全程机械化示范建设为重点，积极调剂优化农机装备结构，加大农机实用新技术、新机具推广应用，全力推动农机服务产业化，增进农机事业健康有序发展，全区农机总动力达25.58万千瓦，比上年增长0.51万千瓦。新增各类牌证管理机械178台，新增农机驾驶操作人员90人，年度检审农业机械428台，发展互助会员512人，认定村级农机安全员77人，建设现代农机合作社5家，创建“平安农机”示范村3个，完成水稻机插面积0.8万公顷、油菜直播面积0.4万公顷，粮油生产机耕机收率100%，水稻机插水平44.5%，粮油生产机械化综合水平80.2%。

【规范实施农机购置补贴】 为确保农机购置补贴政策顺利实施，农机监理所严肃工作纪律，明确任务职责、严格程序要求。2017年共完成补贴资金547.33万元，其中，国补资金498.23万元，省补资金41.1万元。补贴机具331台/套，受益农户和农机合作社190户，带动社会投入1881万元。办理报废更新机具18台，补贴资金9.2万元。

【严抓农机安全生产】 一是加强农机安全生产宣传教育。通过安全展板、宣传车，手机报、发放明白纸等多种形式，大力宣传农机安全法律法规，增加农机手及人民群众法制观念和安全意识；举办农机安全学习培训班，营造农机安全生产浓厚氛围。二是加强农机安全生产源头管控。严把拖拉机注册登记、考试发证关，严格执行农机检验标准，坚决杜绝未列入目录变型拖拉机上户；扎实开展“平安农机”创建、积极推进基层农机网络建设，认定村级农机安全员、形成区、镇、村三级农机安全联管联防。三是加大整治力度、扩大服务范围。制定联合整治行动方案，建立起农村道路安全管理长效机制，积极组织参加联合整治行动，加大对拖拉机违法违规行为的整治力度，减少事故隐患，促进全区农机安全生产形势持续稳定好转；为生产企业和农户保驾护航，保证农产品收购点道路畅通，确保农机生产安全。四是扎实开展报废、灭失和长期脱检拖拉机清理。召开专题会议，制定具体实施方案，联合镇办农机站工作人员进村入户，按程序要求全面开展清理工作，对清理对象信息报区政府网进行公示，公示期满，注销登记。共计发放农机安全宣传资料4600余份册，举办农机安全学习培训班5期，参训学员280余人，组织联合执法行动4次，下发道路安全整改通知书20份，清理报废、灭失和长期脱检拖拉机694台，全年无重大农机事故发生。

【粮油生产机械化】 2017年，在确定为粮油生产全程机械化示范区后，成立以区长李勇为组长，副区长庞域建为副组长，各相关部门负责人为成员的粮油生产全程机械化示范区创建领导小组，制定实施方案，召开专题会议，确保部门分工明确，协高配合。由农业、农机部门具体负责项目组织实施，水利局、国土局负责农田水利基础设施建设，财政局负责项目资金安全运行。培育经营主体。结合现代农机合作社创建，农机监理所确定项目经营主体为已建和正在申报创建的现代农机合作社。依托农机合作社，建立起粮油生产全程机械化示范基地，制订《粮油生产全程机械化项目农机累加补贴实施办法》加大补贴力度。对已获农机购置补贴的高速插秧机、植保飞机、育秧流水线，油菜播机、烘干机、秧盘实行累加补贴。同时对粮油种植作业面积、机库棚、机耕道、农机维修点等建设内容进行补贴，鼓励农机合作社投入到项目实施中。借助粮油生产全程机械化示范创建和油菜机械化示范推广项目，共补贴推广各农机合作社烘干机26组，高速插秧机13台，育秧流水线18台，油菜直播机29台，植保飞机17架，轮式植保机械1台，秧盘13.6万个，发放累加补贴资金354.8万元，弥补粮油生产全程机械化短板，优化区农机装备结构。组织技术培训和现场演示。根据粮油生产不同时段，以农机合作社为“粮油生产全程机械化示范区”创建平台，共举办水稻育秧流水线及密室催芽技术培训、机插秧技术培训、农业生产“三减量”技术培训、无人植保飞机技术培训、油菜机械化直播技术培训及演示观摩会10余次。加强媒体宣传。根据项目实施情况和技术培训演示活动，编写手机报，发放到全区手机报用户。联合区电视台制作《推广早稻集中化育秧，促进全区粮食稳定发展》《无人植保飞机助推粮油生产全程机械化》《政府补贴农机购买、助力粮油生产全程机械化》专栏专题报道。同时在《岳阳日报》和省农机化信息网发表报道相关信息。狠抓示范创建农机安全生产。定期对农机合作社开展安全生产大检查，认真做好检查记录，防患于未然。对事故隐患剖析原因，督促整改，强化举措，确保安全。

【农机合作社】 2017年，抓住“洞庭湖区农业机械化提升工程”扶持政策机遇，建设发展现代农机合社。按照粮油生产全程机械化要求，壮大合作社实力，实行累加补贴，支持合作社装备机耕、机插、机械植保、机收、机械转运、机械烘干、机械加工等环节的农业机械及设备。组织技术培训，全面提高合作社农机生产服务能力和管理水平。抓好农机合作社的规范建设，从人员管理、财务管理、经营管理等方面入手，完善各项规章制度。2017年，创建现代农机合作社5

家，入社社员32人，流转土地面积294.13公顷，合作社共投入建设资金1600万元，对外服务作业面积256.67公顷，产生经济效益809万元。

【农机培训】 在确保农机教育培训工作稳妥进行的前提下，组织专业技术人员下乡，开展农业农机实用技术培训。在培训内容上，坚持理论与实际相结合，使农机手和广大农户耳目一新，切实学会掌握实用技术。全年，共完成各类教育培训1200余人。其中农机驾驶操作培训125人，农机安全教育培训280人，粮油生产全程机械化技术培训300余人，生产经营型新型职业农民培育130人。

（罗志新）

水　利

【概况】 2017年，区水利局遵循“廉洁高效、优质服务”工作宗旨，突出“发展水利，服务民生”工作理念，扎实推进防汛抗灾、水利建设、工程管理、水政水资源管理和水利队伍管理等工作，各项工作取得较好成效，为推进君山经济社会发展提供坚强的水利支撑和保障。

【防洪抗旱】 2017年，为全力应对水旱灾害，确保安全度汛。6月底，受厄尔尼诺事件和低涡切变影响，君山区连番出现多轮强降雨、洞庭湖1998年来最高洪水位和连续1个多月的高温干旱灾害。面对各种水旱灾害，区水利系统全体干部职工全力以赴，奋战在前，撤退在后，积极开展巡查值守、技术指导和防汛抗灾调度服务管理等工作。一方面，全程服务指导，全力防御高洪水位。从4月1日始，水利系统全面实行24小时值班制，6月29日、7月1—4日，区防指分别启动Ⅳ级、Ⅱ级和洞庭湖Ⅰ级应急响应后，局办公室和防汛办公室两办合一，每隔2小时收集和发送一次水文气象预警信息，每天积极做好防汛会商服务工作，下发防汛抗灾指令、通知，局党委班子成员和机关干部全部进入包垸联点责任单位、责任堤段、涵闸，各水委会、电排站干部职工坚守岗位，指导乡镇巡查值守和查险处险，共发现和安全处置散浸、浪损、翻沙鼓水等险情41处。另一方面，科学调度，扎实搞好抗旱排渍。紧密关注天气形势，适时掌握江湖河沟水位，精准研判，科学调度保水、蓄水和排水工作，在强降雨时期，开启各电排站满负荷开机抢排渍水，及时“空肠子、空肚子”，腾空库容；在江湖高水位时期，统一停机保堤防安全；在干旱来临前期，提前做好保水、蓄水工作。确保全区强降雨不成灾，高水位不出险，高温干旱不死苗，得到老百姓的高度称赞，没有出现因受渍上访事件。

【争资争项】 2017年，为强力推进水利建设。良心堡、方台湖安全区建设移民拆迁任务、2016—2017年度大中型沟渠疏浚工程、小农水重点县建设任务和市级防洪处险任务圆满完成，钱粮湖垸分洪闸建设工程顺利启动。积极开展争资争项工作。局党委始终把争资争项作为水利建设的引擎，积极抢抓中央、省、市水利投资机遇，认真开展水利项目规划设计、资料申报及协调衔接等工作。已对接濠河江湖连通和华洪运河江湖连通项目，两个项目已上报水利部，争取纳入近期实施项目。加快推进2018年水利秋冬修建设。局党委以“大灾之年大干水利”的思想，乘势而上，持续发力，计划投资4.9亿元，实施各类水利工程430处，填筑土石方510万立方米。重点实施良心堡、方台湖安全区建设、钱粮湖垸分洪闸建设、三峡后续长江中下游河道整治、友谊电排扩容改造、君山垸第三期围堤加固工程、沟渠疏浚、堤防处险及农村安全饮水八项水利工程。

【规范管理】 2017年，为提升管理效能。一是开展砂石码头、餐饮船整治工作。按照“四大会战”和中央环保督查的要求，组织水政监察大队和各水委会全面清理整治砂石码头13处，其中长江沿线包括荆江门煤炭码头、荆江门砂石码头共4处、藕池河6处、洞庭湖南堤3处，整治旅游渡口餐饮船3条，将餐饮船已拖离旅游渡口。并且开展打击非法采砂联合执法行动，将30多艘吸砂船驱离区长江河道水域，确保防洪及生态安全。二是积极推进“河长制”工作。建立健全“河长制”的组织体系，成立河长制工作委员会，核定落实区河长办4名事业编制，对15条区管河道和86条乡级河湖、水库分别落实区、镇河长和村级管护人员，全部设立河长公示牌，实现全区河长全覆盖。并且制定六项巡河工作制度，积极开展巡河工作，各级河长及河长办共巡河24次，发现问题13起，现场整改9起，下发督办函4起。切实加强水资源保护、河湖管理、水污染防治和水环境治理等工作，开展长沟子和潭子坑饮用水源地整治工作，关闭并拆除排污口，设置警示牌和界碑，设立一级保护区防护网，建立在线视频监控系统，开展地下水保护与治理工作。划定农村安全饮用地下水水源地保护范围，关停自来水覆盖范围内的地下取水点。启动君山垸等多个片区污水管网建设，拟修建200个农户四格污水净化池；开展工业园林角佬片区集中式污水处理设施建设；开展畜禽养殖和网箱养殖等农业面源污染整治，退养畜禽养殖户132户、清除网箱35.03万平方米；开展环湖生活垃圾堆放点整治工作，完成6个生活垃圾点整治任务；开展黑臭水体整治工作，拆除57家养殖栏舍2.38万平方米；开展河道保洁和华容河水环境整治工作。组织打捞垃圾人员172人次，打捞垃圾285吨；关闭向华容河排水的涵闸，新铺设纳污主管网500米，将钱粮湖中心城镇及华容河周边村庄90%的生活污水接入污水处理厂处理；清退华容河周边养殖场79户，拆除栏舍8.19万平方米。三是深入开展堤防工程规范化管理。按照“三定三落实”（定工程、定标准、定范围，落实人员、落实经费、落实责任）的要求，进一步落实局党委班子、机关干部、各水委会干部职工堤防工程管护责任，划分堤段砍草、清杂除障任务。共开展10次砍草、清杂除障行动，全面砍除长江干堤和洞庭湖堤杂草，清除大堤禁脚范围内的垃圾，确保堤防管理规范、整洁。

【队伍建设】 2017年，为确保安全稳定。区水利局紧紧围绕“建一流班子、带一流队伍、创一流业绩”的目标，以改进思想作风、学习作风、工作作风、领导作风和生活作风等“五大作风”为出发点，全面加强领导班子建设和干部职工队伍建设。一是抓领导，强堡垒。按照一把手“四个不直接分管”的原则，合理调整局党委班子成员分工。不断调优调强二级机构的领导班子及各股室负责人，其中调整支部书记5名，主任、站长5人，有力地增强各单位和各股室的战斗力和凝聚力。二是抓学习，强素质。坚持党委中心组学习每月一次，各党支部和机关干部集中学习每季度一次，党委书记讲党课每半年一次，广泛深入地开展“两学一做”学习教育活动，有力地提高党员干部的政治素质，不断增强党员干部的群众观念、党性观念和组织观念。三是抓廉政，树正气。严格按照“一岗双责”的要求，认真落实党风廉政建设责任制、“三重一大”事项民主决策制度以及中央、省、市“八九九（中共中央政治局关于改进工作作风密切联系群众的八项规定和省、市相关内容的九项规定）”规定，进一步规范班子成员廉洁从政行为。深入开展“四风”突出问题专项治理工作，严格督查超标准接待、公款送礼、公款吃喝、上下班纪律、参赌涉赌、操办婚丧喜庆事宜等违纪违规行为，有力地控制廉政风险，确保水利系统风清气正。四是抓综治，保稳定。局党委建立“三包”联点责任制和“六每”群众信访工作制，明确班子成员联点单位、帮扶对象和信访接待日，畅通群众诉求渠道，认真办理群众来信来访，积极化解群众矛盾纠纷。并且充分依托水利部门的资源优势、技术优势，大力发展水利经济，增强自身创收实力，努力解决下岗职工“三金”和弱势群体特困户经费困难，有力地维护水利系统大局稳定。

【雨水汛情】 1.雨情。2017年，君山区平均降雨1066.2毫米，较历年同期平均降雨偏多29%，其中汛期平均降雨750毫米，较历年同期偏多34%，特别是6月13日、23日、29日，受低涡切变影响，出现三轮较大的强降雨过程，其中6月23日，全区平均降雨160.8毫米，柳林洲镇和广兴洲镇24小时降雨超220毫米，良心堡镇最大小时降雨81.3毫米，最大三小时降雨104.1毫米。2.汛情。受多轮强降雨影响，区洞庭湖、长江水位迅猛上涨，最高水位出现在7月4日18时，君山垸南水35.26米，超保证水位0.26米；北水34.14米，超警戒水位0.14米；钱粮湖垸六门闸35.28米，超保证水位0.28米；华容河34.4米，超警戒水位（33.5）0.9米；藕池河35.05米，超警戒水位（34.0）1.05米，区洞庭湖各站点水位均为1998年来最高水位。7月4日晚上，水位缓慢回落，7月14日全面退出警戒水位。3.灾情。在6月下旬的三轮强降雨过程中，区5个乡镇遭受不同程度的灾害，出现大面积的农作物和鱼池淹没。据统计，全区受灾人口2.58万人，农作物受灾面积0.94万公顷，农作物成灾面积0.17万公顷，绝收面积0.15万公顷，一般受损农房24间，直接经济损失4385万元。

【主要工程】 君山垸围堤加固工程：堤防总长15.153公里，主要工程项目包括堤身加培、隐患处理、堤身护坡、填塘固基、防浪林护堤林、堤顶路面硬化、上堤坡道踏步、穿堤建筑物挖废、朝天闸码头坡道、修筑分洪口裹头。工程占地影响人口9户27人，房屋面积3010.98平方米；工程永久征地18.61公顷，临时征地6.22公顷。此外还有专业补偿项目。工程总投资为1.21亿元（其中中央投资6017万元，地方自筹6056万元），工程部分投资9665万元（其中中央投资5234万元，地方自筹4431万元），移民和专业补偿1044万元（其中中央投资544万元，地方自筹500万元）。该工程项目法人为洞庭湖水利工程管理局，委托君山区水利局进行现场管理，该工程共分三期实施，第一期、第二期工程已全面完工，2017年已完成第三期工程的50%。君山区2016年度小农水项目：中央财政农田水利项目县建设项目区分布在许市镇和钱粮湖镇，其中许市镇实施洪水港村、柿树岭村、金盆村、许家牌村、高新村等5个村，钱粮湖镇实施银杯村、乾隆村、大桥村、采桑湖渔场等4个村（场）。工程总投资1655.89万元，主要配套与改造灌溉渠道105条65.16公里，整修改造灌排两用渠道6条9.1公里，配套附属建筑物改造、新建943处；小型灌溉泵站新建2处，更新改造3处。工程完工后，有效改善灌溉面积0.18万公顷。沟渠塘坝清淤增蓄工程：根据湖南省洞庭湖水环境治理五项行动及沟渠塘坝清淤增蓄行动的要求，区制定《君山区沟渠塘坝清淤增蓄行动方案》，计划利用两年时间，投资1.38亿元，打一场沟渠塘坝清淤歼灭战，完成大型渠道清淤63条/227.75公里，中、小、微型渠道清淤406条/597.6公里；大型塘坝清淤6处/40.26公顷，中、小型塘坝清淤150处/92.51公顷，清淤土方758.91万方。其中2016年实施君山垸柳林洲办事处、建设垸广兴洲镇和许市镇沟渠疏浚；钱粮湖垸塘坝清淤。实施钱粮湖垸钱粮湖镇和良心堡镇沟渠疏浚；许市镇塘坝清淤。沟渠塘坝清淤增蓄行动于10月开工，共完成大型沟渠33条95公里、中型沟渠124条193公里、小型沟渠163条196公里，微型沟渠279条361公里，清淤塘坝25座。完成清淤土方312万立方米。良心堡、方台湖蓄洪安全区建设工程：继层山安全区建设的又一重大蓄洪安全建设，根据国家发改委《关于洞庭湖区钱粮湖、共双茶、大通湖东垸三垸蓄洪工程安全建设工程可行性研究报告的批复》文件精神，良心堡、方台湖安全区建设规划安置面积4.9平方公里，总投资5.03亿元。该项目分为围堤工程和移民迁建两部分，围堤总长12.442公里，堤防设计高程35.06米，面宽6米。新建泵站3座，新建涵闸5座，拆除重建穿堤建筑物2座。移民迁建计划安置34435人。该工程于2015年10月启动，2016年完成移民迁建任务，围堤加固部分已完成涵闸改造主体工程协调围堤取土场事项。2017年因土料场未确定暂时停工。钱粮湖分洪闸工程：钱粮湖镇，设计分洪流量为4180立方米/秒，分洪设计水位33.06米（国家85高程体系）。钱粮湖垸分洪闸布置在原湖堤内侧，对应湖堤桩号3+900～4+900之间，闸室轴线与原湖堤中心线平行相距71米。分洪闸过流总净宽为280米，闸室总宽为329米。闸室为低实用堰结构，共28孔，为两孔一联结构型式，联段宽度23.5米，单孔净宽10米，中墩厚1.5米，两侧缝墩各厚1米，闸室底板顺流向长20米，建基面高程24.5米，闸室闸顶高程35.6米，闸室低实用顶高程28米，闸门为弧形钢闸门，采用固定卷扬机启闭。两侧连接段为土堤，左、右两岸长分别为172米和160米，堤顶宽为9.5米。钱粮湖垸分洪闸为Ⅱ等工程，其主要建筑物分洪闸为2级建筑物，次要建筑物如翼墙等为3级，连接段级别与现有大堤保持一致，为3级，其他临时建筑物属4级建筑物。本工程施工总工期为20个月，总投资为2.42亿元，其中国投为1.41亿元。洞庭湖分蓄 洪区是长江中下游整体防洪的重要组成部分，是处理城陵矶地区超额洪水，保障荆江大堤、武汉市防洪安全的一项重要工程设施。建设分洪闸工程，可在需要时及时分洪运用，保证调度的灵活性，保证重点地区的防洪安全，能提高防洪抗灾能力，有着广泛的社会效益和良好的经济效益，是一项造福于人民的工程。

（谢代军　袁　赛）

商贸·旅游

商务和粮食

【概况】 2017年，君山区商务粮食局（简称区商粮局）紧紧围绕贯彻落实市、区经济工作会议和工作部署，牢牢把握省、市商务粮食行业工作要点，分解“区委经济工作会议”“政府工作报告”等各项目标任务，突出实施“粮安工程”、助推开放型经济发展和打造电子商务平台三项重点工作。落实责任、强化措施，全面完成区委、区政府和市商务粮食局下达的年度指标和目标任务，全局创先争优取得显著成绩。区商务粮食局被省商务厅授予2017年度全省商务工作（外经）先进单位，被市综治委评为2017年度“十大平安”系列创建示范单位，被市文明办评为2017年度岳阳市级文明创建先进单位。

【内外贸易】 2017年，区商粮局认真履行宏观调控、市场监管、商贸流通和“区开放型经济领导小组办公室”职能，为全区粮油产业龙头骨干企业、外贸企业、电商企业提供政策指导、资金扶持、产销对接、资质申办全方位服务。全年完成粮食收购8.8万吨，完成油菜籽收购1.2万吨。粮油加工企业完成加工总量14.5万吨，实现产品销售收入6.9亿元。完成内联引资163949万元，利用外资1700万美元，外贸进出口额完成154万美元，对外劳务合作营业额完成1525万美元。社会零售总额完成29.1亿元，增长12%。

【电子商务】 智慧君山电商服务平台成功上线运营，入驻企业132家，农产品展示厅入驻农产品280多个，农产品上行运行48个；完善农村电子商务网络布局，授牌村级电商服务站15个，打造镇级示范点1个（柳林洲）；在君山富民路东段，建立一条电商创业街，设计摊位100多个，入驻创业者80余名，月销售额达到20万；联合君山区河西电子商务开展电商培训班6期，培训500多人次，孵化电商创业者60多人（含退伍军人），带动直接就业280多人；在芦花洲村等村启动电商扶贫试点工作，创建“一村一品”品牌农特产品，打造互联网品牌，10个省级扶贫村上线产品20多个。

【项目建设】 2017年，区商粮局申报军民融合军粮保障创新示范工程项目，拟投资2180万元，争取国家扶持700万元；为准确掌握区粮食市场行情，全面提升粮食预警监测和应急指挥能力、业务协调能力，启动“智慧粮仓”项目，申请上级补助资金300万元，对广兴洲、黄金、康王山、建新、高台5个收储库点进行全面升级改造；帮助“湖南大农粮食米业有限公司”项目申报国家财政仓储建设专项资金支持和2018年度第二批千亿产业项目；新引进投资6000多万元的洞庭苇业食品有限公司落户君山区工业园。

【惠民工程】 2017年，国家连续5年启动托市粮收购政策，全区最低收购价完成早、中、晚稻收购1万吨，执行托市粮收购为农民增收近500万元。连续4年对全区农贸市场推行标准化改造，投入资金1500万元，对挂口新洲市场进行全面的升级改造，新洲菜市场的启用将分担挂口市场的压力，缓解周边居民买菜难问题，提升居民生活质量。

【执法实践】 2017年，按环保巡察要求，督促全区11家成品油站于5月全部完成油气回收改造工作；对全区再生资源回收企业进行摸底调查，对全区7家相关企业进行备案登记工作。

【重点企业选介】 岳阳市君山区粮食购销有限公司:成立于1998年7月15日，注册资金457万元。是君山区唯一一家承担粮食购销主渠道地位的国有粮食企业，还承担着区执行国家低价政策的政治任务和区地方储备储存任务。经营范围为粮食收购、销售、储存、调拨、加工。公司为国有独资有限责任公司，共有员工14人，设有高台、茅屋岭、黄金、康王山、广兴洲、六门闸6个粮食购销网点。2017年，落实早、中晚籼稻最低收购价执行预案，在君山区启动高台、六门闸2个收储点，收购早、中晚稻收购8.8万吨，帮助粮农增收近300余万元。积极做好3000吨区级地方储备粮的保管工作，确保储备粮储的好、用的上。

君山生猪屠宰场：君山生猪屠宰场自收自支集体所有制企业，场所位于君山大道144号，占地3000平米，由原君山外贸公司仓库改建而成。具备《定点条例》要求的屠宰间800平方米，急待宰间100平方米，急宰间100平方米，消毒池12平方米，检疫室及无害化处理各一间。职工12人，来场从事生猪屠宰个体户46家。2017年，屠宰场积极争取资金70余万元，新建屠宰场污水处理环保设施，解决屠宰场污水处理问题。屠宰场在确保进场屠宰率达100%的同时，进一步优化屠宰服务费用，让辖区内肉产品低于市内每斤3元，不仅保障全区人民吃上放心肉，让群众得到实惠。当年，屠宰场屠宰生猪达1.6万余头，服务收入68万余元。

（冯　艳）

供销联社

【概 况】 2017年，区供销联社机关设有党委会、理事会和监事会，下设办公室、业务股、财务审计股、安保股和资产管理办公室。联社定编共12人，其中机关行政编制10人，资产管理办事业编制2人。现有在编在岗人员16人，其中党委班子成员5人（含理事会主任1名、监事会主任1名、理事会副主任2名），机关干部3人，资产办3人，改非人员5人。另有机关离退休人员9人。联社下属企业原有9家，已改制7家，共移交职工1664人，待移交91人。还有2家未改制企业，共有职工315人，其中管理和留守人员7人，退休人员157人，在职人员151人。

【综合改革】 2017年，君山区成立以区委书记谢胜为组长的工作班子，开展综合改革宣传发动、方案起草、征求意见、动员大会等工作。谢胜对示范创建工作十分重视，对供销社综合改革研究、部署。区委副书记白再兴多次到供销系统进行调研、指导，到镇村进行督查。区政府分管副区长丰为民对创建中存在的困难和问题，敢于负责，一抓到底，先后协调解决土地划拨、人员配置等20多个问题。加大宣传力度，营造改革氛围。中央、省、市关于深化供销合作社综合改革的决定文件出台后，利用广播电视、报纸网络、标语横幅、宣传窗栏等阵地广泛宣传。通过多形式的宣传发动，全区上下形成知晓改革、支持改革、服务改革的浓厚氛围。深刻领会精神，出台改革方案。中央、省、市关于供销社综合改革的文件出台后，区供销联社组织力量代拟改革创建文件。区委、区政府多次专题研究综合改革工作，下发《关于深化供销合作社综合改革实施意见》《岳阳市创建湖南省深化供销合作社综合改革示范市君山区实施方案》《岳阳市2017年度创建湖南省深化供销合作社综合改革示范市君山区督察考核办法》等改革文件，召开全区深化供销合作社综合改革动员会和推进会，会上各镇（街道）递交责任状，明确镇（街道）分管的党委委员或副镇长兼任供销社主任。明确责任主体，建立考核机制。《岳阳市创建湖南省深化供销合作社综合改革示范市君山区实施方案》明确规定：镇（街道）“两组织一平台”建设由镇（街道）党委政府组织，供销社牵头联合组建；镇（街道）党委政府要明确分管的党委委员或副镇长（副主任）兼任镇（街道）基层社主任，负责本区域供销合作社“两组织一平台”建设；村级“一组织一平台”建设，由村支“两委”和镇（街道）基层供销社牵头领办、创办，管理主体是村支两委，经营主体是村支两委、农民专业社负责人或农村社员。具体各镇（街道）都已按照责任主体分工落实到位，钱粮湖镇、广兴洲镇的供销社主任由政协联络办主任兼任，把一批有热情、敢负责、有担当的干部调整充实到供销改革队伍中来。同时，下发《岳阳市2017年度创建湖南省深化供销合作社综合改革示范市君山区督察考核办法》，将深化供销合作社综合改革纳入对区直责任部门和各镇（街道）的综合绩效考核，强化督导检查，落实工作责任，定期进行考评。12月14—15日，由区创建领导办公室从相关部门抽调工作人员组成督查小组，对各镇（街道）推进创建示范市工作情况进行专项督查，并将督查情况在全区进行通报。1月3日，由区委副书记白再兴，率领相关部门负责人到四镇一办，就村级供销综合服务社及电商平台建设进行调研督查，在肯定成绩的同时，对个别标准不高、进度较慢的单位负责人进行训导。1月上旬，组织力量按照所制定的督查考核办法对区直单位和镇（街道）进行年度验收考核，确保创建工作落到实处。

【特色工作】 2017年，区供销联社按照市里的工作步骤和要求，逐级分解落实目标任务。在建设过程中，结合君山区情，以服务惠农、突出特色为原则，组建各级供销社组织体系和服务平台。年底，主要突出水稻、龙虾养殖特色产业，分别新建柳林洲街道、钱粮湖镇两个基层供销社；并以此为基础，联合辖区内运转规范的农民专业合作社，成立柳林洲街道、钱粮湖镇两个农民专业合作社联合社（镇农合联）；再由镇（街道）基层社（农合联）牵头，以农合联成员中规模较大、实力较强的农民专业合作社或涉农企业作为投资主体，各级财政适当支持，引入社会资本，采取股份合作制形式，组建柳林洲街道、钱粮湖镇惠农服务中心；全区建好20个村惠农综合服务社和20个电商服务网点，构建以“两组织一平台”为核心的基层组织体系和惠农服务体系。目前这项工作在区供销联社的具体指导下，在各级党委政府的推动下，柳林洲街道、钱粮湖镇基层社、农合联、惠农服务中心都已挂牌组建，配齐人员力量。钱粮湖镇利用原采桑湖镇镇政府办公大楼建立镇级惠民服务中心，并筹措资金20多万元进行维修改造，购置办公配套设施，悬挂张贴门牌标识，统筹规划功能布局。广兴洲镇党委政府对基层供销社的改造组建十分重视，多次参与筹划协调工作，在人员、资金配置上给予优先安排，12月上旬已正式挂牌运作。同时集中力量抓好村级惠农服务社、电商服务网点及村级农民合作社的建设，柳林街道办事处挂口村村级综合服务社建设，许市镇、柿树岭村电商平台建设，设施齐全，功能完善，为村民的生产生活提供便捷的服务。广兴洲镇是全国有名的蔬菜大镇，全镇大部分农民以种菜、贩菜为业，该镇凭借产业特色在合兴、江陵、庆丰、洪市等村新建5个专业合作社，入户农户达150多户，每天销售到全国各地的蔬菜达200多吨。12月底，已完成31个村级农民合作社的组建注册，完成20个村级惠农服务社和20个村级电子商务点的组建。

【平台建设】 2017年，区供销联社抓为农服务平台建设。在市社的支持下，成立区新三湘惠农农资有限公司。该公司采取自营与联营等方式，新建10个经营网点，网点遍布全区，并通过厂商联合的方式，以岳阳本土复合肥生产企业湖南金叶众望科技股份公司生产的众望牌复合肥为主打品种，开展测土配方、送货下乡等一系列活动，极大地拉近供销社与农民之间的距离。已销售金叶众望牌复合肥1500多吨，超额完成年初计划任务。抓农村电子商务平台建设。区君之佳供销电子商务有限公司，以农产品电子商务为切入点，以全国总社“供销e家”和省社“网上供销社”为平台，以“实体+网络”的销售模式，将基层网点覆盖全区乡村，大力发展农村电子商务。先后引导130多家农产品加工企业、农民专业合作社、村级综合服务网点入驻“供销e家”“网上供销社”、智慧君山、淘宝网等各类电商平台，农产品展示厅入驻农产品280多个，农产品上线运行48个，使供销社成为推广区名优土特产的重要抓手。据不完全统计线上线下交易额达1.5亿元。为进一步做好供销改革工作，近期区委、区政府研究，将区绿色食品产业园紧挨大门的一栋四层楼划拨给供销社，做大做实全区农村电子商务平台建设，广泛开展农产品供求信息、惠农服务信息、涉农企业服务信息发布和农产品线上线下交易等网络惠农服务，让供销改革真正惠及于民。抓好惠农服务示范引领建设。通过柳林洲街道、市区供销社股本投资，农开项目资金投入、社会资本参与等多种途径筹集资金，创办柳林洲惠农服务中心。以此中心为平台，联合辖区内的隆平粮社、大农米业、丰顺农机等农民专业合作社，组建柳林洲街道办事处基层社和柳林洲街道办事处农民专业合作社联合社。该中心占地1.41公顷，主体建筑共6层，建设总面积4884平方米，总投资预计1400万元，预计2018年4月竣工并投入使用，建成后，将为周边近万户农户的生产生活提供全方位、一站式服务，特别是为农民提供"生产、销售、信用"三位一体服务功能中的8项以上。将集中人力、财力，加强指导、完善配套，使之成为全市惠农服务中心示范点。其他镇将参照柳林洲街道办事处惠农服务中心建设样式进行规划，积极准备。同时，依托岳阳市新合作农业生产资料有限公司，大力开展土地托管服务。整合区域内农机、农技、农资等服务资源，打造土地托管"九环"（种子、农药、水肥一体化、无人机防治、农机服务销售、金融保险、粮食烘干、收购加工、电子商务）智能服务模式。全区土地托管（流转）等农业社会化服务面积达1.13万公顷。

【廉政建设】　2017年，加强党风廉政建设是党组织、党员干部队伍永葆青春活力的源泉，是激励忠诚于党、忠诚于人民，干事创业的力量所在。由此，联社党委十分重视这项工作。"两学一做"学习教育锤炼党性。联社制订完善"两学一做"学习教育的实施方案，明确学习教育的总体要求和内容。成立"两学一做"学习教育领导小组。一是真学。联社采取个人自学、理论中心组领学、支部助学、网络辅学、领导帮学等方式，深入组织党员干部学习领会党章、准则和条例等党内法规，学习习近平总书记系列重要讲话精神；学习十九大主题报告，深刻领会其精神。同时采取调研式及查读书笔记等措施，坚持支部每月、理论中心组季度集中开展教育学习和专题研讨一次；依托网络、微信和QQ等媒介，促使党员真学、实学、深学，确保学习落实。通过学习讨论，大家增强"四种意识"，特别是在党纪党规面前知敬畏、守规矩。同时也找到差距，明确努力方向。联社机关党支部已完成"两学一做"学习教育3个专题学习研讨活动，完成学习笔记12万字，撰写心得体会32篇。二是实做。区供销联社以"党支部建设年"活动为载体，优化基层组织设置，严格组织生活、强化服务功能，完善工作制度，规范阵地建设，着力发挥党支部的主体作用。紧密结合后期扶贫攻坚、项目建设、发展农民合作社助农增收致富等工作，引导党员自觉锤炼党性，增强宗旨意识，做到不忘初心，继续前进。2017年，联社还组织党员干部积极开展"巴陵先锋党员活动日"活动，深入社区、村组服务群众55人次，解决求学、就医、就业、种养等方面的问题23个。三是廉政建设筑牢防线。首先，按照党风廉政建设的要求，教育党员干部从思想上要筑牢防线，提高防腐拒变的能力，始终绷紧反腐倡廉这根弦。上半年，先后两次召开党风廉政专题会，并请区检察院的领导到社讲课，加强对干部的教育引导，预防职务违法犯罪，并通过典型案例的剖析警示教育大家。其次，做到廉洁自律。党委班子从班长和班子成员带头做起，不贪图私利、不用公款大吃大喝，时时处处严于律己。6月，联社班子成员率先签订"刹人情歪风、治婚丧陋习、树文明新风"的公开承诺书。到目前止，区供销联社没有接到一起关于党员干部违纪违规、侵害群众利益的举报，没有一名党员干部受到上级党委、区纪委的廉政谈话及黄牌警告。再次，做到公道正派。联社党委一班人无论处事还是理财，都处于公心，处事公正，一身正气。同时，积极发挥监事会的监督作用，加大对联社理事会和下属企业单位的监督力度，全力打造"廉洁供销"。

【企业管理】　2017年，区供销联社为加强对机关内部的管理，建立健全一系列管理制度，规范机关财务管理，严格上下班纪律考勤，加强作风建设，在市、区两级作风建设督查中从未出现违纪违规的现象。一方面，加强对下属社有企业的管理。联社机关新设立一个直属机构，成立会计集中核算中心，具体负责全系统财务管理与监督，负责改制企业财务记账与费用管理等工作；改制企业留守人员负责资产维护与租金收取，实行收支两条线，从而强化资金监管，节约管理成本，明晰资产权属，为下一步成立资产管理公司奠定基础。同时，为规范财务核算，出台《君山区供销社企业财务管理暂行规定》的文件，制定《君山区供销社会计集中核算中心实施方案》，使企业管理有章可循，同时激发企业发展活力。另一方面，加强对社有资产的管理。联社每年安排专门班子和人员对各企业单位逐一摸底核查，全面澄清系统内资产底子，建立资产台账，做到底子明了，确保社有资产不流失。

（刘行政）

旅 游

【概况】 2017年，境内有东洞庭湖国际重要湿地、国家5A级景区君山岛、国际4A景区君山野生荷花世界、省级森林公园天井山、发展休闲农业企业50家、农家乐143家，其中国家级休闲农庄5家、省星级休闲农庄15家、全国休闲农业与乡村旅游示范点2家，获评全国休闲农业与乡村旅游示范区。有在建项目5个：1.洞庭湖欢乐世界主题公园：占地30.27公顷，总投资5.5亿元。项目立意是以洞庭湖文化为核心，将生态景观、人文景观及高科技游乐项目相融合，旨在打造富有地域特色又兼具国际时尚的华中旅游新地标。区政府与投资方于2016年6月8日正式签约，7月28日正式动工建设。第一期工程将于2017年底建成开园。2.洞庭湖博物馆：总投资约10亿元，2017年底主体工程竣工。3.由浙江金诚集团投资232亿元的萌宠产业新城项目已落户君山，5月25日举行奠基仪式。项目包括宠物小镇、湿地公园、沿湖风光带、智能制造区、商业配套区和生活配套区等。是一个集时尚与旅游于一体的宠物小镇。项目一期五星级酒店“金诚之星”目前已拍到建设用地，年内可开工建设。4.由激情山水俱乐部投资1亿元在许市镇黄金村的东湘人家自驾车营地项目占地20公顷，已完成投资6000万元，项目依托许市山水资源，拟建成湖南省最具特色的大型户外运动、拓展培训、自驾营地、休闲农业体验于一体的旅游新业态综合体。目前部分项目已投入运营。5.采桑湖渔场引进广东客商投资建设民宿项目，其中观湖别院五栋前期手续已办结，12月开工。 在谈项目2个：广东达成通航公司拟投资15亿元在君山建设通用机场，开展航空旅游，近期将签订协议。岳阳中洲通用航空公司和乡村之恋农庄合作已成功批复1个临时起降点，年底，或明年初就可以开展航空旅游；马来西亚厦门总商会提质改造团湖野生荷花世界，打造金荷小镇，总投资30亿元，分三期建设，近期将签订协议。整域推进“美丽乡村”建设。借助全区开展“美丽乡村”建设契机，把乡村旅游培育为区农业经济转型升级的民生产业，建设形成2个乡村旅游示范镇、10个乡村旅游示范村。每年办好乡村美食文化节、葡萄节、油菜花节。培育节会品牌搞好营销。举办首届中国（岳阳）国际热气球节。以此为契机，促成君山区与美国阿伯克基市结为经济友好城市，进一步引进美国教育、医疗、环保等方面项目。11月，区全年接待旅游总人数达448万人次，实现旅游综合收入28.56亿元，分别增长27.5%和35.4%。

（卿 容）

野生荷花世界

【概况】 君山野生荷花世界又名团湖荷花公园，成立于1998年，是国家级“岳阳楼—洞庭湖”风景名胜区的重要组成部分。景区总面积1万余亩，其中有荷面积6000亩；2012年获评国家AAAA级景区。这里是“亚洲面积最大的野生荷花成片聚生地”“中国野生荷花之乡”“湖南省廉政文化教育基地”“湖南省摄影家协会摄影基地”；纳入了野生水禽栖息地保护、野生莲保护、东洞庭湖湿地等国家级自然保护项目。团湖物产也较丰富，有团湖三宝：巴巴鲫鱼，团湖湖藕，红莲；有全荷席，就是全部用团湖的荷做的菜，荷叶炒蛋、荷叶包鸡、油炸荷花、藕尖、莲子棱角米、湖藕排骨炖汤等。拥有五星级休闲农庄——君荷堂和民宿、农家乐20余家，具有同时接纳800人餐饮和200人住宿的接待能力。至2017年，景区年均接待游客近20万人次。

【恢复生态】 2017年，君山野生荷花世界首先是及时解除大湖对外承包的合同，收回了大湖的自主权；同时聘请专家组现场调研，分析、确定造成荷花植株数量剧减的原因；然后是制度出大湖改造工作方案，并完成大湖改造工作，恢复团湖核心吸引物原貌，恢复团湖生态环境。

【基础设施】 2017年，君山野生荷花世界在财政非常紧张的情况下争取资金20多万元，改造职工渔池砂石路800米、修建职工健身广场。为群众办实事，得到职工好评。

【维护稳定】 2017年，针对历史遗留问题、解决民众纠纷，把信访工作放在重要位置，接待群众来访30多次，处理来信10多封（含省长信箱2封），均按要求予以回复；并成功化解了2次民众矛盾纠纷，对职工的历史遗留问题得有效解决，部分职工就业问题也得到妥善安排。

（朱建新）

天井山森林公园

【概况】 天井山系武陵山余脉，它东接长江、西连洞庭、西北与华容桃花山遥相呼应，距岳阳市中心36公里。1962年，岳阳市政府在此设天井山国营林场，1997年10月，更名为天井山森林公园。这里毗邻城市，森林覆盖率高，空气清新，冬暖夏凉，气候宜人，珍稀动植资源保存完好。天井山全长约26公里，园区森林面积837.33公顷，有经省矿产研究院检验各项元素合格的泉水四处。在湖南省东、西、南三面群山围绕中，天井山森林公园神似镶嵌在西武陵、东幕阜两天“巨龙”头上的一颗明珠。

【云雾山】 云雾山位于公园中部，海拔283米，是公园的主峰，山上树木葱笼，动植品种繁多，鸟语花香，溪水常流。

【珠峰飞瀑】 珠峰飞瀑位于前庄和中垅之间的峡谷中，高60米，每年夏季雨量充足时，能形成飞流直下的美景。

【天米石】 鸣放水库以西的月山南端有一奇石，大小如汽车，形状酷似米粒，半悬于陡壁之上，底部有一小石相衬，摇摇欲坠，见者无不慨叹大自然的鬼斧神工，此石便是著名的“天米石”。传说此地的崇庆寺，在宋、元、明三朝曾鼎盛一时，上百名和尚每日靠石顶小穴取米生存几百年，后因寺僧泄露天机，凿大穴眼，致使满穴鲜血，未见米粒，以致庙倒僧散。

【天井山庙】 天井山峰顶的三座主庙宇建筑面积400多平方米，设有厢房，供奉着佛教、道教和中国传统文化传说中的大小菩萨和神仙不计其数，这里晨钟暮鼓，一年四季香火不断，各种道场、法会频频举办，岳阳、益阳、常德及湖北省的香客都慕名而来，好不热闹。

【千年银杏树】 银杏，有“活化石”之称，曾经历了第四冰期。银杏树又称白果树、公孙树。叫它公孙树有两种说法：一种说法是因为中华民族的始祖姓公孙，而银杏古老，故以此称谓；另一种说法是因为银杏生长缓慢，往往公公种树，孙子才能吃到果实。天井山的银杏树，树高28米，树围5.4米，冠幅遮荫面积1000多平方米。据说此树已有4000多年的高龄，是天井山脉有生命以来留存下来的“至尊长者”，见证了洞庭湖数千年的盛衰变迁。

【不老泉】 东北山麓溪水流经的地方有“不老泉”一处，泉水清甜甘醇，据说常饮此泉水能祛病消灾，延年益寿，附近的老百姓与镇上的居民，常会骑着摩托车、自行车，带着纯净水瓶来此泉取水饮用，听说确有奇效。

【仙人洞】 位于天井山南麓山腰，洞口高5米，洞深不详，洞中有泉水涌出，传说是仙人吕洞宾修道的地方。仙人掌传说是八仙之一的吕洞宾在此留下的掌印。

2017年接待专家、学者、游人约8200多人次。

（卿　容）

洞庭湖博物馆

【概况】 洞庭湖博物馆是岳阳市委、市政府积极顺应国家、省规划建设洞庭湖生态经济区的重点战略部署，根据省委、省政府的指示，经省发改委批准，率先启动洞庭湖生态经济区建设的一个标志性工程。项目建成后，将集中展示洞庭湖的历史变迁历程，珍藏和传承洞庭湖区特色文化，保护洞庭湖的生物多样性，助推洞庭湖的研究、治理与开发，加速洞庭湖生态经济区建设，努力将岳阳打造成为一极三宜的江湖名城。项目选址：位于君山区濠河洞庭湖博览园西侧入口的文化旅游综合区，文化旅游综合区由北部游乐区、东部文化场馆区、南部商业服务区及中部入口广场及配套服务四部分组成，面积约66.67公顷。东部文化场馆区由洞庭湖博物馆暨洞庭湖生态经济区规划展览馆，一馆两中心（科技馆、青少年活动中心、妇女儿童活动中心）与预留文化场馆三部分用地组成。洞庭湖博物馆建设用地位于整个文化场馆区的最东端居中位置，三面临濠河水面，能够实现较好的亲水性和标志性。

【项目组成】 洞庭湖博物馆暨洞庭湖生态经济区规划展览馆的主要场馆包括一个主馆，两个副馆，主馆即综合馆、两个副馆为江豚馆与鸟类馆。总占地约9.27公顷，总建筑面积约5.1万平方米，其中综合馆约3.17万平方米，江豚馆5300平方米，鸟类馆4000平方米，库房、办公及设备配套用房1万平方米，总投资约10亿元。

【项目定位】 洞庭湖博物馆定位为综合型、开放性、现代化、多功能、国内第一、国际领先的现代化湖泊博物馆，并力争成为中国湖泊第一馆，中国乃至世界级湖泊经济和生态保护论坛平台。

【项目进展】 2015年洞庭湖博物馆建设项目已经完成了可研、环评、选址、立项、地质勘察、征地拆迁、规划国土审批、概念设计与主馆施工图设计等工作。项目总投入9.38亿元。2016年4月25日开工，2017年完成第一期工程。8月21日下午，岳阳市委书记、市人大常委会主任胡忠雄主持召开专题会议，调度洞庭湖博物馆建设工作。市委常委、市委秘书长谈正红等出席。会上，君山区、市规划局、市文广新局、市旅游外事侨务办负责人汇报了当前洞庭湖博物馆的建设进度、文物收集、展陈规划等工作，重点介绍了洞庭湖舟船文化展陈概念方案。胡忠雄认真听、仔细记，不时就具体工作与大家一同研究探讨。

（卿　容）

洞庭湖欢乐世界主题公园

是湘北最大的游乐项目，是君山区全域旅游新景区。总投资5.5亿元、占地30.27公顷的洞庭湖欢乐世界，位于君山区旅游路濠河边，北靠正在建设的洞庭湖博览园，西邻君山黄茶产业园。该项目分为两期建成，正式营运的一期岸上项目日接待游客可达5000人，二期水上乐园项目将于明年建成。园内，不仅有旋转木马、疯狂碰碰车、音乐喷泉等传统项目，还有惊险刺激大摆锤、高空飞翔等24个惊险项目。夜间，在该园还可以欣赏到高科技的“水幕电影”，让观众感受神秘奇幻的“仙境”。园内还设有多个餐饮点，提供全国各地特色风味小吃，可以满足游客“吃喝玩乐”一条龙服务。一期陆地项目于2017年5月1日和春节全面开放，二期大型水乐园于次年初开放；其中乐园建设包含20多个可供青少年儿童互动、体验等游乐项目。

（卿　容）

周逸群烈士纪念碑

周逸群，字立凤，1896年7月23日出生于贵州省铜仁城关，是中国共产党的优秀党员、杰出的无产阶级革命家、马克思主义宣传家、活动家，共产党军队的早期缔造者之一，湘鄂西红军、革命根据地和苏区创建人之一。毕生为党工作，矢志不渝。他说：“只要我一天活着，我就一天不停止党的工作。”“我们共产党要像铁一样硬，钢一样强。”1931年5月，他在视察华容县的工作时，途经岳阳县贾家凉亭，遭敌伏击，不幸壮烈牺牲。

周逸群烈士纪念广场于2009年3月26日动工，7月底竣工，选址区许市镇横山村二组天井山坡下，规划面积0.23公顷，项目总投资70万元。2010年7月，被授予第三批湖南省爱国主义教育基地。2017年接待游人1.3人次。

（卿　容）

建设·环保

综 述

【概况】 2017年，君山区住房和城乡建设局（简称区住建局）在编在岗99人。内设股室4个：办公室（加挂政策法规股）、政工计财股、城乡建设管理股（挂墙体材料改革与散装水泥管理办公室牌子）、然气用水管理办公室。下辖二级企事业单位15个：区城镇建设管理办公室、区住房保障中心、区城市管理综合执法大队、区市容环境卫生管理所、区建筑施工管理站、区建设工程质量安全监督站、区城市园林绿化管理中心、区建设工程招投标造价交易中心、区城市建设档案馆、区路灯管理所、区污水净化中心、区垃圾无害化综合处理中心、公用事业建设公司、自来水公司、区建筑材料检测中心。

【环境整治】 2017年，区住建局完成北干渠、西干渠、黄岸渠、政府鱼塘等四大重点城区黑臭水体整治，并通过中央、省、市各级检查验收；完成华龙混凝土搬迁、复绿工作；完成黏土砖生产企业关停，拆除砖机9家，烟囱爆破8家，窑门拆除8家；完成6个非正规生活垃圾堆放点清运整改，7500吨陈年垃圾进行清运和复绿；建设乡镇垃圾中转站4个，完成投资600万元。

【住房建设】 2017年，君山区棚改计划2135户，实际开工率、完工率100%；危房改造计划230户，完成率107%。积极协调处理君山一号、美丽家园等楼盘开发、建设中的遗留问题。

【市政建设】 2017年，君山区完成污水处理二厂尾水管网建设，并投入运行，完成总投资1900万元；推进柳毅路提质改造一期项目建设，完成招投标、设计等前期工作。

【市场管理】 2017年，区住建局共受理建设工程招投标项目43个，总中标金额85861.31万元，投标成功率100%、投诉率为零。办理施工许可15个，建安产值12796.85万元，总建筑面积87086.34平方米。受理工程施工项目合同备案33个，劳务（专业）合同备案31个，监理合同备案28个，办结率100%，投诉率零。

【内部管理】 2017年，区住建局全面规范清理临聘人员66人。将富民西路、柳毅西路的绿化、环卫进行服务外包。

【扶贫攻坚】 2017年，区住建局落实扶贫村组第一支书制度，派驻常驻第一村支书2人。强化精准扶贫，落实省级扶贫对象33人、区级扶贫对象8人，实施一户一策。积极为许市镇洪水港村筹措扶贫发展基金近50万元。

（周　平）

城乡规划

【规划编制】 2017年，岳阳市规划局君山区分局（简称君山规划分局）围绕“打造洞庭生态明珠，建设现代滨江新区”的工作目标，科学开展城乡规划编制工作。一是重点协助推进岳阳市城市总体规划修改工作。8月16日，市局在区组织召开总规调研会，君山规划分局积极准备汇报材料。9月5日，考虑君山区未来发展定位，配合区政府草拟《关于岳阳市城市总体规划有关修改意见的函》。10月20日，为使新增建设用地方案落地，君山规划分局组织区相关部门召开区建设用地分配方案碰头会，并拿出具体方案，按时按要求完成各项与总规修改工作相关的事项，确保君山未来的建设项目顺利落地。二是组织完成区挂口、九公里、林阁佬、荆江门4个片区控详规划的编制工作。四片控规成果已在市规划委员会上汇报和网上公示，待报市政府批准。三是组织完成区给水专项规划的评审工作。四是突出重点，对镇区规划及村庄规划进行指导。协助区政府草拟《关于加快推进镇、村规划编制工作的通知》，走访调研区4个乡镇，将规划编制相关工作进行落实（因受城市总规修改工作进度的影响，目前四镇镇区总体规划编制工作相对滞后）。指导完成许市镇柿树岭村、广兴洲镇沿江村的村庄规划编制工作，组织召开良心堡团结村、檀树村等共计9个村的村庄规划评审，规划方案修改完善即可报区政府审批，修改完善钱粮湖分路口居民安置点规划，编制完成二洲子村、上反咀村、长沟子村3个村共9个简易居民点规划。

【规划审批】 2017年，君山规划分局一是坚持阳光审批受理建设项目199个，已办结项目101个，办理项目98个，出具调查、设计、挂牌、收储、报批、选址、用地、建筑等各类红线图共计308份，完成土地挂牌项目7个、土地报批项目17个、土地收储项目4个、实地放线项目33个，核发《选址意见书》6个（总用地面积98550.3平方米）、建设用地规划许可证9个（总用地面积450313.61平方米）、建设工程规划许可证24个（总建筑面积270447.38平方米）、乡村建设规划许可证2个（用地面积260平方米）；私房踏勘完成343户，审批完成125户，实地放线119户，行政许可准确率达100%；出具萌宠小镇金诚之星、柳毅路、洞庭大道西延、标准化厂房、公共停车场、清螺棚改小区等项目规划设计条件通知书8份，组织召开君山区给水规划、良心堡镇9个村的村庄规划、大型户外广告设施布点规划、钱粮湖镇安全垸移民迁建安置点、大农米业、柳林小学扩建项目、绿色食品产业园标准化厂房、清螺小区棚改等项目方案评审会16次，完成评审会议纪要16份；完成市第十六中、教师新村、君盛大厦、垃圾无害化综合处理厂等7个项目的竣工验收工作，收取城市配套费272.6万元。二是提供优质服务。积极推进洞庭湖绿色食品产业园和洞庭湖博览园建设，为标准化厂房，集中供热，洞博馆、欢乐世界等重大项目建设开设绿色通道，加班加点，快速办理。免费为“两园”项目提供相关规划图纸；配合工业园申报省级工业集中区相关规划手续，主动对接市局出具相关的审批意见；耐心指导童记三利和办公楼建筑立面方案的调整，调整方案得到。区相关领导的高度肯定；按时参加定期召开的“两园”调度会；分管项目审批的领导和工作人员经常实地踏勘，掌握项目现状情况。如对工业园区污水走向进行实地踏勘，提出污水设计方案的优化意见，加快园区基础设施的建设，为园区项目的实施提供保障。8月，区人大对君山规划分局“两园”规划审批工作进行评议，共计20票，满意19票，基本满意1票，对区住建局的工作给予充分的肯定；大力推进全区村级服务平台建设。区住建局相关负责人多次实地踏勘，加班加点，办理37个村级服务平台的用地选址和工程放线，确保该项工作的有序推进。三是开展在线审批。积极配合区发改局开展项目在线审批，并安排专人参加培训，按时协助完成38个项目的前期立项，为项目争取资金提供保障。

【规划执法】 一是加大规划宣传。多次调研指导乡镇规划工作，发放《城乡规划工作指导手册》《项目建设规划许可流程》《私人住宅建设规划许可流程》等宣传手册。二是加强禁拆治违工作。执法工作全面落实市、区两级拆违治违“百日攻坚”实施方案。一方面畅通疏导渠道，正确引导民生建房。配合区禁违局出台《君山垸居民住房建设管理实施细则（试行）》，进一步规范居民建房；另一方面坚持日常巡查，下达停工通知书141份，在2017年半年度市城区禁违拆违治违和土地依法征收工作综合考评中，分别取得第一和第三的好成绩。积极处理历史留问题，2宗结案，共收缴罚款20.76万元。三是做好信访维稳工作。全年共受理各类信访案件18起，其中“12345”公众热线12起，市长信箱5起，提案议案1起，均做到第一时间接收、完善处理和及时回复。在认真处理议案提案回复工作的同时，对区人大代表建议和区政协委员提案，均在规定时间内办结，办结率、回复率、满意率均达100%。

【党建工作和精准扶贫】 2017年，规划分局按照中央、省、市、区及市局党建工作的统一部署，党支部统一思想认识、精心组织安排、认真抓好学习教育，按节点要求完成阶段性目标任务，确保党建工作有序推进。一是坚持落实好“三会一课”制度。围绕“两学一做”学习教育常态化制度化，采取召开支委会、支部党员大会、集中学习、个人学习、听取汇报、专题党课等多种形式，以党章、党规、习近平总书记系列重要讲话精神、十九大会议精神为主要教材，认真有计划的组织学习，坚持每月召开一次支部委员，每个季度召开一次党员大会，坚持每个季度由支部书记或副书记上一次党课，每个党员干部交流学习心得体会、读书笔记，及时收缴党费，让党员干部在学习中更新观念，树立正确的世界观、人生观、价值观、党员观，不断提升政治思想水平和政策法规水平。二是落实党报党刊征订。订阅《人民日报》《湖南日报》《岳阳日报》及电子手机报等党报党刊，加强干部职工对时政新闻的关注，及时学习党中央方针政策及会议精神，开阔视野，丰富其精神内涵。三是积极组织党建活动。积极参加市局组织的户外拓展训练、篮球赛、观看廉政警示教育片、听取道德讲堂及规划讲座等活动，丰富干部职工文娱生活，将党建工作融入各项工作实践中，让党员在业务实践中充分发挥先锋模范作用。四是强力参与抗洪抢险。7月，洞庭湖达到警戒水位，君山规划分局党员充分发挥模范带头作用，响应区委区政府号召，24小时防汛大堤轮流值班督查，为安全度汛充当排头兵。五是高度重视精准扶贫工作。制定实施方案，抓好帮扶联系工作，分别走访慰问新的联点村、联点学校及联点企业，通过资金、物资、技术等帮扶方式，关心群众，服务群众，切实为群众解决实际困难和问题，使党员受到教育，群众得到实惠。

（李昀霈）

市场建设管理

【市场建设】 2017年，全区共有农贸市场7家，君山区市场建设管理服务中心（简称区市场中心）直接管辖挂口集贸市场、良心堡集贸市场。区市场中心投入资金9万多元，对挂口集贸市场进行局部升级改造，共改造13个鱼摊、10个鸡摊、12个小菜摊，对1800平方米地面进行水泥硬化平整，整修门面6个，更换1/3的水泥盖板，整修下水道800米。使其成为较高标准的农村集贸市场，在省、市、区多次检查评比验收中，均高分通过，排名靠前。

【市场管理】 2017年，区市场中心重新制订、规范挂口市场卫生管理制度，摊位管理制度。加大市场内部管理力度，对扰乱市场经营秩序、欺行霸市的不法商贩，配合相关部门进行打击。全年共查处扰乱经营秩序16人次，欺行霸市5人次，以次充好15次，短斤少两14次。强化动态管理，做到经营者不离场，管理人员不离岗，对在管理中发现的问题及时处理，不留隐患，对在交易中产生的纠纷和矛盾及时化解。全年共化解购办纠纷17次，经营者与消费者均很满意。

【市场服务】 2017年，区市场中心狠抓卫生责任制，制定《卫生工作责任制》，把每个人分解到分管的卫生责任区中去。筹资3万多元完善各项卫生保洁设施，将集贸市场卫生工作按“五创”工作的要求、标准落实。

（屈光河）

房地产业

【机构改革】 2017年9月1日，岳阳市房地产管理局承担市行政职能事业单位改革试点，将承担的职责整体划入市住房和城乡建设局，不再保留岳阳市房地产管理局，将所属君山区分局等7个公益事业单位整合，组建岳阳市保障性住房服务中心，为岳阳市住房和城乡建设局所属副处级事业单位，不再保留岳阳市房地产管理局君山区分局，区分局更名岳阳市保障性住房服务中心君山区分中心，为正科级单位，其职责职能暂时不变。自2017年4月1日起取消房地产交易的各项收费。

【交易备案】 2017年办理商品房预售登记备案944宗、存量房转移登记备案151宗、抵押登记备案270宗、抵押权注销登记331宗，在建工程抵押权注销登记47宗。

【行业管理】 2017年，君山区12个房地产开发企业，其中在建、续建项目14个，计划投资24.22亿元，规划建筑面积96.79万平方米，计划建成房屋6736套（其中：住宅6226套，非住宅510套）。至11月9日，本年完成开发投资11249万元，占计划投资的4.64%；施工面积450741平方米，占规划建筑面积的46.57%。批准预售套数4765套（其中：住宅4347套，非住宅418套），占计划建成房屋70.74%。2017年6月始，共受理18宗房屋租赁备案登记，发放15份房屋租赁备案登记证明。碧桂园物业在2017年正式进驻君山区“合众领岛”，标志君山区对物业服务的品牌效应正式拉开。

【住房保障】 2017年，君山区共获得棚改计划2135户，其中实物安置497户，货币安置1638户。2017年，分局加大了君山区棚改进度的督查督导力度，督促君山区按时间进度完成棚改计划。全年棚改计划2135户，至10月底，已完成征拆签约1964户，占任务92%；腾房1804户，占任务的84.5%；拆除1778户，占任务的83.3%。已开工1821套户，开工率85.3%。其中：实物安置开工401户，开工率为80.6%，货币化安置补偿打卡到户1420户，开工率86.7%。在深入调研的基础上，参与2018—2020年君山区城镇棚户区改造项目规划的编制。逐个敲定20个项目，为未来三年区棚改奠定真实、准确、完整的规划。

（张　鹏）

城市建设投资

【概况】 2017年，君山区城市投资建设有限公司（简称区城建投）在区委、区政府的坚强领导下，紧紧围绕区委“打造洞庭生态明珠，建设现代滨江新区”战略目标，大力实施生态“1+5”发展战略部署，积极投身全区“四大会战”项目建设，全力迎战环保督查中心城区污水管网建设，主动迎接省市政府债务专项审计等。在公司全体工作人员的共同努力下，融资到位资金、工程项目数量、土地储备总量、项目投资总额均创历史新高，公司规模迈上一个新台阶。

【融资工作】 2017年初，国家加大对地方政府债务的监管力度，取消“政府担保、财政承诺”的政府购买服务的融资模式，融资工作举步维艰，为顺利完成年度融资任务，区城建投及时理清工作思路，加快工作节奏，破解矛盾困难，多方面谋划，多渠道推进，多举措落实。一是抢抓关键节点，升级为市级平台公司。区城建投将60%股权上划给市国资委，已正式成为市级平台公司，市国资委在区城建投设有董事和监事席位。公司注册资本51亿元，总资产126.28亿元，净资产92.16亿元。二是2017年新增融资项目7个，审批额度15.6亿元。根据国家金融政策走向，赶在新政策出台之前完成融资项目的审批，以政府购买服务模式申报项目两个，快速完成申贷资料的编制工作，抢在国家叫停政府购买服务模式之前通过贷款审批，其中，长江引水项目审批额度1.9亿元，自来水管网项目审批额度4亿元。利用国家大力支持棚户区改造的优惠政策，获批2017年城市棚户区改造一期贷款3亿元、二期贷款3.4亿元。根据国家支持地方防汛救灾的政策，争取防汛应急贷款0.7亿元。下半年，公司充分挖掘自身潜力，盘活存量资产，利用资产抵押的方式获得流动资金贷款2亿元和0.6亿元。三是密切跟踪已审批融资项目，请款到位资金19.09亿元。在做好新增项目申报审批的同时，公司按银监会及各银行的要求精心组织请款资料，累计请款到位资金19.09亿元。四是完成首次企业债的资料申报工作。通过一年多的精心准备，财务调整、报表审计、法律合规性审查，发债项目包装顺利完成，经评定公司信用等级AA，债券信用等级AA，首次企业债的申报资料全部完成，并逐级上报至国家发改委，等待最后的联审。

【项目建设】 2017年，区城建投作为业主单位的实施项目共29个，总投资近6亿元。一是全力抓好标准化厂房建设。完成标准化厂房三期、四期期主体建设任务17.7万平方米，完成土建投资2亿元；完成二期标准化厂房建设任务，累计完成投资3000多万元。二是落实棚户改造项目。完成旅游北路二期棚户改造，2万平方米，完成投资2500万元；启动清螺棚户改造小区，建筑面积约8.1万平方米，土建投资1.34亿元。三是启动城区8条道路和中心城区污水网管建设。克服工程数量多、分布位置广、审批程序烦琐等困难，坚决完成所有道路、管网的建设任务，确保城市建设加速提质，城市现象快速提升。

【土地储备】 2017年，区城建投不断加大土地储备力度，强化管理措施，盘活存量地块，完成土地收储8宗，总面积49.4公顷，共投入收储及报批成本1.9

亿元；完成出让土地6宗，总面积31.67公顷，成交出让金共2亿元；完成报批手续土地6宗，总面积35.73公顷。同时，正积极落实原钱粮湖一中、自来水厂等11宗国有资产及存量土地的确权和划转。土地对君山区财政的贡献和对地方经济的拉动效力日趋明显。

【投资经营】 2017年，区城建投积极主动做好项目投资和经营工作，盘活城市资源，做大做实做强公司资产。一是收购湖南金叶众望科技股份有限公司10%的股权。金叶众望公司位于岳阳市临湘市，是一家专业从事生态高效功能性肥料研发、生产的国有控股企业，公司现有注册资本15900万元，总资产7.67亿元，年利润总额稳定在7000万元左右，每年直接分红的现金不低于40%，市政府正助力推进该企业2018年上市。此次转让10%股权即1590万股，即9158.4万元。二是招商引资引入湖南华南石化有限公司。与湖南华南石化有限公司合作成立合作公司，共同开发建设、经营君山区辖区范围内待建的9个成品油零售加油站、加气站，后期将入股华南石化并收购15%的优先股权。三是强力推进荆江门码头开发运营。君山区人民政府与厦门国贸中顺集团有限公司签订战略合作协议。厦门国贸中顺集团系厦门国贸控股集团有限公司全资子公司，世界五百强企业，此次共同合作开发、运营荆江门码头，在区内设立物流、仓储中心，并合作开发永盛油脂，打造食用油加工及贸易产业链。四是全力做好户外广告的设立、经营和运营管理。按君山区政府常务会议研究，同意本公司负责全区大型户外广告、候车亭、路牌灯箱的设立、经营与运营管理，规划批准新建14个大型户外广告，现正逐步设立独立柱广告位、候车亭和路牌灯箱。五是建立航空航天主题小镇。区政府与北京空间科技信息研究所签订航天主题小镇建设项目，将建设航空博物馆和展览馆、航空体验中心、航空生物育种中心、航空医疗、航空康养等多项目于一体的中国青少年航空教育基地。

（喻文华）

环境保护

【概况】 岳阳市环境保护局君山区分局（简称区环保分局）成立于2006年7月，现有工作人员15人，其中科级干部6人（其中正科4人）。下设办公室、环境管理股、环境监察大队、法制宣传股四个办事机构。主要负责贯彻执行环境保护的法律、法规和政策；拟订辖区的环境保护规划和计划，报区人民政府批准实施；对辖区环境实施统一监督管理，推进城乡环境综合整治，努力改善辖区环境质量。

【环境整改】 2017年，区环保分局积极配合两办督察室、区纪委开展多次专项“后督查”，对督查情况进行通报。5月，初对涉及君山区的中央环保督察反馈问题和信访交办件进行梳理，并将问题交办给各牵头部门，逐一进行现场情况核实，进行“回头看”。截至5月9日，相关部门牵头承办反馈问题整改和信访件办理“回头看”情况上报区整改办，根据反馈情况逐级进行验收签字把关。对环保督察期间交办的各类信访件进行再梳理、再核实、再排查，对尚未完成整改的或整改效果存疑的进行督办，防止环境问题反弹。重点加强对畜禽养殖、麻石开采、涂料加工等行业检查，督促绍勉矿石建材厂和王德林涂料厂将生产设施彻底拆除。同时制定环保督察防反弹工作方案，实行定人定时巡查、定期报告的制度，形成防反弹长效制度。

【专项整治】 一是扎实开展饮用水源地环境保护执法专项行动。全力推进饮用水水源保护区内环境违法问题清理整治，先后清除长沟子一级保护区范围内菜地0.2公顷、临时工棚3处；将一级保护区内的海事救援船已下移至二级保护区范围内，同时航道处、华容海事趸船均制定整改方案，两艘船的船舶保养加油在保护区下游以外进行，船上生活垃圾已收集上岸处理，建成生活污水处理设施，生活污水处理达标后排至保护区范围以外。二是“环湖利剑”专项行动。区环保分局先后共出动80余人次开展“零点行动”“暴雨行动”，对重点企业进行突击检查30家次，下达文书20余份，特别是联合许市镇取缔辖区内56家麻石加工作坊，查封石材切割机100余台，拆除加工作坊厂房4万余平方米。上半年，区环保分局共查处违法企业7家，行政处罚4家，罚款29万元，移送公安机关3家。按照“查处一批、移送一批、关闭一批”的总体要求，通过加大对环境违法行为打击力度，促进洞庭湖生态环境质量改善。三是深入开展“洞庭湖三年专项整治行动”。区环保分局已建立环洞庭湖工业污染源信息库，将洞庭湖工业污染源纳入随机抽查。上半年，对环洞庭湖工业污染源开展突击检查、监测，共排查企业36家，取样监测40余次，并下达现场监察文书50余份。对在排查中存在环境安全隐患的岳阳众厨乐食品有限公司等3家企业督促其进行整改，督促李记等3家涉水企业安装在线监控装置，联合农业部门关停种猪场等5家规模猪场。4月27日，对位于长江岸线的广兴洲镇友联砖厂设施设备进行全方位的拆除。四是长江经济带清废行动立行立改。区环保分局对辖区内长江岸线一千米范围内的固体废弃物进行全面摸排，对工业企业、建筑工地进行重点排查。先后出动50余人次，检查企业30余家、建筑工地5处，巡查河堤100公里，清除长江河道内的废弃施工板房1处，建筑垃圾堆2处。5月，环保部清废行动专项督察组在君山进行检查中，发现两处疑似固体废物堆放点，区环保分局接到反馈后及时行动，积极督促相关企业进行立行立改，调度20余人、挖掘机4台，仅用4小时将固体废物堆放点进行清理，得到督察组专家的认可。

【污染源普查】 2017年，区环保分加快推进全国第二次污染源普查工作，根据《国务院关于开展第二次全国污染源普查的通知》和省、市要求，在第三方公司配合下积极迅速开展第二次污染源现场清查等工作，对全区四镇一街道两场展开全面细致的清查工作，现已完成2家生活源锅炉、8个排污口、360家工业企业的清查填表。

【大气污染防治】 2017年，区环保分局继续开展大气污染防治攻坚行动，重点对建筑施工、工业企业、餐饮油烟等方面进行整治。一是加强建筑工地的污染防控。实施定人定岗的工作方式，建立巡逻台账，督促施工工地落实各项污防措施，坚持日常巡查和夜间突查相结合，开展夜间突查6次，督促辖区内5处建筑工地完善污染防治设施，建立扬尘污染管理制度。二是强化气型企业的监管。对辖区内的气型污染企业进行全面排查，对涉及有机废气排放的企业进行取样监测，并根据检查结果制定整改措施，确保企业稳定达标排放，并对存在超标的企业进行立案查处。三是持续开展餐饮油烟整治。重点对新建企事业单位以及空气检测点周边范围的餐饮油烟进行整治。全年，共完成3家企业的油烟治理工作。四是强力推进秸秆禁烧工作，联合区农业局加大巡查力度，发现焚烧现象及时进行报告并处置。督促乡镇共现场扑灭秸秆焚烧15起，并多次应急处置芦苇场芦苇大面积焚烧情况。五是加强监测点周边环境的改善。3月，区环保分局配合区公安分局对君山挂口主城区禁行路段开展为期一周的黄标车和重型货车专项执法，减少汽车尾气排放对大气的影响。同时投入8万多元对区空气质量监测站点屋顶的硬化等防尘改造。

【服务工作】 一是把好建设项目审批关。5月底，区环保分局共审批报告表项目12个，全部按要求在政府网站进行公示。二是积极组织项目申报。将采桑湖镇污水处理厂建设等5个项目纳入《岳阳市华容河流域水污染防治实施方案（2018—2020年）》2017年度项目清单，在区政府领导的全力支持下，完成项目可研、立项等工作，并顺利通过省、市级审查，作为成熟度较高的A级项目推荐上报环保部。三是做好水质自动监测站房建设。6月，完成荆江口和六门闸两处自动监测站房的建设。在上级资金未到位的情况下，由区城建投先行筹资建设，区环保分局负责技术指导、方案审核和质量把关。站点建设进度走在全省的前列，在5月30日召开的全省水质自动监测技术对接会上，君山区作先进典型发言，得到省、市的高度肯定。四是按时报送国家级重点生态功能区监测数据。年初，市检查组对区国家级重点生态功能区区域生态环境质量考核工作进行现场核查，并对区生态功能区考核工作表示肯定。4月，区一季度5个考核点位的监测数据进行上报和跟踪汇报。

【党建工作】 2017年，区环保分局将党风廉政建设和党建工作作为各项环保工作开展的基石，作风建设和党建工作只有不断学习提高才能收获提高，只有常抓常新才能永葆青春。先后开展支部书记讲党课、贯彻中共十九大精神、深入贯彻习总书记系列重要讲话精神等党组学习5次，组织植树造林活动、“三八妇女节”健康徒步走等3次支部活动。5月，市纪委第五巡视组下沉区环保分局对作风、党建、廉政建设等工作进行督察，对区环保分局的作风建设和党建工作给予高度的肯定。

（张伯军）

邮政·电信

邮 政

【概况】 2017年上半年，君山区分公司以习近平新时代中国特色社会主义思想为指引，深入贯彻中共十九大和第二十次邮政工作会议的指导精神，在市公司领导的正确领导下，全分公司全体职工心往一处想，劲往一处使，始终以发展为第一要务，紧紧围绕市公司发展战略和工作部署，认真按照第二十次邮政工作会议布置的各项工作重点，进一步明确全年工作目标，突出经营工作重点，狠抓落实责任，以更扎实的工作和更有效的措施，向管理要效益，以服务求创新，调动一切积极因素，迎难而上促发展，较好完成市公司下达的各项工作任务，各项经营指标得到稳步发展。

【代理金融业务】 2017年，区分公司积极响应市公司在金融业务发展的指导方针，顺应邮政改革与发展的新形势，进一步提高认识，转变观念。重点抓好分公司邮储的支柱业务的发展。一是根据公司实际情况，主动、适时、灵活的作出经营决策上的调整和应变反应，充分调动员工的业务揽收积极性。二是根据本地经济特征和历年来邮储增幅的特点实际情况，分季分月地抓好邮储规模增长，加强此项发展的督导。三是根据业务发展的好坏，继续开展全员营销、社会营销，开展送折送卡、各镇街道门面的上门劝储等活动，并认真组织开展每个季度邮储业务竞赛活动，适当调整和制定奖励考核办法，确保全年邮储任务计划的全面完成。四是大力发展商易通、电话银行等新业务，加大代收代发的发展，进一步扩大邮储活期比重，努力调整业务结构，扩大邮储业务在本地金融市场的占有率，使邮储业务得到健康快速发展。

【其他业务】 2017年，区分公司结合2016年考核实施办法中存在的不利因素等实际情况，以政策适人、考核公平的工作态度努力完善、调整考核2017年分公司营销考核办法，认真组织开展职跨年度竞赛活动，对各单项业务的发展制定挂钩考核，实行按月奖罚考核到位，考核到台席和个人，出台单项业务考核办法，全员营销季度考核与年终奖挂钩考核政策，真正体现多劳多得，少做少得的分配制度，从而极大的调动各单位和个人的揽收积极性，使分公司各单项业务实现快速的发展。

【邮政服务】 2017年，区分公司把对外服务工作的要求提高到以服务促发展的高度对待，把改善服务作为企业经营的重要举措来抓，全年采取常规检查、突击检查、专项检查等手段对服务质量加强督导考核，实行每月一通报，实时整改到位，积极开展星级窗口、星级营业员、投递员资格的评定考核，通过强措施、严考核的办法，进一步提高分公司整体服务水平，减少用户有理投诉，邮政信誉度也不断提升。

【软、硬件建设】 2017年，区分公司结合市公司网点标准化建设工作，从硬件和软件两方面入手，打造服务质量好、服务水平高的职工队伍。一是在市公司的大力支持下，努力改善网点营业环境，规定每周五为网点大扫除；二是对服务用语等体现邮政企业新风貌的环节狠抓严管。这些措施的实施，得到客户的一致好评，同时也取得良好的经济效益。分公司进行的客户用邮意见调查满意度达97%，各项业务也得到均衡发展。对邮件安全提出更高的要求，分公司对各类邮件的质量安全由为重视，对邮件收寄、验视、和实名的把关，建立完善安全生产体系，严格履行安全职责，全年未发生一件邮件安全事故。

【资金生产安全】 2017年，区分公司也把资金生产安全作为工作中的重中之重。一是从员工安全防范意识的强化、内控制度的执行、各级履职检查工作的到位、检查方式方法的多样化等方面切实加强资金生产安全。二是认真组织员工加强业务知识和各项规单制度的培训学习。三是实行对重点部位、重点岗位、重点人员的排查和轮岗动态管理。区分公司在资金安全、生产安全未出现问题，实现平安工程的各项目标。

（张光华）

电　信

【概 况】 企业规模也进一步扩大，市场份额进一步提升，年均收入规模增幅在10%以上，经营创收能力稳中有升，收入规模接近3000万元，创历史最高值，通信市场份额接近28.5%。互联网宽带累计新增4500户，移动累计新增18000户。

【基础建设】 随着国家“三网融合”政策的提出，加大基础网络建设投资力度，积极开展光进铜退工程建设，提升通信网络质量，进一步优化网络结构，网络运行高效、安全、容载能力显著提高，百兆以上的宽带城域网进一步拓展。全力推进光纤到户工程，实现100%的乡镇、行政村的光纤网络覆盖，率先实现语音、宽带及有线电视三网合一，一条光纤即可满足普通家庭所有通信需求，力求通过高水平的带宽服务来提高君山整体信息化应用水平，打造信息高速公路。

【管理服务】 坚持服务意识教育提升整体服务素质。进一步强化首问负责制问责的基础上，将员工服务意识教育和客户触点员工的赋能工作放在客服培训工作的首位。每一次培训，必嵌入服务意识和责任意识教育的内容，在灌输意识的同时，对不同层面的员工，有针对性地开展赋能培训工作，促进企业整体服务素质的提升。

（王忠于）

移动通信

【概况】 2017年，君山移动因地制宜，紧抓君山农业大区特性，通信服务收入：1—12月累计收入6130万元，同比增幅7.87%，全市排名第四。新业务发展情况：1—11月数字化服务收入占比18.29%，排名全市第一；和包发展截至12月25日，完成进度56.04%，全市排名第四。期末通话客户份额：期末通话客户份额64.21%，提升值-1.7%，全市排名第二；出账客户4G渗透率68.14%，排名全市第一。有线宽带客户数：截至12月23日，有线宽带净增完成年度目标任务的6556户，完成年度目标任务的99.9%，全市排名第二；截至12月23日，魔百和净增渗透率81.16%，全市排名第一。集团专线：截至11月30日，完成专线291条，完成率187.74%，全市排名第一。

【优化管理】 2017年，君山移动与区政府部门积极沟通合作，聚焦“互联网+监督”、综治网格化、电子政务外网、智慧人社、平安城市/乡镇、雪亮工程等政府采购项目，充分发挥大单的标杆效应，推进集团专线业务发展。其中，9月拿下区综治网格化ICT项目，项目收入92.58万元/年，要求主干线路通各村部，每村有4—5个网格员使用移动终端。借此机会可提前实现全区所有行政村通宽，同时对每个村网格员配备的移动终端，通过黏性业务捆绑与多个村委会深度合作，建立小微渠道进行深度捆绑，以“信息化产品+工作终端+个人号卡”模式，有效提升集团成员粘性，同时利用宽带资源和宣传，以宽带为核心，组建乡镇网，打造多个“移动示范村”。电子政务外网、平安城市、综治网格化等重点项目均使用传输线路，在行业市场累计发展专线358条，创收95.77万元。

【网络提升】 2017年，君山移动铆足干劲网络建设，推动基础设施突破发展，实现“全覆盖、建体系、树品牌”。家宽建设如火如荼，行政村通宽超额完成。2017年，家宽工程建设通过设计评审派单小区135个，已验收推送小区104个、覆盖住户数23485户，通过评审端口数13572个，新建分纤箱1696个。新建自有杆路2486根，按新建杆路50米间距标准，合计49.72公里。截至12月25日，君山营销中心家宽资源已覆盖279小区（包括铁通迁移、无线宽带站点），已覆盖端口数42052个，已覆盖房号数72587

个，发展宽带存量客户数13142户，端口利用率达31.25%。积极开展全区的宽带资源全覆盖建设，从行政村合并数据收集上报、现场查勘计设出图，到督导施工方监理方严把安全关、质量关、进度关，提前完成市公司30%的全覆盖任务，已完成44.4%的全覆盖任务，预计年前完成50%以上的全覆盖任务。同时针对市公司下达的70%通宽行政村建设任务，截至12月，54个行政村已通宽51个，通宽率达94.4%，12月底行政村通宽率达100%。积极开展全区的宽带资源全覆盖建设，从行政村合并数据收集上报、现场查勘计设出图，到督导施工方监理方严把安全关、质量关、进度关，提前完成市公司30%的全覆盖任务，已完成44.4%的全覆盖任务，预计年前完成50%以上的全覆盖任务。按时完成市公司下达的千兆小区改造任务，OLT扩容工程10GE上联改造任务正在紧密施工中。收集各个小区的扩容信息，及时整理上报市公司派单施工，派单扩容171条次，其中，分光器扩容共计92条次，弱覆盖新增分纤箱79条次，满足宽带市场的业务发展。

【班子建设】 2017年，君山移动加强班子建设，强化工作责任。一是强化领导责任。在日常工作中，支部班子坚持“两手抓，两手都要硬”的方针，把党建工作摆在突出的位置，列入重要议事日程，并将党建工作与业务工作紧密结合，抓党建、促业务，为开展工作搭建平台，促使党建工作和其他工作均收到明显成效，形成良好的工作格局。二是加强班子自身建设。认真贯彻执行民主集中制原则，坚持集体领导和个人分工负责相结合的制度，对重大事项等各项工作的贯彻实施坚持集体讨论决定，杜绝“家长制”和“一言堂”现象，提高决策工作的民主性和科学性。同时，严格按照“四好领导班子”建设的具体要求，大力抓好领导班子理论素养、民主集中、宗旨意识、廉洁自律，提升领导班子党性修养，发挥领导班子整体效能。三是安排部署各项工作。2017年上半年，共召开支委会议12次，对党建、党风廉政建设工作认真讨论研究，研究制定《君山区营销中心党支部2016年度“两学一做”专题组织生活会和开展民主评议党员的工作方案》《君山区营销中心党支部2017年度理论学习计划》《君山区营销中心党支部2017年度党风廉政建设工作计划》《君山区营销中心党员活动日落实方案》等相关工作开展方案，确保支部党建工作稳步推进。扎实推进“两学一做”学习教育制度化、常态化建设，不断加强思想政治建设。党支部始终把理论武装工作作为加强党的思想政治建设的首要任务，严格落实“三会一课”制度，始终坚持每月开展一次党员活动，每季度召开一次支部大会，每季度上一次党课，采取集中领学、开展讨论、个人自学、座谈交流、党课辅导、轮流授课等方式，坚持不懈地强化学习。一是扎实推进“两学一做”学习教育制度化、常态化建设。全年，区营销中心支部组织全体党员深入学习《中国共产党章程》《中国共产党廉洁自律准则》《中国共产党纪律处分条例》《2017年“两会”精神》《十九大精神专题报告》及习近平总书记系列重要讲话精神；组织学习上级党组、党委党建工作会议精神；观看《榜样》专题片及《开展党员活动员日韶山红色之行》《做合格党员》《廉洁文化公开课》等视频材料，累计集中学习15次。二是贯彻落实“党员活动日”制度。为推进党内组织生活常态化、规范化、制度化，充分发挥基层党支部的战斗堡垒作用和党员的先锋模范作用，每月第一个星期五组织开展“党员活动日”活动。组织党员开展集中学习、集体缴纳党费，并积极开展党员义务劳动、党员先锋队进一线等“两学一做”学习教育实践活动。四是充分发挥党员先锋作用。支部进一步推进“十百千”创建工作，激励和鼓舞党员发挥先锋模范作用。支部将“党员先锋岗”活动，与企业各项生产经营工作相结合，要求党员积极投身于“两节”促销、“5·17”电信日促销、农村信息化建设和宽带攻坚等各项工作中，以实际行动“亮身份、树标杆”。

【服务民生】 2017年，君山移动参与区扶贫办，资助永诚村永诚组1名贫困学子一年的大学学费；参支部认真学习贯彻中央及省、市、区关于精准扶贫精准脱贫工作有关会议精神，讨论研究精准扶贫具体工作；由支部书记带头进行贫困户走访，登记贫困户台账，组织党员和入党积极分子送宽带、送话费入户，切实履行党员宗旨，并将行业扶贫攻坚工作资料汇编入册；响应区、委区政府号召，积极投入抗洪抢险活动，捐助物资4万余元，在全力保障通信畅通的同时，24小时派人值守，确保全区通信畅通。

（曾　艳）

教 育

综 述

【概况】 2017年，君山区现有各类学校（含幼儿园）76所，在校生26280名，其中：职校1所，在校生340名；普通高中2所，在校生2201名；初中6所，在校生4697名；小学29所，在校生11220名。幼儿园38所（公办园5所，民办园33所），在园幼儿7822人。全区在岗在编教职工1210人，其中正高职称1人，高级职称94人，中级职称733人，初级职称382人，退休教师1015人。当年，学前三年入园率99.8%，小学巩固率100%，初中巩固率99.6%，初中毕业生升入高中阶段学校比例为96.6%，三类残疾儿童少年入学率95.2%，高中阶段毛入学率90.02%。在区委、区政府的坚强领导下，在市教育体育局的精心指导下，区教育系统坚持落实立德树人根本任务，着力培养学生核心素养，突出“扬课改、抓主业、促提升”的主线，以“百万提质保根本、千万改薄促均衡、基金壮大利长远、体系完善惠民生”为抓手，开拓创新，砥砺奋进，努力办好人民满意教育。区教育局先后获得市级文明标兵单位、县级教育行政部门年度工作先进单位、全市教育安全综合先进单位、全市国防教育先进单位、全市教育系统“学宪法讲宪法”主题系列活动优秀组织奖、全市首届中小学读书节优秀组织奖、第一届岳阳市教育体育局系统教职工羽毛球团体赛最佳组织奖、全省第二届中学生建制班合唱比赛优秀组织奖、全国青少年“五好小公民”主题教育活动优秀组织奖等荣誉。获评全区2017年度工作综合绩效考核先进单位等12项奖励。

【重要会议】 2017年2月23日，区教育局组织召开年度教育工作会议，总结2016年工作，部署2017年教育教学工作。各中心学校和各区直学校校长向局党委递交工作责任状。会议要求全体教育人同频共振，奋发求为，以“马上就办”的干劲，“抓铁有痕”的拼劲，“滴水穿石”的韧劲，咬定目标不放松，撸起袖子加油干，全面推动各项工作落地生根，为“打造洞庭生态明珠、建设现代滨江新区”续写辉煌的教育新篇章。

【学前教育】 2017年，区公办幼儿园和普惠性民办幼儿园总数达28所，公办园和普惠性民办幼儿园占幼儿园总数的73.68%，在园儿童数为6448人，占比91.22%；大班额、“小学化”倾向得到有效治理，幼儿园活动设置进一步规范。深入推进《3—6岁儿童学习与发展指南》省级实验区建设。采桑湖启蒙幼儿园和良心堡镇快乐幼儿园顺利通过市级示范性幼儿园评估验收，全区市级示范幼儿园总数达到7所。7所幼儿园通过优化配置、提升品质被认定为君山区普惠性民办幼儿园。组织召开全区幼教专干和园长培训会，暑假期间，共选派60多名幼师和保育员参加国家和省市级培训。全区所有公立幼儿园和规模较大民办幼儿园均由区政府配备保安，实现全覆盖。全区所有幼儿园全年未发生一起安全责任事故。5月，组织举办全区幼师社会领域教学比赛，并参加市赛。君山区中心幼儿园虢君的《大班社会活动》教案获评岳阳市一等奖并被推送到湖南省参评。印发《君山区幼儿园办园行为督导评估工作实施计划（2017—2020）》，并对首批10所幼儿园进行督导评估。12月，对全区37所幼儿园的常规管理进行全面检查和综合考核。

【义务教育】 2017年，君山区政府第一个常务会议确立每年一千万元，连续三年实施薄弱学校改造的原则目标。全年共完成12所偏远学校标准化建设任务，投入改造资金1337万元。课堂教学改革纵深推进。加大课改推行力度，把“快乐学习，健康成长”作为区域课堂教学改革的核心价值理念。以许市中学为龙头的高效课堂建设稳中求进，广兴洲中学迎头跟上，强化校际之间课改结对帮扶举措，问题导向、小组合作、主题探究等多种教学方法综合运用，课堂效果不断提高。开展多次区内外教学交流活动。12月5日，在广兴洲中学召开全区中小学课堂教学改革现场会。“百万提质”工程成效明显。2017年，区初中教育教学质量综合评估位列全市12个县（市、区）第一；许市中学继续保位，位列全市前十。制定《君山区中小学教学质量综合评价奖惩方案（试行）》，对2016—2017年度教学质量综合评价获得优胜单位的许市中学、柳林中心学校等10个单位、单科成绩综合评价优异的29所学校以及招生工作成绩突出的学校给予奖励，金额总计达77万多元。4月17日，在许市中学召开区初中毕业科目复习教学研讨会。

【普通高中教育】 2017年举全区之力，投入近2亿元、历时两年多的市第十六中学于2017年秋季学期正式开学开课。通过四海揽才计划面向社会招聘本科以上学历20名教师，同时在全省范围内选调7名把关教师，通过加大招生宣传力度、留住优质生源，强化内部管理，与长郡中学合作办学，加大教师、学生奖扶力度等举措，力争在3—5年之内打造成一流高中学校。充分彰显君山区穷区办大教育的情怀与气魄。君山中学投入1200多万元，维修、改造教学楼、师生公寓和田径场等教育教学设施，添置办公桌椅、电脑等教学设备，大大改善学校办学条件。课堂教学改革理念扎根高中学校。积极探索教学改革策略，创新课堂教学模式，切实提高学生创新能力和实践能力，加强内部管理，制定合理科学的考核办法，确保教育质量稳步提升。标志着全区课堂教学改革基本实现全覆盖。

【现代化教育】 2017年，区教师交流工作有新突破。全年共选派城区和中心学校教师到边远学校交流支教86人，去外地贫困县支教12人，交流支教逐步形成共识，教师交流有序推进。学校班子建设有新突破。全年共调整校长、副校长18名，其中提拔优秀年轻骨干8人。9月15日，区教育局召开8名新任与交流校长的任前集体谈话会，为其上廉政课、打预防针、敲警示钟。干部的公正使用，带动班子活力，形成一股干事创业的好风气。教育信息化建设有新突破。投入1000多万元的区教育信息化工程正式启动，有力提升全区教育现代化水平。

【素质教育】 2017年，区组织中小学生开展“培育和践行社会主义核心价值观”主题教育活动、全区首届中小学读书节活动、环保教育活动、组织举办全区第七届中小学艺术节、组织开展中小学生“阳光校园·我们是好伙伴”读书演讲比赛、组织开展学生经典诵读比赛、编印发放《秀美君山》地方读本2.9万本等各类活动12项。学校德育进一步加强。德育首位的观念进一步强化，主题德育活动开展经常，家长学校创建率达100%。学校、家庭、社会三结合形成共识，活动频繁，常规德育计划和课程落到实处，学校党群团队活动经常，社会主义核心价值观不断根植校园，根植师生心中。学生综合素养得到整体提升。5月17日，对全区110名班主任进行业务培训，有效提升全区班主任工作的专业水准，同时也进一步增强班主任工作的使命感和责任感，为全面提升全区教育教学质量奠定坚实基础。

【专项整治】 2017年，君山区严把收费政策关，结合上级要求狠抓违规征订教辅资料的专项整治工作，对违规行为进行纠正，清退违规征订教辅材料款10.6万元，收缴违纪资金5.09万元，秋季学期征订款相比春季学期下降51.3%。家教家养得到有效遏制，节假日加班补课从根本上得到扭转，净化行业风气。学生课业负担明显减轻。

【职业教育】 2017年，区教育局充分利用区一中整体搬迁的有利条件，成功兴办区职业技术学校，从根本解决该区无公办职高的被动局面，结束省、市督导检查一次批评一次的尴尬历史，填补区职业教育空白，完善区教育体系，切实减轻老百姓的负担。2017年秋季学期，学校共招生310人，开设城市轨道交通运营管理等5个专业。学校坚持以服务为宗旨、以市场为导向、以就业为中心，拓展优质教育资源，努力打造特色专业、精品专业，为全区经济社会发展提供智力支撑和人才保障。标志着现代职业教育在君山正式起步，并稳健发展。

【教育基金】 2017年，区教育局得益于区委、区政府的高度重视和大力支持，特别是领导带头募捐，域内企业鼎力支持，全区人民积极响应，区教育基金迅速发展壮大。从多年的停滞不前，在短短三个月内快速增至1400万元，为教育的长远发展奠定坚实基础。

【区教育基金会】

2017年11月30日经湖南省民政厅的批准成立，并颁发统一社会信用登记证书，代码为：53430000MJJ5502412。当年12月29日，在君山宾馆召开君山区教育基金会成立大会暨第一届一次理事会，选举产生第一届理事会理事李志文、晏石福、谢冬荣、彭海泉、廖钶珉、邓细庚、刘新跃、陆晓斌、陈国泰、殷宇飞、龙超云、戴凤清、郭慧麟、吴忠14人当选为理事，危 涛、陈绍鹏、庞杰3人当选为监事；并表决通过聘请李志文为第一届理事会理事长，晏石福为第一届理事会副理事长，谢冬荣为第一届理事会秘书长；审定表决《君山区教育基金会章程》《君山区教育基金会相关管理制度》。

【教师节活动】 2017年教师节，区委、区政府隆重举行建区以来规格最高，规模最大，奖励最重的表彰大会，场面十分热烈，氛围十分浓厚，充分体现区委、区政府穷区办大教育的气魄和情怀，充分体现对教育的特殊关爱，极大地鼓舞教师士气，激发工作热情，深受社会赞誉。全社会奖教奖学已成共识。第33个教师节共发放奖励资金11.3万元。

【校车管理】 2017年，区教育局安全常抓不懈，责任明确、制度健全、检查定期、监管到位，重视和严抓学校安全进入新常态，全年无一例安全责任事故发生。教育维稳责任压实，特殊群体和个体盯防严密，群体性越级上访得到有效控制。校车管理得到全面加强。政府对校车安全高度重视，支持力度空前，落实校车运营和管理经费319.8713万元，经费保障有力，部门联动积极，上路监管督查责任到位，频率加大，管理全面加强，全区校车事故率为零。

【优化考场环境】 2017年，君山区共有542名应往届高三毕业生（其中区一中384人，君山中学158人）参加高考。有625名高二学生（其中区一中411，君山中学214人）参加学考。组考各项工作平稳有序、各部门分工合作、配合密切，考风、考纪良好，保卫送考工作扎实严谨，为考生创造公平、公正的考试环境，赢得社会和考生的一致好评。区公安分局负责两所高中学校周边环境综合整治及送考沿线治安环境的整顿，负责与考试期间考生驻地的公安部门联系，对考生驻地实行治安管制，确保考生在考试期间的生命和财产安全。交警大队负责两所高中学校考生在往返途中的交通疏导和管制，并在考生往返时段安排警力沿途护送，为考生营造绿色交通通道。交通局对送考车辆的安全监测和司乘人员进行资质检查及安全教育，强化司乘人员服务意识和责任意识，确保考生往返途中安全。卫生局对考生的身体状况密切关注、关心。

【工程项目建设】 2017年，区制定《2017—2019年中心城区学校提质改造规划》，拟定岳西中学、君山小学和西城中心学校提质改造实施方案。出台《2017—2019年学校标准化建设规划》，安排4000多万元资金，全面推进义务教育学校标准化建设，已投入资金1080万元，对11所学校的主体楼栋、多功能礼堂及田径场进行改扩建，完成项目39个。康王、西城、良心堡等三个学前教育项目主体竣工，完成投资605万元。

【打造特色品牌】 2017年，一批学校在精品文化、国学教育、环境育人、习惯养成等方面持之以恒，成效显著，继黄金小学、许市中心小学、君山小学后，又有楼西小学、五星小学、良心堡中学等一批中小学在特色立校上有新举措。“三园”建设成绩突出，12月19日，岳阳市中小学校（幼儿园）“读书节”展示暨“三园”建设现场会在区召开。

【督学督导工作】 2017年，督学责任区划分更加科学合理，督导职责要求更加明确，人员配置得到加强，督学制度落实到位，督学与督政结合紧密，教育督导室负责全区性督导检查，要求明确，细则具体，操作规范，既引领办学方向，又促进学校管理，有效发挥督促评价的工作职能，助推教育的良性发展。

【提高教育质量】 2017年，君山区15—17周岁接受高中阶段教育人数增长幅度较大，高中毛入学率90%，增长0.5个百分点，16—64周岁人口平均受教育年限达10.1年，增加0.6年。

【民生工程】 2017年，区建立学前教育到大学贫困学生资助完整体系。健全资助机制，补“天窗”，建卡立账，精准识别，建档立卡的困难学生资助做到全覆盖。共计投入专项资金113万元，资助寄宿生1260名、家庭经济困难幼儿538名、普通高中建档立卡贫困学生88名，全部实行打卡直补，所有建档立卡家庭子女义务教育阶段入学率100%，尤其是对该区942名（其中区外就读207名）建档立卡贫困户子女实施多重资助。全年共计发放资助资金1656.47万元，同时，争取区政府立专项补“天窗”，财政安排专项经费61.06万元，对非寄宿建档立卡学生进行专项资助，直补到人，全区没有一个学生因贫而失学。打好驻村扶贫攻坚战。区教育局对口扶助钱粮湖镇三角闸村（国家贫困村），抽调2人驻村住村专职扶贫，局党委班子联系该村预脱贫户24户，8名班子成员全部参与，实行一对一帮扶，全年集体下村走访11次，捐助生产物资7.5万元，解决村级基础设施建设资金24万元，实行脱贫帮扶全覆盖，并对18户脱贫关注户进行重点关注。

【文明创建】 2017年，区教育局提倡文明礼仪进机关、进校园活，责任地段岗位职责落实，户外公益广告更换及时，积极开展文明单位申报创建活动。7月31日，召开“刹人情歪风、治婚丧陋习、树文明新风”专项整治工作会，向全系统工作人员发出“拒绝升学宴请 树立文明新风”倡议，引导机关工作人员和全体师生自觉抵制大操大办婚丧喜庆事宜和人情风盛行等陈规陋习，带头树立良好社会风气。区教育局机关已从市级文明单位升格为市级文明标兵单位。

【实事办理】 2017年，区教育局机关干部岗位责任和服务意识普遍增强，“办事难”得到有效根治，家长群众来访接待制度健全，“12345”群众热线专人负责，全年共承接热线信件80余条，办结率达100%，区政府交办有关教育的议案提案22件，全部提前回复，办结、满意率均达100%。全年共收到市委、市政府、区委、区政府及市教育体育局领导批示件8件，已全部按要求落实。

【党建工作】 2017年，区教育局为全面贯彻落实十九大“坚持党对一切工作的领导”的总体要求，全面从严管党治党，夯实党建基础，区教育局成立党建办，负责教育系统党建工作的管理与指导，成立教育行业综合党委，加强对民办教育机构的党建工作管理，成立老干支部，填补退休党员管理的真空，规范党组织隶属关系。做到了机构设置、组织活动、管理机制、工作保障四个“一体化”，明确中心学校、区直学校书记、校长“一肩挑”，确保党在教育事业发展中的领导地位。

（李　兵）

重点学校介绍

【岳阳市第十六中学】 由原君山区一中整体搬迁而新建的一所高中，2017年9月1日正式开学开课。学校占地9万平方米、总投资约2亿元。现有28个教学班，学生1400多人，教师122人，其中正高级教师1人，副高级教师11人，教育硕士学位的教师8人。学校坚持“自主发展，创造卓越”的办学理念，致力打造“办卓越的学校、做卓越教师、育卓越学生”核心文化，追求“所有学生三年后都将成长为最好”的培养目标。拥有一流的办学条件，新建综合楼1栋、教学楼2栋、实验楼1栋、学生宿舍楼4栋，教师周转房2栋、学生食堂1栋，体艺馆1栋；图书馆1栋，400米塑胶田径场一个。高配置的运动、生活设施为学子们的学习、成长创造了良好的条件。集胜地之英华，争日月之光辉。岳阳市第十六中学拥有科学先进的教育理念、雄厚的师资力量、一流的硬件设施、和谐的人文环境，是莘莘学子理想的求学之地。校长夏忠育是岳阳市仅有的三名拥有正高职称的优秀校长之一，是市十佳校长、全国课改杰出校长、全国高效课堂十大名校长。

【岳西中学】 创办于1992年，占地面积65334平方米，建筑面积24813平方米。校园环境优美，设备齐全，是湖州学子理想的学习场所。学校现有在职教师151人,本科及以上学历120余人，其中研究生学历1人,拥有副高职称教师19人，中级职称教师99人。获省级优秀教师荣誉3人，市级骨干教师称号21人，享受政府特殊津贴的教师22人。学校现有36个教学班，在校学生1995人。学校承担两项国家级课题研究，其中《中小学作文个性化发展研究》课题，先后获省、市级一等奖，音乐学科在市级教学竞赛中荣获金奖,多门学科在市级教学竞赛中获得一等奖，有200多篇论文在省级或国家级刊物发表或获奖。学校一贯坚持以人为本，追求卓越的办学方向，以整体推进素质教育，创建湘北地区一流中学为办学宗旨，倡导严谨、勤奋、务实、创新的校风，科学、民主、开放、求新的教风，愉悦、健康、活泼、向上的学风，在师生中倡导无私奉献精神，拼搏进取精神，主人翁精神，团结协作精神。教学生“学会求知、学会生活、学会做人”，让学生在课改中快乐学习，健康成长。学校建立“知识育人”“活动育人”“服务育人”三位一体的立体德育网络，并将德育活动贯彻于学校一切活动中。学校先后获得教育部十五重点课题实验学校、湖南省基础教育教学实验学校、省文明卫生单位、省安全文明学校、岳阳市依法治校示范学校、区教育教学先进工作单位等光荣称号。学校为追求更高水平的教育品质，为君山明天更美好，学校正以崭新的姿态在课堂教学改革中奋勇前进。

【君山小学】 地处君山区政治、经济、文化中心，拥有浓郁的文化底蕴和深厚的历史渊源。校园占地面积32214平方米，建筑面积7253平方米。现有学生1414人，25个教学班。在职教职工74人（职工1人），其中本科学历44人、专科学历29人，教师学历达标率100%，副高教师4人，一级教师58人，初级教师11人。其中国家级骨干教师1人，省级骨干教师2人，市骨干教师5人，区级骨干教师17人。学校布局合理，分区明确，各功能室配备齐全且管理制度规范。近年来，君山小学全面贯彻党的教育方针，围绕局党委提出的“扬课改、抓主业、促提升”的工作思路，坚持“制度立校、质量兴校、科研强校、特色活校”的办学理念和“以德育为主导、以教学为中心、以质量求生存、以特色求发展”的办学思路，全面推行课堂教学改革，全面实施素质教育，教育教学成效明显。学校先后被授予全国启发式教学实验学校、全国青少年校园足球特色学校、湖南省现代教育技术实验学校、中英“校级连线”项目学校等称号。先后被评为全国学校体育教学先进学校、全国“关爱明天、普法先行”先进单位、岳阳市体育项目传统学校、市文明校园、市安全文明校园、君山区教育工作目标管理先进单位、教学质量先进单位等荣誉称号。先后被中央电视台、中国教育电视台、湖南电视台、湖南日报社、湖南教育电视台、岳阳电视台等多家新闻媒体采访报道。

【区职业技术学校】 在区委、区政府的高度重视和大力支持下，区职业技术学校于2017年7月正式挂牌成立，填补区公立职业学校的空白，完善区教育体系。学校占地115亩，学校现有7个教学班，在籍学生340人。有教职员工33人。现开设汽修专业、城轨专业、电商专业、护理专业、幼师专业、网络制作等专业。学校坚持以服务为宗旨、以市场为导向、以就业为中心，拓展优质教育资源，努力打造特色专业、精品专业，为全区经济社会发展提供智力支撑和人才保障。标志着现代职业教育在君山正式起步，并稳健发展。学校环境优美，条件优越。校园内香樟挺拔，桂花四季芳香。现代化教学大楼、科教楼、信息技术设备、体育设施、实习实训设施和设备一应齐全，能保证各专业学生动手操作、体验、实践的需要，能从理论和实践的结合上加深对所学专业知识的理解。现代化的教工食堂能容纳1500多人就餐，学生宿舍能容纳1500多学生住宿，生活配套设施齐备。学校秉持以红色职校、红色文化、红色思想为办学理念，做红色文化的传承人，红色思想的继承者。让红色基因渗透于教育教学的全过程，全心全意办好全国第一所红色职校，第一所精准扶贫职校，让全心全意为人民服务，为社会作贡献的红色思想落实在具体的行动中。

【钱粮湖实验小学】 位于处钱粮湖镇中心，始建于1958年，原名钱粮湖农场层山完小，1998年3月，更名为钱粮湖实验小学。2001年1月18日，区委、区政府正式将学校整体转让，办学体制变为民办公助。现有24个教学班，在校学生1237人，专任教师55人，教师学历合格率达100%，中小学副高教师1人，一级教师29人。学校始终坚持“德育为首、质量强校、全面育人、以人为本”的办学思想，以“正德、健体、求知、创新”为校训，树立“文明和谐，勤奋向上”的校风，夯实“务实严谨，创新求为”的教风，培养“乐学勤思，合作进取”的学风，始终朝着“办人民满意的教育”努力奋斗。学校先后被评为岳阳市教育教学先进单位、教育部关工委“五好小公民”主题教育活动示范学校。

【君山中学】 是一所民办非营利性全日制普通高中学校,1958年创办，2000年4月30日改制为民办学校。学校实行董事会领导下的校长负责制，现任校长赵克虎。学校现有校园面积80040平方米，建筑面积15760平方米。教育教学设施齐全，办学条件优越。学校现有15个教学班，在籍学生721人。有教职员工61人，其中硕士研究生2人，本科32人，专科5人。学校以“为学生的终身发展奠基，对学生一生幸福负责”为办学宗旨，努力营造民主、平等、和谐、开放的教育氛围，倡导“博学严谨，立德树人”的教风和“勤学乐学，探究合作”的学风，全面推进素质教育，深入进行课程改革，积极开展教研教改，努力构建高效课堂。学校坚持以“孝亲敬长”为特色的品德教育，坚持因材施教的基本原则，实施“个性化教育”。学校坚持“职业素养”教育，实现普职融通，进行职业指导，培养工匠精神，并逐步提升相应的素质。学校制定《岳阳市君山中学五年发展规划》，计划利用五年的时间，办成办学条件齐备，管理模式成熟，教育质量提升的民办高中学校。六年后要成为管理先进，质量上乘，特色鲜明的民办高中品牌学校，成为高质量、有特色、受欢迎、有尊严的学校。

【广兴洲中心学校】 始建于1943年，办学历史悠久，文化底蕴深厚。辖初级中学1所，现有教学班12个，学生500余人；完小4所，学生1600余人，公立中心幼儿园1所，民办幼儿园5所。在编教职工138人，其中副高职称教师8人，一级教师60多人，省级骨干教师2人，市学科带头人6人，享有区政府津贴的教师6人。学校坚持全面贯彻党的教育方针，以“规范+特色”为办学方向，以“合格+特长”为育人目标，坚持“以人为本、创造适合师生发展的教育”的办学理念，积极推进课程改革，深入扎实地实施素质教育。学校多次被评为全区综合评比先进单位、中考质量先进单位，殷家铺、庆丰联校曾分别被评为德育、体育特色学校，每年师生多人次在各级各类竞赛活动中获奖，涌现众多优秀人才。广兴中心学校将继续坚持“以素质教育为主线，以管理为龙头，以德育为先导，以教学为中心，以科研促发展，以质量求生存”的办学理念，努力办好人民满意的教育，为全镇基础教育的可持续全面健康发展不断夯实根基。

【许市镇中心学校】 位于许市镇许家牌村，创建于1965年。学校现辖一所初中、四所完小，在校初中生880人，小学生1611人。现有教职工138人, 专任教师合格率为100%，其中副高职称教师12人。学校坚持树立“以人为本、和谐发展”的教育理念，秉承“学生成才、教师成功、学校发展、社会满意”的办学宗旨，围绕“创山区农村特色学校”的办学目标，践行“规范治校、安全立校、环境美校、名师强校、质量兴校、特色活校”的办学思路，逐步形成“敦实勤勉”的学风和“严谨文明”的校风。多年来，学校坚持“三个为本”，做到“三个注重”，倾力打造“校园精美、管理精湛、教学精致”的农村学校。在上级教育主管部门的领导下，在社会各界的关心支持下，学校各项工作取得长足进步，特别是许市中学全面实施的课堂教学及管理改革，创建开放式课堂教学模式，重点构建并完善独特的“五环渐进”自主学习模式，学校的课改工作全国闻名，学校2009—2017年毕业学业测试综合评价一直稳居君山区榜首，并进入岳阳市前十名行列。学校先后被定为岳阳市课改示范学校、中国名校共同体理事校、岳阳市课改教师培训基地、湖南省课改样板校、湖南省基础教育教学研究基地，市政府授予学校“求索创新”特等奖。先后被评为岳阳市教学质量先进单位、全国教育系统先进集体。黄金小学的国学教育和留守儿童教育得到省厅认可。前进中的许市镇中心学校正站在新起点，迎接新挑战，谋求新发展，实现新跨越，在素质教育的伟大实践和课程改革的汹涌浪潮中扬帆远航，直达理想的彼岸。

【钱粮湖镇中心学校】 坐落在钱粮湖镇百花中路西端,辖一所初中，四所小学，三所幼儿园（其中公立幼儿园1所）。共有42个教学班，学生1393人，教师120人。在园幼儿1300多人。辖区内的古月湖完小、向阳小学、城东明德小学、城西明德小学四所小学，是1996年溃垸和2000年撤场并区后由一、三、六、十分场十四所小学合并而成，有26个教学班，学生621人，教师41人。钱粮湖镇中学现有学生772人，教师75人，16个教学班。校园占地面积66471平方米，建有2栋教学楼，一栋学生公寓楼，还建有综合大楼、多功能礼堂、多媒体教室、电脑室、4个实验室、语音室、阅览室，图书室有图书50000多册。400米跑道田径运动场1个，水泥篮球场6个，乒乓球台20个。学校局域网已布满校园。

【采桑湖中心学校】 位于钱粮湖镇分路口社区，于2002年8月由原钱粮湖农场七分场学区和原二分场学区合并而成。目前采桑湖中心学校下设一所初级中学，四所村级小学，现有31个教学班，在校学生749人，专任教师64名，中小教师学历达均达到要求，其中研究生2人，本科学历45人，大专学历17人；学校现有副高职称教师6人、中级职称教师31人，初级职称教师16人，在理念上、经验上、学识水平上达到基础教育的需要。采桑湖中心学校坚持“创特色、重实效”办学目标，秉承“明理、博学、自主、创新”校训。结合当地特色，凸显地方牛文化，传承民族精神，学习“牛精神”，弘扬“牛品格”，争做“牛学生”已成为学校文化主题。在新课程改革的引领下，采桑湖教育人不懈努力，学校各项工作得到长足发展，许多年轻教师在教改中脱颖而出，成为区级骨干教师；教育教学工作也得到上级的认可和社会各界的好评，2010年、2011年、2012年、2013年、2017年被评为区教学质量优胜单位，2012年被市总工会评为“模范职工之家”，2014年被省继教中心班主任工作委员会聘为理事单位，2017年聘为常务理事单位。采桑湖中心学校用习近平新时代中国特色社会主义思想统领全局，本着为学生终身发展奠基，为中华伟大复兴育英才的理念，向更高、更远的理想奋进！

【良心堡镇中心学校】 创办于1958年，曾隶属于国营钱粮湖农场四分场子弟学校，后改名为国营钱粮湖农场第二中学，2000年撤场并区归属于君山区良心堡镇管辖。学校现辖一所初中、三所完小,现有在校初中生451人，小学生966人。学校服务于良心堡镇9个行政村，2个居委会，1个养殖场，服务人口3.1万人。现有教职工98人,专任教师合格率为100%，其中副高职称5人。学校坚持“以人为本、和谐发展”的教育理念，以“学会求知、学会共处、学会做人、学会生存”为校训，以“和谐、文明、团结、求实”为校风，以“勤奋、守纪、自主、发展”为学风，以“奉献、求精、尊重、启迪”为教风，牢固树立“建设特色化学校，成就特色化教师，培养特色化学生”的办学思路，着力培植以“特色发展教育”为核心的学校文化，培养社会主义建设的合格人才，致力打造平安校园、书香校园、清洁校园。

学校先后被评为“省级示范家长学校”“市级两型学校先进单位”“区级目标管理优胜单位”“教研工作先进单位”“安全文明学校”“校车安全管理先进单位”“岳阳市环保教育先进单位”“岳阳市生态道德教育示范校”“区级特色立校先进单位”等。雄关漫道真如铁，而今迈步从头越。在今后的工作中，学校将博采众长，与时俱进，精益求精，力争把工作做得更细、更全，为教育事业的明天作出更大的贡献。

【柳林洲中心学校】 现辖小学4所，幼儿园11所，其中公办园1所。在校学生1991人，在园幼儿2386人。在编在岗教师 119人，其中专任教师119人，专任教师学历合格率达100%；退休教职工48人；幼儿教育从业人员206人，其中幼儿教师150人。柳林洲中心学校多次代表区教育系统迎接国家、省、市多项检查验收，并获得好评，连续11年被区教育局评为年终目标管理先进单位。濠河小学以“动静相宜，内外兼修”为校训,本着“因材施教，顺势而为”的办学理念,力求打造成君山教育新星，是乡村学校少年宫项目开办单位。柳林小学现有24个教学班，在校学生1357人。教职工68人，其中专任教师60人。学校坚持“一切为了孩子，为了孩子的一切”的办学理念和“人本人性化、三个合作化”的管理理念，实施新课程与开展自主学习研究性学习，办学成绩骄人。五星小学现有6

个教学班，学生268名，现有教师12人，其中大专学历7人，本科学历5人。一级教师9人，二级教师3人。近五年来，学校教学质量一直名列全区前茅。学校先后荣获全区“教学质量先进单位”“绿色学校”等称号。新河小学现有6个教学班，学生106人，在职教师9人。全体教师本着认真负责的态度，努力工作，教学质量在全区抽测中多次获第一，《快乐阅读》的学校特色开展得有声有色。柳林教育人以中共十九大对教育宏伟蓝图编绘为方向，将砥砺奋进，努力拼搏，谱写好柳林教育的美好明天。

【西城中心学校】 秉承“以人为本，一切为了学生的发展”的办学理念，以开放的办学精神，人本位的管理策略、不断改革创新，提升学校教育教学质量和办学品位。现辖四所完全小学，包括西城中心小学、楼西小学、九公里小学、林角小学，30个教学班，共有学生1215人。在编在职教师78名，其中副高职称教师6人，中级教师66人，初级教师13，本科学历43人，专科38人，中专4人，学历合格率100%。西城教育人爱岗敬业、乐于奉献，是一支优秀精干的教学团队。在区委、区政府和各级领导的重视和关心下，学校的办学硬软件上了一个新台阶。2011—2014年期间，辖区内四所小学逐年完成农村合格学校创建验收。四所学校各有特色，中心小学的“书香校园”、九公里小学的“诗意校园”、林角小学的“写字教学”均初有成效，特别是楼西小学的“四点半课堂”深得家长和学生赞许，《岳阳日报》《君山新闻》及中国文明网均对“四点半课堂”进行过宣传报道。西城中心学校在全区的小六质检评比中连续三年进入三甲。西城中心小学先后被评为“市级语言文字示范校”“省级家长学校示范校”市级“十大平安校园”示范单位等称号。新时代开启新征程，新任校长汤美谦将带领全体西城教育人沿着“立德树人”的办学方向不忘初心，继续前进。

（李　兵）

文化·体育

文　化

【概况】 2017年，君山区共有53个行政村，基层综合性文化服务中心建设要求覆盖率为80%，即43个村，包含10个贫困村，分别是芦花洲村、福星村、檀树村、团湖村、殷家铺社区居委会、丰收村、高桥村、三角闸村、洪水港社区居委会、许家牌村。该项目结合君山区政府“美丽乡村”建设进行定期下村督查，制作每月跟踪进度表及相关台账。

【文化惠民】 2017年，君山区文体旅游局共需完成送戏曲下乡50场、送电影下乡1068场、送图书下乡14760册，落实建设村级综合文化活动中心25个。截至12月底，已全部完成。送戏下乡活动荟萃“文明乡风送万家”“我是雷锋家乡人·湖湘文化送春风”“我的中国梦·欢乐进万家”“欢乐潇湘”等不同主题的文艺会演。包含“首届环洞庭湖民间歌手邀请赛”“欢乐潇湘·生态君山”群众文艺会演、“文明乡风进万家”等系列大型群众文艺活动。在2017年9月6日，举行的“喜迎十九大，共圆中国梦”——“我们都来跳”社会主义核心价值观湖南省原创广场舞大赛岳阳市决赛中，选送的原创广场舞《平等之歌》获得大赛铜奖。区文体旅游局作为全市唯一线下举办单位，荣获优秀组织奖。为切实开展学雷锋志愿服务，自年初以来，区文化馆在全区组织开展“我是雷锋家乡人湖湘文化送春风”文化志愿服务系列活动。设立学雷锋服务志愿者站点，7名工作人员全体积极加入，率先担当良好社会风气的倡导者。文化志愿者还每周开展“四点半课堂”志愿服务活动，组织文化志愿者及少年宫的专业老师等一起辅导孩子做功课，并穿插一些音乐、美术、舞蹈、书法、心理教育知识等活动，营造温暖健康的成长环境，让孩子们更加热爱校园学习和生活。“四点半课堂”获得省级表彰。

【文物保护】 2017年，为进一步规范区非物质文化遗产保护工作，确保优秀非物质文化遗产得到有效传承和保护，在市局非遗科的组织和领导下，完成好区非遗项目的名录整理工作。正紧锣密鼓地筹备《柳毅传书》传说更名及申报国家级项目相关工作；“君山银针制茶技艺”申报国家级项目相关工作；县级非遗项目及县级项目代表性传承人的摸底及申报。以“2017中国岳阳君山山地户外健身休闲大会”为契机，在君山野生荷花世界举办2017年君山区“文化和自然遗产日”展览活动。此次“全国遗产日”展览活动，以“保护文化遗产守护精神家园”为主题，参加活动展示的都是区非物质文化遗产名录中的传统民间艺术、传统手工技艺等项目、重点文物保护项目，通过活动展示，倡导“文化遗产”保护理念，提高全民参与和保护“文化遗产”的意识。

【文化执法】 2017年，坚持市场日常巡查制度，严格市场监管，对无证照场所、游商、摊贩坚持不定期开展联合行动。通过专项整治行动查处违规经营网吧5家，无证无照经营娱乐场所KTV8家，查扣校园周边文具店儿童游戏机1台，下发整改通知书11份，行政处罚2家，警告4家，确保市场规范化。积极开展扫黄打非专项治理行动，大队先后启动护苗·净网·清源2017专项整治行动。配合省、市、区深化文明城市创建工作。通过加强市场监管，共查出违规经营12家次，出动执法人员120多人次，取得很好的效果。同时，积极开展校园周边环境整治活动，并对演出市场加大监管力度，对营业性演出单位资格、节目的审查及游商、地摊非法出版物、地下六合彩码书码报的清理，先后2次检查音像经营场所4家次，共查处淫秽光盘35盘，盗版书籍16册，码书码报5份。

【旅游工作】 境内有东洞庭湖国际重要湿地、国家AAAAA级景区君山岛、国际AAAA景区君山野生荷花世界、省级森林公园天井山、发展休闲农业企业50家、农家乐143家，其中国家级休闲农庄5家、省星级休闲农庄15家、全国休闲农业与乡村旅游示范点2家，获评全国休闲农业与乡村旅游示范区。旅游产业项目方面，2017年共有在建项目5个：1.洞庭湖欢乐世界主题公园：占地30.27公顷，总投资5.5亿元。项目立意是以洞庭湖文化为核心，将生态景观、人文景观及高科技游乐项目相融合，旨在打造富有地域特色又兼具国际时尚的华中旅游新地标。区政府与投资方于2016年6月8日正式签约，7月28日正式动工建设。第一期工程将于2018年春节前建成开园。2.洞庭湖博物馆：总投资约10亿元，2017年底主体工程可以竣工。3.由浙江金诚集团投资232亿元的萌宠产业新城项目已落户君山，5月25日举行奠基仪式。项目包括宠物小镇、湿地公园、沿湖风光带、智能制造区、商业配套区和生活配套区等。在未来的几年时间里，将打造成一个集时尚与旅游于一体的宠物小镇。项目一期五星级酒店“金诚之星”已拍到建设用地，年内可开工建设。4.由激情山水俱乐部投资1亿元在许市镇黄金村的东湘人家自驾车营地项目占地20公顷，已完成投资6000万元，项目依托许市山水资源，拟建成湖南省最具特色的大型户外运动、拓展培训、自驾营地、休闲农业体验于一体的旅游新业态综合体。部分项目已投入运营。5.采桑湖渔场引进广东客商投资建设民宿项目，其中观湖别院五栋前期手续已办结，12月开工。在谈项目2个：广东达成通航公司拟投资15亿元在君山建设通用机场，开展航空旅游，拟签订协议。岳阳中洲通用航空公司和乡村之恋农庄合作已成功批复1个临时起降点，年底（或2018年初）就可以开展航空旅游；马来西亚厦门总商会提质改造团湖野生荷花世界，打造金荷小镇，总投资30亿元，分三期建设，近期将签订协议。整域推进“美丽乡村”建设。借助全区开展“美丽乡村”建设契机，把乡村旅游培育为区农业经济转型升级的民生产业，建设形成2个乡村旅游示范镇、10个乡村旅游示范村。每年办好乡村美食文化节、葡萄节、油菜花节。培育节会品牌搞好营销。举办首届中国（岳阳）国际热气球节。以此为契机，促成君山区与美国阿伯克基市结为经济友好城市，进一步引进美国教育、医疗、环保等方面项目。11月，君山区全年接待旅游总人数达448万人次，实现旅游综合收入28.56亿元，分别增长27.5%和35.4%。

体 育

【概况】 2017年，区文体旅游局按照《中华人民共和国体育法》和《全民健身条例》的实施意见，区委区政府高度重视全民健身工作，投入财力、物力建设乡镇（街道）健身广场等文化体育健身场所，全区农民体育健身设施覆盖率达90%以上，超过全市平均水平。成功举办以“翡翠君山·生态相约”为主题的2017中国（岳阳君山）山地户外健身休闲大会。吸引来自全国各地近万名户外运动爱好者前来参加，开展微马联赛（十公里竞赛组、三公里体验组）、环洞庭湖徒步毅行、自行车联赛、钓鱼联赛、音乐狂欢晚会、露营大会等一系列精彩纷呈的户外活动。其中最受欢迎的环洞庭湖徒步毅行活动就吸引近2800名毅行爱好者。充分突出区体育特色，利用君山区丰富的自然山水资源，融合深厚的地方文化底蕴，打造体育＋旅游特色项目，实现全民健身的健康可持续发展，健身、观光两不误。2017年，参加由湖南省体育局主办，怀化市文体广电新闻出版局承办的全省社区健康趣味运动会。在竞技、娱乐、健身等综合于一体的全新趣味比赛中不负众望以团体总分第三名的好成绩完成这次比赛；积极组队参加岳阳市教体局组织的县市区篮球赛和羽毛球、乒乓球等赛事纷纷获最佳组织奖。争取1个乡镇农民健身广场（良心堡）和1个社区健身广场项目，从而使区乡镇健身广场达到3个；争取12个农民路径身工程项目，使乡镇、社区（居委会）的体育健身设施得到进一步改善。体彩销售网点得到扩大，体育彩票销售力度进一步加大。已设立体彩销售网点（包括网投）70余个，全年体彩销售完成2.3亿元，争取体育彩票公益金达到800万元，为全民健身积累更多资金支持。

（王 斌）

广播电视

【新闻报道】 2017年，区电视台共完成内外宣稿件1100多篇、制作播出新闻140多期。完成区委经济工作会议、区人大、区政协“两会”以及防汛抗灾等重要会议、重大活动的宣传报道工作。在岳阳新闻联播、湖南新闻联播、湖南经视新闻等媒体共发稿90多条，扩大君山的知名度和美誉度。特别是湖南经视头条以《生态君山复绿记》为题，推介君山区整治环境突出问题的报道，实现在省级媒体发头条稿件的历史性突破。积极开展“记者走基层”活动，深度挖掘经济社会发展、重大项目建设、民生实事办理、美丽乡村建设、身边好人好事等方面的亮点和典型事迹，展现基层投身“滨江新区”建设的动态和蕴含在人民群众中的正能量。

【专题宣传】 2017年，区电视台制作《夕阳红》《调风走雨民心路》及君山区多元化解矛盾纪实等17部专题宣传片和资料片。认真做好《解读十九大精神》《美丽乡村》《君山党建足迹》《生态君山》等多个特殊专栏，丰富了新闻报道的内容，增强《君山新闻》的吸引力和影响力。

【事业发展】 2017年，有线网络公司与时俱进，建立宽带与电视网络一体的全新网络机房，实行宽带、有线双向覆盖，全年，发展双向用户覆盖5000多户，丰富群众生活。另外，进一步强化意识形态主体责任，扩展阵地。在挂口中心城区投入32万元，新建主干光缆20多公里，分支光缆40多公里。在钱粮湖与良心堡镇、许市镇共投入300多万元，铺设主干线光缆1100多里，特别是以前一向三不管的良心堡渔场、采桑湖渔场等，都铺设光缆线路，实现三镇有线电视网络100%覆盖。

【内部管理】 2017年，区电视台结合“两学一做”“忠诚、干净、担当”等学习教育活动，加强政治理论学习和爱国爱岗宣传教育，严明纪律要求，筑牢思想防线。继续完善并执行《年度绩效目标管理考核办法》，不断强化竞争创优意识，优岗优酬、高质高薪，极大地调动工作人员的积极性和创造性。

（饶　群）

卫生和计划生育

卫 生

【医药卫生体制改革】 2017年，推进分级诊疗制度建设，三家区级医疗机构分别与市二、市中医院、市妇保院加强医疗协作，加强对乡镇卫生院（社区卫生服务中心）医疗指导，市区镇三级医联体初见雏形。建档立卡贫困户、计生特困家庭等特殊人群签约100%，全人群签约32%，重点人群签约70.54%。基层医疗机构基本药物使用率达100%；公立医疗机构均取消药品加成，实行药品零利润销售；全面启动医疗机构药品采购“两票制”。加快建立现代医院管理制度，建立公立医院服务价格调整方案，实施医疗机构按病种收付费制度。协调好人社等部门健康扶贫建档立卡贫困户、五保户医保等政策衔接。

【疾病预防控制和卫生应急】 进一步加强手足口病、禽流感、结核病和艾滋病等重点传染病防控、疫情报告和管理工作。积极抓好基层卫生院防保组公卫人员及乡村医生的技术培训和督查考核，并量化目标管理，严格奖惩。各医疗机构设立发热门诊和肠道门诊，关口前移，做到早发现、早诊断、早报告、早隔离、早治疗。加强传染病日常监测。传染病防控工作以人禽流感、霍乱、麻疹和手足口病等重大传染病为防控重点，加强疾病监测和疫情信息管理，提高传染病重大疫情预测预警能力。完成60份手足口病患者标本检测，采集外环境水样和水产品样120个进行霍乱筛查，各乡镇卫生院对门诊和住院“三热病人”进行疟疾鉴别诊断，在禽流感流行时，每周采送检外环境20多个样本送检，并及时向领导发送疫情信息和检测结果供领导决策。加大食品及饮用水安全风险监测。饮用水检测按4次/年，每次每个水厂一个样品的标准进行抽样检测。

【妇幼保健】 2017年，集中开展高危孕妇筛查、出生缺陷防控工作，全区无孕产妇死亡，婴幼儿死亡率3.2‰，5岁以下儿童死亡率5.03‰，低于全市平均水平，出生缺陷率控制在1.63‰以内；农村适龄妇女免费“两癌”2017人，完成目标人群率100.85%，免费产前筛查人数1695人，完成目标人群率121.07%。被评为2017年度岳阳市妇幼健康服务综合工作先进单位。

【卫生执法】 2017年，深入推进卫生依法行政。组织卫生基层执法人员参加全省行政执法资格考试，有3人通过考试并取得执法资格；开展以打击非法行医、规范医疗机构执业行为为重点的专项整治工作。加强公共场所监管，继续推行量化分级管理。加强五小门店的卫生监督管理，做好国家卫生城市迎复检工作和公共文明指数测评工作。共有12起信访事件，均已在规定的时间内全部处理到位。

【医政管理】 2017年，成立君山区医院感染管理质量控制中心，组织区内医疗机构完成全市医疗机构医院感染管理专项督导检查；按省卫生计生委要求进行医疗机构、执业医师以及执业护士电子化注册；组织区内医疗机构进行医疗安全专项整顿活动；完成君山区2017年度征兵体检工作；参与数起医疗纠纷的调处，督促医疗机构应引以为戒加强医疗安全管理和风险防范工作；对乡村卫生室/诊所进行医疗质量与安全培训；组织医疗机构参加院感培训，督导各医疗机构医院感染管理。

【健康扶贫】　2017年，全区建档立卡贫困人口7785人，健康扶贫对象1358人，其中，大病集中救治对象108人，慢病签约服务管理对象1250人。严格按照中央、省、市“三个一批”行动计划，扎实开展大病集中救治、先诊疗后付费、“一站式”结算、免费体检、慢病签约服务管理等工作，确保贫困人口方便看病、看得起病、看得好病。2017年度贫困人口住院1432人次，住院费用1045.91万元，基本医保补助585.71万元，健康扶贫“一站式”结算补助279.22万元，合计补助864.93万元，实际报销比例达82.7%；特殊门诊补助207人次，门诊总费用253.09万元，基本医保补助185.6万元，健康扶贫“一站式”结算补助44.08万元，合计补助229.68万元，实际报销比例达90.75%。

【项目建设】　2017年底，中医院进入前期准备阶段；康复医院项目完成主体及附属工程的60%。

【其他工作】　2017年，区卫生和计划生育局扎实开展“两学一做”学习教育主题活动；加强基层党组织建设，做好党员发展工作，组织3名入党积极分子参加培训，并发展3名新党员。圆满完成卫计系统人事招考工作，通过“四海揽才”和公开招考方式共招录人员36人，进一步充实基层医疗服务力量，提升医疗服务能力。抓好工作绩效考核，奖勤罚懒，激发党员干部的工作主动性和积极性，在省市卫生计生专项整治工作督查、精准扶贫活动、卫生计生基础夯实，全系统干群群策群力，得到上级的充分肯定。

（王　京）

区人民医院

【概况】　区人民医院于2010年11月整体搬迁至新址，新院按二级甲等医院规模建设，开设床位280张，是区唯一一所集医疗、预防、保健、康复于一体的国有县级综合医院。医院先后被定为湖南省晚期血吸虫病人治疗救助定点医院、湖南省结核病防治定点医院、城镇职工基本医疗保险和城乡居民基本医疗保险定点医院、多家保险公司定点医院、公安及司法鉴定定点医院、岳阳市二医院联合医院、省级文明单位、省级园林单位。2011年5月，区人民医院、岳阳市二医院联合医院正式挂牌成立，与市二医院实行全科目专家共享、技术共享，到区人民医院诊治，可享受市二医院同等门诊及住院治疗，且享受基层医院的优惠收费。2017年，医院共救治住院病人7498人次，收治门诊病人32063人次。全年实现业务收入近4500万元。

【技术力量】　2017年，医院有在岗工作人员220人，其中高级职称医疗专家11人，中级专业技术职称人员80人，初级技术职称160人；编制床位200张。医院设有门诊部、急诊科、内一科、内二科、儿科、外科、妇产科、中医科、血液透析科、五官口腔科、理疗康复科、检验科、CT室、DR室、B超室、内镜室、心电图室、体检中心等近20个临床、医技科室。目前，医院已形成院有重点、科有特色的现代化新格局。外科能开展胃肠、胆、脾、肾、肛肠、泌尿、四肢骨折开放复位等人体各部位各类大、中型手术；妇产科能施行剖宫产、子宫全切、子宫肌瘤、卵巢囊肿、宫外孕等各类大、中型手术，能开展妇科病普查普治、无痛人流、阴道灌洗、宫颈微波治疗等项目；能利用腹腔镜开展胆囊切除术、阑尾切除术、肾囊肿切除术、宫外孕及卵巢囊肿切除术等腔镜手术；内科能治疗内科、传染科及血防科各类急、危、重、疑难疾病。

【医疗设备】　2017年，医院拥有日本东芝原装进口螺旋CT、意大利GMM原装进口DR、500mA X光机、进口胃肠机、进口大型彩色B超、体外碎石机、肺功能检测仪、全自动生化分析仪、电解质分析仪、血球仪、血凝仪、尿液分析仪、腹腔镜、电子胃镜、肠镜、膀胱镜、电子阴道镜、C臂机、呼吸机、麻醉机、制氧机、动态心电监护仪、胎心监护仪、新生儿复苏台、婴儿暖箱、红外线乳透仪、臭氧治疗仪等多种大、中型高精尖检测设备120余台件。医院医疗设备先进，各种检测项目齐全。

【治疗环境】　2017年，医院整体环境洁净优美，工作用房流程科学合理，全楼栋配备电梯，便于病人诊疗。住院部为宾馆式设计，病房配备中心供氧、中央传呼系统、冷暖空调、数字电视、独立卫生间，24小时热开水供应，设备设施齐备，住院环境温馨舒适。

【区体检中心】 2017年，新创建科室君山区体检中心，由区政府和区人民医院共同投资建设，于当年9月正式成立，是湘北地区最大、最规范的体检中心之一。该中心环境舒适，设备设施先进，体检项目齐全，功能科学合理，年体检能力可达2万人次。能为区内外机关、企事业单位干部职工及城乡居民，提供比较完备的健康体检服务，并给予健康指导与咨询。

【儿科】 医院儿科是2017年新创的科室，病房温馨舒适，引进儿科心电监护、儿科振动排痰仪等数种专用设备，利用鼻负压置换治疗、雾化吸入治疗等多种治疗方式，在儿科常见病、多发病等疾病的治疗上有显著疗效。科室常年聘请上级医院专家教授来院会诊，并指导治疗。

【血液透析科】 2017年，新创建医院血液透析科，引进德国进口透析机，安全系数高，超滤精确，为君山区精准扶贫项目之一。科室环境舒适，可开展血液透析、血液透析滤过、血液透析联合灌流等多种血液净化治疗，主要用于尿毒症的替代治疗。

【落实健康扶贫政策】 2017年，区人民医院按照“因病致贫、因病返贫”精准扶贫行动计划，组织执业医师、执业护士组成五个健康扶贫服务团队，为辖区患37种重大疾病的贫困人员进行入户查体。体检项目包括B超、心电图、血生化等，并同时发放“健康扶贫服务卡”、免费发放药品。通过联合区卫计局对辖区人口进行排查，统计因病致贫人员，确定帮扶人群，并对因病致贫人员按照其所属区域及病情情况进行分类帮扶。建立因病致贫人员医疗信息档案，加大贫困残疾人医疗救助力度，减少贫困人口大病费用实际支出。建立贫困人员就医绿色通道，落实贫困人员优先就诊、贫困住院患者先诊疗后付费等政策，确保贫困人员充分享受医保优惠政策，减轻其医疗负担。提高贫困人口医疗保障水平。按政策规定对参加城乡居民医保的农村建档立卡贫困人口，低保户、特困供养人员的住院费用报销比例提高10%，大病保险补偿起付线降低50%。参加城乡居民医保的贫困白内障患者（含儿童），救治费用纳入医保报销范围。将符合条件的残疾人医疗康复项目按规定纳入基本医疗保险支付范围，提高农村贫困残疾人医疗保障水平。落实贫困人口全部纳入重特大疾病救助范围相关政策。实施精准支付，提高贫困人口受益水平。开展分类分批救治工作。将建档立卡贫困人口大病及慢病实施分类救治，当年选择一批患病后负担重、社会影响大、疗效确切的大病进行集中救治，严格控制自负费用；需要住院维持治疗的，根据病情需要医院必要时请上级医院专家会诊；需要长期治疗和康复的，可转诊至乡镇卫生院（社区卫生服务中心），在区人民医院指导下实施治疗；同时为贫困人口家庭所有成员提供基本医疗、公共卫生和健康管理等签约服务。健全“一站式”即时结算机制。完善基本医疗保险制度与医疗救助衔接机制，做到医疗救助与基本医疗保险、大病保险、疾病应急救助、重特大疾病救助等制度的有效衔接、公开透明，实现“一站式”信息交换和即时结算。贫困患者在区人民医院实行先诊疗后付费，并设立健康扶贫综合服务窗口，只需在出院时支付自负医疗费用，减轻建档立卡贫困人口垫支就医负担。自健康扶贫以来，区人民医院为辖区内贫困人员给予健康指导，发放健康知识宣传资料1000余份；为患37种重大疾病的重点服务对象免费发放药品、发放慰问品价值5000余元。当年共完成全区11个村320户的建档立卡贫困户家庭医生签约服务，上门服务人次达887人；共完成柳林社区高血压、糖尿病等慢病签约服务1800余人次。通过开展健康扶贫工作，让贫困人员真正感受到党和政府的关爱，该项工作受到人民群众及社会各界的一致好评。

【执行药品采购“两票制”】

2017年，根据国家和湖南省深化医药卫生体制改革要求，严格执行“两票制”采购药品流程，在票据审核时，向药品批发（配送）企业索取药品生产企业销售发票复印件（加盖药品经营企业公章原印章，或扫描件电子票据），控制了擅自采购药品行为。

【履行城乡居民医保政策】

2017年，严格执行费用补偿审核程序，规范审核报销资料。全年城乡居民住院人次3886人，总住院费用1318.64万元，补偿681.70万元。

【服务百姓健康行动活动】

2017年，为方便乡镇、社区人员就医，特别执行国家卫计委“服务百姓 健康行动”方案，医院每月组织医务科、护理部、对外联络科选派各科中级以上职称（含盖内、外、妇、五官等）专业的专家教授一同下到各乡镇、社区、敬老院进行大型义诊活动。共举行义诊活动32次，极大的方便了广大人民群众就医。

【业务培训】　2017年，医院对业务学习与培训常抓不懈，采取的方法有：一是送出去学习培训；全年共选送7人到湖南省人民医院、市二医院进修，涉及专业有儿科、呼吸内科、耳鼻喉科、麻醉、胃镜等。同时，还有各科业务骨干被选派参加了省级举办的各类技术及管理培训班，30余人次，涉及专业有医疗、护理、麻醉、检验及医疗质量管理等，市级各专业年会、业务培训学习每次都派出5名以上的人员参加；二是请专家来院举行业务讲座。自与市二医院建立联合医院后，医院业务技术得到了很大的支持，经常请市一、市二医院专家来院查房会诊。全年先后请到林春龙博士、胡雄主任、徐细平主任、潘港主任、易峰主任来院授课，进行专题业务讲座达8余场次。同时每月不定期请市一医院外、妇、内科等教授进行教学示范查房，解决疑难病例诊治等技术难题，这些措施，提高了医院医务人员的技术水平；三是院内组织集体学习。全年院内共组织集体业务学习28次，其中医疗12次，护理10次，医、药、护、技联合学习6次，科内业务学习100多次，每个科室每月临床医师、护士各组织一次业务学习，先后组织业务考试8次，其中医疗4次，护理4次。同时还特别规定各临床医技科室在每天的早交班会上必须利用5-10分钟学习核心制度、诊疗规范、药品说明书等内容，取得了较好的效果。当年考取高级职称3人，中级职称5人，执业医师6人，初级职称12人。

【无偿献血、临床用血管理工作】　历年来，病人用血都是由病人家属自行到市中心血站取血。2017年区人民医院彻底改变了由病人家属自行取血改由医院派专职人员去血站取血后交临床应用的办法，确保了血液在运输过程中的安全，提高了输血质量。同时加强了医务人员的培训，认真组织学习了《临床用血管理办法》及《输血技术规范》等法规文件，进一步增强了医务人员对临床安全用血重要性的认识。医院连续四年被评为“岳阳市无偿献血先进单位”“岳阳市无偿献血、献髓先进单位”“无偿献血最美公益团队”等荣誉称号。

（罗　林）

区中医院

【概况】　君山区中医院是区政府办非盈利性中医医院，前身为区第二人民医院及国营农场职工医院，成立于1959年2月。今区中医院既是农村三级卫生网枢纽，承担钱粮湖镇、良心堡镇全体居民的基本医疗，又负责钱粮湖镇预防保健、公共卫生服务职能。医院现有职工171人，其中专业技术人员145人，管理及工勤26人，副高职称2人，中级职称25人，初级职称85人，专业技术人员占总人数的84.8%。核定床位100张，实有130张。2017年，门诊接诊2万余人，住院病人6326人次，床位使用率在89%。

【持续深化公立医院改革】

2017年，根据国家新医改政策，医院继续深化公立医院改革，按照岳阳市卫计委公立医院改革方案，每季度对运营情况，尤其是对医院药占比、耗材使用、服务性收费等方面进行认真分析，充分利用新医改优势，找准钥匙，破解改革中不利医院发展的结症，努力化解新农合、城镇居民医保、职工医保合并带来的不利因素，正确引导医院严格按照公立医院改革方向前行，开展创新工作，创新管理，引进创新服务，把日常医疗护理质量、预防医疗事故发生和自我防护、有效防范和杜绝医疗事故的发生作为重中之重来抓，确保重大医疗差错事故“零”发生。

【认真落实健康精准扶贫政策】

2017年，根据区卫计局《2017年健康扶贫工程实施方案》（岳君卫发[2017]44号）文件，对钱粮湖镇符合条件975个贫困人员建档立卡，录入数据信息库975份；完成对全镇贫困人口家庭成员提供基本医疗、公共卫生和健康管理等签约服务，并为贫困患者开设绿色通道；落实了先诊疗后付费和“一站式”信息交换和即时结算的政策。

【严格执行药品采购“两票制”】 2017年，根据国家和省深化医药卫生体制改革要求，严格执行药品“两票制”采购流程，在票据审核时，向药品批发（配送）企业索取药品生产企业销售发票复印件（加盖药品经营企业公章原印章，或扫描件电子票据），有效控制了擅自采购药品行为。

【切实履行新合作医疗政策】 2017年，根据《新型农村合作医疗医药费用结算程序》的要求，严格执行费用补偿审核程序，规范审核报销资料。当年住院6326人次，其中城居医保4547人次（包括钱粮湖镇卫生院住院人次），总费用1264万元，补偿714.7万元，平均报销比例56.54%；职工医保1237人次，总费用379.1万元，补偿 288.2万元，平均报销比例76%。

【开展综合治理及平安创建活动】 2017年，医院对干部职工进行综治及维稳教育，分别成立综合治理、消防安全和平安创建活动领导小组，制定了综合治理、消防安全应急、平安创建活动、政治思想组织协调等方案，增强全体职工安全意识，维护公共利益，严禁有损医院形象和违法犯罪行为发生。制定总值班轮班巡查制度，成立治安巡逻队伍、职工义务消防队伍，开展院内禁烟、劝导活动，加强治安防范，遇事慎重稳妥处理，重大事情及时报告，确保医院平安，为辖区内综合治理、平安创建、民调、岳阳全国文明城市建设等工作尽了应尽职责。

【业务培训】 2017年，医院紧紧围绕医疗护理业务中心工作，努力提升技术服务能力，制定了详细的院内培训和进修学习计划。每月进行一次业务培训和“三基三严”（“三基”即：基本理论、基本知识、基本技能。“三严”即：严格要求、严密组织、严谨态度。）考试，将职称晋升与个人绩效工资挂钩，鼓励按时晋升职称，医院上下形成一股勤奋读书、刻苦钻研技术的良好风气。当年，派内科1人、妇产科2人、中医科1人到市一医院、市中医院进修，并已回院投身临床一线工作。

（刘志宏）

区妇幼保健计划生育服务中心（区儿童医院）

【概况】 君山区妇幼保健计划生育服务中心（君山区儿童医院）是一家集保健、计划生育与临床为一体的具有专科特色的公益性医疗机构，承担区辖内妇幼保健、妇女儿童常见病防治、助产技术服务、计划生育服务、出生缺陷综合防治等工作，开展与妇女儿童健康密切相关的临床医疗服务。是区职工医疗保险、城乡居民医疗保险的定点医院。2017年，区儿童医院有在职职工56人，其中中级技术职称10人，初级技术职称35人；编制床位20张，救治住院病人829人次，收治门诊病人22038人次，平均床位使用率在74%以上。

【妇幼健康服务】 服务中心（医院）妇幼健康服务以贯彻实施《母婴保健法》为核心，以提高出生人口素质、保障生殖健康为重点，全心全意为提高区妇幼儿童的健康水平服务。2017年，共实施免费计划生育手术475人次，免费孕前优生健康检查1750对，任务完成率100%；免费婚检1617对，完成率95.06%；免费产前筛查1695人，完成率121%；免费“两癌”筛查2017人，完成率100.9%；免费幼师体检588人，体检率100%；儿童体检7403人，体检率98.6%；孕产妇系统管理2174人，管理率94.7%；7岁以下儿童系统管理13021人，管理率88.02%，均达到并超过上级任务指标；全年无孕产妇死亡，五岁以下儿童死亡率3.91‰，较上年下降0.75‰。通过妇幼人员的不断努力，区妇女儿童的健康水平有明显提高。

【落实健康扶贫政策】 2017年，根据区卫计局《2017年健康扶贫工程实施方案》文件，医院为贫困患者开设绿色通道，落实先诊疗后付费和“一站式”信息交换和即时结算的政策。自实施健康扶贫工作以来，医院共对贫困人口23人减免诊疗费，7人住院医疗补助5029元，43名贫困育龄妇女进行免费“两癌”筛查，23对贫困夫妇接受免费孕前优生检查。

【执行药品采购“两票制”】 医院自2017年10月1日实施“两票制”制度以来，严格按照国家规定的“两票制”制度实行药品采购、验收及入库。与瑞致、同安、国药控股、宝鑫等几家医药公司签订了药品采购“两票制”承诺书。在保障基本临床需求的前提下，基本做到了“非两票”药品不予采购的原则。药品验收入库时严格检查是否有生产企业对配送公司开具的发票、配送方的随货同行单，并核对购进药品的品种、规格、数量、价格，核对一致后建立购进药品验收记录，做到票-货-账目相符，对发票和随货同行单及药品内容不一致的不予验收入库，入库后对符合规定的发票、随货同行单及相关票据实行装订保存。

【加强综合治理及平安创建】 2017年，医院对干部职工进行综治及维稳教育，增强安全意识，维护公共利益，严禁实施违法行为等。医院领导班子成员轮班巡查，加强治安防范，遇事慎重稳妥处理，重大事情及时报告，确保医院平安。

【业务培训】 2017年11月，医院新院搬迁，为拓展医院服务能力，每月在院内进行业务知识集体培训，各科室自行组织科室内培训，还组织操作试演，特别是产科相关技能，要求人人过关并熟练操作流程及手法。不定期选派各科业务骨干到省市参加医疗业务培训40余人次，提升了医院服务能力。

【新院特色】 自新院落成后，为提升医院的医疗服务能力，大量引进专业技术人才，开拓新的医疗服务项目，树立妇幼保健机构的专科特色，开展产科住院分娩，引进最新导乐陪伴分娩技术，让产妇在分娩时不仅在生理上得到支持，而且在心理感情上得到无微不至的照顾，使产妇感到更安全、舒适，从而顺利分娩；产科门诊还开设了无痛人流、产后康复治疗；儿保科开展新生儿游泳扶触、新生儿听力筛查、儿童眼、口腔保健等；健康教育科开设孕妇（家长）学校，为准爸妈及新爸妈们提供学习、交流和互动的平台，贴身定制从怀孕到生产、再到婴幼儿营养、护理保健、母乳喂养及早教等全方位的课程，让他们快速成长为一对合格的新父母。

（余玎玲）

综合监督执法局

【概况】 2017年，卫生计生综合监督执法局根据湘卫发[2015]25号、君办发[2016]9号文件精神，由原社会抚养费征收管理局6人和原卫生监督所11人整合成立；办公于柳毅路旁挂口桥南侧即区疾控办公大楼3楼；实有工作人员13人，4名参公人员、5名财政全额编、1名差额事业编、3名临聘人员组成；一正三副，内设五个股室（科室）：即办公室，卫生计生执法稽查室（打击“两非”办公室），卫生计生案件信息室,公共卫生及传染病监控室，医疗执业监督室。

【专项整治和监督】 2017年，对全区2所高中、6所初中、29所小学及33家幼教中心，4家机关团体公共饮用水单位以及2家自来水公司；均做到全覆盖，日常监督常态化，医疗机构、供水机构及从业人员执业活动监督及“非法”行医活动。网络化、常态化。全区五个卫生计生监督所针对全区3家区直医疗机构7家卫生院（社区卫生服务中心），18家个体诊所，村（居）卫生室121家；进行了统一部署，上下联动，以点带面，全面监督。形成了“横到边，纵到底，无缝隙，全覆盖”。查办案件5起，移送法院2例。查处计划生育违法违纪案件及侦破打击“两非”典型个案，依法征收社会抚养费不放松。全年违法生育86例，做到立案率100%，依法征收社会抚养费49.3万元，并配合做好征信机制建设工作，将个别计划外对象纳入失信人员信息库，成功查处完成2.5例“两非”典型个案，圆满完成区委政府交办的任务。

【监督执法】 2017年，是努力打造卫生计生监督执法新格局，为构建践行管理新机制，全区信息化监督服务实现了“全覆盖、大监督、专业化”。

（张　东）

钱粮湖镇采桑湖卫生院

【概况】 采桑湖卫生院是1所综合性乡级卫生院。2017年，卫生院有医职19人，其中中级技术职称2人，初级技术职称7人；编制床位20张，救治住院病人358人次，收治门诊病人4377人次，平均床位使用率在36%以上。

【落实健康扶贫政策】 2017年，根据区卫计局《2017年健康扶贫工程实施方案》文件，对全镇符合条件的贫困人员建档立卡，录入数据信息库656份，完成对全镇贫困人口家庭成员提供基本医疗、公共卫生和健康管理等签约服务，并为贫困患者开设绿色通道，落实先诊疗后付费和“一站式”信息交换和即时结算的政策。

【执行药品采购“两票制”】 2017年，根据国家和湖南省深化医药卫生体制改革要求，严格执行“两票制”采购药品流程，在票据审核时，向药品批发（配送）企业索取药品生产企业销售发票复印件（加盖药品经营企业公章原印章，或扫描件电子票据），控制了擅自采购药品行为。

【履行新合作医疗政策】 2017年，根据《新型农村合作医疗医药费用结算程序》的要求，严格执行费用补偿审核程序，规范审核报销资料。当年全镇住院358人次，总费39.7万元，农合补偿27.5万元，平均报比70%。

【加强综合治理及平安创建】 2017年，卫生院对干部职工进行综治及维稳教育，增强安全意识，维护公共利益，严禁实施违法行为等。卫生院领导班子成员，轮班巡查，加强治安防范，遇事慎重稳妥处理，重大事情及时报告，确保卫生院平安，为全镇的综合治理及平安创建工作贡献了力量。

（王丽君）

广兴洲卫生院

【概况】 广兴洲卫生院是1所综合性乡镇卫生院。2017年卫生院有医职人员65人，其中高级技术职称人员1人，中级技术职称14人，初级技术职称50人；编制床位80张，救治住院病人2765人次，收治门诊病人11420人次，平均床位使用率在55%以上。

【落实健康扶贫政策】 2017年，根据区卫计局《2017年健康扶贫工程实施方案》文件，对全镇符合条件的贫困人员建档立卡，录入数据信息库1376份，完成对全镇贫困人口家庭成员提供基本医疗、公共卫生和健康管理等签约服务，并为贫困患者开设绿色通道，落实了先诊疗后付费和“一站式”信息交换和即时结算政策。

【执行药品采购“两票制”】 2017年，根据国家和湖南省深化医药卫生体制改革要求，严格执行“两票制”采购药品流程，在票据审核时，向药品批发（配送）企业索取药品生产企业销售发票复印件（加盖药品经营企业公章原印章，或扫描件电子票据），控制了擅自采购药品行为。

【履行新合作医疗政策】 2017年，根据《新型农村合作医疗医药费用结算程序》的要求，严格执行费用补偿审核程序，规范审核报销资料。当年全镇住院2765人次，总费312万元，农合补偿211万元，平均报比70%。

【加强综合治理及平安创建】 2017年，卫生院对干部职工进行综治及维稳教育，增强安全意识，维护公共利益，严禁实施违法行为等。卫生院领导班子成员，轮班巡查，加强治安防范，遇事慎重稳妥处理，重大事情及时报告，确保卫生院平安，为全镇的综合治理及平安创建工作贡献了力量。

【业务培训】 2017年，派朱佑君学习外科和肠胃镜检查，派赵红娟进修麻醉科和牙科，学成归来，即投身实践工作。与此，卫生院每周四晚进行业务学习或“三基三严”考试，卫生院上下形成一股勤奋读书、刻苦钻研技术的良好风气。

（张建强）

许市镇卫生院

【概况】 许市镇卫生院是1所综合性乡镇卫生院。2017年，卫生院有职工35人，其中中级技术职称3人，初级技术职称8人；编制床位40张，救治住院病人760人次，收治门诊病人12838人次。

【落实健康扶贫政策】 2017年，根据区卫计局《2017年健康扶贫工程实施方案》文件，对全镇健康扶贫对象提供了基本医疗、公共卫生和家庭医生签约服务等工作。并为健康扶贫对象开设了绿色通道，落实了“先诊疗、后付费”“一站式”结算、逐级转诊等惠民政策。对全镇健康扶贫对象1161人完成了建档立卡和信息录入。

【执行药品采购“两票制”】 2017年，根据国家和湖南省深化医药卫生体制改革要求，严禁网外采购，严格实行“两票制”购进，所有药品都通过湖南省采购平台购进，乡村医生由卫生院代采购，做到了规范、合理、合法用药。

【履行新合作医疗政策】 2017年，根据《新型农村合作医疗医药费用结算程序》的要求，严格执行费用补偿审核程序，规范审核报销资料。当年全镇住院760人次，总费79.75万元，农合补偿56.76万元，平均报比71%。

【加强综合治理及平安创建】

2017年，卫生院对干部职工进行综治及维稳教育，增强安全意识，维护公共利益。组织了消防知识培训和消防演练，更新了消防设施。

【业务培训】 2017年，选派黄玉琴在市妇幼进修妇幼保健学。镇卫生院每周三下午进行业务科内培训；每月底组织全院45岁以下职工进行“三基”考试，形成一股认真学习业务知识、刻苦钻研新技术的良好风气。

（杨　彬）

良心堡镇卫生院

【概况】 良心堡镇卫生院是集医疗和基本公共卫生服务一体的新建综合性卫生院，是君山区居民医保定点医院。成立于2008年，前身是由三家卫生院合并而成。镇卫生院地理位置优越，交通四通八达，服务人口6万余人。2017年，卫生院有医职人员31人，其中中级技术职称4人，初级技术职称8人；编制床位30张，救治住院病人893人次，收治门诊病人2448人次。

【落实健康扶贫政策】 2017年，根据区卫计局《2017年健康扶贫工程实施方案》文件，对全镇符合条件的贫困人员建档立卡，录入数据信息库1363份，完成了对全镇贫困人口家庭成员提供基本医疗、公共卫生和健康管理等签约服务，并为贫困患者开设绿色通道，落实了先诊疗后付费和“一站式”信息交换和即时结算的政策。

【执行药品采购“两票制”】

2017年，根据国家和湖南省深化医药卫生体制改革要求，严格执行“两票制”采购药品流程，在票据审核时，向药品批发（配送）企业索取药品生产企业销售发票复印件（加盖药品经营企业公章原印章，或扫描件电子票据），控制了擅自采购药品行为。

【履行新合作医疗政策】 2017年，根据《新型农村合作医疗医药费用结算程序》的要求，严格执行费用补偿审核程序，规范审核报销资料。当年住院893人次，总费77.8万元，农合补偿51.3万元，平均报比66%。

【加强综合治理及平安创建】

2017年，卫生院对干部职工进行综治及维稳教育，增强安全意识，维护公共利益，严禁实施违法行为等。卫生院领导班子成员，轮班巡查，加强治安防范，遇事慎重稳妥处理，重大事情及时报告，确保卫生院平安，为全镇的综合治理及平安创建工作贡献了力量。

【业务培训】2017年，派陈序前往区中医院学习DR数字X线摄影系统操作，现以学成归来，即投身于实践工作。与此，卫生院每季度进行业务学习或“三基三严”考试，卫生院上下形成一股勤奋读书、刻苦钻研技术的良好风气。

（刘泽民）

柳林洲街道第一社区卫生服务中心

【概况】 区柳林洲街道社区卫生服务中心是一所防保型的社区卫生服务中心。2017年，卫生院有医职17人，其中高级技术职称人员0人，中级技术职称3人，初级技术职称8人；编制床位50张。（未开展医疗）

【落实健康扶贫政策】 2017年，根据区卫计局《2017年健康扶贫工程实施方案》文件，对全街道辖区内符合条件的贫困人员建档立卡，录入数据信息库1243份，完成对全街道贫困人口家庭成员提供基本医疗、公共卫生和健康管理等签约服务。

【执行药品采购“两票制”】

2017年，根据国家和湖南省深化医药卫生体制改革要求，严格执行“两票制”采购药品流程，在票据审核时，向药品批发（配送）企业索取药品生产企业销售发票复印件（加盖药品经营企业公章原印章，或扫描件电子票据），控制了擅自采购药品行为。

【加强综合治理及平安创建】

2017年，社区对干部职工进

行综治及维稳教育，增强安全意识，维护公共利益，严禁实施违法行为等。领导班子成员，轮班巡查，加强治安防范，遇事慎重稳妥处理，重大事情及时报告，确保全社区平安，为柳林洲街道的综合治理及平安创建工作贡献力量。

【工作培训】 2017年，在每个季度的社区职工会上，开展包括儿童保健、妇女保健、慢性病管理等一系列的有关公共卫生以及预防保健方面的工作培训，给辖区内群众提供了更好服务。

（刘紫菀）

柳林洲街道第二社区卫生服务中心

【概况】 柳林洲街道第二社区卫生服务中心是集基本医疗、基本公共卫生服务、及计划生育技术指导为一体的社区卫生服务中心。2017年，中心现有医职29人，其中高级技术职称人员0人，中级技术职称5人，初级技术职称15人；编制床位40张，救治住院病人396人次，收治门诊病人15400人次，平均床位使用率在65%以上。

【落实健康扶贫政策】 2017年，根据区卫计局《2017年健康扶贫工程实施方案》文件，对全办符合条件的贫困人员建档立卡，录入数据信息库481份，完成了对全办贫困人口家庭成员提供基本医疗、公共卫生和健康管理等签约服务，并为贫困患者开设绿色通道，落实了先诊疗后付费和“一站式”信息交换和即时结算的政策。

【执行药品采购“两票制”】

2017年，根据国家和湖南省深化医药卫生体制改革要求，严格执行“两票制”采购药品流程，在票据审核时，向药品批发（配送）企业索取药品生产企业销售发票复印件（加盖药品经营企业公章原印章，或扫描件电子票据），控制了擅自采购药品行为。

【履行新合作医疗政策】 2017年，根据《新型农村合作医疗医药费用结算程序》的要求，严格执行费用补偿审核程序，规范审核报销资料。当年中心住院396人次，业务收入80万元，农合补偿28万元，平均报销比80%。

【加强综合治理及平安创建】

2017年，中心对干部职工进行综治及维稳教育，增强安全意识，维护公共利益，严禁实施违法行为等。卫生院领导班子成员，轮班巡查，加强治安防范，遇事慎重稳妥处理，重大事情及时报告，确保中心平安，为全办的综合治理及平安创建工作贡献了力量。

【业务培训】 2017年，派何润江去广济医院学习B超，学成归来，即投身于本职工作。同时，中心每月进行业务学习或“三基三严”考试，中心上下形成一股勤奋读书、刻苦钻研技术的良好氛围。

（刘紫菀）

血　防

【概况】 2017年，君山区血防工作继续通过查螺、灭螺、灭蚴、急血防控、血防健康教育、查病、化疗、科研协作点等基础性工作和推进沟渠硬化、渔船民集中码头建设、改水改厕等综合治理措施，有效地控制区血吸虫病疫情，通过基础血防工作与血防综合治理，未发现一起新感染者，实现“零报告”。全区在牛羊淘汰后成立区牛羊淘汰防复养工作组与督查小组，镇成立工作组村有信息收集员，实现区→镇→村三级牛羊防复养反弹体系，使工作落实到实处，责任到单位到人的管理体系。发现少量复养的牛羊已全部处理，形成全区无牛羊敞放的良好局面，彻底巩固君山“血防模式”成果。君山从1998—2017年的血防工作在国家、省、市专家组评估中，得到“君山血防经验值得复制与推广”的高度肯定。

（王　京）

君山血防站

【概况】 君山血防站是1所血吸虫病专科医院，共有职工22人，其中中级职称4人，护师4人，药师2人，管理人员4人，工勤技能人员8人；设有预防、治疗、检验等科室，单位占地面积4350平方米。主要负责一办、一场、一园（柳林洲镇街道、综合场、君山公园）21个行政村的血吸虫病防治工作。

【工作目标】 2017年，是辖区内血吸虫病疫情达国家传播阻断的关键年份，站以此为目标，落实完善相关诊疗制度，加强医疗文书规范化管理，规范新农合报销制度，规范治疗行为、保证医疗安全，规范药品器械采购行为，保护患者切身利益，医疗人员业务培训制度化常态化等6个方面的工作。

【工作亮点】 2017年，完成科研试点项目：1.上海复旦大学公共卫生学院《东洞庭湖洲滩自然消亡与水体污染及其微生物的相关研究》周艺彪博士。2.澳大利亚、湖南省血吸虫病防治所《中国消除血吸虫进程疫情监测与评估》湖南省血吸虫病防治所名誉所长李岳生教授。3.湖南省血吸虫病防治所《新型诊断方法在洞庭湖血吸虫病流行区的现场应用研究湖南省科技项目》侯循亚主任。

广兴洲血防站

【概况】 广兴洲血防站是湘岳医院定点技术指导医院，区医保、农村合作医疗定点医院，集医疗、预防于一体的血吸虫病专科医院。始建于1954年，至2017年，血防站占地8000平方米，建筑面积4770平方米。全站编制数20人，现有职工18人，其中中级技术职称5人，初级技术职称7人，开放病床30张。设有门诊、住院部、护理部、预防科、化验室、B超室。医院拥有多功能彩色B超机和全自动生化仪。

【查螺、灭螺、灭蚴工作】

2017年，站血防预防人员和非技术人员组成查螺小组，对辖区内18个行政村和长江外洲进行逐村调查，共投工1380个，完成查螺面积2832万平方米，其中垸内105万平方米，垸外2727万平方米。灭螺总投工811个，完成灭螺面积383万平方米，其中垸外363万平方米，垸内20万平方米。垸外完成灭蚴103万平方米，投放灭蚴缓释球灭蚴4120公斤。

【开展血防宣传周活动】 2017年4月24—28日在辖区内开展以“新规划、新使命”为主题的宣传周活动。活动期间共计出动宣传车10次，在广兴洲镇、许市镇各村以及各人口集中地段和长江大堤上进行血防知识宣传，向群众发放宣传资料2400多份。在各中小学、村卫生室出刊血防宣传栏10期；在人口集中地悬挂横幅18条，醒目处张贴宣传标语310条。4月26—28日在广兴洲集镇、许市集镇、殷家铺集市共设立咨询服务义诊点3个，开展宣传和咨询服务。并在各咨询点布置血防知识宣传栏、横幅标语、发放宣传单、宣传画及其他有关宣传资料。同时为人民群众检查血吸虫病，血检524人，化疗157人，发放宣资料2800余份，张贴宣传画100张。

【血防乡村医生培训工作】

2017年，血防站制定了详细培训方案、授课计划，并实行签到制度。主要讲解血吸虫病知识、血防政策、方针、以及乡村医生的血防职责和义务。强化“五个一”（发展生产脱贫一批；转移就业脱贫一批；生态补偿脱贫一批；发展教育脱贫一批；政策兜底脱贫一批）的全面落实，并对受培训医生进行血防知识考试，使之成为一名合格血防医生。

【急性血吸虫病防控工作】

2017年，血防6月中旬在疫区所有中小学校对老师、学生开展“五个一”活动、上血防课，共计发放“告家长通知书”5100份，粘贴宣传画430张，发放宣传小册1500份，并开展了形式多样化的血防健康宣传教育活动。在人畜活动频繁的高危地带，设立3个（六支渠、江南码头、保安外洲）“血吸虫病”固定哨卡和3个流动哨卡。预防人员对易感环境进行分段包干，定期巡查，掌握感染季节人群入湖活动情况，定期排查接触疫水人群。对哨卡、巡查和排查中登记的有疫水接触者，及时进行早期预防性化疗。6月始：区血防站每天安排3人巡堤，对每个巡堤人员配备一个工作包、一支笔和一个巡堤记录本；对有些因生产生活需要必须下湖人群进行登记并发放防护膏。7月初，随长江水位持续上涨，上堤防汛人员陆续上堤，急血防控工作压力增大，区血防站立即组织实施各项工作，明确职责，责任到人，组成一支强有力的急血防控队伍。对上堤防汛人员采用发放宣传资料、张贴宣传画、广播宣传血防知识等形式进行健康教育，先后出动宣传车10次，深入各堤段，对每一个防汛营部巡回宣传，并在各堤段、村主要路口及醒目地方粘贴宣传画、宣传标语、涂刷血防警示牌。在各个营部和江南码头以及防汛人员常出入地投放缓释球，共投放灭蚴药物缓释球4120公斤，保证有螺地带水体安全。每周不定时对哨卡工作进行督导，劝阻违禁下水作业人员617人次，登记上堤防汛人员3200余人，应急化疗1286人，发放防护膏1600余支，发放宣传资料3170余份。

【水上流动渔民船民防治工作】　2017年5月24—27日和9月25—28日，区血防站对内许市渔民新村、江南码头、黄安外洲、建新农场广兴电排渔民点、团湖公园渔场、团湖公园林场、许市渔场、广兴洲渔场相继开展血吸虫病健康教育以及血吸虫病咨询服务，在各咨询点布置血防知识宣传栏、横幅标语、发放宣传单、宣传画及有关宣传资料。同时组织血防专业技术人员到现场提供咨询服务、血吸虫病查治服务、免费发放防护用品等。加强对渔船民调查，辖内渔民船民总共3187人，血检查病共计2786人次，血检阳性231人，粪检孵化1071人，阳性0人。在查病结束后立即进行化疗工作，化疗共计2516人。并对渔民船民等水上流动人员进行《血吸虫病防治条例》的宣传，在渔民聚集点张贴宣传画1600余张，发放宣传资料2400余份。

【查病化疗工作】　2017年，区血防查病工作小组在地方政府大力支持下，在村血防医生的配合下，对辖内17个行政村进行了血吸虫病查病化疗工作，保质按量地完成了全年查病化疗目标管理任务，实际血检14062人，呈阳性270人，粪检270人，呈阳性为0，实际化疗2366人。

（王爱国）

钱粮湖血防站

【概况】　钱粮湖血防站地处钱粮湖层山地区，负责钱粮湖镇、良心堡镇血吸虫病防治工作。2017年，合村并镇后为33个行政村,近10万人。地处东洞庭湖西北角，华容河流经其间，横截为南北两垸，东靠浩瀚洞庭湖，西与华容县终南乡插旗乡接壤，北抵华洪运河，南临长江支流藕池河，周长100公里，属湖沼型，洲垸亚型疫区，总面积2.13万余公顷。

【疫情】　疫区单位：2镇33个行政村，总人口94800人。曾有螺面积20000公顷，围垸初钉螺密度为642只/0.1平方米，平均密度为31.2只/0.1平方米，螺阳性率为9.7%，居民检出率为60.8%。依据国家血吸虫病防治管理要求及目标计划，在上级血防部门的正确领导和当地政府部门的密切配合下，血防站和当地群众经过多年艰苦奋斗，辖区内采桑湖镇、良心堡镇、钱粮湖镇分别于2010年、2012年、2013年达传播控制标准，2015年通过国家验收标准。2017年，垸内尚存钉螺面积降为26.3万平方米，钉螺平均密度为0.00012只/0.1平方米，垸内外无阳性钉螺，居民感染率降为0。

【机构及工作职能】　2004年撤场并区，钱粮湖农场卫生科血防站更名为君山区钱粮湖血防站，现分预防组和医疗组，定编16人，在编在岗职工7人。现职工中：有中级职称4人，初级职称4人，大专以上学历5人，中专学历1人，执业医师3人，执业助理医师2人，检验员1，会计1人。设有门诊、住院部、护理部、预防科、化验室、B超室。预防组（设三楼）主要开展血吸虫病预防工作，包括：查螺、灭螺、查病、化疗、急性血吸虫病防控及健康教育工作。医疗组（设一、二楼）主要开展慢性血吸虫病医治工作，以及一些轻型病症的治疗工作。

【主要工作】　2017年，查螺、灭螺、灭蚴：调查面积2137万平方米，其中垸内查螺110万平方米，垸外查螺2027万平方米，查出有螺面积26.5万平方米。垸内外未发现感染性钉螺。共完成垸内灭螺面积为33万平方米，垸外灭螺106万平方米。灭蚴113万平方米。人群查治病工作：完成人群查病21307人次(包括渔民船民），化疗8949人次，现人群感染率下降为0。其中血检筛查辖内中小学校15所，血检4898人。2017年,共淘汰牛2370头，羊4497，马61匹，驴119头。积极开展血防健教：血防宣传周活动当日，悬挂横幅2条，摆放移动展板4块，发放张贴宣传图片400多张，现场咨询200多人次，发放血防知识宣传资料400多份，在各中小学发放《告家长书》5000余份。汛期对上堤人员进行了排查及发放物资工作，耗资达2万余元。劝阻下水人员2000余人次，渔船民活动中血检5715人次，粪检270人次，发放健康宣传册4000余份，悬挂横幅6条，发放防护膏3000余支。

【医疗工作】 2017年，共完成门诊4770人次，收治住院病人453人次。住院总费用29.60万元，农合住院补偿金额13.15万元。肾移植病人门诊补偿53.16万元，门诊农合补偿55.58万元，合计108.74万 元。参合病人住院可报药品比例100%，无一例医疗纠纷发生，受到患者好评。

（陈小燕）

计划生育

【概况】 2017年，全区各级各部门按照区委、区政府确定的人口计生“保类进位”目标，以群众的需求作为工作着力点，探索新生育政策条件下的计划生育工作管理机制，进一步夯实计生工作基础，提升计生服务水平，君山区连续9年被省委、省政府评为计划生育工作优秀单位，继续保持全市计划生育工作模范单位称号，钱粮湖镇、良心堡镇被评为全市模范乡镇，其他镇（办）均被评为全市一类乡镇。

【人口计划】 2017年，全区总人口26.42万人，已婚育龄妇女4.98万人，全年共出生3317人，其中政策内生育3230人，政策外生育87人，符合政策生育率97.38%，政策外多孩率2.53%。人口自然增长率7.44‰，出生人口性别比107.57。

【宣传教育】 2017年，区人口计生局利用春节、“5·29”协会纪念日、“7·11”世界人口日等节假日，开展流动人口集中宣传服务活动，发放宣传资料2万多份、避孕药具9000多盒。君山手机报、君山电视台刊播计生新政解读专栏24期，区镇村三级挂宣传标语160多条，发放宣传资料5万多份。对3例典型“两非”案件和新发现的1990年来的9例两公“人员”违法生育案件均进行公开曝光。

【优质服务】 2017年，投入4.77万元完成药具仓储改造工程，全面开展免费技术服务，发放避孕药具16600多人次，药具、产后及术后随访服务率达100%，全区已婚育龄妇女享有免费基本计生技术服务落实率达100%，流动人口免费服务率达100%。截至9月，孕产妇免费产前筛查已完成1497人，目标任务覆盖率107%，其中风险人群转诊率、风险人群结局随访率均100%。全面开展“生殖健康村村行”服务，定期组织技术人员进村组开展生殖健康普查，已完成育龄妇女“两癌”筛查2017人，目标任务覆盖率100.85%，孕产妇系统管理1803人，管理率94.35%，高危孕产妇系统管理率100%，做到有病早治无病早防，保障育龄妇女的生殖健康。开展流动人口健康教育，引导流动人口更好地接受服务；加强流动儿童预防接种工作，落实流动人口传染病防控措施，落实流动人口计划生育基本公共服务，使流动人口在现居住地获得与户籍人口同等的宣传倡导、计划生育、优生优育、生殖健康、奖励优待等方面的基本公共服务。

【依法行政】 2017年，进一步简化计生证件证明办理程序，坚持首接负责制，按照程序即来即办，特殊人群实行委托办理；及时处理“12345”“12356”热线办理件188件，接待群众来电来访23人次，满意率90%。没有发现因违法行政侵害群众利益的事件，没有发生群体性上访、越级上访等事件。全面整治“两非”行为，侦破办结典型“两非”案件3例。实施阳光征收，集中精力抓好流动人口违法生育人员的社会抚养费征收工作，严把征收比例到位关，整肃生育环境。

【奖励扶助】 2017年，下到村（居、社区）与“两扶”对象和手术并发症患者对象进行“面对面”年审，确认2017年新增“两扶”对象68人、退出13人，确定对象506人；确认手术并发症患者扶助对象48名，拟于12月把资金发放到对象卡上。收集、审核、录入5666名退休城镇独生子女父母信息，并及时兑现奖励金154万元。扎实开展生育关怀行动，发放慰问金48万余元，兑现独生子女保健费60多万元。继续开展贫困独生子女大学生奖扶活动，发放奖扶金13万元。

【数据清查】 2017年，集中时间、集中人力、集中精力做好全员人口和流动人口基础信息清理核查工作，既确保信息客观、准确、真实，又确保工作进度。3次对全区镇村进行督导，使部分单位数据上报中漏、错报、不及时等问题很快得到纠正，数据质量得到保证，被评为全国生育状况调查零误差单位和全市数据核查精准度最优单位。

（彭与福　王　京）

区计划生育协会

【概况】 区计划生育协会成立于1999年5月，基层计生协会组织75个，在册会员26450人，骨干会员5400人，区级计生协会理事31人，常务理事17人，区计生协会内设2个股室，有工作人员2人，区计生协会作为全区最大的群团组织从成立至今，为区人口和计划生育工作作出了重大贡献，区计生协会连续3年被省、市计生协会评为模范单位和先进单位。1个镇（办）被国家计生协会评为先进单位，1个镇（办）被省计生协会评为计生基层群众自治示范单位，2个镇（办）被市计生协会评为计生基层群众自治示范单位，5个村（居）被省计生协会评为计生基层群众自治示范单位。17村（居）被市计生协会评为计生基层群众自治示范单位。

【生育关怀】 2017年1月17—18日，区计生协会对因自然灾害、身患疾病造成特殊困难的计划生育家庭、失独家庭、独生子女伤残的计划生育家庭、失去父母的独生子女和单亲的计划生育家庭、因公受伤、遭受意外的基层计划生育工作人员和计划生育协会会员贫困家庭等145名计生特困对象进行了慰问，慰问金达11万元。5—8月，区计生协会与区卫计局，开展对88名计划生育贫因大学生的助学活动，共发助学金11.2万元。9月14日，区计生协会在岳阳市第十六中会议室，对全区37名计划生育贫困高中生，进行金秋助学活动，共发助学金2.05万元。

【新闻宣传】 2017年，协会利用元旦、春节、“3·8”“5·29”“7·11”等节假日，认真组织各镇（办）、场计生协会开展丰富多彩的、形式多样的面对面宣传服务活动，共发放优生优育、孕前优生健康、生殖保健、利益导向、避孕节育、流动人口管理、全面两孩政策、国家基本公共卫生服务项目等各种宣传资料8万多份，书写各种宣传标语3000条，发放短信4万多条，免费为独生子女母亲2400人开展妇女病查治；在市级新闻媒体上共发表新闻稿件14篇，其中湖南新华网3篇，省计生协会网站8篇，《岳阳日报》3篇，比上年同期多发表8篇。

【计生保险】 2017年，为计划生育家庭自愿购买计划生育系列保险50.49万元,比上年同期相比，全区保费额增加34.93万元，其中理培金额27.06万元,理培39人,理培率53.61%。通过上述计生系列保险工作开展，为39名计划生育家庭，解决了因伤残和重大疾病造成生活困难，为育龄困难群众排忧解难。

【基层自治示范创建】 2017年，柳林洲街道被评为市级计划生育基层群众自治示范乡镇，良心堡镇维新村等7个村（居）被评为市级计划生育基层群众自治示范村（居）。 （龚建军）

区红十字会

【概况】 红十字会(简称红会)职能主要包括在灾害和非灾害、紧急和非紧急状态下的救援、救护和救助工作，其核心业务可概括为“三救”（应急救援、应急救护、人道救助）和“三献”（献血液、献造血干细胞、献人体器官组织）。2017年9月，区红会机关机构升格为副科级事业单位，会长由副区长周志辉兼任，副会长由卫计局副局长孙伟兼任，核定编制办公室主任1名，人员已到位，办公地点设卫计局院内。

【宣传无偿献血和预防艾滋病知识】 2017年，根据“献血法”规定，积极参与无偿献血的宣传和推动工作；重视宣传预防艾滋病知识和关爱艾滋病病人的工作，区红会始终把宣传《中华人民共和国献血法》、普及献血知识、推动捐献造血干细胞和遗体捐献工作作为全区精神文明建设的重要内容，积极开展多种形式的宣传活动，形成良好的社会氛围，使无偿献血、捐献遗体（器官）工作迈上新台阶。通过宣传，2017年已在机关单位和乡镇单位完成献血人数653人，圆满完成全年献血任务，另向1名乡镇群众解答如何办理遗体器官捐献登记。

【开展人道救助工作】 2017年，区红会对1名白血病患儿和几名宫颈癌、脑梗塞并偏瘫、尿毒症等特困患者申请中国红十字基金会救助（小天使基金和阳光行动基金），现通过省、市红十字会审核。有24个困难家庭得到市红会的救助，有9个困难家庭得到区红会救助。

（王　京）

镇（街道）、场

广兴洲镇

党委书记　龙世友
党委副书记、镇长　钟海波
党委副书记
　　尚君林（2017年6月免）
　　曾志立（2017年6月任）
党委委员、人大主席　陈银刚
党委委员、政协联络办主任
　　徐明辉
党委委员、纪委书记　王美英
党委成员、副镇长　罗立炎
党委委员　焦文汇　花中孝
副镇长　傅维国　江　辉

【概况】　2017年，广兴洲镇辖9个行政村，3个居委会，186个村（居）民小组，集雨面积88.4平方公里，土地总面积5533公顷，其中耕地面积3241公顷（水田1241公顷、旱地2000公顷）；总人口5.2万人；人口出生率10.18‰，自然增长率5‰；年内气温最高38℃，最低气温-5℃；年降水量1450毫升。镇党委、政府提出了“坚持‘四线开发’（沿长江线开发产业经济带，沿七茅线开发美丽乡村带，沿团湖线开发旅游观光带，沿华洪运河线开发休闲风景带），主攻‘四大战役’（美丽乡村建设、道路交通升级、集镇提质改造、扶贫脱贫攻坚），努力建设‘四镇’（有机蔬菜大镇、繁华边界重镇、特色文化强镇、现代滨江新镇）”的奋斗目标，并作为今后一个时期的工作思路。广兴洲镇完成财税收入645.34万元，其中国税328.84万元、地税316.5万元（超收265.34万元，占全年任务的169%）；农民人均纯收入达14800元，同比增长7.5%；全镇财政总收入1261万元，同比增长7%，经济社会呈现良好的发展势头。

【村居换届】　2017年，是村居两委换届年，始终把党的领导贯穿于村居两委换届中，精心组织、严密部署、严格程序，分别于4月12日、5月26日完成村（居）支部换届和村（居）民委员会换届工作。把一批年富力强、素质高、品行端、想事干事成事的人选入村居两委班子，整个选举过程风清气正，圆满顺利，无一违纪违法行为。

【产业转型】　2017年，广兴洲镇共引进蔬菜新品种4个；有6个蔬菜品种获得绿色品牌认证；继续加大“广兴洲大白菜”全国地理标志农产品品牌推广；完善了洪市特色产业园和合兴、胜立、六支渠蔬菜基地“四化”建设；依托佳湘味食品和川康酱菜，延伸产品加工链条；加强农民合作社规范化建设，积极发展生产、供销、信用“三位一体”综合体系；洪市、永明、团湖、殷家铺等村积极探索稻虾连作种养模式，规模面积已有0.13万公顷，收益近4000万元。

【乡村建设】　2017年，广兴洲镇坚持以美丽乡村建设为总抓手统揽全局，投资163万元建设村庄绿化，实行点、线、面结合，基本实现全镇见绿；牛羊防复养机制长效化，镇域范围内无反弹，域外清理到位；高标准规划建设沿江村规范建房点34000平方米，规划集中建房75栋，一期建成30套，典型示范效应良好；镇村规划与村级服务平台相结合，新建5个村级服务平台，改建7个村级服务平台；“四好农村”公路落实管养制度，投资近400万元，提质改造效果明显。

【环境整治】　2017年，广兴洲镇全面取缔长江沿线的砂石码头4处；拆除黏土砖厂2家，完成生活垃圾堆场清运、生猪退养、河渠整治等工作任务；投资160万元的新建垃圾中转站现已投入使用；成立镇河长制工作委员会，责任到人，定期开展巡河（渠）和暗访督查，进一步加强全镇河湖管理保护；对江南渡口码头影响安全，河道环境及美景的9出建筑物和凉棚进行全面拆除，严守生态环保底线，生态环境质量明显提高。

【民生实事】 2017年，广兴洲镇投资4500余万元的广兴洲大道升级改造工程，已完成立项、规划、设计，公路西侧镇域范围内影响交通安全的房屋已全线拆除，主体工程已经全面展开；投入280万元洪农路主干道路已完成破损路面挖补、路基培护、沥青灌缝以及植被绿化等全部工序；对广财街、天长街进行了街道全面提质改造；镇机关院落改造建设第一期基本完成；广兴南路、沿江东路的改造已完成工程量的60%；投资300余万元的天长街老街立面改造已竣工；投资80万元完成联合危桥改造；投资110万元的公益性公墓山已完成建设；投资1390万元的沿江中心渠农开项目已基本完工。

【乡风文明】 2017年，广兴洲镇充分发挥村规民约和红白喜事理事会的作用，全镇12个村级单位共计购置电子鞭炮18台、永久性使用碗筷100余桌，全面禁炮禁塑。实行殡葬改革，公墓选址殷家铺社区，已初具雏形。以奖代投，对红白喜事按村规民约简办的给予一定金额奖励，对不遵守村民理事会章程的批评曝光，对公职人员违规操办的严查严处。治婚丧陋习、刹人情歪风、树文明新风，打造3个示范创建类村（沿江村为省级示范村，合兴村、洪市村为区级示范创建村），以点带面，全面铺开，乡风文明建设声誉日隆，已成为全市亮点，全国文明乡镇复检再获殊荣。

（魏　婷）

许市镇

党委书记　李华平
党委副书记　镇长　许四海
党委副书记
　　曾志立（2017年6月免）
　　陈　勇（2017年6月任）
党委委员、人大主席　周　伟
政协联络办主任　胡　思
党委委员、副镇长　瞿强民
党委委员、纪委书记　罗然军
党委委员　卢先岳　罗　婷
　　　　　徐海辉
副镇长　龙　振

【概况】 许市镇位于君山区西北部，地处湘鄂交界边缘，东临长江，南枕洞庭，省道306线穿腹而过，水陆交通便捷，区位优势明显。1993年5月经省人民政府批准，由原许市、黄金两乡合并而成建制镇，辖9个行政村，2个居委会，82个村民小组，总面积94平方公里，耕地面积5.98万亩，其中水田面积0.39万公顷，旱地面积127.47公顷。2017年末，总人口31246人，人口出生率为9‰，自然增长率7‰。年内气温最高37℃，最低值-1℃，年降水量930毫米。全镇实现地区生产总值4.39亿元，实现财税收入共计680万元，农民人均纯收入1.41万元。生产粮食46750吨，其中水稻40762吨。主要经济作物有西瓜、芝麻等。茶叶面积0.01万公顷；油料作物种植面积430.67公顷，产量1373吨，其中油菜1325吨；蔬菜种植面积0.02万公顷，产量7000吨。

【乡村建设】 2017年，许市镇以推进基础建设、构建宜居生活环境为切入点，不断加快城乡一体化发展步伐。基础设施不断夯实。面对一大批急难险重任务，许市镇党员干部群众奋勇拼搏，强势推进重大项目建设。茅洪公路改造、旅游路拓建顺利竣工；垃圾中转站现已投入使用；镇级公墓已完成规划设计，并开始分期建设；完成铺子嘴村和洪水港居委会两处高标准农田建设；投入120万元疏浚沟渠20千米；协调服务蒙华铁路、东湘人家户外拓展基地建设，妥善处置一批噪声污染问题、征地拆迁遗留问题等。美丽乡村建设有序实施。坚持立足村情实际，认真谋划，精心组织，着力开展“八大行动”，打造“布局美、产业美、环境美、生活美、风尚美”的美丽新村。区、镇、村共完成投资总额2000多万元，硬化道路26.7公里，安装路灯92盏，配置垃圾桶135个；栽植大苗26800株、小苗12万多株，绿化面积10.53公顷；安装自来水管道近4万米，清淤河道沟塘7处；新建5个村（社区）便民服务中心，拆除空心房84处，改造农村危房81处；淘汰复养牛16头，羊8只；湘莲种植达到400公顷，油茶近266.67公顷，优质水稻、品质柑橘种植规模进一步扩大，成功举办了第二届金盆村乡村旅游美食文化节；新增文化墙4处，村村建有文化活动广场，在全镇范围内评选十位道德模范；禁炮限炮成效明显，婚事新办、丧事简办、其他不办等新风尚被越来越多的群众接受认同和自觉践行。其工作成效被区电视台及《岳阳日报》《农民日报》等多家媒体报道。生态环境有效改善。坚持绿水青山就是金山银山的理念，坚定不移地做减法，全面清理镇域内陈年垃圾，对原垃圾填埋场进行生态修复；划定畜禽限养区和禁养区，依法强拆一家2000多平方米的养猪场；按照区人大常委会的决议和区政府的工作部署，彻底关停并拆除天山、云峰两座矿山；与56家石材加工厂签订拆除协议，在2017年上半年全部拆除。

【民生工程】　2017年，许市镇始终把民生福祉作为一切工作的出发点和落脚点，全面提升民生事业发展质量。精准扶贫有效推进。始终坚持扶真贫、真扶贫的原则，依据“一超过、两不愁、三保障”的标准对2014年建档立卡贫困户再次进行精准识别，剔除“四类对象”和识别不准的贫困户333户、1002人。同时加大扶贫力度，围绕“五个一批”突出产业扶贫、教育扶贫、健康扶贫、技能培训、政策兜底等帮扶措施，在镇、村以及驻村工作队的共同努力下，全年完成脱贫154户、469人。两个贫困村成功摘帽，全镇所有贫困户生产生活条件有明显改善。民生事业蓬勃发展。强农惠农政策全面落实，兑现各项惠农补贴1100万元。认真做好农村低保户和困难群众的补助发放工作，切实解决贫困人口温饱及住房问题。为40名优抚对象解决资金6万元；为583户农村低保、194户城镇低保、509名残疾人进行了农合补贴；发放20名孤儿生活补助11.16万元；为255名患者发放大病救助26万元，对100人实施临时救助11万元；为五保老人和优抚对象全额购买新农合。劳动就业更加充分。新增城镇就业480人，农村劳动力转移就业120人，城镇零就业家庭动态援助率达100%；开展就业技能培训4期230人次；完成全民未参保登记1696人，缴纳城乡医保310万元；认证享受城乡居民养老保险待遇已死亡502人，市检办理到龄领取待遇352人，修改错误信息358人；发放村民社保卡768张，征缴城乡居民保险基金89万元。教育文化事业稳步发展。许市中学教学质量一直在全区同类学校遥遥领先，黄金小学成功创建市级“三园”示范学校。

【维稳工作】　2017年，许市镇把维护社会稳定和长治久安作为实现发展的着力点，努力构建和谐平安的社会环境。充分发挥人民调解和司法调解的作用，每月定期排查化解不稳定因素，有效控制信访总量，全年共排查各类矛盾纠纷125起，信访案件处结率100%；“12345”公众服务热线工单584件、回复率100%；全镇没有发生一起赴省进京上访事件，没有一起“民转刑”案件。强化社会治安综合治理，全面构建防范网络，建设数字视频监控系统，坚决打击各类违法犯罪活动，全镇无群体性事件和影响恶劣的刑事案件。扎实开展安全生产专项整治行动，多次对校车营运、烟花市场、三轮摩托、药品食品、森林防火开展专项督查，排查整治隐患245处。7月，防汛期间，全镇统一部署，克服防汛任务重、雨情急、水位高的困难，完善人员、后勤、纪律等保障，圆满完成防汛目标任务。

【中心工作】　2017年，许市镇认真办理人大议案、代表建议，办结率100%。11个村（社区）民委员会换届选举工作圆满完成。自觉接受人大监督，主动接受社会监督，规范依法行政程序和行政行为，严格按照政府权力清单行政。政务公开、政府信息公开全面深化。扎实开展机关事业单位临聘人员整治清理，临聘人员管理更加规范。公车改革应改尽改，公务接待逐渐规范，“三公”经费持续下降。深化“两学一做”学习教育，开展岳阳“四种精神”学习活动，大力推进“刹歪风，治陋习，树新风”专项行动，政风行风民风持续好转。此外，认真贯彻落实党的民族、宗教政策，切实抓好武装和民兵预备役整组工作，切实关爱老年群体和困难儿童，工青妇等群团工作有新的进展，史志档案、保密等其他各项事业均取得新的进步。

（李元昊）

钱粮湖镇

党委书记　张兴隆
镇　　长　姚清文
党委副书记
　　王文浩（2017年6月任）
党委委员、人大主席　杨　宇
党委委员、政协联络办主任
　　王文浩（2016年6月免）

徐　洵（2017年6月任）
党委委员、纪委书记　龙铁成
党委委员、副镇长　邓小红
党委委员　杨才武
副镇长　吴丽华　余泽同
陈　君（2017年6月任）

【概况】 2017年，钱粮湖镇认真贯彻落实区委、区政府决策部署，围绕镇党委、政府制定的全年工作目标，紧扣“打造洞庭生态明珠，全面建成小康社会”的主题，维持全镇经济和社会各项事业继续保持稳定、健康发展的良好势头。地区生产总值在2016年基础上增长9%，达到16.75亿元；财政总收入增长11%，达到5631万元；国地税收增长15%，达到1868万元；农民人均纯收入达1.63万元；人口自然增长率控制在6‰以内。

【深化改革】 2017年，钱粮湖镇建立健全片区负责制度。镇党委将全镇分为5个工作片区，由班子成员任片长、副片长，并引入竞争机制，实行村与村比、片与片拼的模式，提高党员干部工作的主观能动性；同时完善信访工作机制，关口前移、转移作风，“六个一批”（个案积案化解一批、群众反映强烈的问题督办一批、政策改制问题依法回复一批、缠访闹访依法打击一批、困难群体关心帮扶一批、涉法涉诉案例法律援助一批）、化解社会矛盾。十九大特护期间更是全员上阵，落实24小时值班制，实现十九大零赴京、零预警。做大财政蛋糕，明确人人都是招商干部，充分运用好钱粮湖乡友的人脉资源，以争资争项能力论英雄，要积极引进农业开发资金完善基础设施，带动产业发展；致力于生态保护和建设民俗客栈，实行街道提质、环湖道路22公里建设以及拆棚和建立以街长制管理的长效机制。重点打造稻田养虾产业。与岳阳渔都老板、岳阳友谊水产公司建立共赢发展模式，产品外销全国各地13个省市，建立订单0.16万公顷。

【脱贫攻坚】 2017年，钱粮湖镇成立扶贫开发工作领导小组，下设扶贫开发办公室，形成一把手亲自抓，分管领导具体抓，各片长全面抓的工作格局，明确职责和分工，落实专项经费，做到机构、人员、经费、责任“四个到位”，为顺利开展精准扶贫工作提供坚强保障；制定《钱粮湖镇2017年精准扶贫攻坚实施方案》，与21个单位签订脱贫攻坚责任书，明确各村减贫任务，并多次召开扶贫工作推进会及时调整扶持措施、部署工作任务。督促要求区、镇两级联点帮扶干部重新下到各联点村、各联点贫困户家中，摸清贫困户家庭基本情况，对贫困户量身定做脱贫方案，建立“一户一档案”，做到精准识别；镇级建立贫困户信息电子档案，做到镇有电子档、村有册，做到全镇数据统一；同时做到“六知”“互知”，多次组织镇级干部、村支书进行扶贫工作应知内容考试。全面开展精准扶贫“三联三帮”活动（协会联贫困对象提质增效，基地联贫困对象帮劳务增收，企业联贫困对象帮就业转型）。其中协会合计72家，涉及贫困户832人，预计增收1000万元；基地发展15处，种养殖业全面覆盖，每个村都有自身特色，贫困户基地务工达581人，预计收入增收300万元，企业有泰和、蛋厂、米厂等8家，就近就业转型78人。改造39户贫困户危房并在9月完成竣工验收，下发春季生产帮扶资金共计13万元，为185户预脱贫贫困户购买生产资料提供便利，数次开展贫困户生产养殖、水稻机插秧与栽培技术等技能培训；对丰收村等3个扶贫村进行基础设施改造；落实扶贫小额信贷，下放贷款资金205万元，解决大部分贫困户发展产业所需的资金。

【环保整治】 2017年，钱粮湖镇就中央环保督查组反馈的镇污水处理厂的问题已经全面整改完成，并已按要求新建化验室、维修压泥机、更换进出口流量计、完成银河片500米污水管网的铺设，并将泡菜厂纳入污水管网，同时委托区污水处理厂进行水质检测并规范运行记录；污水处理厂的设备已正常运行。关闭畜禽养殖场总共97家，其中五大湖18家，面积为16790平方米，华容河79家，面积为81880平方米。制定防复养工作方案并与养殖户签订防复养责任状；网箱拆除、牛羊淘汰防反弹工作进入常态化管理。依法取缔六门闸12家砂石码头，关闭2家污染严重的黏土砖厂；定时清理华容河内垃圾，整治分路口居委会、百花居委会2处垃圾填埋场，建成一个垃圾中转站；全面完成采桑湖大湖生态修复工程，并已单方面解除承包合同。

【实事办理】 2017年，钱粮湖镇完成17个项目可行性研究和网上申报，有15个项目经区发改局审核通过，其中：安康、致富、创业、团洲、胜利、朝阳危改及六门闸危改7个小区外配套基础设施建设项目已争得建设资金、方台湖移民示范点及新农村建设、采桑湖生态修复工程及304省道配套工程也进入实施阶段。全面铺开城乡拆棚行动，并健全分片管理制度，明确城乡街道管理主体责任，传导压力，落实责任，从根本上防止拆棚反弹。全面完成分路口安置点的建设，安置点建筑占地面积11010.37平方米，容积率0.66，建设密度24.19%，绿化率31.5%，总户数95户，约安置380人。征地拆迁、基础建设、配套建设总投资达1600万余元。在建的40户的房屋已基本竣工交房。由君山区统一设计在全镇建设5个公墓，以镇为主体，启动公墓建设，目前，已完成殡仪馆选址工作。

【自身建设】 2017年，钱粮湖镇在抓“两委”换届，加强平台建设。安排党政班子成员与村（社区）“两委”干部累计座谈800余人次，成功扭转原采桑湖镇逢换届必生乱的怪象，营造风清气正的换届环境。新建幸福村等7个单位的村级服务平台，改扩建高桥村、马颈河村等14个单位的村级服务平台。抓党员管理，严把入口关，对于党员的纳新需经支部推荐，镇党委组织严格考察，参加区委组织部、区委党校组织的培训和考试，并以农垦文化和农垦精神对其进行教育引导。培育牛奶湖村为党建示范点，用漫画墙绘的形式宣传17种不合格党员情形，强化基层党员的争优意识，完成全镇95.7%的党员激活红星云并参与学习，扎实开展“两学一做”学习教育，党委班子成员每周一例会讲党课形成制度，按季度邀请市委党校教授进行党员轮训，参加人数超过900人。抓监督检查，对2名长期不参加组织活动且参与邪教“法轮功”的党员，经民主评议后予以劝退，对三角闸村软弱涣散基层党组织进行有效的整顿，对村（场）社区党建工作（含远程教育）按月进行检查督促，并召开2次现场会。

（陈　竹）

良心堡镇

党委书记　黄正洲
党委副书记、镇长　李　伟
党委副书记
　　郑明军（2017.1.1—2017.6.30）
　　余大勇（2017年7月1日至今）
党委委员、人大主席　张长富
党委委员、政协联络办主任
　　聂　毅
党委委员、副镇长　夏　虹
党委委员、纪委书记　段伏强
党委委员、武装部长　喻广林
党委委员、组织委员　康晓娟
副镇长　刘毅然　殷本作

【概况】 2017年，良心堡镇总面积68平方公里，耕地面积0.41万公顷，辖9个行政村、2个居委会、1个养殖场，总人口3.5万人，13500户，其中集镇人口1.2万人。主要农副产品有粮、油、麻、鱼、禽等。2017年，被省卫生和计划生育委员会授予“湖南省卫生乡镇”荣誉称号被市委、市政府授予防汛救灾先进基层党组织荣誉称号，被市计划生育协会授予全市计划生育基层群众自治示范乡镇称号，被市卫生和计划生育委员会授予全市计划生育模范乡镇，市综合治理优胜单位，被市委农村工作领导小组授予美丽乡镇荣誉称号。

【服务中心】 2017年，良心堡镇以抓好班子，带好队伍为着力点，切实提高干部队伍能力建设，同时，不断强化思想政治建设，深入学习贯彻中共十九大精神和新时代中国特色社会主义理论，增强践行五大发展理念的思想自觉和行动自觉，在思想上、政治上、行动上向党中央看齐，与省、市、区委保持高度一致。两委换届全面完成。注重宣传到位，各单位通过开广播、打电话、建立工作微信群等多种方式，保证了换届政策人人知晓。注重责任压实，镇党委政府向全镇11个村社区派出工作督导组，联点班子成员为督导组长，全程指导两委换届工作，保证各项程序不漏不减，选出一批素质高、群众认可的新班子。注重风清气正，两委换届工作中，党员群众参与率都比较高，分别达94.3%和81%，在这种背景下，全程没有出现一起关于换届的信访事件，没有出现一例违纪事件。基层阵地全面提质。各村社区主动作为，各支部书记亲力亲为，镇分管领导亲自抓，主要领导定期督。全镇10个新建平台和1个改扩建平台已经全面完成“三统一”工程建设且进驻办公，各村社区基层阵地面貌焕然一新，成为美丽乡村的亮点工程。

【脱贫攻坚】 2017年，良心堡镇坚持定期调度脱贫攻坚。每周工作例会点评上周工作情况，安排部署后段工作。每月召开一次班子会议，安排脱贫攻坚工作，学习相关文件政策。每季度定期讲评工作情况，排名分类。对工作中存在的问题到人到事，真正让干部“红脸出汗”。压实干部帮扶责任。每名班子成员包村，镇村两级干部包户到人，全镇每名干部均联系帮扶2—5户贫困户，每名贫困户均有干部与其结对。对特别困难或有特殊情况的贫困户安排区相关部门领导或镇班子成员、专业技术人员重点帮扶。压实班子成员作为包村扶贫的直接责任人，干部作为结对帮扶脱贫的直接责任人的责任。积极落实扶贫政策。争取整合农垦危改、农村危改及扶贫专项资金，完成43户贫困户危旧房改造计划。认真落实教育扶贫政策，对7户贫困户子女学前教育阶段进行资助，对97名贫困寄宿生给予贫困生寄宿生活补助，核查上报“雨露计划”35名，落实贫困户享受农村低保政策382户，落实兜底政策12户，全镇所有贫困户均享受城乡居民医疗保险个人部分政府代缴政策。该镇先后接受省、市脱贫攻坚考核验收，均获得高度好评，檀树、福星两个省级贫困村顺利摘帽，脱贫攻坚工作获得全区先进。

【环境整治】 2017年，良心堡镇完成福星、团结两处垃圾堆场清理整治，在原址上进行翻土覆盖，并进行石灰铺洒消毒，确保周边居民生产生活不受影响。非法网箱全部拆除，联合区水利、渔政、林业、公安等执法部门，组织力量200余人对洞庭湖二门闸至六门闸的责任堤段所有非法养殖网箱进行强制拆除，总计拆除约14万平方米的养殖网箱。启动垃圾中转站建设，按上级部门要求，在镇财力紧张情况下，筹集资金200万元新建垃圾中转站，现已建成即将投入使用。整治非法砂石码头，取缔藕池河沿线7处非法砂石码头，同时实行常态化督查机制防止其死灰复燃。落实上级政策猪场全部关停，对我镇杨茆湖、福星两处猪场进行畜禽退养，处理生猪1600头，并对两处猪场栏舍进行拆除。“河长制”工作全面启动，建立责任明确、制度健全、运转高效的河湖管理体系，同时自我加压，启动良心堡“母亲河”行动，取消悦来河养殖承包款40余万元，坚决制止打击非法倾倒垃圾、非法栽种、非法围网养殖、非法投肥投饵、违规搭电行为，还悦来河一湖碧水。实现主要河道“清面全面完成、清乱基本完成、清养初步完成”的目标。

【乡村建设】 2017年，良心堡镇通过多种方式提升群众参与美丽乡村建设的积极性。印制了《美丽乡村建设倡议书》1万余份，由镇联点干部、村组干部组成的宣传小组挨家挨户上门宣传。组织全体干部参加的美丽乡村建设专题测试，通过考试的方式以考促学。同时组织部分村支部书记赴南县、华容县等地参观学习。村庄规划全面完成。在规划编制过程中，充分尊重民意，最大程度调动群众参与规划编制积极性。各村结合自身特色，按照“一村一品、一村一特”“精品规划、精品建设”和最大程度保留青山绿水的原则，编制了八大项发展规划，同时注重在乡村休闲旅游、城乡统筹发展、规范农民建房、农垦移民文化挖掘等凸现地方特色。9个村的村庄规划已于10月通过专家委员会评审，村庄规划编制工作基本完成。“八大行动”落实有力。成功创建湖南省卫生乡镇、规范农民建设檀树、河头集中建房点全面完成，绿化沟渠、交通干道40余公里、栽种各类苗木10万多株，乡村休闲旅游品牌继续擦亮，移风易俗促进文明乡风，产业升级引领增收脱贫，美丽乡村建设来势看好。

【经济建设】 2017年，良心堡镇实现地区生产总值12.79亿元，增长14.8%；完成财政总收入2200万元，全社会固定资产投资11.25亿元，增长3.08%，社会消费品零售总额1.43亿元，增长14.9%；全镇农民人均纯收入提升到1.58万元，增长7.8%；城镇居民人均可支配收入提升到2.48万元，增长8.8%。

【农业开发】 2017年，良心堡镇一是大力做好土地流转文章。探索在镇农业办加挂土地流转服务站，村设立“托田所”等中介服务组织牌子，提供政策咨询、合同鉴证、纠纷处理等专业化服务，切实保障农户的利益。注重引进工商资本、龙头企业等投资者，向产、供、销一条龙的格局发展。注重突出产业连片，重点打造福星村油菜、西红柿和精细蔬菜示范片，檀树团结悦来河等传统棉粮和瓜类示范片，七星湖养殖场等稻虾共作示范片。培育市场主体，加快新型职业农民、种养大户、家庭农场主等新型农业主体的培养，鼓励在外务工的懂技术、会经营的乡友返乡创业，积极推动“引老乡、回故乡、建家乡”，通过示范引领，培养出一批懂技术、会经营、善管理的新型职业农民。积极创建农业品牌，引导专业合作社、家庭农场、种养殖大户注册认证品牌，开展绿色无公害产品认证等。落实深化供销体制改革要求，依托村级综合服务平台，完成村级电商平台建设，对接岳农智慧君山等服务平台，打通农业全产业链。二是稳步推进生态旅游。良心堡镇以万亩油菜示范片为载体，做足用活“花”的文章，连续五年成功举办油菜花节，吸引游客近十万人，带动本地消费近百万元。并以此为契机，指导蜂蜜、菜籽油等地域特色旅游商品开发，奏响“良心堡”品牌，做活“生态”文章。唱响金色花海、畅游万亩油菜花已成为全市重要旅游品牌，旅游成为本镇极具发展潜力的新兴产业。

【民生、综治】 2017年，良心堡镇民生实事成效显著。檀树村振兴与河头集中建房点配套基础设施全部完成，70户居民搬进新家。农村危房改造顺利实施，全镇80%危旧房实现改造。实施育才路、产业路“白改黑”道路提质项目，新建下水道、人行道等市政设施。镇敬老院实现搬迁，150余位老人搬入宽敞明亮的新敬老院。此外，悦来河村省道202线丁字路口交通隐患整治，悦来小学及镇中学多功能礼堂建设等民生实事也相继完成。项目建设强力推进。整合资金实施福星小区外配套基础设施项目和团结村省级美丽乡村示范村项目，把油菜花观景与基础设施完善相结合，进一步擦亮良心堡春季赏花品牌。完成对杨苑湖中心沟、低排渠等13.1公里沟渠清淤工作，积极推进75公里中型沟渠清淤工作，沟渠清淤基本实现镇域全覆盖。筹措资金近300万元实施“四好”农村路项目、团结路窄加宽改造等一批交通工程，对11.3公里道路进行路肩培土，补修破损道路2100平方米，新硬化农村道路11公里，安装护栏7000余米，安装安全减速带430米，安全警示标志84个，群众日常生产生活更加便利，出行安全更加保障。积极排查信访矛盾。全镇排查调解各类纠纷50余起，处理2起民工讨薪事件，受理网上信访件210份和“12345”热线交办工单184件，群众所反映的信访问题基本已全部妥善处理。针对一些历史遗留问题和积案，也明确由班子成员“一对一”（一套班子、一个方案）包案负责，压实班子成员的领导责任和支部书记的直接责任。关口前移主动作为。主动变群众上访为干部下访，特别是一些情况复杂，思想波动大的对象，坚持定期上门，与信访对象面对面交谈，了解其思想动态，听取其信访诉求，宣传解读相关政策，对一些重点户，由镇党委书记或联点班子成亲自上门做工作，实现赴省进京非访零登记。综治民调措施有力。认真落实区委区政府关于做好民调工作要求，落实群众来访接待、领导干部坐班制和干部义务巡逻等各项制度。热情主动接待来访群众，及时化解各类纠纷，大力解决信访积案，坚持民调期间上门宣传走访，重点做好党员干部及家属工作，实行民调知识考试方法，取得较好成效，全年累计综治民调电话反馈共114次，全年民调成绩全区第一、全市乡镇第五。

（杨　扬）

柳林洲街道

工委书记
　　李　伟（2017年6月免）
　　万　胜（2017年6月任）
工委副书记、主任　李启明
街道副主任　毛　君
工委副书记
　　赵望明（3月免）
　　唐桂荣（3月任）
工委委员、人大联络组组长
　　高新章（8月免）
工委委员、政协联络办主任
　　刘　敏
工委委员、街道副主任　王岳良
工委委员、纪委书记　任　伟
工委委员　陈鹏翔　徐明镜

【概况】 2017年，柳林洲街道由原柳林洲镇与原西城街道办事处合并而成，地处岳阳市君山区中心城区，东至洞庭湖大桥西侧桥头，与岳阳楼区一桥相通；南抵洞庭湖大堤，与君山岛隔湖相望；西与建新农场一堤联袂，北靠长江大堤，与湖北省监利县尺八镇划江为界。街道国土总面积205.35平方公里，耕地面积5182.45公顷，其中水田2056.49公顷，旱地2511.3公顷，鱼池199公顷，果园166.4公顷，林地967.04公顷。街道辖12个行政村、8个社区、1个农机站，75个村民小组，总人口20671户，81261人，企事业单位165家。境内水陆交通便捷，区位优势得天独厚。“大江流向东，洞庭潴其南，西引峡江，北带荆水”，沿长江可通江达海，涉洞庭可入三湘腹地；省道306线横贯其境，东连洞庭湖大桥与岳阳市市区融为一体，距京珠高速入口15公里。辖区内有15路、51路两条公交线路；此外，常德、华容、团湖、建新农场、许市、广兴洲等10余条大、中巴车线路均途经街道全境。杭瑞高速、荆岳铁路、岳常高速、蒙华铁路、君山风力发电场等一批重大工程项目的开工建设，必将为柳林洲街道的加快发展注入新的活力。2017年，在征地拆迁任务艰巨、禁拆治违形势严峻、社会矛盾错综复杂的局面下，街道上下坚决贯彻区委、区政府的各项决策，团结一心、攻坚克难、奋发求为，街道经济社会各项事业稳定向上，干群凝心聚力局面逐渐形成、社会矛盾化解目标日渐明朗、美丽乡村建设格局正在构建，成绩值得肯定。

【财税工作】 2017年，柳林洲街道实现地区生产总值21.366亿元，增长7.1%；实现财政总收入4122万元，增长7.2%；实现城镇居民人均可支配收入33120元、农民人均收入18517元，分别增长10%、11.2%。财税任务超额完成。全年共完成地税收入657万元、国税收入2170万元，完成计划任务的166.3%。惠农政策严格落实。发放各类惠农补贴资金676.7335万元，全部打卡发放到人。

【项目建设】 2017年，柳林街道作为君山区的中心城区和征拆主战场，坚决服从和落实区委、区政府工作要求，克服重重困难，共完成征地1600亩，蒙华铁路、分布式能源、洞博园、华龙混凝土、高速搅拌站、华南石化、永月路等15个项目已全面清零。全力推进民生项目。食品厂、南联、横墩、松湖菜二组、新洲村新洲组、老建筑公司等棚改项目已全面启动或完工，安置住房困难户192户；高标准完成县道070线白改黑、五二路、黄岸路、瓦湾二号公路建设和卫星渠生态渠改造。

【农业发展】 2017年，柳林街道不断强化农业基础。按照“生态+现代农业”要求，进一步调整产业结构，扩大一村一品规模，葡萄、香葱、蔬菜种植提质扩面，发展稻虾轮作400公顷；严格落实农产品质量安全责任制度，检测蔬菜、瓜果采样400份；开展农业科技培训8次；发放农机购置补贴57.52万元；全面落实河长制，加强14条江湖渠管理；动物免疫和检疫工作有序开展。着力打造旅游品牌。推动“生态+休闲旅游”，努力将柳林旅游融入君山旅游整体，农家乐生态休闲与葡萄采摘游发展势头良好，并已逐步形成互为补充的产业链，成为君山的又一休闲旅游品牌；旅游路沿线休闲旅游产业逐渐形成规模；成功协办首届国际热气球节、徒步毅行、年俗文化节等节会和活动。切实搭建惠农平台。根据深化供销合作社改革要求，积极推进“两组织一平台”建设。完善土地承包管理。建立土地管理责任制，加大土地承包经营宣传力度，全年解决农村土地承包纠纷2个、成功调查处理要求分配责任田诉求16起，制止土地非法交易1起。严格村级财务监管。继续执行村账街道双代管和电算制度，进一步规范村级财务管理；完成合并村（居）的财务合并；全年退回补充更换原始凭证296张。切实维护农民利益。发放农民负担与补贴监督卡1万余份，做到政策家喻户晓；完成农垦危旧房改造1137户。

【民生实事】 2017年，柳林街道确保社会大局稳定。全年组织矛盾纠纷排查32次，调处各类矛盾纠纷291起，调处成功291起，调成率100%，全年无一起因调处不力引发的群体性上访、群体性械斗、民转刑案件；接待群众来访342件次442人次，办结网上系统来信17件、网外系统投诉件327件，回复率100%，十九大，全国、省、市“两会”，“一带一路”高峰论坛期间，无一例赴省进京上访情况，得到区委、区政府肯定。高度重视综治民调。实现宣传走访100%覆盖，民调全年排名全区第2，全市第75名；派出所、司法所均排名全区第2。严格抓实安全责任。健全工作制度，定期调度，召开专题会议13次；开展宣传活动2次，发放宣传资料8000份，横幅30条；开展烟花爆竹清剿行动5次，排查整改隐患60处；应急管理机构健全、工作有序开展。优质提供计生服务。发放资料38000多份、悬挂横幅喷绘130条；进行孕前优生检查458对、产前筛查235人、两癌筛查240人；全年政策内生育率96.36%；顺利通过省计生数据核查和市流动人口专项调查。强力推进法治建设。持续推进法治君山、法治柳林建设，群众法治意识进一步提高。

【文明创建】 2017年，柳林街道顺利完成全国文明城市复审，学雷锋志愿者、道德讲堂、网络文明传播、讲文明树新风、未成年人思想道德建设等系列活动常态化，并开展送文化下乡、送电影下乡、送法治下乡活动，成功举办梦想濠河文艺晚会。积极推动文化建设。充分发挥文化站、农家书屋、文化活动中心等阵地作用，丰富群众业余文化生活；发动机关干部和社会爱心人士捐资助学13.5万元。深入推进移风易俗。结合“治陋习、树新风”行动，制作宣传栏、文化墙51处，组织街道村居干部326人进行了集体承诺；发放倡议书2万余份，引导婚事新办、丧事简办、其他事不办；积极开展禁炮禁塑工作，文明新风逐渐形成。

【民生保障】 2017年，柳林街道民生保障全面覆盖。千方百计推动就业，特别是积极促进失地农民就业；妥善救助困难群体，阳光公平落实低保、五保政策，做到应保尽保。食药监管不断强化。全面加强食品药品安全宣传教育，开展宣传活动3次，出动执法人员520人次、执法车辆130余台次，检查各类生产经营单位400余户，切实保障了食品药品安全。扶贫攻坚精准开展。新纳入贫困户14户，26人，清退“四类人员”114户，378人；区直、街道243名干部结对子未脱贫户287户；职业技能培训贫困户2000人次；帮助办理发放小额扶贫贴息贷款78笔350万元；产业帮扶256户；通过干部、企业助学捐款方式资助贫困生255名；雨露计划资助职业学校贫困生20名；完成危房改造9户；7个到村精准扶贫项目已全部完成。禁拆治违保持高压。全年共拆除存量、新建违法建设近500处，面积3.3万平方米，禁拆治违持续保持高压，其势已成。疏堵结合化解矛盾。通过区联审会审批新建、改扩建202户、四原恢复68户，有效地解决了群众住房困难问题，化解了社会矛盾，取得良好效果。五创提质成为常态。进一步巩固成果，广泛开展了集贸市场、临街门面整治；通过健康教育、除四害等活动，爱卫工作得到进一步深化。城乡环境持续改善。投入整治资金200万元，狠抓城乡环境卫生整治；配套80万元对垃圾池、垃圾门进行更换维修；街道农村环境整治工作列全区前列。环保整治切实落实。加大环保整治力度，开展生猪退养、黑臭水体治理和黄标车淘汰专项行动，共退养生猪224户，治理黑臭水体18条共18000米。

【美丽乡村】 2017年，柳林街道以美丽乡村建设统领农村工作，坚持因地制宜、分类实施，通过全面开展“八大行动”，建成村民集中建房点7个；绿化植树6万株；硬化道路12公里；维修改造农村公路16.6公里；实施国土平整、旱改水386.67公顷；完成沟渠疏浚41条97.02公里；实施卫星渠、长沟子村等沟渠硬化2000米。示范引领打造亮点。示范类村永城村建成文化走廊、庭院围栏；安装太阳能灯125台；硬化“五二路”1200米；清理菊园路污水沟500米；完成卫星渠硬化2000米，乡村面貌得到明显改观。街道按照高标准、高质量的要求，全面启动村级平台建设，共确定新建类村5个、改扩建类村15个（其中扩建村3个），所有新建、改扩建村全部按照“七室一厅一广场”要求高标准实施，并使用统一标识标牌，现已全部建成。建成后的村级服务平台功能齐全，设施便利，将为村民提供多功能，全方位的服务。

【党建工作】 2017年，柳林街道领导班子团结奋进。面对巨大的工作压力，我街道全体班子成员团结一致、敢于担当、勇于奉献、负重前行，体现出讲大局、尽职守、求作为的良好精神风貌。两委换届顺利完成。克服重重困难，如期将20个村（社区）两委换届完成，并组织全体新一届村（居）两委成员接受廉政教育和集中培训，进一步增强班子战斗力和履职能力。基层组织建设不断强化。组织党员冬春训培训，各支部定期召开专题组织生活会，按照“一会四评”对党员进行民主评议，党建工作得到明显加强，并代表君山区迎检了党建省检。在今年的防汛过程中，各支部充分发挥党员作用，带领广大群众坚守一线，夺取了抗洪抢险的最终胜利。严格落实“两个责任”，制定《党风廉政建设和惩防体系建设工作实施方案》《党风廉政建设和反腐败工作实施意见》，结合集中学习月，开展街道、村居警示教育活动；加强纪工委查案力度，全年共立案查处党员干部8名，分别给予了党纪、政纪处分。作风建设持续深入。由纪工委监督实施办公用品采购、印章管理、来客接待、工程项目支出管理；制定《2017年机关管理规定》，每周采取明察暗访形式对机关作风进行督查，共通报违反规定干部3名，机关作风进一步得到加强。

【社会安全】 2017年，柳林街道全年受理“12345”工单1189件，回复率、满意率均100%；“市长信箱”、领导交办件回复率100%；人大代表建议、政协委员提案办理、县域经济建设等工作均按要求全面完成。群团工作顺利推进。统战、党校、老干部、共青团、妇联、残联、工会等工作有序推进。人武工作扎实开展。进行了民兵整组，顺利通过省市验收；全年出动民兵1000多人次，参加训练值班值勤、防汛抢险；为部队输送兵源15人，圆满完成征兵任务。

（王　晶）

水产养殖场

党委书记

何志能（2017年3月免）

高君林（2017年3月任）

场　　长　芦建文

党委委员　孙建光

副 场 长　蔡　涛（免）

张祖良　施　刘

党新亮（2017年6月任）

郭震军（2017年6月任）

【概况】 2017年，水产养殖场下辖挂口、新洲、林角、新河、黄泥套、穆湖铺、濠河、特养场八个村级渔场。常住人口710户，总人口2812，经营面积667公顷，其中，大湖水面353公顷，精养鱼池水面277公顷，旱地37公顷。水产养殖场被评为岳阳市禁拆治违工作“零违建乡镇”，并分别荣获君山区“综合绩效考核先进镇场”，君山区唯一“文明镇（街道）场”，“综治工作（平安建设）”先进单位，“信访工作”优胜单位，“安全工作”优胜单位，“人口和计划生育”一类单位，“民生实事办理”优秀单位，“作风建设”先进单位，“土地依法征收工作先进镇场”唯一获得者，美丽乡村建设和城乡环境卫生整治工作获评先进单位等荣誉。即将召开的岳阳市“禁拆治违和土地依法征收工作”千人大会，高君林和芦建文分别获得市禁拆治违和土地依法征收先进个人殊荣；濠河渔场被评为“综治工作平安单位”；挂口渔场和新河渔场被评为“综治工作先进单位”；挂口渔场和林角渔场被评为“人口和计划生育工作”优胜村（社区、渔场）。芦建文获区年度考核嘉奖，熊金和获得区“土地依法征收先进个人”称号，赵求尘被评为区“人口和计划生育先进个人”，许森被评为区“禁拆治违先进个人”。

【党建工作】 2017年，水产养殖场全面贯彻落实中共十九大精神，坚持党委中心组学习制度和党委班子民主集中制，对3个战斗力较弱的支部班子进行调整，新发展党员3人。认真开展“无职党员设岗定责”主题活动，水产养殖场92名农村无职党员认领工作岗位92个。创建“水产养殖场党建”微信公众号，扎实推广“红星云”学用，认真开展十九大精神宣讲，基层党支部开展“喜迎十九大”“学习十九大”活动均达2次以上，班子成员带头深入田间地头宣传中共十九大精神平均3次以上。组建水产养殖场代表队参加区十九大知识抢答赛荣获三等奖。

【纪检监察】 2017年，水产养殖场始终把纪委监督责任摆在突出位置，以强化党风廉政建设、完善党风责任制为核心，抓好干部队伍作风建设。5月，水产养殖场对名机关党员干部进行党章、准则、条例试卷测试；观看反腐败系列教育纪录片5场次；2名副职参与区委交叉巡查，督查机关干部作风纪律12次；依规办理党员违反群众纪律案件1起。

【项目建设】 2017年，水产养殖场征拆房屋21户5340平方米，土地11.87公顷。经过不懈的努力，历时5年的江西博纳项目、历时6年的车站路项目分别得以清零；历时3年的创业路东延项目两栋楼房签订协议拆除倒地、君山公园路口5层房屋拆除倒地。

【禁拆治违】 2017年，水产养殖场积极申报创建岳阳市“零违建”乡镇，全年率先完成中心城区“重点片区”拆违清零任务，共拆除违章建筑2658平方米。共拆除违章建筑55处、4227平方米，全年未发生一起新增违章建筑，较好地完成禁违工作任务。

【美丽乡村】 2017年，水产养殖场按照区委、区政府“八大行动”要求，投入45万元栽种广玉兰、红叶石兰、桂花树、樟树等苗木1600株，完成渔农渠至穆湖铺路段2000米道路和穆湖铺拦湖堤坝两侧1100米绿化美化工程；林角渔场农家乐西侧800米沟渠清淤、黄泥套渔场中心渠1300米疏浚、挂口妇幼保健院南侧600米渠道除杂等全部竣工；启动新河渔场600米鱼池便道维修和拓宽、完成濠河1300米安全护栏建设；倡导“婚事新办、丧事简办”，各村选举有威望的党员、群众成立红白理事会，全年，水产养殖场无一例大操大办，燃放鞭炮事例。

【主导产业】 2017年，水产养殖牢固树立“生态、健康、特色”的养殖理念，5月26日，开办水产养殖技术班培训112人，在已有1家鳝鱼网箱养殖合作社的基础上，新增1家林角渔场“购销、培训、信息服务”于一体的合作社，两家合作社入社成员45户、210人。

【安全生产】 2017年，水产养殖场投入30万元整改道路等基础设施安全隐患，针对车辆“两超一乱”“一条龙服务”食品安全等区域，积极配合区安监局、食药局等职能部门联合执法3次，加大安全隐患排查和整治力度，配合取缔外湖餐饮渔船（养殖场职工经营）1艘，确保水产养殖场安全生产“零事故”，食品安全“零投诉”。

【精准扶贫】 2017年，水产养殖场针对建档立卡扶贫户，联村包户干部带着资金下去，带着问题回来，真心帮扶，积极帮助有贷款意向15户建档立卡贫困户申请小额贴息贷款26万元；为4名贫困学子申请助学教育；水产养殖场爱心人士注册进度、对接成功率分别高达411.76%、67.64%，排名区首位。

【信访维稳】 2017年，水产养殖场变上访为下访、解困难排隐患，及时化解97起网上信访，成功化解积案4起，无一起赴市级以上上访事件，信访见面率、回复率均为100％。

【计划生育】 2017年，水产养殖场打通计生便民服务最后一公里，手勤脚快下村入户，政策宣传感情到位，全年优生健康检查率、政策内生育率均达100%。

（涂　松）

君山芦苇总场

党委书记　万　胜（2017年6月免）
　　　　　周　勇（2017年6月任）
党委副书记、场长
　　黄志超（2017年6月免）
　　郑明军（2017年6月任）
党委委员、副场长　朱雄武
党委委员、纪委书记　刘传勇
党委委员、武装部长、副场长
　　　　　　　　　周　维
副场长　庄青华　卜益君
　　　　刘米武（2017年6月任）
　　　　黎　伟（2017年6月任）

【概况】 2017年，君山区芦苇总场下设5个生产管理站，有芦苇生产基地3000余公顷。自芦苇场改制后，投资70多万元与承租方合作开发荒山和低产田改造266.67公顷，实现芦苇年增产1000吨，芦苇总体增产态势日趋明显；投资60多万元加强了苇田基础设施建设；相继引进了芦笋加工厂、化妆品厂和针织厂，引进投资在500万元以上，陆续上缴利税近120万元，安置劳动力就业100余人次，群众年增收50多万元。特别是通过一系列强化管理、增收节支措施，压缩非生产性开支110余万元，并且保证100%发放自然劳动增长力人员和管理人员工资，确保到龄退休人员社保金单位部分全额缴纳，完成每年的经济运转预期目标，有效缓解“寅吃卯粮”的恶性循环。

【民生实事】 2017年，芦苇总场坚持以人为本、尽力而为的原则，统一规划，分步实施，使民生在持续改善中更有保障。居住环境优化改造，投资80多万元，硬化居民点排污沟渠3400多米，疏通沟渠7500余米，维修硬化道路2000米，新建垃圾池20个，改厕100户，累计种植观赏树木700多株，为5个居民点安装路灯19盏，为5个居民点700余户居民解决了安全饮水问题。扶贫帮困送温暖，党委、场部几年来挤出资金20多万元，走访慰问困难群众630余人次；为特殊困难家庭解决救助资金5.4万元、大病救助16万元；低保户基本上做到应保尽保。文化娱乐健身活动多次在比赛中获奖，建好了2个老年活动中心。陆续投资50多万元新建和维修了群众娱乐场所，翻新维修两级组织的办公场所，改善群众居住和单位办公条件，丰富了群众的精神文化生活。

【社会事业】 2017年，芦苇总场各项社会事业在强化管理中稳步推进，计划生育保持一类单位，流动人口管理实施全覆盖。安全生产通过强化责任，及时排查和清除隐患，几年来全场未发生一起安全和火灾责任事故。综治形势明显好转，接待来场信访人员150余人次，办结信访案件43起；打黑除恶工作健全群防群治机制，基本上形成全场上下风清气正的良好局面。同时，精准扶贫、“空心房”整治、控违拆违和湿地生态环境保护等工作齐头并进，与前期相比取得不小的进步，得到区委的充分肯定，被授予综合治理和安全生产双先进单位的荣誉。

【党建工作】 2017年，芦苇总场坚持党建总揽，促进科学发展，深入开展学习实践科学发展观、创先争优等主题教育活动，健全党委学习中心组制度，进一步提升了党员干部科学谋事干事水平。把加强基层党组织建设，抓好党员教育管理，积极发挥党员作用作为新形势下党建工作的重点来抓，充分发挥党组织的战斗堡垒作用和党员先锋模范作用，投入资金20多万元加强基层阵地建设，建立健全各项各项规章制度。保持党员队伍的纯洁性，努力开创党建工作的新局面。

（李　君）

华龙码头新生记

华龙码头在长江岳阳段的三江口君山一侧，由湖南省委书记杜家毫定名（意即中华之龙），也是习近平总书记视察湖南整治荆江沙码头的第一站点。华龙码头曾用名很多：《山海经》言，“东到微湖，世谓之麋湖，两流注为江，谓之麋湖口。”《楚辞》载：“帝子降兮北渚，皆其地也。”故有称“北渚”之说。宋范致明《岳阳风土记》言“江西沙洲，旧长洲，今名鲟鱼嘴，”另载丁晋公始见新生洲，有真人符其说，明弘治《岳州府志》谓，此地有两块元代碑文：分别是推官李炳撰《新生洲鼍鹤滩记》和知事孔谕撰《新生洲复地记》，此两文为“新生洲”再次正名。《皇朝经世文编，万正色论岳阳利害书》称其地为“芦席口”，后又称其为杨雀嘴、鼍鹤滩、金花滩、鼍鹤嘴、磨盘洲、涉江口、杨叶洲、洄洲子、柳林嘴、反咀等皆属其地。但李炳呼吁“洲以新生（为）名，志始也。”

华龙码头自古扼江控湖，地势险要　《晋书·杜预传》：“内泻长江之险，外通零、桂之漕”。宋范公《岳阳楼记》言“衔远山，吞长江，浩浩汤汤”。即指此处。元代李炳《新生洲鼍鹤滩记》言“并洲而湍流峻急”“大江流其东，洞庭潴其南，西引峡江，北带荆水”。孔渝《新生洲复地记》：“洞庭、荆江之交，中水而陆者”“其始，江湖泛溢，流沙之积，益增广袤，不可限域。”《皇朝经世文编，万正色论岳阳利害书》载：“岳阳形势、其要于芦席口，据扼芦席口，则岳粮糈可以立绝。盖芦席口上达武昌，西通长沙、常德诸郡，我军运由兹以达，吴逆粮糈亦由斯以济。兵法云：“地有所必争，此之谓也。”《东华录》：康熙十七年六月，大将军贝勒尚善，令卜世统兵进洞庭，驻君山，规取岳州，贼乘乌船进犯，击败之。复令防御东湖，卜世移居艑山，败贼于西湖柳林嘴（今华龙码头）。1938年，日军攻陷岳州城后欲西进，被河西地方游击队滞留5年之久，并在芦席口屡败日军。故有“一夫当关，万夫莫开”之说。日军惧怕，将此地称为“死亡高地。”。今华龙码头与岳阳楼区城陵矶隔水相望，头顶洞庭、华瑞高速、蒙华铁路三座大桥，侧伴百舸争流，交通十分方便。

华龙码头历史沿革由来已久　明隆庆《岳州府志》载：巴陵县设二十四铺、八渡，华龙属大江渡。此处湖洲属巡检司管辖，延至清末。辛亥革命后，属穆湖铺。1930年岳阳县划九个区，华龙地域属第八区。1935年属永城乡，1945年下半年，日军投降后属“三乡合一”的永益乡，部分地方属湖北监利县的三益乡。中华人民共和国成立后，属君山乡。1958年围垦建场后，属君山农场芦苇场。2000年撤场建区后属君山区芦苇场，今属君山区芦苇总场。整治前为一沙石码头及混泥土搅拌场，因粉尘污染严重、影响当地环境。2017年整治后，在这里建起了湿地环境监测站。因该地历史上出了一个姓林的阁佬，故命名林阁佬巡检监测站。并在此建一栋可移动的小木屋，作为办公用房。

华龙所处之地新生洲为“版图隶郡儒学”的学产，同时也为当地人传播了许多儒家生态思想，帮助当地人树立了人与自然相处的整体观、平衡观、和谐观、价值观、利益观等理念，阐释了“天人合一”“阴阳对立统一”“人与自然协调”“人与自然并重”和“人之性情”等哲理，为推动当时湖区生态文明建设贡献了智慧。《新生洲鼍鹤滩记》载：“今之水，鼋鼍之所游，鱼虾之所聚。”真实地记载了当时这里有鼋这种大龟，今浙江仅存80只，属国家一级保护动物；鼍即当今的杨子鳄，延至20世纪80年代末，淡出人们视线，今本地野生鳄已经绝迹。《新生洲复地记》载：“因地势之高下，以芝、稷、菽、麦、长获苇、植柽柳、绵亘周遐，井井郁郁。洲之沃能生物，有利于民也。”还有以生态命名的鼍鹤滩（嘴、港）、杨叶洲、柳林嘴、金花滩、上鱼咀、芦花洲、野鸭湖、鲟鱼嘴、反咀等生态地名都折射了“隶郡学”的办学思想及办学成果。

华龙码头周边生态环境有过辉煌历史　但因“人之性情”锢化，冲击了人与自然并重的价值观。“大打出手”是常有的事，据《新生洲上》两篇碑文载：备受争议的“扑买河泊”，南宋以前湖区水面为“例禁”的“山泽之利”“买扑”到宋元时期盛行。《新生洲鼍鹤滩记》对土地已分为“民”与“官”“私”与“公”两种性质。但推官李炳认为湖洲私有是不应该的，然知事孔渝则强调新生洲原本是学产，是不被“例禁”的，故岳州儒学控制了当时的新生洲。后府医学仿效争取，也得到统治者的重视，分得一杯羹。后执掌祭礼的地方官员假借“三皇庙”名义与儒学争夺湖洲，大多是以合法手段获得，实为个人控制得利。从元朝的“开禁山泽”到明朝的“河泊管理”，于公于私都存在问题。到民国时期，围垦失控，建了许多小垸。中华人民共和国成立后，合成大垸。近年，各地为发展地方经济搞大开发，污染了环境，造成了生态危机。华龙未整治之前，就是一个非常典型

的例证。

华龙码头通过集中整治后获得了新生　华龙码头地处长江干流河滩，原名林角佬沙石码头。始建于2002年，属君山芦苇总场范围。2011年，因发展需要，华龙混凝土公司进入该地与芦苇总场签订码头租赁协议。随之，建占地50亩4条混凝土生产线，600平方米的办公区，400平方米作业区及4000多平方米的罐车停车区。因机器噪音、尘土飞扬、绿地退减，造成江豚鱼禽逃离。2016年1月5日，习近平在长江经济带发展座谈会上作出：“当前和今后相当长一个时期，要把修复长江生态环境摆在压倒性位置，共抓大保护、不搞大开发”的指示。在中央和省委的部署下，岳阳市联合多部门取缔了39处非法沙石码头，并进行了复绿。仅华龙码头，君山区出动执法人员1321人次，完成拆除并修复生态33000多平方米。据2018年统计，越冬侯鸟达22.64万只，比上年增加18.9%，野生麋鹿增加99头，江豚监测记录220头，稳定栖息种群达120头。当年4月25日下午习近平考察华龙码头，听取了整治复绿情况，并鼓励继续做好长江保护和修复工作，守护好一江碧水。

（涂山河）

参考书目

1.明弘治《岳州府志》隆庆《岳州府志》第三卷

2.1990年中国文史出版社出版的《君山农场志》

3.2005年岳麓书社出版发行的《洞庭湖近代变迁史话》

4.清同治《巴陵县志》

5.清光绪十七年《巴陵县志》

6.明永乐（1403－4124）《钟氏家谱》

人 物

区级领导

杨　善

湖南省华容县人，1980年4月出生，2001年7月参加工作，省委党校研究生学历。历任岳阳市市政府接待处接待员，岳阳市经协公司办公室主任，湖南理工学院宿管中心主管，九三学社市委办公室科员，九三学社市委组织科副科长，九三学社市委组织部部长，九三学社市委兼职副主委、组织部部长。2017年6月任君山区政协副主席候选人。

先进人物

【2017年度机关事业单位年度考核记功、嘉奖人员名单】

一、记三等功

黄志超　季　婷　胡　杰
曾　峥　党　辉　党志勤
岳　跃　陈　力　陆文砚
肖华伟　刘思静　王卫国
江延林　孙　伟　赖亚军
李旭东

二、年度考核嘉奖人员

陈新桂　朱　超　胡秋军
洪　伟　戴岩林　余益君
戴会波　朱运行　邹　羽
张　丽　戴　伟　肖　杰
龙志亮　刘兴文　冯　敏
湛海清　黄　波　周珊虎
汤刚强　俞文纲　杨　玲
罗然军　任　伟　徐格军
刘　全　李慧兰　何　宇
王　琼　杨　琳　夏　胜
汤美能　彭常华　孙会斌
梁　良　杨　华　李小兵
熊　卫　舒志辉　周　锋
伏敬华　胡　笛　张　治
颜　宇　李筱刚　段　鹍
尹文烨　李卓承　刘长剑
徐　樱　李金福　孙鲁岩
李学清　温小琪　聂　磊
李　智　代颖慧　何　晖
聂友良　王　威　陈白蛟
吴又健　蒋　斌　付　俊
李方臻　张四铭　柳加荣
刘克湘　卢　勇　官兴国
徐满霞　陆晓斌　李志雄
周　军　熊春香　李　鑫
龙　晗　赵　瑞　党成伟
李燕萍　尹玉莲　余　岸
戴丙东　易耀文　冯　慧
刘志海　钟春香　易新光
张　军　施金明　龙朝晖
孔建平　刘　佳　陈志华
熊健宇　许爱东　江　婷
肖振山　余　铁　朱丽辉
冯建湘　程正杰　王正才
熊志华　彭　滔　万　建
周　灿　周　平　沈清林
贺　真　胡乐华　陈国平
李　明　龙朝霞　彭胜章
刘　军　何　猛　刘清平
焦俊威　余泽群　戴四新
许安益　臧湘华　刘志辉
方　兰　任卓君　白邦红
朱春华　袁劲松　张立新
周德忠　张春花　刘　健
周向阳　袁应辉　颜昌文
张　华　汪必武　蔡永贵
陈先进　谢双喜　任中华
袁　赛　李红波　许佩秋
李四新　罗华华　赵美光
李　露　周石金　万俊文
龚小平　程志武　黄河汾
彭　伟　黄平丽　湛　宇
廖　科　周铁梅　金国兴
黄　峰　王文平　张　宏
孙　霞　陈永和　胡　诚
姜　杰　金振刚　陈小燕
颜　敏　黄敏香　邓飞平
杨国华　徐爱萍　戴永春
王世祥　刘新跃　范文英
丰正仁　柴　劲　许　洋
徐军辉　蒋　宇　张　震
贺红娥　吴　娟　谯桃源

余浴妮 蒋祥生 戴钊
刘伟 白彪 方应球
谢小军 刘行政 王雨虹
卿蓉 戴丽萍 朱建新
江辉 花中孝 向志强
钟科 卢先岳 王国强
黄剑 戴方义 王萌
姚清文 王文浩 杨怡
白超 杨定贵 李发华
李清华 徐金辉 彭德秋
张长富 聂毅 段伏强
龚环 钟星 张世平
冯贤阳 伍艳婷 马博
曹淑容 邓平 付柳兵
张学军 刘一鸣 芦建文
涂松 朱雄武 邹登明
柳锐

【2017年度脱贫攻坚工作嘉奖人员名单】

黄正洲 陈君 刘志刚
蔡建荣 周明学 段翔
曾红卫 曾凡信 袁定军
戴全球 刘银冰 王骏阳
刘世谋 段吉建 龚海江
杨谷泉

【2017年度环境整治工作嘉奖人员名单】

徐武 周围 王吉平
龙颖超 龚卿 张伯军
党臣

【2017年度重点民生实事工作嘉奖人员名单】

万越 周勇军 郑明军
彭波 徐宏 李胜
戴中华 李旭 李冰心
刘毅然 罗立炎 徐明镜

统计资料

2017年君山区财政总收入完成情况统计表

表6 单位：万元、%

收　入　项　目	2017年	2016年
财政总收入	46445	42036
其中：税收收入（增值税100%）	31295	27467
非税收入（万元）	15150	14569
一、一般预算收入合计	30021	28408
（一）税收收入	14871	13839
1.增值税25（%）	6586	4543
2.营业税（万元）	28	2377
3.企业所得税28（%）	1679	1364
4.所得税退税	—	—
5.个人所得税28%	323	322
6.资源税	64	1
7.固定资产投资方向调节税	—	—
8.城市维护建设税	1449	1281
9.房产税	381	280
10.印花税	181	144
11.城镇土地使用税	535	357
12.土地增值税	415	1159
13.车船使用和牌照税	92	5
14.耕地占用税	1712	1111
15.契税	1426	895
16.烟叶税	—	—
17.其他税收收入	—	—
（二）非税收入	15150	14569

续表6

收 入 项 目	2017年	2016年
1.专项收入	2143	2345
其中：排污费收入	—	—
教育费附加	632	584
2.行政事业性收费	1919	1477
3.罚没收入	1637	2465
4.国有资本经营收入	—	—
5.国有资产有偿使用收入	8439	8087
6.其他非税收入	21	—
7.其他非税收入	991	195
二、上划中央“两税”收入	13，111	10，445
上划中央增值税	8，782	6，693
上划中央消费税	2	2
上划中央企业所得税	3，598	2，923
上划中央个人所得税	692	690
上划中央营业税	37	137
三、上划省级收入	3313	3183
上划省级增值税	2，195	1，515
上划省级营业税	9	792
上划省级企业所得税	720	585
上划省级个人所得税	139	138
上划省级资源税	21	0
上划省级城镇土地使用税	229	153
其中：国税部门征收	20165	14921
其中：企业所得税	2600	2704
个人所得税	—	—
地税部门征收	12185	13521
其中：企业所得税	3，396	2，704
个人所得税	1，154	1，150
财政部门征收	14095	13594

2017年君山区财政收支决算情况统计表

表7　　单位：%

	2017年	2016年
本年收入合计	30021	28408
一、税收收入	14871	13839
增值税	6586	4543
营业税	28	2377
企业所得税	1679	1364
企业所得税退税	—	—
个人所得税	323	322
资源税	64	1
固定资产投资方向调节税	—	—
城市维护建设税	1449	1281
房产税	381	280
印花税	181	144
城镇土地使用税	535	357
土地增值税	415	1159
车船税	92	5
耕地占用税	1712	1111
契税	1426	895
二、非税收入	15150	14569
专项收入	2143	2345
行政事业性收费收入	1919	1477
罚没收入	1637	2465
国有资本经营收入	—	—
国有资源（资产）有偿使用收入	8439	8087
政府住房基金收入	21	—
其他	991	195

续表7

	2017年	2016年
本年支出合计	205566	210214
一、一般公共服务支出	21233	18200
二、国防支出	138	157
三、公共安全支出	3448	2550
四、教育支出	21352	20335
五、科学技术支出	384	336
六、文化体育与传媒支出	2112	1129
七、社会保障和就业支出	65636	77308
八、医疗卫生支出	11805	17717
九、环境保护支出	5317	2824
十、城乡社区建设支出	7054	2765
十一、农林水事务支出	25889	31890
十二、交通运输事业支出	11212	2769
十三、资源勘探信息等支出	916	1451
十四、商业服务业等支出	578	873
十五、国土海洋气象等支出	670	360
十六、住房保障支出	24931	27312
十七、粮油物资储备支出	222	496
十八、其他支出	136	39
十九、债务付息支出	2533	1703

2017年君山区国民经济主要比例关系统计表

表8　　单位：%

项 目	2017年	2016年
地区生产总值	100	100
农林牧渔业	21.0	20.4
农业	10.7	10.3
林业	0.5	0.6
畜牧业	4.7	5.6
渔业	4.1	3.8
农林牧渔服务业	0.2	0.2
工业	37.4	41.0
采矿业	0.5	0.8
开采辅助活动	—	—
制造业	34.4	37.6
金属制品、机械和设备修理业	—	—
电力、煤气及水的生产和供应业	2.5	2.6
建筑业	2.5	2.4
批发和零售业	6.3	6.6
批发业	4.5	4.7
零售业	1.8	1.9
交通运输、仓储和邮政业	2.5	2.4
铁路运输业	—	—
道路运输业	1.6	1.6
水上运输业	0.7	0.7
航空运输业	—	—
邮政业	0.3	0.1
其他交通活动	—	—
住宿和餐饮业	0.4	0.4
住宿业	0.1	0.1
餐饮业	0.3	0.3

续表8

项 目	2017年	2016年
信息传输、计算机服务和软件业	0.9	0.9
电信、广播电视和卫星传输服务	0.9	0.8
其他信息活动	—	—
金融业	1.5	1.1
货币金融服务	1.0	0.7
资本市场服务	0.1	0.1
保险业	0.4	0.3
其他金融业	—	—
房地产业	2.9	3.0
房地产开发经营	1.3	1.4
其他房地产活动	—	—
自有房地产经营活动	1.6	1.6
租赁和商务服务业	0.8	0.8
科学研究、技术服务和地质勘查业	9.1	7.3
水利、环境和公共设施管理 业	0.2	0.2
居民服务和其他服务业	3.1	2.8
教育	1.8	1.7
卫生、社会保障和社会福利业	1.5	1.5
文化、体育和娱乐业	0.8	0.1
公共管理和社会组织	8.1	7.6
第一产业	19.9	20.3
第二产业	39.9	43.4
第三产业	40.2	36.3

2017年君山区固定资产投资完成情况统计表

表9　　单位：%

指标名称	合计	项目投资	房地产投资
一、计划投资（万元）	—	—	—
1.计划总投资	2103321	1938792	164529
其中：本年新开工项目	1257735	1257735	—
2.自开始建设累计完成投资	1663766	1543113	120653
二、自年初累计完成投资（万元）	1412130	1368269	43861
其中：本月完成投资	293659	287367	6292
其中：国有经济控股	664777	664777	—
其中：住宅	41151	0	41151
1.按登记注册类型分	—	—	—
内资企业	1412130	1368269	43861
国有企业	516934	516934	—
集体企业	18595	18595	—
股份合作企业	—	—	—
联营企业	—	—	—
国有联营企业	—	—	—
集体联营企业	—	—	—
国有与集体联营企业	—	—	—
其他联营企业	—	—	—
有限责任公司	469089	440826	28263
国有独资公司	137943	137943	—
其他有限责任公司	331146	302883	28263
股份有限公司	10965	10965	—
私营企业	264868	249270	15598
私营独资企业	23294	23294	—
私营合作企业	16856	16856	—
私营有限责任公司	182122	166524	15598
私营股份有限公司	42596	42596	—
其他企业	131679	131679	—

续表9

指标名称	合计	项目投资	房地产投资
港、澳、台商投资企业	—	—	—
合资经营企业（港或澳、台资）	—	—	—
合作经营企业（港或澳、台资）	—	—	—
港、澳、台商独资经营企业	—	—	—
港、澳、台商投资股份有限公司	—	—	—
其他港、澳、台商投资企业	—	—	—
外商投资企业	—	—	—
中外合资经营企业	—	—	—
中外合作经营企业	—	—	—
外资企业	—	—	—
外商投资股份有限公司	—	—	—
其他外商投资企业	—	—	—
个体经营	—	—	—
个体户	—	—	—
个人合伙	—	—	—
2.按建设性质分	—	—	—
（1）新建	349953	349953	—
（2）改建	58501	58501	—
（3）改建和技术改造	949480	949480	—
3.按构成分	—	—	—
建筑工程	846828	811166	35662
安装工程	22115	17689	4426
设备工器具购置	539767	539414	353
其中：购置旧设备	—	0	—
其中：用于更新的设备	—	0	—
其他费用	3420	0	3420
其中：房屋建筑物购置费	—	0	—
其中：建设用地费	1820	0	1820
4.按控股类型分	—	0	—

续表9

指标名称	合计	项目投资	房地产投资
国有控股	664777	664777	—
集体控股	27845	27845	—
私人控股	640833	640833	—
港澳台商控股	—	—	—
外商控股	—	—	—
其他	34814	34814	—
5.按国民经济行业分	—	0	—
（一）农、林、牧、渔业	30790	30790	—
农业	3470	3470	—
林业	9895	9895	—
畜牧业	—	—	—
渔业	—	—	—
农、林、牧、渔服务业	17425	17425	—
（二）采矿业	—	—	—
煤炭开采和洗选业	—	—	—
石油和天然气开采业	—	—	—
黑色金属矿采选业	—	—	—
有色金属矿采选业	—	—	—
非金属矿采选业	—	—	—
开采辅助活动	—	—	—
其他开采业	—	—	—
（三）制造业	623694	623694	—
农副食品加工业	124608	124608	—
食品制造业	80145	80145	—
酒、饮料和精制茶制造业	14476	14476	—
烟草制品业	—	—	—
纺织业	35809	35809	—
纺织服装和服饰业	—	—	—
皮革、毛皮、羽毛（绒）及其制品业	10685	10685	—

续表9

指标名称	合计	项目投资	房地产投资
木材加工及木、竹、藤、棕、草制	7188	7188	—
家具制造业	9868	9868	—
造纸及纸制品业	6640	6640	—
印刷业和记录媒介的复制	34529	34529	—
文教体育用品制造业	34156	34156	—
石油加工、炼焦及核燃料加工业	3650	3650	—
化学原料及化学制品制造业	32984	32984	—
医药制造业	38775	38775	—
化学纤维制造业	—	—	—
橡胶和塑料制品业	13675	13675	—
非金属矿制品业	33124	33124	—
黑色金属冶炼和压延加工业	—	—	—
有色金属冶炼和压延加工业	8600	8600	—
金属制品业	33610	33610	—
通用设备制造业	21846	21846	—
专用设备制造业	9385	9385	—
汽车制造业	—	—	—
铁路、船舶、航空航天等制造业	3180	3180	—
电气机械及器材制造业	32726	32726	—
计算机、通信和其他电子设备制造业	24795	24795	—
仪器仪表制造业	—	—	—
其他制造业	2990	2990	—
废弃资源综合利用业	3450	3450	—
金属制品、机械和设备修理业	2800	2800	—
（四）电力、热力、燃气及水的生产和供应业	36904	36904	—
电力、热力的生产和供应业	16332	16332	—
燃气生产和供应业	—	—	—
水的生产和供应业	20572	20572	—
（五）建筑业	—	—	—

续表9

指标名称	合计	项目投资	房地产投资
房屋建筑业	—	—	—
土木工程建筑业	—	—	—
建筑安装业	—	—	—
建筑装饰和其他建筑业	—	—	—
（六）批发和零售业	50545	50545	—
批发业	22445	22445	—
零售业	28100	28100	—
（七）交通运输、仓储和邮政业	120061	120061	—
铁路运输业	—	—	—
道路运输业	54622	54622	—
水上运输业	35225	35225	—
航空运输业	—	—	—
管道运输业	23684	23684	—
装卸搬运和运输代理业	3130	3130	—
仓储业	—	—	—
邮政业	3400	3400	—
（八）住宿和餐饮业	16931	16931	—
住宿业	3350	3350	—
餐饮业	13581	13581	—
（九）信息传输、软件和信息技术服务业	3545	3545	—
电信、广播电视和卫星传输服务业	3545	3545	—
互联网和相关服务业	—	—	—
软件和信息技术服务业	—	—	—
（十）金融业	—	—	—
货币金融业	—	—	—
资本市场业	—	—	—
保险业	—	—	—
其他金融业	—	—	—
（十一）房地产业	20228	20228	—

续表9

指标名称	合计	项目投资	房地产投资
房地产业	20228	20228	—
（十二）租赁和商务服务业	10696	10696	—
租赁业	—	—	—
商务服务业	10696	10696	—
（十三）科学研究和技术服务业	11590	11590	—
研究与试验发展	—	—	—
专业技术服务业	7380	7380	—
科技交流和推广服务业	4210	4210	—
（十四）水利、环境和公共设施管理业	271022	271022	—
水利管理业	82762	82762	—
生态保护和环境治理业	132149	132149	—
公共设施管理业	56111	56111	—
（十五）居民服务和其他服务业	9900	9900	—
居民服务业	—	—	—
机动车、电子产品和日用产品修理业	9900	9900	—
其他服务业	—	—	—
（十六）教育	—	—	—
教育	—	—	—
（十七）卫生和社会工作	34896	34896	—
卫生	9450	9450	—
社会工作	25446	25446	—
（十八）文化、体育和娱乐业	50701	50701	—
新闻和出版业	3500	3500	—
广播、电视、电影和影视录音制作业	—	—	—
文化艺术业	37006	37006	—
体育	3770	3770	—
娱乐业	6425	6425	—
（十九）公共管理和社会组织	70046	70046	—
中国共产党机关	3200	3200	—

续表9

指标名称	合计	项目投资	房地产投资
国家机构	22300	22300	—
人民政协和民主党派	44546	44546	—
社会保障	—	—	—
群众团体、社会团体和其他成员组织	—	—	—
基层群众自治组织	—	—	—
（二十）国际组织	6720	6720	—
国际组织	6720	6720	—
三、新增固定资产（万元）	1382447	1368169	14278
四、项目个数（个）	—	—	—
1.施工项目个数	307	297	10
其中：本年新开工	271	270	1
2.本年投产项目个数	236	236	0
五、房屋建筑面积（平方米）	—	—	—
1.施工面积	316902	23700	293202
其中：住宅	264980	0	264980
2.竣工面积	77480	0	77480
其中：住宅	65112	0	65112
3.本年竣工房屋价值（万元）	14278	0	14278
其中：住宅	11780	0	11780
六、本年资金来源合计（万元）	—	0	—
1.上年末结余资金	—	0	—
2.本年资金来源小计	1435682	1373545	62137
（1）国家预算资金	43700	43700	—
其中：中央预算资金	—	0	—
（2）国内贷款	104300	80000	24300
（3）债券	—	0	—
（4）利用外资	10000	10000	—
其中：外商直接投资	—	0	—
（5）自筹资金	811578	799614	11964

续表9

指标名称	合计	项目投资	房地产投资
其中：企、事业单位自有资金	—	0	—
其中：股东投入资金	—	0	—
其中：借入资金	—	0	—
（6）其他资金来源	466104	440231	25873
七、各项应付款合计（万元）	41414	0	41414
其中：工程款	14300	0	14300
八、征用和购置土地情况	—	—	—
1.规划用地面积（平方米）	—	0	—
2.本年实际征用和购置土地面积（平方米）	—	0	—
3.本年实际征用和购置土地成交价款（万元）	—	0	—

附　录

文件目录

中共君山区委重要文件目录

▲君常〔2017〕1号　关于上级会议精神和《关于严防严查利用或冒用领导干部名义谋取不正当利益行为的通知》传达学习，区委常委会工作规则、区党政负责干部会议和区纪委相关工作、2016年度全区落实党风廉政建设“两个责任”和综治工作考核结果审定等常委会议纪要（2017年1月24日）

▲君常〔2017〕2号　关于市委“1+4+2”大岳阳城市圈建设调度会议等省市有关会议精神传达，全区基层党建工作、区党政负责干部会议有关工作、区五届纪委二次会议讲话和《君山区清理国家公职人员参与采砂、运砂、浮吊、砂石码头经营活动专项整治方案》等工作的常委会议纪要（2017年2月13日）

▲君常〔2017〕3号　关于君山产业园区建设、交通建设、港口建设和脱贫攻坚“四大会战”工作指挥部、《政协岳阳市君山区委员会2017年协商工作计划》、区编委会提交区委常委会审议相关事项、市第十六中筹备办学等工作的常委会议纪要（2017年3月7日）

▲君常〔2017〕4号　关于区巡察工作领导小组人员名单、上级有关文件会议精神、“四大会战”工作方案、“四大会战”各指挥部工作推进、生态“1+5”发展战略重点项目督查、安全生产、区城投融资项目、《关于建设美丽乡村的实施意见》等工作的常委会议纪要（2017年3月23日）

▲君常〔2017〕5号　关于全区村（社区）“两委”换届选举、全区综治工作、2017年一般公共预算方案、《关于全面推进招商工作的实施意见》、上级有关文件会议精神等的常委会议纪要（2017年4月13日）

▲君常〔2017〕6号　关于党风廉政建设相关文件会议精神、迎接中央环保督察工作、文明城市建设相关工作的常委会议纪要（2017年4月26日）

▲君常〔2017〕7号　关于全面小康工作、《关于成立君山萌宠产业新城项目建设领导小组及指挥部的通知》、《君山区推进生态公墓建设实施方案》、上级有关会议文件精神传达的常委会议纪要（2017年5月24日）

▲君常〔2017〕8号　关于相关干部人事政策工作、《区委区政府领导班子成员2017年党风廉政建设责任分解》的常委会议纪要文件（2017年6月5日）

▲君常〔2017〕9号　关于上级有关文件会议精神、区委五届三次全体（扩大）会议方案、《关于“刹人情歪风、治婚丧陋习、树文明新风”专项整治工作的宣传方案》、区脱贫攻坚、安全生产工作的常委会议纪要（2017年7月26日）

▲君常〔2017〕10号　关于传达学习习近平总书记在省部级主要领导干部专题研讨班上重要讲话，计生、血防、全面深化改革、区萌宠产业新城项目推进工作，《关于推进大统战工作格局的实施方案》的常委会议纪要（2017年8月7日）

▲君常〔2017〕11号　关于有关文件和会议方案审议、全国文明城市复查迎检工作、洞庭湖博物馆舟船文化展示馆相关事项研究的常委会纪要（2017年8月31日）

▲君常〔2017〕12号　关于上级有关会议和文件精神传达学习、我区中央环保督察问题整改落实

的常委会议纪要（2017年9月18日）

▲君常〔2017〕13号 关于习近平总书记在中共十九大开幕式上所作报告及十八届七中全会精神学习，区环保督察整改、脱贫攻坚、生态“1+5”发展战略重大项目建设、棚改工作，《君山区乡镇党委、政府脱贫攻坚工作考核办法（试行）》《君山区补缴党费专项经费下拨使用方案》的常委会议纪要（2017年10月19日）

▲君常〔2017〕14号 关于有关文件学习，全面建成小康社会、安全生产、科协和老科协工作的常委会议纪要（2017年11月8日）

▲君常〔2017〕15号 关于市委书记胡忠雄到区调研讲话、全市产业园区建设大会战现场推进会、中央省市监察体制改革会议精神和市纪委《关于禁止党员干部及国家公职人员参与非法集资等非法金融活动的通知》精神学习，老干、区五届人大二次会议、区政协五届二次会议筹备工作、深化监察体制改革试点工作的常委会议纪要（2017年11月28日）

▲君常〔2017〕16号 关于上级纠正“四风”加强作风建设和省委有关通知要求、全市加强县乡人大工作和建设推进会精神学习，2018年工作思路、区人大政协“两会”相关事项、迎接省脱贫攻坚实地考核工作的常委会议纪要（2017年12月14日）

▲君常〔2017〕17号 关于军事工作、机构编制工作和《政府工作报告（送审稿）》《关于推进全区殡葬改革工作实施方案（送审稿）》的常委会议纪要（2017年12月19日）

▲君办〔2017〕8号 关于印发《君山区清理国家公职人员参与采砂、运砂、浮吊、砂石码头经营活动专项整治方案》的通知（2017年2月16日）

▲君办〔2017〕22号 关于印发《君山区城乡社区（村）网格化服务管理实施方案》的通知（2017年4月11日）

▲君办〔2017〕28号 关于印发《君山区全面推行河长制实施方案》的通知（2017年5月3日）

▲君办〔2017〕31号 关于印发《岳阳市君山区城乡绿化三年行动方案（2017-2019年）》的通知（2017年8月22日）

▲君办〔2017〕32号 关于印发《区委区政府领导班子成员2017年党风廉政建设责任分解》的通知（2017年6月15日）

▲君办〔2017〕34号 关于印发《君山区在农村开展“刹人情歪风、治婚丧陋习、树文明新风”专项工作实施方案》的通知（2017年6月19日）

▲君办〔2017〕41号 印发《关于加快推进“互联网+监督”工作实施方案》的通知（2017年8月2日）

▲君办〔2017〕43号 关于印发《君山区机关事业单位临时工作人员清理整改实施方案》的通知（2017年8月15日）

▲君办〔2017〕50号 关于印发《君山区镇（街道）、场党政正职脱贫攻坚工作问责规定（试行）》的通知（2017年9月18日）

▲君办〔2017〕55号 关于印发《乡镇党委和政府脱贫攻坚工作考核办法（试行）》《区直和市直驻区单位脱贫攻坚开发责任制考核办法》的通知（2017年11月7日）

▲君办〔2017〕58号 印发《关于发展壮大村级集体经济提升农村基层组织服务力的实施方案（2016—2020年）》的通知（2017年12月29日）

▲君办发〔2017〕1号 关于印发《镇（办事处、场）纪（工）委书记、副书记提名考察办法（试行）》《区直单位纪检组（纪委）组长（书记）提名考察办法（试行）》的通知（2017年1月13日）

▲君办发〔2017〕3号 关于建设美丽乡村的实施意见（2017年4月10日）

▲君办发〔2017〕12号 关于印发《君山区开展清理国家公职人员违规参与涉矿等经营性活动专项整治工作实施方案》的通知（2017年9月21日）

▲君发〔2017〕1号 关于印发《君山区贯彻落实〈法治政府建设实施纲要（2015—2020年）〉的实施方案》的通知（2017年1月23日）

▲君发〔2017〕2号 关于印发《中共岳阳市君山区委常委会工作规则》的通知（2017年1月25日）

▲君发〔2017〕5号 关于印发《君山区产业园区建设大会战工作方案》《君山区交通建设大会战工作方案》《君山区港口建设大会战工作方案》《君山区脱贫攻坚大会战工作方案》的通知（2017年4月13日）

▲君发〔2017〕6号 关于全面推进招商工作的实施意见（2017年5月25日）

▲君发〔2017〕7号 关于深化供销合作社综合改革的实施意见（2017年7月29日）

▲君发〔2017〕9号　关于推进大统战工作格局的实施意见（2017年9月14日）

▲君发〔2017〕13号　关于印发《君山区贯彻落实〈“健康中国2030”规划纲要〉实施方案》的通知（2017年12月27日）

（朱　超）

君山区政府重要文件目录

▲君政发〔2017〕1号　关于办好2017年度区级重点民生实事的通知（2017年1月3日）

▲君政发〔2017〕2号　关于印发《2017年区政府重点工作任务分解》的通知（2017年2月28日）

▲君政发〔2017〕3号　关于印发2017年度全区争资（融资）争项工作绩效考核方案的通知（2017年5月5日）

▲君政发〔2017〕4号　关于印发《君山区城乡居民最低生活保障实施办法》的通知（2017年5月27日）

▲君政发〔2017〕5号　关于印发《君山区妇女发展规划（2016–2020年）》和《君山区儿童发展规划（2016–2020年）》的通知（2017年6月19日）

▲君政发〔2017〕6号　关于废止部分规范性文件的决定（2017年8月27日）

▲君政发〔2017〕7号　关于印发《君山区招商项目管理暂行办法》的通知（2017年10月16日）

▲君政发〔2017〕8号　关于印发《君山垸居民住房建设管理实施细则（试行）》的通知（2017年12月7日）

▲君政办发〔2017〕1号　关于印发《君山区粮油生产全程机械化示范区实施方案》的通知（2017年1月23日）

▲君政办发〔2017〕2号　关于印发君山区2017年度税收任务考核办法（国税）的通知（2017年2月23日）

▲君政办发〔2017〕2号　关于印发君山区2017年度税收任务考核办法（地税）的通知（2017年2月23日）

▲君政办发〔2017〕4号　关于印发《君山区防汛应急预案》的通知（2017年2月6日）

▲君政办发〔2017〕5号　关于印发《君山区旱灾应急预案》的通知（2017年2月6日）

▲君政办发〔2017〕6号　关于被征地农民社会保障工作实施办法（试行）（2017年4月6日）

▲君政办发〔2017〕7号　关于印发《君山区政府性投资小额工程建设项目监督管理暂行办法》的通知（2017年4月18日）

▲君政办发〔2017〕8号　关于印发《君山区空气重污染天气应急预案》的通知（2017年5月4日）

▲君政办发〔2017〕9号　关于印发《君山区突发环境事件应急预案》的通知（2017年5月4日）

▲君政办发〔2017〕10号　关于规范君山区中心城区公益类建设项目收费有关事项的通知（2017年5月9日）

▲君政办发〔2017〕11号　关于下达2017年度镇（街道）财税收入任务的通知（2017年5月17日）

▲君政办发〔2017〕12号　关于印发《君山区烟花爆竹安全生产事故应急预案》的通知（2017年5月22日）

▲君政办发〔2017〕13号　关于印发《君山区工程项目建设和征地拆迁资金管理办法（暂行）》的通知（2017年6月22日）

▲君政办发〔2017〕14号　关于印发《君山区征收安置工作联席会议制度》的通知（2017年6月29日）

▲君政办发〔2017〕15号　关于印发《君山区危险化学品安全综合治理实施方案》的通知（2017年7月4日）

▲君政办发〔2017〕16号　关于做好规范性文件全面清理工作的通知（2017年7月25日）

▲君政办发〔2017〕17号　关于印发《2017年君山区中央耕地地力保护补贴工作实施方案》的通知（2017年8月21日）

▲君政办发〔2017〕18号　关于建立计划生育征信体系的意见（2017年9月1日）

▲君政办发〔2017〕19号　关于进一步做好计划生育特殊困难家庭扶助关怀工作的通知（2017年8月31日）

▲君政办发〔2017〕20号　关于印发《君山区落实粮食安全省长责任制考核办法》的通知（2017年9月6日）

▲君政办发〔2017〕21号　关于印发《君山区2015–2017年度生猪调出大县奖励资金使用工作方案》的通知（2017年10月13日）

▲君政办发〔2017〕22号　关于印发《君山区被征收集体土地上拆迁住房安置人口认定试行办

法》的通知（2017年10月26日）

▲君政办发〔2017〕23号　关于印发《君山区被征收集体土地上拆迁房屋合法性认定试行办法》的通知（2017年10月26日）

▲君政办发〔2017〕24号　关于印发《君山区国家重点生态功能区转移支付资金管理暂行办法》的通知（2017年6月20日）

▲君政办发〔2017〕25号　转发《岳阳市人民政府办公室关于印发<岳阳市住房公积金提取管理办法>的通知》的通知（2017年12月13日）

▲君政办发〔2017〕26号　转发《岳阳市人民政府办公室关于印发<岳阳市住房公积金个人住房贷款管理办法>的通知》的通知（2017年12月13日）

重要文件

【关于印发《中共岳阳市君山区委常委会工作规则》的通知】　2017年1月25日，区委下发关于《中共岳阳市君山区委常委会工作规则》的通知（简称《通知》）。对区委常委会的主要职责与分工、议事和决策、纪律要求、监督工作等作出规定。《通知》制定的目的在于落实全面从严治党要求，进一步健全和完善区委常委会工作机制，不断提高区委常委会议事决策科学化水平和领导全区经济社会发展能力。《通知》要求必须遵循坚持正确政治方向，高举中国特色社会主义伟大旗帜，牢固树立政治意识、大局意识、核心意识、看齐意识，始终在思想上政治上行动上同以习近平总书记为核心的党中央保持高度一致，坚决贯彻党的理论和路线方针政策，坚决维护党中央权威；坚持立党为公、执政为民，坚持以人民为中心的发展思想；坚持总揽全局、协调各方，充分发挥区委的领导核心作用；坚持解放思想、实事求是、与时俱进、求真务实；坚持民主集中制，实行集体领导、民主集中、个别酝酿、会议决定；坚持科学决策、民主决策、依法决策，尊重客观规律；坚持党要管党、从严治党，严肃党内政治生活、净化党内政治生态，保持清正廉洁的政治本色，推动党的建设新的伟大工程不断开创新局面。《通知》指出，区委常委会在区委全会闭会期间行使区委职权，主持经常工作。区委常委会必须认真履行全面从严治党主体责任，应当定期研究党建工作，每年至少向市委和区委全会专题报告1次党建工作情况。区委常委会实行集体领导和个人分工负责相结合的制度。区委常委会会议一般每月召开2—3次，时间相对固定，如遇有重要情况可以随时召开，会议时间由区委书记确定。必要时区委常委会可以召开扩大会议，但不得代替区委全会、区委常委会会议作出决策。区委应当有计划地邀请部分区党代表大会代表列席区委常委会会议。区委常委会会议应当有半数以上区委常委到会方可召开。讨论和决定干部任免事项必须有三分之二以上区委常委到会。区委常委因故不能参加会议的，其意见可以用书面形式表达。区委书记要履行全面从严治党第一责任人职责，落实对区委常委的组织监督。区委常委之间要互相监督。坚持和健全区委常委班子民主生活会制度，民主生活会每年召开1次，根据需要也可增加次数。

【关于建设美丽乡村的实施意见】　2017年4月10日，区委办、区政府办联合下发《关于建设美丽乡村的实施意见》（简称《意见》）。《意见》要求，深入贯彻习近平总书记对农业农村工作的系列讲话精神及中共十八大和十八届三中、四中、五中、六中全会精神，全面落实中央、省、市部署，坚持创新、协调、绿色、开放、共享发展理念，以美丽乡村建设统领全区农业农村工作，按照“规划科学、生产发展、生活宽裕、乡风文明、村容整洁、管理民主、宜居宜业”的总要求，加速推进全区美丽乡村建设，补齐农业农村发展短板，把广大农民群众的家园建设得更加幸福美好。《通知》指出，坚持以人为本、群众主体，全面推进、分类建设，因地制宜、精准施策，政府主导、全民参与，改革创新、激发活力的基本原则。围绕构建布局美、产业美、环境美、生活美、风尚美的“五美”乡村格局，着力打造生态环境友好、湖湘特色鲜明、村村宜居宜业、人人共建共享的幸福家园。按照“一年打基础、两年上台阶、三年见成效、四年大变样、五年创品牌”工作目标整体推进。切实开展好农村环境卫生整治行动、城乡绿化行动、村民住房改善行动、封洲禁牧行动、“四好”农村路建设及基础设施升级行动、产业转型升级行动、开展文明乡风培育行动、助推全域旅游行动（“八大行动”）。

【关于全面推进招商工作的实施意见】　2017年5月

25日，区委、区政府联合下发《关于全面推进招商工作的实施意见》（简称《意见》）。《意见》要求，为进一步提高开放水平，提升招商工作实效，全面推进生态“1+5”发展战略，切实加快“打造洞庭生态明珠、建设现代滨江新区”进程，要统一思想，明确招商工作重要意义。《意见》强调，要整合资源，创新招商工作机制。围绕发展壮大绿色食品加工、电子信息、物流、酒店、生物医药、生态旅游、现代农业等主导产业，按照君山区产业发展规划和产业集聚要求，重点筛选一批带动产业结构升级、延长产业链条、引发产业裂变的项目招商。采取领导带头招商、部门全员招商、企业引导招商、发展乡友招商、专业队伍招商和政策激励招商的办法实行全民招商。《意见》指出，要压实责任，强化招商工作保障。成立由区委书记谢胜任政委，区委副书记、区政府区长李勇任组长的君山区招商工作领导小组。各镇（街道）场和区直各单位要加大项目基础工作力度，每月及时向区招商工作领导小组办公室上报招商信息及招商工作数据。《意见》还对君山区招商工作目标考核办法、奖励办法作具体规定。

（朱　超）